John Burnet

EARLY GREEK PHILOSOPHY

新装版

初期ギリシア哲学

ジョン・バーネット　西川亮＊訳
JOHN BURNET

以文社

EARLY GREEK PHILOSOPHY

by

John Burnet

ADAM & CHARLES BLACK

First Edition 1892, Second Edition 1908,
Third Edition 1920, Fourth Edition 1930

初期ギリシア哲学

Περὶ μὲν τῶν ὄντων τὴν ἀλήθειαν ἐσκόπουν, τὰ δ᾽ ὄντα ὑπέλαβον εἶναι τὰ αἰσθητὰ μόνον.（存在するものの真理を探究する際、かの人たちは存在するものはただ感覚的なものとだけ考えていた）

——アリストテレス

第四版について

本書は第三版の重版であるが、この機会を利用して、著者が手元の控えのなかに記していた二つの補充の論及と、ひとつの訂正を加え、また若干のミスプリントとわずかな間違いを訂正している。

聖アンドルーズにて　一九三〇年三月

W・L・ローリマー

第三版のまえがき

不十分な点があるにもかかわらず、本書の第三版が世に求められ、かつドイツ語(1)やフランス語(2)に翻訳されている以上、それはいささかでも益することがあったに違いない。当然のことながら私は本書が不十分であることをよく承知している。この三版は、大学の教師たちの余暇をひどく短縮させた戦時の圧迫下に準備された。そのために出版も私が望んでいたよりも、はるかに遅くなってしまったのである。

私の狙いは、初期のイオニアの教師たちの出現とともに、この世界にひとつの新しい事象――私たちが学問と呼んでいる事象が出現したこと、ならびにいまもなお西欧が踏襲している方法を、このひとたちが最初に与えたということを示すことである。したがって私が別のところで言及したことがあるように、学問とは「あらゆることをギリシア人の方法で考えること」であると言えば、適切な表現である。そのためにギリシアの影響下にあった人びとのあいだにしか学問が存在しなかったのである。

『初期ギリシア哲学』の初版は二十八年前に出版されたが、当時この国ではまだ、論題は一般的にヘーゲル的観点から扱われていたし、私の多くの結論は矛盾した説と見なされた。いまではいくつかの結論が、大多数の人びとに支持されてはいる。しかしまだ二つの点が反撥を招いている。第一に私はあえてパルメニデスを「唯物論の父」と呼んだ。そして「唯物論の真髄は、この物質界、つまりこの感覚界が実在界だということにある(3)」という理由や、パルメニデスが感覚界のあらゆる実在性をはっきりと否定したという理由から、かれは観念論者(ギリシア哲学に適用される最も誤解を生む近代的用語）であったということが、一部ではまだ支持されているのである。パルメニデスは疑いもなくそれを否定した。そしてもしここで言われている意味で、私が唯物論の語を用いたのであれば、無意味なことを語ったことにもなろう。しかし私の理解からすれば、唯物論者という場合の「物」は、感覚できる対象ではさらさらない。つまりそれは精神と同じような、いなもっと ens rationis（理性的存在）に近いものであり、パルメニデスの「存在」は、このえたいの知れない実在性を解明する最初の鮮明な企てなのである。事実、これは拙書の主要な課題である。そして論証に不可欠なことは、アリストテレスやテオプラストスの明確な叙述に従って（487頁以下）エレア思想からの（疑いもなく唯物論的な）原子思想の派生を主張することである。もしそれが誤りであれば、この主題についての私の論述全体が誤りになるであろう。

同様に認容されねばならないのは第二の矛盾したとされる説であり、それは実在性を質料の側にではなく、形相の側に見いだすという前とは反対の見方、つまりプラトン主義者の見方がピュタゴラスの徒にまで溯り、かつその見方がプラトンのアカデメイアの時代にまで系統的に、まったく明白な方法で述べられないにしても、ソクラテスにはすでによく知られていたとする私の説である。たしかにこれは、プラトンの対話篇の細部にわたっての新しい解釈によってのみ確証されうると私は考えているし、現に私はその仕事に従事しているのである。十九世紀における解釈の傾向が、一定の前提に基づいていたということをもっと明確にする必要がある。というのはそのために証拠がいっこうに示されて来なかったし、前提それ自体ひどく不自然なのである。私はここではこれ以上論ずることはできないが、しかし近々論述の機会をもちたいものと望んでいる。

聖アンドルーズにて　一九二〇年七月

ジョン・バーネット

（1） *Die Anfänge der griechischen Philosophie, aus dem Englischen übersetzt von Else Schenkl* (Berlin, Teubner, 1913).

（2） *L'Aurore de la Philosophie grecque, édition française, par Aug. Reymond* (Paris, Payot, 1919).

（3） W.T. Stace, *A Critical History of Greek Philosophy* (London, 1920), pp. 46 *sqq.*

目次

略記号

Arch.	*Archiv für Geschichte der Philosophie.* Berlin, 1888–1920.
Beare.	*Greek Theories of Elementary Cognition,* by John I. Beare. Oxford, 1906.
Diels *Dox.*	*Doxographi graeci.* Hermannus Diels. Berlin, 1879.
Diels *Vors*	*Die Fragmente der Vorsokratiker,* von Hermann Diels, Dritte Auflage. Berlin, 1912.
*DK	*Ibid.* Hrsg. von Walther Kranz, Siebente Auflage. 1954.
Gomperz.	*Greek Thinkers,* by Theodor Gomperz, Authorised (English) Edition, vol. i. London, 1901.
Jacoby.	*Apollodors Chronik,* von Felix Jacoby (*Philol. Unters.* Heft xvi.). Berlin, 1902.
R.P	*Historia Philosophiae Graecae,* H. Ritter et L. Preller. Editio octava, quam curavit Eduardus Wellmann. Gotha, 1898.
Zeller.	*Die Philosophie der Griechen, dargestellt von Dr Eduard Zeller.* Erster Theil, Fünfte Auflage Leipzig, 1892.

＊訳者の付したもの

序　論

一　初期ギリシア哲学の宇宙論的性格

ギリシア人は、伝統的な世界観や生活上の慣習的な掟が崩れてきてはじめて、自然についての哲学や行為についての哲学が解決しようとしている差し迫った事態を感じはじめた。とはいえこれらの事態をいちどに感じたのではなかった。行為についての祖先伝来の格言は、自然についての古い見方が廃れてしまうまで、真剣に疑問視されることはなかったのである。そしてこのために最初の哲学者たちは、主として自分の周辺の世界を思索するのみであった。やがて機が熟すと新たな要求に応じて、論理学が出現したのである。宇宙論的な研究に携わることとは、学問と常識とのあいだの大きな隔たりを明るみにもち出してしまった。その隔たり自体も解決されるべき問題であった。さらに哲学者たちは、非学問的なものの及ぼす害に対して、かれらの反論を守る手段をどうしても学ばずにはおれなかったのである。さらに後になると、論理的な事柄に強く向けられた関心が、知識の起源や価値の問題を惹き起こした。ほぼ同じ頃、一方では伝統的な道徳の衰頽が倫理学を生みだしたのである。よって論理学と倫理学との擡頭に先行する時代は、時代として特有な性格をもっているし、適宜切り離して扱われてもよいであろう(1)。

（1）デモクリトスが、このように規定された時代から食み出していることは注目されるであろう。ずっと後のソクラテスと同時代のこのひとを、「前ソクラテス期の哲学者」と一緒に扱うという一般的なやり方は、おしなべて歴史的展開をはっきりさせない。デモクリトスはプロタゴラスより後であり、先人たちがなした以上に知識や行為の問題と真剣にとり組まねばならなかった。（V. Brochard, "Protagoras et Démocrite," *Arch.* ii. p. 368 を見よ。）

二　伝統的世界観

しかし学問や哲学が始まった時代は、じつに古い社会のことであったことを想起すべきである。ことにエーゲ海周辺地域は、新石器時代以降、エジプトの文明やバビュロニアの文明と変わらぬほど古く、高度な文明の座を占めてきていたし、もろもろの主要な点でそのいずれの文明よりも優っていたのである。日ごとにはっきりしていることは、後の時代のギリシア文明が、しばらくのあいだその発展を妨げていた未開の北方民族から、ある新しい重要な素材を受けとったには相違ないけれども、主としてこの地域の文明を復活し、かつ維持していたということである。地中海周辺地域の原住民は、侵入者よりはるかに優勢であったに違いないし、スパルタのような国は別として、いく世代ものうちには侵入者と同化したり、融合したであろう。スパルタ自体は、ことさらそのような成り行きに反抗しはじめていた。いずれにしてもずっと古い民族のおかげで、私たちはギリシア人の芸術やギリシア人の学問を知るのである。[1] 顕著な事実は、私たちがこれから学び採ろうとしている仕事に携わった人びとのほとんどが、アクラガス生まれのエムペドクレスを除けば、イオニアのひとであったことである。おそらくエムペドクレスの例外も表面的なものであって、真実はそうではない。アクラガスは、ゲラの町のロードス島人の植民によって建設され、その *οἰκιστής*（建設者）は紛れもなくロードス島人であったし、ロードスは公式的にはドーリス人系であるけれども、初期のエーゲ文明の中心地であった。移住民たちは、新しいドーリス人の上流社会よりも、むしろ主に古い住民に属していた、とはっきり仮定することもできよう。ピュタゴラスはクロトンのアカイア人の都市に教団を創ったが、かれ自身はサモス島からやってきたイオニアのひとであった。

そうであるならば、最初に世界を理解しようとした歴史時代のギリシア人が、それまで人跡未踏であった小径に踏み込んだ人びとの情況とは、まったく異なっていたことを明確に認めねばならない。エーゲ文明の芸術の遺物は、諸記録が解読されるまで細部にわたっての復原を望むべくもないが、かなり首尾一貫した世界観がすでに実在していたに違いないことを立証している。ハギア・トリアダの石棺に表現されている儀式は、黄泉の国についての明確に固定化した見方を暗示しているし、たしかにエーゲ海周辺地域の人びとは、エジプト人やバビュロニア人たちと同様に、神々の本体についての考えを発展させることができたのである。私たちはこうした点について後の時代における影響を発見したいものである。シュロスのプェレキュデスの断片のようなものは、したがってそのような考察からの残滓としてでなければ説明しがたい。疑いもなくこれらの初期の文明がすべて相互に影響しあっているにしても、一方的にエジプトから採り入れられたと考える理由はどこにもない。クレタ人がエジプトから採り入れるとすぐさま、エジプト人がクレタから採り入れた可能性もある。海洋文明のなかに存在していた生命の種子は、大河文明にあってはとかく欠けているのである。

他方、北方からの侵入者は、初期の強力な王制を倒し、とりわけエジプトやバビュロニアを徹底的に抑圧していた迷信の類いの増長を阻止することによって、明らかにギリシア人の天分をのびのびと展開させる助けとなったであろう。エーゲ文明の遺物に残っている特徴は、往時にこういった現実の危険があったことをつぶさに表わしている。一方アポロン崇拝は、アカイア人とともに北方からやって来たようにおもわれる(2)。事実、オリュムポス信仰と呼ばれるものは、見るところ主としてアポロン崇拝から派生してきた。アポロン崇拝を表わす芸術上の様式は、地中海沿岸の住民の特色をなお留めている。そしてその崇拝が住民の心を惹きつけたのは、主としてその様式上においてであった。古いエーゲ文明の信仰が住民に対して圧倒的であったほどにはそれはなりえなかったのである。ギリシア人が神官の階層をもたなかったこと、ならびにギリシア人のあいだに自由な学問の擡頭を促すものがあったということの原因は、おそらくアカイア人に帰せられるべきであろう。

(1) **Sir Arthur Evans, "The Minoan and Mycenean Element in Hellenic Life"** (*J.H.S.* xxxii. 277 *sqq.*) を見よ。そこでは「新しい晨明において私たちが見分ける住民は、蒼白い皮膚をした北方人――『黄色の髪をしたアカイア人』など――ではなくて、もともと黒い髪をし褐色の肌をした部族である。……ミノアやミュケナイの壁画にその部族民について描かれた初期の姿を私たちは見る」と主張されている。しかし歴史時代のギリシア人が「ミノア人」と同じ種族であったとすれば、アーサー・エヴァンス卿はどうして「ミノア人」をしてギリシア人と呼ぶのを躊躇したのであろうか。アカイア人やドーリス人が、格別ギリシア人の呼称を求めたのではない。なぜならキュマイの地にグラエイの名称を与えたボイオティア地方のグライアの住民は、もっと古い種族に属していたからである。〈pre-Hellenic〉の語に対しても納得のゆく意味を付すことは、私にはできない。さほど重視するに当たらないアカイア人の部族であるが、後にその名称を全民族にはからずも与えた部族であり、もしもエーゲ海周辺地域の種族がこの部族よりも以前に住んでいたことをその語が表わしているとすれば、それは真実には違いないが適切ではない。一方、もしもその語が、新石器時代の終末以来の或る時期にエーゲ海周辺地域の住民に実質的変化があったことを表わしているとすれば、アーサー・エヴァンス卿自身が支持しているように、説明は真実を伝えていない。またもしもその語は、ギリシア語が北方民族によってエーゲ海周辺地域の住民にもたらされたということを意味しているならば、(おそらく意味するところはそうであろうが)それに対する証拠はどこにもないし、それは類推をも許さない。周知のようにギリシア語は、私たちの言語のように、その語彙には種々の言語が入り混じっている。しかしその本質的な構造は、印欧語の北方系言語よりも、インド・イラン語派の言語にずっと似ている。たとえば接頭母音字は、サンスクリット語や古ペルシア語やギリシア語に共通しており、特有のものである。ギリシア語は紀元前二千年頃はペルシア語とあまり違っていない。**centum** (百) と **satem** の語のあいだの一般的な区別は、ロマンス語が歴史時代に **satem** の語になったという事実によって示されるように、ひとをまったく誤解させているし、第二次的現象に基づいている。古インド語、古ペルシア語のように、ギリシア語が、hundred（ἑκατόν＝śatam, satem）の語中の有声音 **n** を **a** によって表わすということに注目することも、またそのような根拠から **satem** の語の場合のように、ギリシア語とそれらの語とを分類することもさらに必要なことであろう。

（2） Farnell, *Cults of the Greek States,* vol. iv. pp. 98 *sqq.* を見よ。

三　ホメロス

ホメロスにこれらのことが影響していることははっきりしている。ホメロス自身たしかに古い部族に属して、その部族の言語を用いたけれども、(1) アカイアの王子たちの宮廷のために謳っており、ホメロスが讃える神々や英雄たちはほとんどアカイア人である。(2) そのために叙事詩のなかに伝統的な世界観の少しばかりの痕跡を見いだすのである。神々はあからさまに人間と化し、太古のものはなにも現われていない。むろん初期の信仰や行ないが垣間見えてはいるが、それらは例外的である。(3) しばしば注目されることであるが、ホメロスは殺人による浄めという原始的習慣について少しも述べていない。死んだ英雄たちは、古い部族の王の場合のように、埋葬ではなくて火葬されている。亡霊はほとんど役割を演じていない。たしかに『イリアス』には、ホメロスにおける人間の生贄のただひとつの実例と密接に繋がって、パトロクロスの亡霊のことが謳われている。また『オデュッセイア』の第十一巻には、ネキイア（亡霊を呼ぶ祭式）もある。(4) しかしこのような事柄は稀であって、おしなべて推断されることは、少なくともある一定の社会において、つまりホメロスが謳ったアカイアの王子たちの社会において、伝統的な世界観が当然随所に現われてはいても、比較的早い時期においてすでに信じられなかったということである。(5)

（1） 「初期のミノアの叙事詩は、ギリシア語に引き継がれた」（*loc. cit.* p. 288）ことを自明のこととするアーサー・エヴアンス卿の想定より、これはたしかにもっと単純な仮説である。叙事詩の方言は、アルカディア方言やキュプロス方言と多くの接触点をもっている。そしてアルカディアの人が北方から到来した可能性はまったくない。征服された部族の叙情詩人によって讃えられている征服者の武勇については、双方十分に酷似している（Ridgeway, ***Early Age of Greece***, **vol. i. p. 664**)。これは "Ὅμηρος「人質」という名称を説明しているのではあるまいか。

（2）リッジウエイ教授は、アキルレス、オデュッセウス、アイアコス、アイアス、ラエルテス、ペレウスのようなとくにアカイア人の名前は、ギリシア語から説明できないが、ヘラクレス、エリクトニオス、エリュシクトンなどのような古い部族のもつ名前は説明可能である、と指摘している（***Early Age of Greece***, **i. p. 674**)。たしかにアガメムノンやメネラオスはギリシア名をもつが、それはアトレウスが古い部族の王子とペロプスとの結婚によって生まれたからである。これはどこにだって生じる同化過程の一例にすぎない。

（3）*Διὸς ἀπάτη*（*Il.* xiv）には、宇宙生成論的考えの痕跡がある。

（4）『オデュッセイア』第十一巻が後の時代に帰せられるのは、オルペウス教的な考えがあるとされるからである。現在の知識からみると、そのような仮定はまったく必然的ではない。当のこの考えは、原始的であり、一般的にはエーゲ文明に受け入れられたであろう。オルペウス教は、本質的には原始的信仰の再生である。

（5）これらのことについては、とくに **E. Rohde, *Psyche*^{3}, i. pp. 37 *sqq.*（=Ps.^{1} pp. 34 *sqq.*）** を見よ。

四　ヘシオドス

ヘシオドスになるとまるで違った世界の感がする。そこで耳にするのは非合理的であるばかりか、近づき難い神々の話である。じつに慎重にこの話は語られている。ヘシオドスは女神ムウサに、「多くの誤った事柄を私たちは本当らしく話すこともできるけれども、その気になれば真実を話すこともできる」[1] と語らせている。ヘシオドスが、ホメロスの心と自分の心との違いを意識していたことをこれは表わしている。古い陽気さは過去のものであり、重要なのは神々について本当を話すことである。ヘシオドスはまた、ホメロスよりも後の、しかもひどい時代に生きていることをも自覚している。世界の時代区分を記すと、かれは青銅器時代と鉄器時代とのあいだを第五の時代としている。それは英雄時代であり、ホメロスの謳歌した時代である。英雄時代はそれ以前の青銅器時代よりは良き時代であったし、それ以後のヘシオドスの生きていた鉄器時代よりもはるかに良かった。(2)ヘシオドスがすすんで讃美しているのは英雄とは違った部類の人びとである。つまりかれが言葉をかけたのは古い部族の羊飼いや農耕者たちに対してであるし、ホメロスの謳ったアカイアの王子たちは「不正な判決」を下した遠い昔の人びととなりさがっている。アカイア人の中期の物語や壮観さは、一般民衆には何の意味ももたなかった。そして原始的世界観は、本当のところ民衆のなかに生きづいていたのである。したがって民衆の最初の代弁者が、詩のなかにそのような世界観を採りあげることは当たり前のことであった。そのためにヘシオドスのなかに、ホメロスが蔑視したこうした古い未開の話が見いだせるのである。

もっとも『神統記』のなかに、古い迷信のたんなる復活を見ることは誤りであろう。ヘシオドスは新しい精神によって影響されずにはいられなかった。そしてはからずもその先駆者となったのである。イオニアの学問や歴史にまで進展させたものの萌芽を、ヘシオドスの詩のなかに見いだすことができる。またヘシオドスは実際だれよりも古い考えの衰退を食い止めようと努めていたにもかかわらず、衰退をいっそう早めてしまった。『神統記』は、神々についてのありとあらゆる物語を一本の系譜に還元する試みであり、そして系譜は神話のような気紛れな事象にとってはきわめて重要である。さらになおヘシオドスがこの問題を処するにあたっての精神は、古い部族の精神であるけれども、謳っている神々は、大部分アカイア人の神々である。これは系譜のなかに終始矛盾した要素をもちこんでいる。ヘロドトスは、ギリシア人のために神の系譜を作り、神々に名称を与え、神々の権能と技を分かち与えたのはホメロスとヘシオドスであった、と述べている。(3)これはまったく真実のことである。オリュムピアの神殿は、人びとの心のなかでは古い神々にとって代わってはいるが、これはまさしくホメロスのなしたと同じことをヘシオドスがなしたことにほかならない。擬人化された神々は、あらゆる地方的な連合から孤立し、そして詩によって信仰の古い対象にとって替えられているが、普通のひとはそのような神々をほとんど認めはしない。それは人びとの必要を満たすことはできなかったのである。信仰上の復活の秘訣がそこにある。いずれこのことは考察されるべきことである。

（1） Hes. *Theog.* 27.（最初の詩句は *Od.* xix. 203 から借用されている。）女神ムウサは、ホメロスに霊感を与えたひとにほかならない。このことはヘシオドスが六脚韻で表わし、叙事詩の用語を用いたことで明らかである。

（2） ここには素晴らしい歴史的洞察がある。「ギリシアの中期」が、正常な発展途上のひとつの亀裂であったことをはじめて指摘したのは、近代の歴史家ではなく、ほかならぬヘシオドスであった。

（3） Herod. ii. 53.

五　宇宙生成論

ヘシオドス自身がその時代の子であることを示すのは、このような仕方においてだけではない。『神統記』は、神系譜であると同時に宇宙生成論でもある。とはいってもヘシオドスの独自の思想から著わしたというより、むしろここでは、古い伝説に従っていたとおもわれる。ともかくかれは、ただ二つの大きな宇宙生成の形式、カオスとエロスについてだけ言及しているが、実際にこの二形式とヘシオドスの神系譜とを結びつけていない。事実、二形式は古い時代の考えによるものとおもわれる。カオスの概念は、事物の起源を描くための際立った苦闘を表現している。それは形をなさない混合ではなくて、むしろその語源が示しているように、大きな裂け目のある淵、ないしは間隙である。[1] そこにはまだ何も存在しない。この見方はたしかに原始的ではない。万物に真の初めを考えようとするなどは、原始人には思いも及ばないことである。つまり原始人にとって、原初のものがあったことは明々白々のことである。もうひとつの形式、エロスの概念は、生成への推進力が疑いもなく全過程を惹き起こすことを説明しようとしたものである。これらは明らかに思索からくる思いつきであるが、ヘシオドスにおいてはそうした思いつきが不明瞭にされ、混同されている。

前六世紀の全体を通じて、たいへん活発に宇宙形成論が出現したという記録がある。エピメニデス、プェレキュデス、[2] アクシラオスの説のいくらかは判っている。ヘシオドス以前でさえ、もしもこうした考察がめぐらされているのであれば、初期のオルペウス教的宇宙生成論が、その時代にまでも溯ることを信じるのに吝かではない。[3] これらの説のすべてに共通した特徴は、深淵を回避して、クロノスあるいはゼウスを最初の舞台に押し出す試みである。これは、アリストテレスが、なかば神話的に語り、なかば愛知者であって、最初に最善のものを置いた人びとと「神々を語るものたち」とを区別するときに抱いた見解である。[4] しかしながらこの過程は学問的なものと真反対であり、際限もなく続くことは明白である。よって宇宙生成論者たちが、着実な探究の方向に影響を及ぼしたことがはっきりしないかぎり、当面その人たちを問題にすることは何もない。

（1） *χάος* の語は、たしかに「裂け目」「間隙」、『狂想詩的神統記』の *χάσμα πελώριον* (fr. 52) を意味している。グリムはスカンディナヴィア語の *Ginnunga-Gap* とそれを比較した。

（2） プェレキュデスの遺作については、Diels, *Vorsokratiker*, 7B ならびにゴムペルツの *Greek Thinkers*, vol. i. pp. 85 *sqq.* の興味深い説明を見よ。

（3） これは、ダマスキオスによって記された、いわゆる『狂想詩的神統記』についてのロベックの見解であった。

（4） Arist. *Met.* N, 4. 1091b8.

六　ギリシア人の宇宙論の一般的性格

イオニア人は、その文学作品からみても判るように、事物の儚さに深く心を動かされていた。事実、人生観には根っからの厭世観がある。ひじょうにはっきりした宗教的信念のない以上、極度に開けた時代にあってはそれはあたりまえである。コロプォン生まれのミムネルモスは、老いの迫る悲哀に心を奪われていた。やや年代はくだるが、もろもろの世代が森の木の葉のように散ってゆくというシモニデスの悲嘆は、すでにホメロスがうち鳴らした琴線に触れているのである。[1] 現にこの心情の最良の証しは、季節の移り変わりのなかにつねに見いだされている。生長と衰退の繰り返しの現象は、北部地方よりもエーゲ海周辺地域において、はるかに著しい。そしてその繰り返しは、熱と冷、湿と乾といった対立するものの戦いの様相をいっそうはっきりと示している。したがって初期の宇宙論者は、そのような視点から世界を考察した。昼と夜、夏と冬との対立こそは、眠りと目覚め、生と死を対応して想い出させるとともに、宇宙論者が理解したように自然界の際立った特徴なのである。[2]

季節の移り変わりが惹起されるのは、明らかに対立するもののうち片方の側、冷と湿と、もう一方の側の熱と乾との侵害によるのである。それらは代わる代わる一方の側を侵害する。むろんこの過程を人間社会からの借用語で記した。すなわち、初期の時代では、人間生活の規則性と恒常性が、自然の画一性よりもはるかにはっきりと自覚されていたからである。ひとは社会の掟や慣習から逃れられない連鎖のなかに生きているが、ひとをとりまく世界は、はじめ無規則におもわれた。そのために、対立するもの相互の侵害を不正（ἀδικία）、また双方のあいだの均衡は当然守るべきで、その遵守を正義（δίκη）と表現したのである。もっと後の言葉コスモス（κόσμος）も、このような考えに基づいている。それは本来、軍隊の規律、ついで国の秩序だった制度を意味していた。

しかしそれだけでは十分でなかった。初期の宇宙論者は、対立しているもののあいだの永久の争いのような世界観に満足を見いだすことはできなかった。その人たちは、対立物がそこから出てきて、もういちどそこへ帰るような共通の基盤を何としてももっていなければならないと感じたのである。そして対立しているものよりも、もっと第一義的なもの、あらゆる変化を通じて存続し、相互の変化のなかのただ一時的な形態としては留まらないものを探索していた。初期の宇宙論者が、本当にこうした意図のもとで探究していたということは、当のものを「不死」や「不滅」と呼んでいる事実で表明されるのである。(3) しばしば述べられているように、もしもその人たちが成長や生成の過程に興味をもっていたとすると、変化や衰退の世界にあってそれのみが永続的であるようなものに、詩的な感動や連想を満たすような用語を適用しなかったであろう。それこそがまさしくイオニアの「一元論」の本当の意味である。(4)

(1) S. H. Butcher, "The Melancholy of the Greeks," in *Some Aspects of the Greek Genius*, pp. 130 *sqq*. を見よ。

(2) これは、"The Background of Greek Science" (*University of Chicago Chronicle*, vol. xvi. No. 4) という題目の論文において、J・L・マイレス教授によってはっきり述べられている。コーンフォード氏が *From Religion to Philosophy* の第一章でなしたように、「対立するもの」の説を「宗教的表現」から導き出すには及ばない。ギリシアでは、そのような種類のものをまったく別にしても、この対立するものは私たちの注意を強く引きつける。もちろん実用的理由でそれはまた農業に及ぼす不思議な力として重要である。

(3) Ar. *Phys*. Γ, 4. 203b14, *ἀθάνατον γὰρ καὶ ἀνώλεθρον* (sc. *τὸ ἄπειρον*), *ὥς φησιν Ἀναξίμανδρος καὶ οἱ πλεῖστοι τῶν φυσιολόγων*, Hipp. *Ref*. i. 6, 1, *φύσιν τινὰ τοῦ ἀπείρου…ταύτην δ' ἀίδιον εἶναι καὶ ἀγήρω*. この用語は叙事詩から来ている。叙事詩では *ἀθάνατος καὶ ἀγήρως* は、神と人間との違いを表わす常套句である。

(4) 後の時代の学説誌家が一元論を初期の宇宙論者に帰したのは、アリストテレスが、*ἀρχή* をひとつと考えた人びとと、もっと多くを考えた人びとを区別したことに基づいており (*Phys*. A, 2. 184b15 *sqq*.)、厳密には歴史的ではない。よってそのためには、アリストテレス以前の文献を引用する方がよいであろう。ヒッポクラテスの *Περὶ φύσιος ἀνθρώπου* (Littré, vi. 32) にはつぎのように記されている。*φασί τε γὰρ ἕν τι εἶναι ὅτι ἔστι, καὶ τοῦτ᾽ εἶναι τὸ ἓν καὶ τὸ πᾶν, κατὰ δὲ τὰ ὀνόματα οὐκ ὁμολογέουσι· λέγει δ᾽ αὐτῶν ὁ μέν τις φάσκων ἀέρα εἶναι τοῦτο τὸ ἓν καὶ τὸ πᾶν, ὁ δὲ πῦρ, ὁ δὲ ὕδωρ, ὁ δὲ γῆν, καὶ ἐπιλέγει ἕκαστος τῷ ἑωυτοῦ λόγῳ μαρτύριά τε καὶ τεκμήρια, ἅ γε ἔστιν οὐδέν.*

七　*φύσις*

さてイオニアの学問は、エウリピデスが生まれた頃、アナクサゴラスによってアテナイにもたらされた。そしてイオニアの学問がアナクサゴラスに影響を与えた十分な証跡がある。(1) したがって注目に値することは、アナクサゴラスが一断片において学問的研究（*ἱστορία*）(2) に捧げた人生の悦びを表現し、そこでアナクシマンドロスがひとつの究極的基体に適用した、まさにかの言葉「不老不死」を用い、かつプュシス（*φύσις*）の語にその意を含めていることである。この箇所は、当面の論題にとって重要であるから全文を引用しよう。

民の悲惨にも、不正な振舞にも　つきすすみはしないで、
不死な自然《プュシス》　不老な仕組《コスモス》みを　視ながら、
いったい何が　いずこで、いかように　組みたてられたかの、
探究を学んだものは　倖せである。
かかるひとには、破廉恥な業の　真似事がとり着いて　離れぬことはけっしてない。(3)

この断片は、前五世紀においてプュシスの用語が、森羅万象を形成した永遠なものに与えられたという明白な証拠である。それは解読されるかぎり、この語の由来にまったく一致している。その原初的意味は、ものを形成する「素材」のようである。意味はやがて容易に、ものの「組成」の素材、つまり普通にいわれるものの性質や構造の素材の意に移行する。「不死で不老な」ものを求めていた初期の宇宙論者は、あらゆる事物に「ひとつのプュシス」[4]が存在すると言うことによって、みずからの思想を自然に表現しようとした。エレア的批判の影響下で、その思想が放棄されたときでも、まだ古語は用いられていた。エムペドクレスは、四つのそのような原初的素材があって、それぞれが固有のプュシスをもっている、と主張した。また原子論者は、そうした素材は無数と考え、それにプュシスの語を当てたのである。[5]

しばしば典拠文献に用いられているアルケー（ἀρχή）の用語は、この意味から[6]純粋にアリストテレスの用語である。テオプラストスや後の学説誌家にこの語が採用されないわけにゆかなかったのも至極当然である。というのは、先駆者たちがひとつのアルケーか、それ以上のアルカイ（ἀρχαί）を主張したのに応じて、アリストテレスがその人たちを分類した『自然学』の著名な章句から、テオプラストスやすべての学説誌家が出発しているからである。[7] しかしプラトンはこの用語をこれとの関連ではけっして用いてはいないし、初期の哲学者たちの真正の断片にもいちども現われていない。初期の哲学者が使用したとすれば、これはひじょうに奇怪なことになるであろう。

もしそうであるとすれば、イオニアの人たちがなぜ学問を *Περὶ φύσεως ἱστορίη*（自然探究論）と呼んだかが、たちどころに理解されるであろう。発達する思考は、いかなる学派であれ、その系統の後継者たちを通して追跡されるが、それはつねに究極的基体[8]に係わる思考であるのに反して、天文などについての学説は、たいてい思想家個人に固有であることに気づくであろう。何にもまして主要な関心は、絶え間ない事物の流転を通して、永続

するものは何であるかということの探索である。(9)

(1) 一三を見よ。

(2) Plato, *Phaedo*, 96a7, *ταύτης τῆς σοφίας ἣν δὴ καλοῦσι περὶ φύσεως ἱστορίαν.* 参照。これは、最初に学問に与えた名称としては最も古く、最も信頼できる叙述である。初期の宇宙論者の書物が、*Περὶ φύσεως* という題目のもとに一般に引用されている事実を私は重視しない。そのような題目は、おそらく後の時代のものである。

(3) Eur. fr. inc. 910 (DK. 59A30). ここでの *κόσμος* の語は、もちろん「秩序」「配列」の意味であるし、*ἀγήρω* は属格である。探究の対象は、第一に何が「不死で不老な *φύσις* の秩序」であるかということであり、第二にそれがどのように現われたかということである。アテナイのひとにイオニアの学問をもたらしたアナクサゴラスは、アナクシメネスの学派に属していた(三)。たんにアナクシマンドロスだけでなく、ほとんどの *φυσιολόγοι* (自然学者たち) が無限なものにこのような用語を充てたことは、アリストテレスから知られる (上記引用文中27頁注(3))。

(4) Arist. *Phys.* A, 6. 189b2, *οἱ μίαν τινὰ φύσιν εἶναι λέγοντες τὸ πᾶν, οἷον ὕδωρ ἢ πῦρ ἢ τὸ μεταξὺ τούτων,* B, 1. 193a21, *οἱ μὲν πῦρ, οἱ δὲ γῆν, οἱ δ' ἀέρα φασίν, οἱ δὲ ὕδωρ, οἱ δ' ἔνια τούτων* (Parmenides), *οἱ δὲ πάντα ταῦτα* (Empedokles) *τὴν φύσιν εἶναι τὴν τῶν ὄντων.*

(5) *φύσις* の用語の由来については付録を見よ。

(6) W・A・ハイデル教授は、宇宙論者がアリストテレスとは異なった意味で、すなわち個々の事物が出現する「源」「資源」「集積物」の意味で *ἀρχή* を用いたらしい、と説明している(*Class. Phil.* vii. pp. 217 *sqq.*)。宇宙論者がこの用語を用いている証拠を少しでも見つけることができれば、問題に対するこのような説明を私は至極よろこんで受け容れるであろう。そういった証拠にやや近いとおもわれるものがあるのは、ただアナクシマンドロスの場合にだけである。それが思い違いであると私はおもう。さらになおディールスは、テオプラストスの大作の第一巻がアリストテレスの語義で *ἀρχή* を使っている、と説明している。この語がアナクシマンドロスの語義と別のひとの語義とで用いられたということは、まったくありそうにないことである。

(7) *Phys.* A, 2. 184b15 *sqq.* テオプラストスとその後継者たちが、漫然とこの章の類別を採りあげたことを想起することは、きわめて重要である。この分類が史実によると見なすべき点は少しもない。

（8）「究極的基体」（*πρῶτον ὑποκείμενον*）の語の表わす色合いに私は不満足である。しかしそれに優る語を見いだすのは至難である。ドイツ語の Urstoff は、そういった関係では比較的誤解しにくいが、英語の〈stuff〉はきわめて不満足なものである。

（9）初期の宇宙論者は「四元素」について民間の伝承的な所説から出発したというO・ギルバートの見解（*Die meteorologischen Theorien des griechischen Altertums*, Leipzig, 1907）は、「元素」の用語が多義であることから、尤もらしい様相を呈してはいる。ただ私たちが火、空気、水、土といった大きな集合体のことだと言ったところで、紛れもなくこれらのものは早い時期から区別されていた。しかしそれは、宇宙論において「元素」（*στοιχεῖον*）と言われているものではない。宇宙論においては元素はつねにそれ自体に固有な *φύσις* をもち、変形されないものである。初期の宇宙論者が、通俗的な意味での「諸元素」の説の真意を探ったのは、まことに注目されることである。そして元素の多数性を主張した最初のひとエムペドクレスが、伝統となっている四つの元素を選んだことはただの偶然のことであったし、結局、ここで言われる大きな集合体に対して、「元素」の語を拘束されないで使用することになるのである。

八　運動と静止

アリストテレスやその後継者たちによれば、初期の宇宙論者はまた「永遠の運動」（*ἀΐδιος κίνησις*）を信じていた。しかしこれは、この宇宙論者にとっておそらくものを想定する場合の特有な方法である。イオニア人が、運動の永遠性について何か著わしたということは、まったくありそうにないことである。初期の時代にあって説明が求められるのは、運動ではなくて静止についてであるし、運動の可能性が否定されるまでは運動の起源が論じられていたとは考えられない。いずれ判ることであるが、その可能性の否定はパルメニデスによってなされた。したがってパルメニデスに続くものは、運動の事実を認めながら、それがどのようにして生じたかを示さねばならなかった。したがってアリストテレスの言及は、初期の思索家が運動に起源を与える必要を感じていなかったということを表わしている、と私は理解するのである。運動の永遠性は推論されたものであって、その推論は実質的には正しい。しかしまだはっきり形をなしていない説をことさら認めていないのだとするかぎり、推論は間違っている。[1]

さらに重要な問題は、この運動の性質である。運動は宇宙を出現させた当のものであるから、明らかに宇宙がある以前から存在していなければならない。したがって多くの学説誌家によって記されているように、その運動は、日々の天体の回転や正真正銘の宇宙の運動と一致しえない。[2] プラトンの『ティマイオス』篇で説明されているように、[3] ピュタゴラス派の説は、原初的運動が不規則で無秩序であったというのである。原子論者がその種の運動を原子に与えたことの論拠は、いずれ解されるであろう。この段階では、初期の宇宙論者の究極的基体に規則的で輪郭の定まった運動を課さないことが無難である。[4]

(1) こういった考え方はしばしば物活論と呼ばれるが、これはたいへん間違っている。たしかに初期宇宙論者は、自然界にあるものや究極的基体について語っており、それらは観るところ活きていると言っているようである。しかしそれは、「創造力」を「物体」に付しているのとは、まったく別のことである。「物体」の概念はまだ存在していなかったし、基本的な想定は、生命を含めて万物が、言ってみれば機械的に、すなわち運動している物体によって説明されうるということにすぎない。

(2) 「永遠の運動」と日々の天体の回転とを一致させる決定的な立場をとった最初のひとは、アリストテレスであった。

(3) Plato, *Tim.* 30a.

(4) 私の理解するところでは、W・A・ハイデル教授は、「永遠の運動」を回転運動、ないしは渦運動（δίνη）と見なしている。理由は、アナクシメネスのような初期の思想家が「無限な空気の本来の運動と、宇宙の原初的運動とを区別した」と仮定することが危険だからである。（教授の論文 "The δίνη in Anaximenes and Anaximander," *Classical Philology,* i. p. 279 を見よ。）他方、世界が生成したと考えるものは、とりわけ多数世界説を支持していれば、そうした区別を当然したに違いないとおもわれる。後で見られるように「宇宙の原初的運動」は、最初の宇宙論の諸体系においてはひとつの回転運動であったが、たしかに「永遠的」ではなかった、というハイデル教授の見解を私は採る。そして宇宙形成以前の運動については回転運動から何も推断されうるとはおもわない。もっとも δίνη を惹き起こすことができるというような性質をその運動がもっていたであろうということとは別である。

九　イオニアの学問の非宗教的性格

上記のことすべてにわたって、神学的思索がなされた形跡はない。初期のエーゲ文明における宗教との完全な断絶があったことや、オリュムポスの多神教がイオニア人の心の強い支持を得ていなかったことはすでに見てきた。イオニアの学問の起源を、その種の神話上の思想に捜し求めるのは、まったくの誤りである。北方民族の支配下にあったギリシアのそれらの土地に、はるか古い時代の信仰や儀式について多くの痕跡が紛れもなく残っていた。そしてまたオルペウス教などの秘儀を通して、北方民族自体が繰り返しどのように主張したかはやがて明らかになるであろう。しかしイオニアの場合は別であった。ギリシア人が小アジア沿岸に住居を定めることができたのは、アカイア人の侵入後でしかなかった。ヒッタイト人が、小アジア沿岸からギリシア人を閉め出していたのである。[1] その地には少しも伝統的な背景がなかった。エーゲ海の島々では事情が別であったけれども、本来のイオニアは過去のない地方であった。それは、イオニアの最初の哲学の非宗教的性格を物語っている。

現に残存している文献にテオス（ϑεός）の語が使用されていることから誤解してはならない。本当のところイオニア人は、その語を「究極的基体」や世界や宇宙にまで適用したのであるが、しかしそれは、上述された「不老」とか「不死」とかの宗教的な用語を用いたことと少しも変わらない。宗教上の意味では、「神」の語はまず第一に、つねに信仰の対象を表わしているが、すでにホメロスではまさしくその意味を失っている。ヘシオドスの『神統記』は、事情の推移を示す最良の証拠である。そこに記されている多くの神を、明らかに誰ひとり信仰していなかったし、或る神のごときは自然現象のたんなる擬人化、あるいは人間の情念の擬人化ですらある。(2) 「神」の語の、この非宗教的用法は、本稿で扱う全時代の性格である。それをはっきり理解することがまず重要である。そのように理解するひとは、神話から学問を引きだす誤りにけっして陥ることはないであろう。(3)

やはりこのことはつぎのような事実から明らかである。すなわち、原始宗教は、天体や天界自体を神的、よってこの地上のものとはまったくかけ離れた性質をもつものと見なしているのに対して、イオニア人は、民間信仰を通してすごく馴染んでいたに違いないけれども、最初からそうした区別に反対している。後の時代になって、アリストテレスはこの区別を再現したが、しかしギリシア人の学問はそれを拒絶することによって始まったのである。(4)

(1) Hogarth, ***Ionia and the East***, pp. 68 *sqq.* を見よ。

(2) 誰もオケアノスやテテュス、あるいはウラノスさえ信じなかった。さらになおプォボスやデイモスを宗教的意味で神と見なすことができなかったのである。

(3) あえて私見を述べると、これはコーンフォード氏の興味ある書 ***From Religion to Philosophy*** (1912) の基本的な誤りである。古代の「集団的表現」がイオニアにおいてどのように完全に力を失っていたかを悟っていない。氏の方法は西方地域を扱う場合に適当ではあるが、そこでさえもイオニアの学問と古い伝統とのあいだの対照を十分に認めていない。このことはいずれ明らかにされよう。

(4) この点の重要性を過大視することはできない。A. E. Taylor, ***Aristotle***, p. 58 を見よ。

一〇　哲学のいわゆる東方起源

そこでまた自然の問題や、世に言われる東方の知恵がギリシア精神に及ぼす影響の範囲の問題に直面しなければならない。ギリシア人が、エジプトやバビュロニアから自分の哲学をともかく受け容れたということは、いまでは一般的な考えである。したがって、そのような言い方が実際何を意味しているかを、できるだけはっきりと理解しようとしなければならない。エーゲ文明の偉大な過去が明らかにされているいま、まず初めに、この問題がじつに違った側面を有していることを看なければならない。東洋のものと見なされている多くのものも、案外、土着のものかもしれないのである。後の時代の影響について声を大にしなければならないのは、ギリシア哲学が隆盛を窮めた頃の著作家の誰ひとり、その哲学が東方から到来したことを知っていないことである。ヘロドトスがもし情報を得ていれば、ためらわずそれに触れたであろう。というのは結局それが、ギリシア人の宗教や文明のエジプト起源についてのヘロドトス自身の考えを固めさせたであろうからである。(1) 別の理由からエジプト人に対してたいへんな敬意を払ったプラトンは、エジプト人を愛知的なひとよりもむしろ愛銭的なひととしている。(2) アリストテレスはただエジプトの数学の起源（この点は後述される）についてのみ語っている。(3) ただしアリストテレスがエジプトの哲学を知っていたならば、はるかにうまくそれを論じたことであろう。ギリシア哲学がフォイニキアやエジプトから影響を受けたという明確な報告がなされるのは、エジプトの祭司とアレクサンドリアのユダヤ人とが、その哲学の源泉を自分たちの過去のなかに発見しようと互いに競い合いをはじめたときをそれほど下らない。しかしいわゆるエジプト人の哲学といっても、原始的神話を寓意に変えるという過程でしか到来しなかった。いまもなお私たちは、フィロンの旧約聖書の翻訳をじかに吟味することができる。また、エジプトの寓意作家の方がひどく専断的であったことも確かなようである。それというのもその人たちには、採りあげるべき多くの有望な材料がなかったからである。たとえばイシスやオシリスの神話は、後代のギリシア哲学の思潮に応じて、まず翻訳され、ついでそれはその哲学の源泉であると述べられるのである。

翻訳のこの方法は、新ピュタゴラス学派のヌウメニオスによって頂点に達し、かれからキリスト教の護教家へと繋がった。「アッティカ方言を語るモーゼでなければプラトンはいったい何ものであるか」(4)と問うひとこそヌウメニオスである。クレメンスとエウセビオスとは、この所見をさらに拡大して適用している。(5)ルネッサンス期には、この寄せ集めも例に洩れず復活され、『福音入門』(***Praeparatio Evangelica***)に由来する若干の考えが、永いあいだ信条を歪めつづけた。(6)クドワースは、タレスやピュタゴラスの説く古代の「モーコス、すなわちモーゼの哲学」に言及している。(7)肝要なのは、ギリシア人の独創性に対するこの侵害の真の起源を知ることである。それは、古代人の考えを現代風に研究するところからは生じない。すなわち現代風の研究は、フォイニキア人やエジプト人の哲学に対する証明の障害となって、何も明らさまにしない。それはアレクサンドリアのひとが寓意に熱中したときの、たんなる名残りにすぎない。

むろん今日では誰ひとり、クレメンスやエウセビオスの証言を根拠にして、ギリシア哲学の東方起源の事実を申し立てはしない。現代において好んで用いられる論証は、芸術についての類推からである。言われているような、ギリシア人が東方から自分の芸術を引き出したことを、私たちはいくたびとなく見ている。そしてギリシア人の哲学についての事情も、まずたいていは同じであろうと論じられている。それは尤もらしい議論であるが、けっして決定的な議論ではない。芸術や哲学の、ひとからひとへの伝わり方の違いを無視しているのである。物質文明や諸芸術は共通の言語をもっていなくても、或る民族から或る民族へと容易に伝わるであろうが、哲学はただ抽象的な言語で表現されるものであり、文献によるにしろ、口頭で教えられるにしろ、教養あるひとによってのみ伝達されうるものである。当該の時代にあって、エジプトの書物を読むことができ、またエジプトの祭司の講話をも聞くことのできたギリシア人を、いま私たちは知らない。そしてギリシア語で書いたり話したりした東方の教師たちのことを耳にするのは、後の時代である。エジプトへ旅行したギリシア人は、確かにエジプト人の若干の言葉を覚えたであろうし、当然のことながら祭司も特定のギリシア人たちを通して、自分の意をわからせることがあったとおもわれる(8)。しかしそのギリシア人たちは通訳を利用したに違いないし、無教養な近東の通訳を通して伝達される以上、哲学的な諸思想を理解することは不可能である(9)。

しかしこのいずれの民族であれ、伝えるべき哲学を有していたことの証拠が、いくらかでも提示されるまで、哲学的思想の伝達が可能であったか否かを問題視するだけの価値は実際にはない。いまだそのような証拠は見いだされていないのである。私たちの知るかぎりでは、かつて哲学に相当するものを有していた古代人は、ギリシア人のほかはインド人のみであった。ギリシア哲学がインドからやってきたというひとは、いまではいない。実のところ、ほかならぬインド哲学がギリシアの影響下で生まれた、という結論に至らざるをえない。サンスクリット語の文献の年代決定は、ひじょうに難しい仕事である。しかし見るところ、ひどく類似しているインドの優れた学説は、ギリシア哲学よりもはるかに後のものである。むろんウパニシアッドや仏教の神秘思想はインドの地において生長した。しかし、厳密な意味でこの神秘思想は哲学に深い影響を与えたけれども、その係わりは、ヘシオドスやオルペウス教団がギリシアの学問的思考に係わったのとあまり変わらないのである。

（1）ヘロドトスの言いうるのは、ディオニュソスの信仰や輪廻の教説がエジプトから来たということにつきる（ii. 49, 123）。これらの両方の叙述とも不正確であり、いずれにしても哲学について直接には何も表わしていないことが判るであろう。

（2）プラトンは、『国家』篇四三五Eにおいて、τὸ θυμοειδὲς はトラキアのひとやスキュティアのひとの特徴を表わしており、*τὸ φιλομαθὲς* はギリシア人の特徴を表わしていると言ってから、*τὸ φιλοχρήματον* の語でフォイニキア人やエジプト人を示している。『法律』篇において、もしも学習者の魂からあらゆる *ἀνελευθερία* や *φιλοχρηματία* を私たちが取り除くならば、数の研究だけが有用である、とプラトンは言っている (747b6)。そうでなければ、現に見られるようにフォイニキア人やエジプト人など多くの民族が *σοφία* に代えて *πανουργία* を与えているのと同じことを私たちもするであろう、とも言っている。

(3) Arist. *Met.* A, 1. 981b23.

(4) Noumenios, fr. 13 (R.P. 624), *Τί γάρ ἐστι Πλάτων ἢ Μωυσῆς ἀττικίζων;*

(5) クレメンスはプラトンを *ὁ ἐξ Ἑβραίων φιλόσοφος* と呼んでいる (*Strom.* i. p. 8, 5, Stählin)。

(6) 東方の知恵についての誇張された見解は、『百科全書』によって通俗化した。それは、その見解の拡がりと影響の残存を説明している。ベイリーは、消滅はしたが、プラトンの〈アトランティス〉の住民と見なした人びとから、東方の人びとが高度に進んだ学問の断片を受けとった、と推定した (*Lettres sur l'origine des sciences*)。

(7) ストラボンから、シドンのモーコスを哲学史に導入したのはポセイドニオスであったことが知られる (xvi. p. 757)。ストラボンは原子論をモーコスに帰している。しかしながらモーコスとモーゼとの一致は、後代の〈離れ業 *tour de force*〉で、ビュブロスのフィロンに由るのである。フィロンは、サンクニアトンの筆になる古代フォイニキア史の翻訳を出版した。この書はポルフィリオスや、後にはエウセビオスに用いられた。

(8) Herod. ii. 143 (ここでは祭司が、自分たちの優れた往時をヘカタイオスに誇ってみせる。) Plato, *Tim.* 22b3 (ここでは祭司たちがソロンに対して同様の振舞をしている。)

(9) 「土着民の花嫁」が、土着民の知恵をギリシア人の主人に語る場面をゴムペルツが想定しているが (*Greek Thinkers*, vol. i. p. 95)、私にはどうも納得がゆかない。花嫁は召使いどもにおそらく異国の女神の祭式を教えるであろう。しかし夫と神話について語り合うなどはどうも起こりそうにないし、哲学つまり学問を語り合うのはなおさらのことである。

二　エジプト人の数学

しかしギリシア哲学が、東洋の影響とまったく無関係に始まった、ということとはわけが違っている。ギリシア人自身が、じぶんの数学的知識はエジプトに起源があると信じていたし、多少ともバビュロニアの天文学を知っていたに違いない。折しもこれら双方の国のあいだの交通が最も容易になったときに哲学が起こったのも、またエジプトから幾何学を採り入れたといわれる当のひとが、最初の哲学者と見なされるのも偶然ではありえない。したがってエジプト人の数学が、何を意図していたかを見いだすことが重要となる。ここでもギリシア人が本当に独創的であったことが明らかとなるであろう。

大英博物館のリンド・パピルスは[(1)]、ナイル河の堤の上で理解されていた通りの、算術や幾何学の一端を見せている。それはアアメスというひとの作品であり、算術的性格や幾何学的性格の計算の規則を内容としている。算術の問題は、ほとんど穀物と果実の量に関係している。そして一定数の人びとに多くの分量を配分したり、パンやビールの数を決めて供給したり、ひと仕事に対して報酬を労働者に支払うといった問題を詳細に扱っている。それはプラトンが『法律』篇で、エジプトの算術について記述しているのと、実際正確に対応しているのである。そこではプラトンは、子供たちが文字とともに、リンゴや花冠を多数のひとに配分したり、少数のひとに配分したり、また拳闘家やレスラーを二人ずつ組にしたりするといった問題を解くことを学んだ、と言っている[(2)]。これは明らかにギリシア人が λογιστική（計算術）と呼んだ技術の起源である。おそらくエジプトからそれを拝借したのであろう。そこでは技術は高度に発達していた。しかしギリシア人が ἀριθμητική と呼んでいるもの、すなわち数の学問的研究のような痕跡はエジプトには存在しない。

リンド・パピルスの幾何学も、似た特徴をもっている。ヘロドトスは、エジプトの幾何学が洪水のあと改めて土地測量をやり直す必要から生じた、と述べているが、これは祭司階級が享受した余暇から生まれたというアリストテレスの評価よりも、はるかにはっきりと的を射ている。[3] 面積計算の規則は、方形であるときにのみ正確である。多かれ少なかれ耕地はつねに方形であるから、規則は実用上の目的に適っていたであろう。等辺な直角三角形も考えられている。しかしピラミッドの **seqt** と呼ばれる比を見いだすための規則は、期待どおりの、かなり高水準なものである。それはつぎのようなことになる。「基底部を交差する長さ」、すなわち底の対角線と、**piremus** の傾斜線、つまり「稜」とを与えると、それらのあいだの比を表わす或る数が見つかる。そうするには底の対角線の二分の一を「稜」で割る必要がある。そしてそのような方法は、さいわい明らかに経験から見いだされた。このような規則との関連において、基本的な三角法に言及することは時代錯誤におもわれるし、またエジプト人がさらに進んでいたことを示すようなものは何もない。[4] ギリシア人がエジプト人から多くを学んだということは、大いに予想されることである。もっとも、海上の船の場合のように、近づけない物体との距離を測定する際、ギリシア人が規則を活用しようとして最初に法則化したことは、いずれ明らかとなろう。幾何学という学問を心に留める動機となったのは、おそらくこの法則化であった。そしてこの学問は、実はピュタゴラスの徒によって編み出されたのである。そしてデモクリトスのものとされる言葉からしても、ギリシア人がやがて自らの師匠をどれほどはるかに凌駕したかを知ることができる。その言葉はこうである。「私は最も多くの学者たちに聞いた。しかし証拠をあげながら作図することで、私を凌ぐものは誰ひとりとしていなかった。エジプトのいわゆる土地測量者（**arpedonapts**）でさえそうであった」[5]（断片二九九）と。ここでの *ἀρπεδονάπτης* はギリシア語であって、エジプト語ではない。それは「縄張り師」を意味しており、[6] インド最古の幾何学的論文が **Śulvasū-tras** すなわち「縄の諸規則」と呼ばれているのと、きわめてよく符合している。こうした事情は、三・四・五の比の辺をもてば、つねに直角三角形であり、そうした三角形が使用されたことを物語っている。中国人やヒンズー人のあいだで、早くからそれが使用されており、それは明らかにバビュロニアから採り入れられたことが知られている。そしてタレスが、おそらくエジプトでその使用を学んだことにも、いずれ触れられよう。(7) ところでデモクリトスはたしかにその三角形の性質を論理的に説明しえたであろうが、いくらかの種族が説明しようと努めたと想定する理由は少しもない。しかしながらやがて明らかになるように、タレスがリンド・パピルスを凌ぐ数学的知識をもっていた、という確実な証拠もない。厳密な意味での数学は、タレスの時代以後、ギリシアに起こったと結論しなければならない。(8) 語源からしてすべての数学用語が、紛れもないギリシア語であるということは、これとの関連において注目に値する。

（1） 以下の報告のほとんどは、M. Cantor, *Vorlesungen über Geschichte der Mathematik*, vol. i. pp. 46–63. に負っている。また J. Gow, *Short History of Greek Mathematics*, §§ 73–80. や G. Milhaud, *La Science grecque*, pp. 91 *sqq*. を見よ。ミローの著書での議論は、*Bulletin de la Société Mathématique*, vol. vi. におけるM・ロデの論文に基づいていることから、とくに貴重である。このロデの論文は、それまでの論説が依拠しているアイゼンロールの解釈を、重要な点で補足している。

（2） Plato, *Laws*, 819b4, *μήλων τέ τινων διανομαὶ καὶ στεφάνων πλείοσιν ἅμα καὶ ἐλάττοσιν ἁρμοττόντων ἀριθμῶν τῶν αὐτῶν, καὶ πυκτῶν καὶ παλαιστῶν ἐφεδρείας τε καὶ συλλήξεως ἐν μέρει καὶ ἐφεξῆς καὶ ὡς πεφύκασι γίγνεσθαι. καὶ δὴ καὶ παίζοντες, φιάλας ἅμα χρυσοῦ καὶ χαλκοῦ καὶ ἀργύρου καὶ τοιούτων τινῶν ἄλλων κεραννύντες, οἱ δὲ καὶ ὅλας πως διαδιδόντες.*

（3） Herod. ii. 109; Arist. *Met*. A, 1. 981b23.

（4） この方法のもっと充実した説明のためには、Gow, *Short History of Greek Mathematics*, pp. 127 *sqq*., Milhaud, *Science grecque*, p. 99 を見よ。

（5） DK. 68B299 (R.P. 188). ディールスがこの断片を現に疑わしいと考えていることに触れるべきであろう（*Vors*³

ii. p. 124)。かれは事実それを、ギリシアの学問は本来のものでないという性格を示そうとしたアレクサンドリアの偽造文書に由来すると見なしている。そうであるにしても、*ἀρπεδονάπται* の語は疑いもなく実在していた用語であり、テクスト中のその語から推論されたことは正しい。

（6） *ἀρπεδονάπτης* の本来の意味は、カントールが最初に指摘した。花壇の地面割をする庭師こそ、〈arpedonapts〉の本当の現代版である。

（7） Milhaud, *Science grecque*, p. 103 を見よ。

（8） たとえば *κύκλος*（円）、*κύλινδρος*（円柱）を参照せよ。数学用語はしばしば道具の名に由来している。たとえば *γνώμων* は大工の定規、*τομεύς*（扇形）は靴直しのナイフである。*πυραμίς*（角錐）の語は、時折例外であると考えられており、リンド・パピルスで用いられた piremus の語から来ている。しかし piremus は「角錐」を意味しない（40頁）。だが *πυραμίς* もまたギリシア語である。*πυραμίς*（または *πυραμοῦς*）は、「一種の菓子」の義であり、*σησαμίς*（または *σησαμοῦς* 胡麻菓子）との類推で *πυροί*（小麦）から作られた。ギリシア人は、エジプトの事物に陽気な名前を与える傾向があった。たとえば蜥蜴を *κροκόδειλος*（鰐《クロコダイル》）、焼串を *ὀβελίσκος*（方尖塔）、雀を *στρουθός*（駝鳥）、落とし門や揚蓋を *καταράκτης*（瀑）と呼んだ。傭兵たちが、アブ・シムベルの円形劇場で、そうした名前だけを切り離して使った隠語の名残りを聞く思いである。

二　バビュロニア人の天文学

イオニア人が学問を採り入れたと考えられる別の源は、バビュロニア人の天文学である。もちろんバビュロニア人が早くから天体を観察していたことは確かである。とくに星座のなかに、恒星や黄道帯内の星々を配置しようとした。[1] それは、観察を主体とする天文学にとっては目的に適っているが、どちらかというとそれ自体、神話や民俗学に所属している。バビュロニア人は、惑星を識別して命名したし、惑星の見かけの運動にも気づいていた。そして惑星の位置や逆行運動についてよく知っていたし、至点や春秋分点にも通暁していた。また予測の目的から再発を予言しようと、蝕の発生を記録していた。しかしこれらの観察の記録や的確性を誇張してはならない。バビュロニア人が行き届いた暦をもつには、久しい時間がかかった。そして一番よいとおもわれる年に、十三番目の月を閏月として挿入して、なんとか年を正しく維持した。それは信頼性のある年表を不可能とした。したがっていわゆるナボナッサロス王の年代（前七四七年）以前には、天文学的目的に役立つ資料はなかったし、またありえなかったのである。一九〇七年までに明るみに出た、本当に科学的性格をもった最古の天文学的文書は、カムビュセス治下、前五二三年のものである。このときすでにピュタゴラスは、クロトンで学園をうち建てていた。さらにバビュロニアの観察天文学の黄金時代は、アレクサンドロス大王の時代より以後と現にされているのである。そのときバビュロンは、ギリシア風の都市であった。そのときでさえ、きわめて正確な観察がなされ、アレクサンドリアの天文学者に役立つ資料が蓄積されたとはいうものの、バビュロニアの天文学が経験的段階を通り過ぎていたという証拠はない。(2)

いずれ明らかになるように（三）、バビュロニア人は周期によって蝕を予言しようとしたが、おそらくタレスもそれを心得ていた。しかしギリシアの学問を開拓したものたちが、バビュロニア人の観察について詳細に知っていた、と考えることは誤りであろう。惑星についてバビュロニア語の名称が生まれたのは、プラトンの晩年の著作よりも早い時期ではない。(3)事実、初期の宇宙論者が惑星には少しも関心がなかったことは、やがて明らかになるであろうし、その人たちが恒星を何と考えたかを述べるのも困難である。そのこと自体、初期の宇宙論者が独力で出発し、かつ、バビュロニア人の観察とはまったく独立していること、ならびに観察記録がアレクサンドリア時代になってはじめて十分に活用されたことを表わしている。(4)しかし、たとえイオニア人がその記録を知っていたにしても、イオニア人の独創性は消え失せないであろう。バビュロニア人は、学問的関心からではなく、占星の目的のために天体の現象を記録したのである。きわめて学的な方法で、いったい何を観たかをバビュロニア人が説明しようとした証拠はない。他方、ギリシア人は、少なくとも二、三世代のうちに重要な三つの発見をした。まず第一に大地が球体であって、何かの上に乗っかってはいないことを発見した。(5) 第二に、月蝕や日蝕の本当の理論を発見した。第三に、大地はこの宇宙の中心ではなくて、惑星のように中心のまわりを回転しているという見解に達したのである。或るギリシア人が、少なくとも試案ではあるが、大地や惑星が回転している中心こそ太陽であるという結論に行きつくのは、そんなに後のことではない。これらの発見については、適切な箇所でその都度論ぜられるであろう。ここで言及したのは、ギリシア人の天文学と、それを促進させてきたすべてのものとのあいだの、溝を示すためである。一方、ギリシア人は占星術を拒絶したのであって、それを採り入れたのは前三世紀以後であった。(6)

以上を総括すると、哲学にしろ科学にしろ、いずれもギリシア人は東方から借用したのではない、ということになろう。しかしギリシア人は、測定についての或る規則をエジプトから採り入れた。そしてそれが法則化すると、幾何学となった。一方、バビュロニアからは、天体の現象が周期をもっていることを学んだ。こうした知識の断片は、確かに学問の興隆を促す多くのものを内蔵していたのである。というのはその知識は、バビュロニア人が夢想だにしなかったような、はるかに進んだ諸問題を、ギリシア人に提示していたからである。(7)

(1) それは、黄道帯をそれぞれ三十度ずつ十二宮に分割するのと、まったく同じではない。前六世紀以前に、そうした形跡は何もない。また星座に対するかなりの数の名前は、一見バビュロニアからギリシア人のところに達したようであるが、たいていはギリシア神話から、またクレタやアルカディアやボイオティアで地方化するようになった最古層から、引き出されたことも注目されるべきである。そのことから、星座はすでに「ミノアの」時代に名づけられた、という結論に至るのである。アンドロメダや彼女の血縁者によって占められた不釣合な空間は、クレタとフィリスティアが密接な繋がりにあった時代を表わしている。ここには、「星に由来する神話」の説によって、覆い隠されてきた解決への緒が存在しているのである。

(2) これらのことはすべて、クグレール神父の研究 (*Sternkunde und Sterndienst in Babel*, 1907) によって疑いが晴らされてきている。優れた天文学者シアパレッリの、*Scientia*, vol. iii. pp. 213 *sqq.* や vol. iv. pp. 24 *sqq.* に記載された最近作のなかで、クグレールの結論に対してたいへん興味深い評価や検討がなされている。私が二版を出版するときには、これらの検討を手に入れられなかった。そして二版では、バビュロニア人の天文学について、いくつかのまったく不必要な譲歩を私はしたのである。とくにギンゼルの所見 (*Klio*, i. p. 205) によって、バビュロニア人は歳差運動を観察していたであろうと考えるに至ったが、これはことに現在の知識からは不可能なことである。シアパレッリの二番目の論文には、本題についての優れた評釈がある (*Scientia*, iv. p. 34)。バビュロニア人が早くから天文学的記録を残すことができなかった主な理由は、かれらが太陰年と太陽年とを併合する方法を知らなかったからであり、またエジプトの狼星周期によって提示されるような調整がなかったからである。ὀκταετηρίς (八年周期) にしろ ἐννεακαιδεκαετηρίς (九年周期) にしろ、前六世紀の終わりまで、バビュロニア人には知られなかった。それらは純粋にギリシア人の発案である。

(3) 古代ギリシアの文献においては、Ἕσπερος (宵の明星) や、Ἑωσφόρος (明けの明星) 以外の惑星の名には、少しも言及されていない。はじめてパルメニデス (またはピュタゴラス) は、これらの星を単一の惑星と見なしている (九四)。水星は『ティマイオス』篇ではじめて現われ (38e)、そのほかの神にあやかる名前は『エピノミス』篇に窺える (987b *sq.*)。後者の箇所で、それらの名前は「シリア的」であると言われている。ギリシア名 Φαίνων (土星)、Φαέθων (木星)、Πυρόεις (火星)、Φωσφόρος (金星)、Στίλβων (水星) は、ずっと早い時期に生じたのではないにしても、古いことは疑いえない。

(4) バビュロニア人についての最初の照会は、プラトンの『エピノミス』篇 (987a) にある。またその人たちは、アリストテレスの『天体論』(B, 12. 292a 8) によって引き合いに出されている。

(5) 大地の球状が、エジプトやバビュロニアにおいて知られていた、というベルガーの見解 (*Erdkunde*, pp. 171 *sqq.*) は、私の知っているあらゆる証拠によって、完全に否定される。

(6) ギリシア人の間の占星術について最初に触れているのは、プラトンの『ティマイオス』篇四〇C九 (合、衝、掩蔽などについて) φόβους καὶ σημεῖα τῶν μετὰ ταῦτα γενησομένων τοῖς οὐ δυναμένοις λογίζεσθαι πέμπουσιν. のようである。

これは漠然としているが、テオプラストスはもっと明確であった。この箇所に対するプロクロスの注釈 *θαυμασιωτάτην εἶναί φησιν ἐν τοῖς κατ' αὐτὸν χρόνοις τὴν τῶν Χαλδαίων θεωρίαν τά τε ἄλλα προλέγουσαν καὶ τοὺς βίους ἑκάστων καὶ τοὺς θανάτους καὶ οὐ τὰ κοινὰ μόνον.* を参照のこと。ギリシアへ占星術を導入した原因となったのは、ストア学派、とくにポセイドニオスであった。そしてひじょうに発展し、後世にまでよく知られた学説は、ストアの *εἱμαρμένη*（運命）の説に基づいていたことが、最近になって明らかになっている。*Neue Jahrb.* xxi.（1908）, p. 108 に記載の、ボールによるたいへん貴重な論文を見られたい。

（7）この事柄についてのプラトンの説明は、『エピノミス』篇九八六E九以下で見いだされるはずであり、*λάβωμεν δὲ ὡς ὅτιπερ ἂν Ἕλληνες βαρβάρων παραλάβωσι, κάλλιον τοῦτο εἰς τέλος ἀπεργάζονται*（987d9）の語句で要約される。この点は、スミュルナのテオン（アプロディシアスのアドラトス）の *Exp.* p. 177, 20 Hiller において言い表わされている。その人は、カルデア人やエジプト人を *ἄνευ φυσιολογίας ἀτελεῖς ποιούμενοι τὰς μεθόδους, δέον ἅμα καὶ φυσικῶς περὶ τούτων ἐπισκοπεῖν· ὅπερ οἱ παρὰ τοῖς Ἕλλησιν ἀστρολογήσαντες ἐπειρῶντο ποιεῖν, τὰς παρὰ τούτων λαβόντες ἀρχὰς καὶ τῶν φαινομένων τηρήσεις.* と言っている。これはアレクサンドリアでの見方を示している。その地では事象は正確に知られていた。

一三　初期ギリシア宇宙論の学問的性格

さてこれから学ぶ哲学の学問的性格について、力説することが必要である。すでに見てきたように、東方の諸民族は、或る学問的な狙いから事象を観察しなかったし、また事象が原始的世界観の修正を促さなかったにしても、そのような事象を集積する点では、ギリシア人よりもかなり恵まれていた。しかしギリシア人は、事象のなかに利用できるものを見たのであり、すぐさま「ひとおのおの好むところに従う」という格言を地でゆく民族であった。ソロンのクロイソスの許への訪問について、ヘロドトスが記しているが、それが史実に反しているにしても、そのくだりはこの真意を伝える格好の箇所である。クロイソスは、ソロンの「知恵と漫遊」のことに聞き及んでいることや、ソロンが知識を求めて（*φιλοσοφέων*）見物のため（*θεωρίης εἵνεκεν*）多くの土地を旅行したことをソロンそのひとに語っている。事実、*θεωρίη, φιλοσοφίη, ἱστορίη* の語は、当時の流行語である。(1) もっともその語は、後日、アテナイで使われた意味とは確かに多少異なった意味をもっていた。これらのすべての用語の基礎となっている考えは、おそらく Curiosity の語に英訳されるかもしれない。それはまさしく好奇心を、また眼につくあらゆる驚くべき事象——ピラミッド、洪水など——を解こうとする欲望を大いにもつことであった。このためにイオニア人は、夷狄のあいだでは問題にもならなかったほどの知識の断片を採りあげて、自分流に活用できたのである。或るイオニアの哲学者は、六つの幾何学の命題を学び、天体現象が周期的に戻ってくるということを耳にすると、自然のいたるところに法則を探し求めはじめた。そして *ὕβρις*（暴慢）と言ってよいほどの大胆さで、宇宙の体系を構成しはじめたのである。こうした努力が表わす、子供の空想と学問的洞察との織りなす混成を、私たちは冷笑するかもしれないし、時には、その時代のもっと向こう見ずな人びとに「人間にふさわしいことを思慮する」（*ἀνθρώπινα φρονεῖν*）よう、警告を発した知者に共鳴する気になることがある。しかしそれは現代でもなお学問的進展を可能にする経験を、大胆に期待するのとちょうど同じであり、これら初期の探究家のだれもが実証的な知識を入念にたえず積み重ね、そのうえあらゆる方向に新しい世界観を展開したということを念頭に置くとよいであろう。

ギリシアの学問は、観察や実験によらないで、多かれ少なかれ運まかせの当て推量によって築かれたという考えも正しくない。今日の伝承記録は、ほとんど *Placita*（学説誌）、すなわち「もろもろの結果」と呼ばれているものから構成されるが、その性格上疑いもなくこういう印象を生み出しがちである。何ゆえ初期の哲学者が自分の抱く見解に至ったかは、めったに述べられていない。そして一連の「学説」は、断独論の様相を呈しているのである。しかし伝承の一般的性格と異なるいくらかの例外がある。つまりもし後期のギリシア人がこうした問題に関心を寄せていたのであれば、さらに多くの伝承が残ったであろう、と考えても無理はない。後述されるが、アナクシマンドロスは、海洋生物学上の著しい若干の発見をしたが、これは十九世紀の研究が確証している(三)。またクセノプァネスまでも、マルタ、パロス、シュラクサイといった広範囲に点在している場所の、化石や石化作用に言及することで、自説を裏づけた(五九)。このことはつぎのことをよく示している。すなわち初期の哲学者が共通して称えた、大地ははじめ霧状であったという説が、最初から純粋に神話的ではなくて、生物学的、かつ古生物学的観察に基づいていたということである。これほどの観察の可能な人びとが、それとは別の多くの観察をする好奇心も能力も持ちあわせていなかったために、現にそれが忘られているのだ、と想像することは確かに不合理であろう。実際、彫刻の解剖学的な正確さからでも証明されるように、ギリシア人が観察家でなかったという考えは、一笑に付すべき間違いである。その正確さは、教えられて観察をする慣習をもっていた左証である。一方、ヒッポクラテスの文書には、科学的観察の最も優れた典型が含まれている。それによってギリシア人がよく観察できたことも知られるし、あらゆるものに好奇心を抱いていたことも知られる。ギリシア人が観察力を用いないで、その好奇心を満足させたと、はたして考えられるであろうか。実のところギリシア人は、今日のような精密な器具をもっていなかった。しかしきわめて簡単な機械装置によっても、多くのことが発見されうるのである。アナクシマンドロスは、スパルタ人が季節を知ったグノーモーンをただ立てたにすぎない、と考えられるべきではない(2)。

ギリシア人が実験を全然しなかった、というのは本当ではない。実験的方法が向上したのは、医学上の学派が哲学の発展に影響を与えはじめた頃からである。したがって、近代的な形式をもった実験で最初に記録されたのは、**klepsydra**（盗水器）についてのエムペドクレスの実験であることを、私たちは見いだすのである。これについてエムペドクレス自身の説明があるし（断片一〇〇）、どのようにしてハーベイやトリッチエッリーを予想するぎりぎりのところまで実験を進めたかを知ることができる。好奇心の強い人びとが、ひとつの場合にだけ実験的方法を適用して、他の問題にまで拡げなかったと想像することはできない。

むろん、私たちにとってたいへん面倒なことは、大地中心の仮説である。学問はその仮説から必然的に出発した。もっともそれはきわめて短期間に成長発達したのである。大地が宇宙の中心にあると考えられるかぎり、気象学、これは後の時代の語意であるが、当然天文学と一致する。だがこういった観点に精通することは難しい。そして本当のところ、ギリシア人が最初にウーラノス（οὐρανός）と呼んだ内容を表現するにふさわしい言葉は持ちあわしていない。「世界」といった用語を用いるのも便宜上にすぎない。しかしその場合「世界」は、天体とともに大地をも含んでいるが、ただそれだけで、また主な意味で大地を表わしていないことを心に留めておくべきである。

したがって六世紀の学問は、世界の「上方」にある部分（τὰ μετέωρα）に主として係わっていた。そしてこの部分は、天体の諸物体と同様に、雲、虹、稲妻の類いを含んでいる。(3) なぜなら天体は、発火された雲としてときおり説明されていたからである。この考えはじつに驚くべきことのようにおもわれる。(4) しかしそれは、太陽、月、星辰が大地とは異なった性質をもつもの、と見なすよりもはるかにましであるし、学問は最も明白な仮説から必然的に、しかも正しく始まった。そしてこれを徹底的に解決しようとすることによって、仮説の不十分さを示すことができる。ギリシア人が大地中心の仮説を真剣に捉えた最初の民族であったからこそ、またそれを越えることができたのである。もちろんギリシア思想の開拓者は、学的な仮説の性質について鮮明な考えをもってはいなかったし、自ら究極的実在を扱っているとおもっていた。しかし確固とした天性が、開拓者を正しい方法に導いたのである。そしてどのように「現象の救済」(5) への努力が、はじめから実際に払われたかを、私たちは見ることができるのである。今日、世界全体を客体として究極的に捉えるべき精密科学の概念をそのような人びとに負っているのである。開拓者はこの科学をすぐにも作り出すことができると空想した。今日だってときおり同じような誤りを犯すし、あらゆる学問的進展が、不十分な仮説からさらに十全な仮説への前進のなかにあることを、ともすれば忘れている。ギリシア人は、この方法に従った最初の民族であり、それゆえにギリシア人は学問の創始者と見なされる資格をもつのである。

（1）いまもなお θεωρία の語は、初めの繋がりを失っていない。そしてギリシア人は、θεωρητικὸς βίος が文字通り「観想者の生活」を意味している、とつねに考えていた。その特殊な用法や、「三つの生活」説のすべては、ピュタゴラス的であるとおもわれる（四五）。

（2）私たちの見るところでは、γνώμων の語は大工の定規を当然意味している（42頁注（8））。そしてプロクロス（*in Eucl. I.* p. 283, 7）から、キオスのオイノピデスがその語を、垂線（κάθετος）の意味で使ったことを知るのである。そう呼ばれた道具は、平らな面に垂直に立てられたものにすぎなかったし、その影によって至点や春秋分点を示すのに主に用いられた。それは日時計ではなかった。というのは、それが投じる影の長さから時刻がほぼ推定されるけれども、それは一日を等しい時間に分ける手段を少しも与えなかったからである。この用語の幾何学的使用については、150頁注（4）を見よ。

（3）μετεωρολογία の限定された意味は、アリストテレスが最初に οὐρανός と「地上」の領域とのあいだの決定的な差別を導入したときに生じたにすぎない。現在の意味は、地上の領域に限定されている。初期の宇宙論者がそのような差別をしない以上、アリストテレスよりははるかに学問的であった。その見方は訂正と発展を可能にしたが、アリストテレス説は、学問の成長を阻止したのである。

（4）しかしガリレオ自身、彗星を気象上の現象と見なしたことを想起すべきである。

（5）この語句は、プラトンの学派において創られた。そこでは、指導者が現象救済をひとつの「問題」（πρόβλημα）として「提示する」（προτείνειν, προβάλλεσθαι）という研究方法が用いられた。それは観察されたあらゆる事象を説明して長所を認めること（σῴζειν τὰ φαινόμενα）のできる最も単純化した「仮定」（τίνων ὑποτεθέντων）を見いだすためであった。ミルトンの『失楽園』viii. 81「いかに築き、うち崩し、企つことぞ、現象を救わんがために」を参照。

一四　哲学の学派

ギリシア哲学史を体系的な方法で書いた最初のひとテオプラストスは、(1) 初期の宇宙論者を互いに師弟の状態にあるものとして、また決まった仲間の成員として表現した。これは時代錯誤と見なされてきているし、ひとによっては哲学の「学派」の存在をことごとく否定しさえしている。しかしそのような論題についてのテオプラストスの叙述は、軽々に無視されるべきものではない。この点はひじょうに重要であるから、本論に入る前に明らかにする必要があろう。

生活上のほとんど全域にわたって、最初は自治的な団体がすべてであって、個人的なものはない。東方の諸民族で、この過程を経ないものはほとんどいない。学問と言ってよいほどのものではないが、諸民族の学問は誰のものでもなく、カーストやギルドの受け継いだ資産である。そしてギリシア人のあいだでもかつては同様であったということは、いまでも随所ではっきりと見られる。たとえば医術は、はじめアスクレピアダイという医師団の「手仕事」であった。ギリシア人とほかの民族とを区別するものは、初期の時代にこれらの職人衆が卓越した個人の影響を受けたということであった。個人は職人衆に新鮮な方向や新しい刺激を与えたのである。しかしこれは、職人衆の団体としての性格を損いはしない。むしろ強めるものである。ギルドは現に言う「学派」となるし、門弟は奉公人にとって代わる。それは重大な変化である。親方衆だけの閉じたギルドは、本質的に保守的であるが、尊敬する師匠を慕った弟子の集まりは、世間周知の、最大の進展力である。

確かに、後のアテナイの諸学派は合法的に認められた団体であって、その最も古いアカデメイアは、約九百年間もそのまま存続しつづけたのである。そして解決すべき唯一の問題は、これが前四世紀になされた革新であるのか、それとも古い伝統の継続であるのかどうかということである。諸学派に伝わった主な初期の学説について触れているプラトンの文献が現にある。プラトンは、ソクラテスに「エプェソスあたりの人びと」すなわちヘラクレイトスの徒を、当時強烈な団体を形成していると述べさせているし、(2)『ソプィステス』篇や『政治家』篇に登場する客人は、自分のところの学派がまだエレアにある、と述べている。(3)また「アナクサゴラス学派」の語も耳にする。(4)もちろん誰ひとり、ピュタゴラス学派が共同体であったことを疑うことはできない。事実、ミレトス学派以外にはほとんど学派らしいものはなかったのであり、それについての最も強力な外的証拠はない。たといそれを認めるとしても、テオプラストスが、後の時代の哲学者を「アナクシメネスの哲学の仲間」(5)であったと言っている事実は意味深い。第一章でも、ミレトス学派の実在性を支持する内的証拠が、じつに豊富であるということが明らかになるであろう。こうした観点からこそ、いま進んでギリシアの学問を創り出した人びとを考察するのである。

（1）「出典」七を見よ。

（2）*Theaet.* 179e4, *αὐτοῖς……τοῖς περὶ τὴν Ἔφεσον.* ヘラクレイトス派は、ある弟子をもっていたということをおどけて否定するあたりは（180b8, *Ποίοις μαθηταῖς, ὦ δαιμόνιε;*）、これが通常で、認められている関係であることを暗示している。

（3）*Soph.* 242d4, *τὸ……παρ' ἡμῖν Ἐλεατικὸν ἔθνος.* また *ib.* 216a3, *ἑταῖρον δὲ τῶν ἀμφὶ Παρμενίδην καὶ Ζήνωνα* [*ἑταίρων*]（ここで *ἑταίρων* はおそらく挿入されたものであろうが、正しい意味を与えている）; 217a1, *οἱ περὶ τὸν ἐκεῖ τόπον.* 参照。

（4）*Crat.* 409b 6, *εἴπερ ἀληθῆ οἱ Ἀναξαγόρειοι λέγουσιν.* また *Δισσοὶ λόγοι*（Diels, *Vors.*³ ii. p.343）*τί δὲ Ἀναξαγόρειοι καὶ Πυθαγόρειοι ἦεν;* 参照。これはプラトンとは別のものである。

（5）第六章一三参照。

出典

一　哲学者

一　プラトン

倫理学的研究や認識論的研究の高まる以前から哲学は存在していたけれども、プラトンが、その歴史をありのままに、すすんで詳しく説くことは稀でしかない。しかしかれが言及するとなると、いつも光彩を放っている。プラトンが思いのままに初期の哲学者の見解を記すことができたのは、芸術的才能と、他の人びとの思想に介入する能力があったからである。そしてかれは、ふざけて皮肉なやり方による場合は別として、先人の言葉に、けっして予想外の意味を読みとろうとはしなかった。実際、プラトンは歴史的感覚をもっていたのである。しかし古代ではそれは稀なことであった。

前五世紀半ばのアテナイにおける科学的な考えの様子を記述した『プァイドン』篇のプラトンの文章（九六A以下）は、本稿の狙いにとって、きわめて貴重である。

二　アリストテレス

初期の哲学者についてのアリストテレスの記述は、通例、史料に忠実という点ではプラトンに劣っている。アリストテレスは、ほとんどつねに自らの学説に視点を置いて、事柄を論じている。その学説が、天体の、一日における見かけの回転を冒しがたいものとしているので、かれがさらに科学的な諸見解を高く評価することは至極困難であった。アリストテレスは、自らの哲学がすべての先行する哲学者の目差していたものを完成していると確信しているのである。そして先行する哲学者の学説は、その狙いを系統立てて述べるには「舌たらず」の企てと見なされている（*Met.* A, 10. 993a15）。またアリストテレスが、誰にもまして自分流に若干の学説を見ていることは注意されるべきである。かれのエレア学派に対する態度は、明らかに公正ではない。たとえば、一般的に数学的な考察がなされている箇所では、かれの手引はどこにあっても信用がおけない。

しばしば忘れられていることは、アリストテレスがプラトンから多くの情報を得ていることである。そしてとくに、プラトンの諧謔的な所見を文学通りに再三にわたって受けとっていることも看取されねばならない。

三　ストア学派

ストア学派、ことにクリシッポスは、初期の哲学に多大の関心を寄せた。しかしその哲学に対するその学派の見方は、アリストテレスの見方の誇張にすぎなかった。かれらは、学派の我流の見方から先人を評価することに満足しなかった。つまりその人たちは、初期の詩人や思想家が自分たちの説とさほど違わない所説を教えた、と実際信じていたようにおもわれる。キケロが **accommodare**（調和させる）の語で訳している *συνοικειοῦν* の語は、フィロデモスによって用いられ、こうした解釈のやり口を表わしている。[1] これは現に伝承されているものについて、とりわけヘラクレイトスの場合、深刻な結果を生みだしている。

（1） Cic. *De nat. d.* i. 15, 41: "Et haec quidem (Chrysippus) in primo libro de natura deorum, in secundo autem vult Orphei, Musaei, Hesiodi Homerique fabellas accommodare ad ea quae ipse primo libro de deis immortalibus dixerat, ut etiam veterrimi poetae, qui haec ne suspicati quidem sunt, Stoici fuisse videantur." 参照。Philod. *De piet. fr.* c. 13, *ἐν δὲ τῷ δευτέρῳ τά τε εἰς Ὀρφέα καὶ Μουσαῖον ἀναφερόμενα καὶ τὰ παρ' Ὁμήρῳ καὶ Ἡσιόδῳ καὶ Εὐριπίδῃ καὶ ποιηταῖς ἄλλοις, ὡς καὶ Κλεάνθης, πειρᾶται συνοικειοῦν ταῖς δόξαις αὐτῶν.* 参照。

四　懐疑派

同じような言葉は、必要な変更を加えて（**mutatis mutandis**）懐疑派にも当て嵌まる。セクストス・エムペイリコスのような著述家の初期哲学に対する関心は、主としてその哲学のもつ矛盾をはっきりさせることにある。しかしエムペイリコスの伝えているものが、多くの場合貴重であるのは、自分の主張を支援している知識や感覚についての、初期の見解をよく引用しているからである。

五　新プラトン学派

アリストテレスの注釈家たちが、テオプラストスの流れを汲む伝承記録とは無関係である以上、この項目のもとで主としてその注釈家たちのことを考察する必要がある。その人たちの主な特色は、シムプリキオスが *εὐγνωμοσύνη* と呼んだもの、すなわち自由な解釈精神である。そうした精神は、感性界と叡知界との教説を是認していることから、初期の哲学者をすべて相互に一致させてしまう。しかし今日、諸断片が保存されたのは、誰よりも多くシムプリキオスに負っている。むろんかれは、五二九年まではともかくアカデメイアの図書館を自由に使用できていたのである。

二 学説誌家

六 『ギリシア学説誌』

ヘルマン・ディールス教授の『ギリシア学説誌』（*Doxographi Graeci*, 1879）は、後の時代の原典資料の派生について、まったく新しい光を投じた。そして教授の研究成果にたえず気を配っているならば、原典資料から引き出された記述の価値を正しく評価するだけはできるのである。ただここでは、『ギリシア学説誌』の概観しか示すことができない。もっともそれは読者にとって、その著作において教授がどのような方法を用いたかを知る一助となるであろう。

七 テオプラストスの『自然学説』

doxographers（学説誌家）という語から理解されるのは、ギリシアの哲学者の所説を叙述しているひとすべてを指すことである。そして学説誌家は、直接間接に、テオプラストスの大著『自然学説』十八巻（*Φυσικῶν δοξῶν ιη'*. Diog. v. 46）から資料を引き出している。この著作のなかで「感覚論」（*Περὶ αἰσθήσεων*）の題のついた注目すべき一章は現存している（*Dox.* pp. 499-527）、そのうえその著作の重要な諸断片が、アリストテレスの『自然学講義』（*Φυσικὴ ἀκρόασις*. Usener, *Analecta Theophrastea*, pp. 25 *sqq.*）の第一巻に対するシムプリキオス（六世紀）の注釈書のなかに含まれていることを、まずブランディスが、つづいてウーゼナーが明らかにした。シムプリキオスのこれらの抜萃文は、アプロディシアスのアレクサンドロス（二〇〇年頃）から、順次借用したものとおもわれる（*Dox.* p.112 *sqq.* 参照）。かくして *ἀρχαί* を扱った第一巻のひじょうに重要な部分が、実際上、最終巻全体と同じように現存しているのである。

これらの現存しているものから明白なように、テオプラストスの方法は、タレスからプラトンに至る哲学者の関心事であった論題を、別々の巻に分けて論ずることであった。ただし年代順は顧みられなかった。すなわち哲学者は似かよった学説に従って分類され、ひじょうに似かよった人びとのあいだの差異は、注意深く記されている。しかし第一巻は多少例外的であった。というのは、そこでの順序は系統的な学派の順序であったし、歴史的かつ年代的な短い記述が挿入されていたからである。

八　学説誌家

こういった類いの作品は、もちろん概要を説明するものや、案内書の編集者にとっては存外の授かり物であった。ギリシア的影響が衰えるにつれて、この人たちはますます隆盛を極めた。この連中の或るものは、テオプラストスに従って主題を項目ごとに配列したりするか、或るものはテオプラストスの作品をばらばらにし、自分たちが採りあげるさまざまな哲学者の名前のもとに、再びその記述を配列したりするかであった。あとの場合は、純学説誌家と伝記誌家とのあいだの、様式上の当然な推移を形作っている。そこで私はこの方を「伝記的学説誌家」の名称でもって区別することにする。

(一)　純学説誌家

九　『自然学概要』とストバイオス

純学説誌は、現に主として二つの作品によって表わされている。すなわちプルタルコスに帰せられる著作中の『哲学者の自然学概要』(*Placita Philosophorum*)と、ヨハネス・ストバイオス(四七〇年頃)の『自然学抄録』

（*Eclogae Physicae*）である。後者は、元来ストバイオスの『詞華集』（*Florilegium*）と、ひとつの作品を形成していた。そして実質的には偽プルタルコスの『自然学概要』と一致する或る概要の写しを含んでいるのである。しかし『自然学概要』も『自然学抄録』の学説誌も、どちらも一方が一方の原本ではないということを論証することができる。『抄録』の方が両者のうちでどちらかといえばつねに完備しているが、『概要』は『抄録』より前のものであるに違いない。というのは、それは一七七年にアテナゴラスによって、キリスト教弁護のために使用されているからである（*Dox.* p. 4）。それはまたエウセビオスやキュリルロスにおける記述や、ガレノスに帰せられる『哲学史』（*Historia Philosophica*）の典拠でもあった。テクストの多くの重要な訂正は、これらの著作家から引き出されている（*Dox.* pp. 5 *sqq.*）。

『概要』を用いたもうひとりの著作家は、アキルレスである。（ただしアキルレス・タティウスではない。）かれの著である、アラトスの『天界現象』（*Phaenomena*）への『入門』（*Εἰσαγωγή*）については、Maass, *Commentariorum in Aratum reliquiae*, pp. 25–75 を見よ。アキルレスの年代は明確ではないが、たぶん三世紀のひとであろう（*Dox.* p. 18）。

10　アエティオス

そこで『概要』や『抄録』に共通する原本は何であったか。ディールスは、テオドレトス（四四五年頃）が原本に接していたことを示している。すなわちかなりの箇所で、この『概要』や『抄録』で述べられたものより、形の充実したものをテオドレトスが与えているからである。ただそれだけでなく、その原本の名をかれがあげているのである。というのは *Ἀετίου τὴν περὶ ἀρεσκόντων συναγωγήν*（アエティオスの学説集）の語を残している。したがってディールスは、『アエティオスの学説誌』（*Aetii Placita*）の表題のもとに、『抄録』の対照する部分と『概要』とを平行した欄に印刷しているのである。「プルタルコス」からの後代の誌家による引用文と、アエティオスからのテオドレトスの抜萃文は、それぞれの頁の脚注として与えられている。

二　古期学説集

しかしさらにディールスは、アエティオスが直接にテオプラストスから引き出したのではなく、『古期学説集』(*Vetusta Placita*)とディールスが呼んでいる間接的な概要書から引き出したものであることを示している。『古期学説集』の痕跡は、キケロ(次項(三))や、ウアッロに追随するケンソリヌス(*De die natali*)のなかに見いだされるであろう。この『古期学説集』は、ポセイドニオス学派において構成され、ディールスは現にそれをポセイドニオス派の'*Ἀρέσκοντα*'(学説誌)と呼んでいる(*Über das phys. System des Straton, p. 2*)。また「ホメロスの寓意的解釈家たち」のなかにも、その痕跡がある。

アエティオスは、多少愚かしいことであるがエピクロス学派などの出典からつけ加えている。しかしそれを差引けば、『古期学説集』の正味についてのまったく正確な表を作ることも十分可能である。そしてこれは、最初のテオプラストスの著述の配列についての考えが、どれほど正しいものであったかを示している。

三　キケロ

キケロが初期ギリシア哲学について伝えているものからすれば、かれは哲学者ではなくて、学説誌家の仲間に入れられるべきである。というのは、キケロが残しているのは、テオプラストスの著作から第二、第三の媒介を経た抜萃文だけであるからである。純学説誌という項目ではかれの著作中の二つの箇所、すなわち「ルキュルス」(*Acad. ii*)一一八と『神の本性論』(*De natura deorum*)一巻二五-四一が、まず考えられる。

(イ)「ルキュルス」の学説誌

哲学者どもは *ἀρχή* についてさまざまな見解を抱いたが、この書は、それについての貧弱で不正確な概要書を含んでいる（*Dox.* pp. 119 *sqq.*）。そしてもしもテオプラストスのそのままの言葉が或る事例において確認されないとすれば、この書はまったく役に立たないであろう（第一章81頁注（1））。この学説誌は、カルネアデスを継いでアカデメイアの学頭（前一二九年）となったクレイトマコスの手を経て来ている。

(ロ)『神の本性論』の学説誌

ヘルクラネウムにおいて、エピクロス風の論文の断片を含んだ一巻が発見されて、『神の本性論』のこの重要な箇所に新しい光が投ぜられた。かつてこの箇所は原本とほとんど同じと見なされたほどである。この論文は、はじめ『アッティクス宛書翰』（xiii. 39. 2）との照合を根拠にして、ファイドロスのものとされていた。しかし真の表題 *Φιλοδήμου περὶ εὐσεβείας*（ピィロデモスの『敬虔論』）は、後になって推定挿入されたのである（*Dox.* p. 530）。しかしキケロがピィロデモスを写したのではないという見方には少なからぬ理由があるとディールスは主張した反面、キケロもピィロデモスも共通の典拠（疑いもなくファイドロス著『神々について』*Περὶ θεῶν*）から引き出していることを示した。この典拠はさらに、テオプラストスについてのストア派の概要書に溯るのである。キケロのこの箇所と、それに対応するピィロデモスの断片は、ディールスによって平行した欄として編集されている（*Dox.* pp. 531 *sqq.*）。

(二) 伝記的学説誌家

一三　ヒッポリュトス

「伝記的学説誌」のなかで最も重要なのは、ヒッポリュトスの著『全異教徒駁論』の第一巻である。これは長いあいだオリゲネスの *Philosophoumena* として知られていた。しかし残りの巻は一八五四年にはじめてオックスフォードで出版されているが、その発見からついに第一巻がオリゲネスのものでないことが明らかになった。それは、主にテオプラストスについての或る優れた概要書から引き出されている。この概要書においては、資料がすでにさまざまな哲学者の名称のもとに再配列してあった。しかし明記しなければならないのは、タレス、ピュタゴラス、ヘラクレイトスやエムペドクレスを扱っている部門が、或るできの悪い原本、つまり偽りの逸話や疑わしい叙述ばかりの、単なる伝記的概要書によっていることである。

一四　『雑録』

エウセビオスの『福音入門』(*Praeparatio Evangelica*) に引用された偽プルタルコスの『雑録』(*Stromateis*) の断片は、*Philosophoumena* の最も良い部分の出典に似た文献から来ている。その断片は、見たところ主として二点で異なっている。まず第一は、たいていの断片が、テオプラストスの『自然学説』の最初の巻にあたる部分から受けとられており、したがってほとんどが第一の実体、天体の物体、大地を扱っている点である。第二は、言葉が、原典のあまり信用できない写しであるという点である。

一五　ディオゲネス・ラエルティオス

ディオゲネス・ラエルティオスとか、ラエルティオス・ディオゲネスとかの名で流通している抜萃集は (Usener, *Epicurea*, pp. 1 *sqq.* 参照)、二つのはっきりした学説誌に属するおびただしい断片を含んでいる。ひとつは、ヒッポリュトスの最初の四章で用いられた、ただ伝記的で逸話的、かつ格言的な類いのものからなっている。もうひとつは、ヒッポリュトスの残りの章の出典のような優れたものからなっている。第一の学説誌を拠りどころにしていることから、この「寄せ集め」に「要約的な」(*κεφαλαιώδης*)説明といった表現をあてる試みがされている。一方、第二の学説誌にあたる部分は「細目に亘った」(*ἐπὶ μέρους*)説明と称されている。

一六 教父の学説誌

短い学説誌的概要は、エウセビオス(***P.E.*** x., xiv., xv.)、テオドレトス(*Gr. aff. cur.* ii. 9–11)、イレナエオス(*C. haer.* ii. 14)、アルノビオス(*Adv. nat.* ii. 9)、アウグスティヌス(*Civ. Dei*, viii. 2)に見いだされるはずである。これらは主として、『諸系譜』を書いた人びとに依拠している。この人たちについては、つぎの項で考察しなければならない。

(三) 伝記誌家

一七 系譜

『哲学者の諸系譜』と題する著作を最初に書いたひとは、前二百年頃のソティオンであった(Diog. ii. 12; R. P 4a)。かれの著作の配列は、『ギリシア学説誌』一四八頁で説明されている。ヘラクレイデス・レムボスはその概要書を書いている。『諸系譜』(*Διαδοχαί*)を書いた別のひとには、アンティステネス、ソシクラテス、アレクサンドロスがいた。こうした著作はことごとく、ひじょうに貧弱な学説誌が付されていたし、根拠のない格言や偽造の逸話が添えられて面白くされていた。

一八 ヘルミッポス

カッリマコスの徒(*Καλλιμάχειος*)として知られているスミュルナ生まれで逍遙学派のヘルミッポス(前二〇

〇年頃）は、若干の伝記的著作を書いた。これはしばしば引用されている。伝記の細部はきわめて信用がおけない。しかし時折、伝記的報告が追付されているが、それはカッリマコスの『表』（*Πίνακες*）にはっきりと残っている。

一九　サテュロス

もうひとりの逍遙学派のサテュロスは、アリスタルコスの弟子で『著名人の生涯』を書いた（前一六〇年頃）。ヘルミッポスに対してと同じような所見が、サテュロスにも当て嵌まる。ヘラクレイデス・レムボスは、かれの著作の概要書を書いた。

二〇　ディオゲネス・ラエルティオス

ディオゲネス・ラエルティオスの名で通っている著作は、その伝記的部分においては、初期の見聞ばかりの寄せ集めにすぎない。それは統一的配慮によって整理されたものでも、構成されたものでもなく、抜萃文の無秩序な蒐集以上のものではない。しかしむろん、それはきわめて重要なものも含んでいる。

(四)　年代誌家

二一　エラトステネスとアポルロドロス

古代の年代記の創設者は、キュレネのエラトステネス（前二七五―一九四）であった。しかしかれの作品は、アポルロドロス（前一四〇）の韻律的な叙述によって、間もなく取って代わった。初期哲学者の年代についての現存するほとんどの報告は、アポルロドロスから引き出されているのである。『ライン学術誌』（xxxi）記載の、アポルロドロスの『年代記』(*Χρονικά*) についてのディールスの論文を見よ。そしてイヤコビー著『アポルロドロス年代記』(1902) を見よ。

採られた方法はつぎのようである。――ひとりの哲学者の生涯においての或る大きな出来事の期日が知られる場合、それをそのひとの「最盛期」(*ἀκμή*) と見なすのである。そしてそのひとはその時、四十歳であったと推定される。こうした出来事のない場合は、歴史的に重要な或る事件が最盛期と見なされる。これらの主なものは、前五八六／五年のタレスの日蝕、前五四六／五年のサルディス略奪、前五三二／一年のポリュクラテスの即位、前四四四／三年のトゥリオイの建設である。つねにこれらの組合わせを重視しすぎるきらいがある。そしてアポルロドロスが誤っていることを、別の証拠からしばしば私たちは示すことができるのである。かれによる年代は、さらに決め手となる年代が少しも存在しないときの、一時凌ぎに採りあげられるにすぎない。

第一章　ミレトス学派

一　ミレトスとリュディア

学的な宇宙論についての最初の学派が本拠としたのは、ミレトスであった。おそらくそれは、ミレトスこそがエーゲ文明やイオニア文明との繋がりを最もはっきりと表わしている場所であるということを意味しているのであって、それ以外の意味ではない(1)。ミレトス人は幾たびもリュディア人との戦いにまき込まれた。リュディア人の支配者は、沿岸部への支配権を拡大することに傾注していたのである。しかし前七世紀後半にかけて、僭主トラシュブウロスは、アリュアッテス王と合意に達することに成功した。そしてミレトスに対して将来妨害が起これば、安全を確保するという提携が結ばれた。ちょうど半世紀後、クロイソスが父親の急進的な政策を再興し、エプェソスと戦って征服したときでさえ、ミレトスは古い条約関係を維持することができたのである。そして厳密に言っても、リュディア人にけっして隷属はしなかった。さらにリュディア人との繋がりは、ミレトスでの学問の生長に恩恵を施したのである。後の時代にヘレニズムと呼ばれた内容は、メルムナス王家では昔からの家風であったとおもわれる。ヘロドトスは、当時のあらゆる「知者」がサルディスの王宮に集まっていた、と言っている(2)。クロイソスをギリシアの知恵の「庇護者」と称する慣例は、五世紀に十分に発展していた。たとえその細部が史実でないにしても、それはまさしく事実を土台にしたものに違いない。タレスが、明らかに軍の技術者の身分でクロイソスに率いられて従軍したという「ギリシア人に知れわたった話」は、ことに注目に値することである。ヘロドトスは、タレスがハリュス河の流れを変えたという話を信じていない。というのも当時すでにここに橋がかかっていたことをただかれが知っていたからである。明らかにイオニア人は優れた技術者であったし、東方の国王はイオニア人を技術者として採用していたのであった[3]。

付言されるべきことは、リュディア人の提携はバビュロニアやエジプトとの交流を促進したであろうということである。リュディアはバビュロニアの文化の最前線であったし、クロイソスはエジプトやバビュロニアの王と親密な間柄にあった。エジプトのアマシスはクロイソスと同じく、ギリシアに好意的であったし、またミレトス人はナウクラティスの地に自分たちの神殿をもっていたのである。

（1）序論二を見よ。古代ミレトスは、ネレオスによって新都市が築城されるよりもはるかに以前の時代に、クレタのミラトスから移民が送り込まれた、とエプォロスは言った（Strabo, xiv. p. 634）。そして最近の発掘は、エーゲ文明がその地で初期のイオニア文明へと徐々に移行して行ったことを示している。古代イオニア人の住いは、「ミケーネ」時代の残骸（débris）のうえに、またそのなかに建っている。いかなる「幾何学的」な幕間も存在しない。

（2）Herod. i. 29. Radet, *La Lydie et le monde grec au temps des Mermnades*（Paris, 1893）を見よ。

（3）Herod. i. 75. イオニア人の学問を正当に評価するには、当時の技術の高度な発展を想起することが肝要である。サモス生まれのマンドロクレスは、ダレイオス王のためにボスポロスに橋をかけた（Herod. iv. 88）。またエジプト人やフォイニキア人が試みて失敗したときに、クセルクセス王のためにテネドスのひとハルパロスは、ヘルレスポントス河に橋をかけたのである（Diels, *Abh. der Berl. Akad.*, 1904, p. 8）。ヘロドトス（iii. 60）によって記されているサモス島の山を穿ったトンネルを、ドイツ人の発掘者が発見している。それは約一キロメートルの長さであったが、ほとんど正確に水平に近い。この全課題については、Diels, "Wissenschaft und Technik bei den Hellenen."（*Neue Jahrb.* xxxiii. pp. 3, 4）を見よ。別の事柄の場合と同じように、その地でギリシア人は「ミノア」の伝統を継承したのである。

一　タレス

二　素性

タレスはミレトス学派の創設者であり、したがって学識をもった最初のひとでもあった。(1)しかし実際タレスについてはすべてヘロドトスが典拠となって知られるのであり、ヘロドトスが著述した時分、すでに七賢人の話は実在していたのである。ヘロドトスによると、タレスはフォイニキア人の系統であった。また別のひとの記述では、カドモスやアゲノルの子孫である高貴な家柄のひとであった、と説明されている。(2)ヘロドトスが、本当であると考えてタレスの家系について述べているのは、ただタレスがフォイニキアからの航海術に或る改良を施したと信じていたからである。(3)ともかく父の名がエクサミュエスと言われるからといって、タレスがセム族のひとであったという見方が強まるわけのものではない。それはカリアの方言であり、カリア人はほとんど完全にイオニア人によって同化されていたのである。碑文では同じ家族内にも、ギリシア名やカリア名が交互に見いだされるし、一方それにもかかわらずタレスの名は、クレタの方言として知られている。したがってタレスの血管にカリア人の血が流れているとしても、純粋なミレトス人の系統に属すことを疑う根拠は何もない。(4)

(1)　シムプリキオスは、タレスには多くの先駆者があったというテオプラストスの言葉を引用している（*Dox.* p. 475, 11)。これは別に問題ではない。というのはロードスのアポルロニオス（ii. 1248）についての古代注釈家は、タレスがプロメテウスを最初の哲学者としたことを述べている。これはプラトンの章句（*Phileb.* 16c6）についてのペリパトス風の文字解釈の適用にすぎない。「出典」二を参照。

(2)　Herod. i. 170 (R.P. 9d. DK. 11A4); Diog. i. 22 (R.P. 9. DK. 11A1). これはまさしくヘロドトス（i. 146）が、最初のイオニア人の移住者のなかにボイオティアから来たカドメイオイ人たちがいた、と述べている事柄と関連している。また Strabo, xiv. pp. 633, 636; Pausan. vii. 2, 7 を参照。しかしこれらはセム語ではない。

(3) Diog. i. 23, *Καλλίμαχος δ' αὐτὸν οἶδεν εὑρετὴν τῆς ἄρκτου τῆς μικρᾶς λέγων ἐν τοῖς Ἰάμβοις οὕτως*——

καὶ τῆς ἁμάξης ἐλέγετο σταθμήσασθαι
τοὺς ἀστερίσκους, ᾗ πλέουσι Φοίνικες.

(4) Diels, "Thales ein Semite?" (*Arch.* ii. 165 *sqq.*) と Immisch, "Zu Thales Abkunft" (*ib.* p. 515) を見よ。エクサミュエスの名は、コロフォンでも見いだされる (Hermesianax, *Leontion*, fr. 2, 38 Bgk.)。そしてケラミュエスやパナミュエスと同じように他のカリア名と比較されるであろう。

三　タレスによる蝕の予言

ヘロドトスがタレスについて述べているひじょうに顕著な事柄は、リュディア人とメディア人とのあいだの戦いを終末に導いた日蝕をかれが予言したことである。[1] その折、タレスは、蝕というものの原因については全然知っていなかった。たしかにアナクシマンドロスやその継承者においても同じであった。[2] 原因が述べられてすぐに忘れられたということも納得がゆかない。たとえタレスが蝕というものの原因を知っていたと考えるにしても、かれがエジプトで集めた基本的な幾何学についての諸断片から、一回の蝕を容易に割り出すことはできなかったであろう。しかもこの予言に対する証拠は、あまりにもはっきりしているので即座に拒絶されえない。ヘロドトスの証言内容は、クセノファネスによって確認されたと言われており、[3] クセノファネスは、テオプラストスによるとアナクシマンドロスの弟子であった。いずれにしても、生起した事態を記憶することのできた多数の人びとを、タレスは知っていたに違いない。したがってこの蝕の予言は、タレスにまつわる事柄のなかでとりわけうまく立証されているのである。

さて月蝕の本当の原因を知らないでも、それをほぼ予言することができる。実際、バビュロニア人が予言したということに疑いを挾む余地はない。そのうえ二百二十三の太陰月の周期をバビュロニア人が発見した、と一般に言われている。その周期内で日蝕も月蝕も等間隔な期間で循環するのである。[4] しかしこれによって、地表の一定点での日蝕が簡単に予言できることにはならなかったであろう。というのは蝕の現象は、その当時太陽が地平線上にあればどこでも観られるわけではないからである。私たちは大地の中心の位置を占めてはいないし、大地中心の視差を考慮に入れねばならない。したがって、日蝕はどこでも観られるであろうとか、あるいは一定地点の観測者が六回のうち五回失望するにしても、日蝕を捜し求めるだけの価値があるとか、言うことができるのは循環しているからであろう。カルデアの天文学者の、現存している報告書から判断すると、これはまさしく前八世紀におけるバビュロニア人のとった姿勢であった。その人たちは適切な期日に蝕を見張ったのである。もし蝕が起こらなければ、吉兆として事態を報じた。[5] タレスについての伝承をこれ以上説明する必要はない。タレスは、一定の年月日までには蝕があるであろう、と言った。そして幸運にも小アジアで、しかも大へんな事件のときに観られたのである。[6]

（1）Herod. i. 74 (DK. 11A5).

（2）アナクシマンドロスやヘラクレイトスによって支持された学説については、一九、七一を見よ。

（3）Diog. i. 23, *δοκεῖ δὲ κατά τινας πρῶτος ἀστρολογῆσαι καὶ ἡλιακὰς ἐκλείψεις καὶ τροπὰς προειπεῖν, ὥς φησιν Εὔδημος ἐν τῇ περὶ τῶν ἀστρολογουμένων ἱστορίᾳ, ὅθεν αὐτὸν καὶ Ξενοφάνης καὶ Ἡρόδοτος θαυμάζει.* タレスが蝕と同様に至点を「予言した」というこの叙述は、考えられているほど不合理ではない。エウデモスは、以前にもまして至点や春秋分点の期日を正確にタレスが決めたことをうまく示そうとしたらしい。タレスは、一本の直立したもの（*γνώμων*）の投げかける影の長さを観察することでそれを決めたであろう。また民間の伝承は、こうした類いの観察をタレスがしたことにしているが、これはいずれ明らかになるであろう（75頁）。この解釈は、デルキュリデスによって保存されたエウデモスの別の所見（*ap.* Theon. p. 198, 17 Hiller）によって裏づけられている。すなわちタレスが *τὴν κατὰ* τὰς τροπὰς αὐτοῦ (τοῦ ἡλίου) περίοδον, ὡς οὐκ ἴσην ἀεὶ συμβαίνει. を発見したという。別の言葉で言うと、タレスは四季の変動が太陽の近点距離の所為であることを発見した。

（4）これをスゥイダスのようにサロス（Saros）と呼ぶのは間違いである。というのは碑文における sar は、つねに 60^2 ＝3600、つまり大年の数を表わしている。二百二十三の太陰月の期間は、もちろん軌道の交点の逆行運動の期間である。

（5）George Smith, *Assyrian Discoveries* (1875), p. 409 を見よ。つぎのような刻銘が、クウユンジークで発見された。

「わが君主へ、汝の僕アビル＝イスター

・・・・

わが主より遣わされた月蝕のこと。

アッカド、ボルシッパ、ニプールの町で、かのものたちは観た。その折アッカドの町でわれらは一部分を観た。・・・

観ていると蝕が起こった。

・・・・

日蝕をわれらが観ようと観察をしたけれども、蝕は起きなかった。わが両眼《まなこ》で観たものをわが君主へ送る。」

さらに R. C. Thomson, *Reports of the Magicians and Astrologers of Nineveh and Babylon*（1900）を見よ。

（6）Schiaparelli, "I primordi dell' Astronomia presso i Babilonesi"（*Scientia*, 1908, p. 247）参照。かれの結論は、「月蝕が見える状況を規制する決まりがひじょうに錯雑しているので、たんなる観察から決まりを見いだすことはできない」ということであり、またバビュロニア人はそれを系統立てて示す役ではなかったということである。「そのような成功をみたのは、ギリシア人の幾何学的天分によってであった。」

四　タレスの年代

つぎに蝕の予言は、タレスの学問的達成を別段明らかにするものではない。しかしもし予言したのが何時であるかが決められるならば、それはタレスの生存の時代が表わされていることになるであろう。天文学者たちは、小アジアで見られたはずの日蝕が前五八五年五月二十八日（旧暦）であったと計算している。一方、プリニウスは、タレスの予言した蝕の日を第四八オリュムピア祭期の四年目（前五八五／四年）としている。(1) これは正確には合っていない。というのは五八五年五月は前五八六／五年に含まれるからである。しかしその蝕とタレスの予言した蝕とを同一視するのは、それほど無謀ではない。(2) これはタレスの最盛期をその年と決めたアポルロドロスによって確認されている。(3) さらにディオゲネスにおける記述、つまりファレロンのデメトリオスによると、アテナイのダマシアスの統治時代に、タレスが「賢者の名を授かった」ということは、その語につづく言葉で示されるように、七賢人の話に実際関係があるし、疑いもなくデルプォイの神託の話に基づいている。というのはダマシアスの統治は、プュティアの競技の復活の時代であるからである。(4)

（1） **Pliny, *N.H.* ii. 53 (DK. 11A5).** この年代がヘロドトスの年代記録と両立しえないことは注目すべきである。しかしそれは、メディア王国の没落とキュロスのペルシアの王位に即くのとが時を同じくしたと仮定するからおかしくなる。もし訂正が必要となれば、キュアクレスが前五八五年にはまだ王位に即いていたということである。

（2） ヘロドトスの *οὖρον προθέμενος ἐνιαυτὸν τοῦτον ἐν τῷ δὴ καὶ ἐγένετο,* (i. 74) の語句は、見たところ蝕が或る年の終わる以前に起こったであろう、と言っているにすぎないようである。しかしディールス（***Neue Jahrb.*** xxxiii. p. 2）は、*ἐνιαυτός* が「夏至」という本来の意味を表わしていると示唆しているのである（**Brugmann, *Idg. Forsch.* xv. p. 87** 参照）。その場合、タレスは一か月以内の期日を決めたであろう。かれは前六〇三年五月十八日の蝕をエジプトで観察したかも知れないし、十八年と幾日かで、しかも至点よりも早い時期の蝕を予言したかもしれない。

（3） アポルロドロスについては、「出典」二を見よ。ディオゲネスのテクストのさまざまの年代（i. 37; R.P. 8）は、相互に一致されえない。タレスの死の年代はおそらく正しい。というのはそれが、アポルロドロスの基準とした年代である前五四六／五年のサルディスの陥落以前であるからである。タレスが予知した「イオニアの崩壊」より以前の年にかれが死んだとするのは、たしかに自然のようにおもわれた。この年より溯る七十八年前の年、前六二四／三年が、タレスの生誕の年となり、そしてかれの四十歳の時が前五八五／四年となる。それはプリニウスが蝕のあったとする年であり、プリニウスの年代はネポスを通してアポルロドロスから来ている。

（4） Diog. i. 22 (R.P. 9), ことに *καθ' ὃν καὶ οἱ ἑπτὰ σοφοὶ ἐκλήθησαν.* という言葉。神託にまつわる話は、いろいろに変容して言われていた (Diog. i. 28-33; *Vors.* i. p. 2, 26 *sqq.* 参照)。それは明らかに七賢人についてのデルプォイの物語からきている。そしてすでにプラトンによって引用されている (*Prot.* 343a,b)。さてファレロンのデメトリオスは、これをアテナイでダマシアスの統治時代（前五八二／一年）とした。そしてパロスの大理石 (Marmor Parium) が、同年におけるデルプォイの *ἀγὼν στεφανίτης*（賞が月桂冠である競争）の回復の時を記しているし、またその年代とダマシアスの年代とを一致させている (Jacoby, p. 170, *n.* 12 参照)。

五　エジプトにおけるタレス

エジプトの幾何学をギリシアに採り入れたのは、タレスとされている。[1] そしておそらくタレスはエジプトを訪ねたであろう。というのはかれが、ナイル河の氾濫について一説をもっていたからである。ヘロドトスは、[2] 河という河のなかでナイル河だけが夏に水位が上がり、冬に下がるという事実について三通りの説明をしている。しかし常套手段であるが、ヘロドトスは主張者の名をあげていない。しかしながらナイル河の水位上昇を季節風によるという第一説は、『概要』ではタレスに帰されている。[3] そして多くの後世の誌家によってもそうである。ところでこれはナイル河の水位上昇についての一論文から来ているのである。この論文はアリストテレスのものとされ、ギリシアの注釈家に知られているが、しかし十三世紀のラテン文の概要のなかにだけ現存している。[4] この論文では、ヘロドトスの言及した第一の説はタレスに帰せられ、第二の説はマッサリア出身のエウテュメネス、第三の説はアナクサゴラスに帰せられている。いったいアリストテレスは、また誰であれ、この書を著わしたものはどこでこれらの名前を知ったのであろうか。当然ヘカタイオスが頭に浮かぶ。そしてヘカタイオスがエウテュメネスに言及していることを見いだすと、この推測はいっそう確かなものになるのである。[5] 実際、タレスがエジプトにいたと結論してもよいであろう。またおそらくヘカタイオスは、ナイル河について記すとき、当然のことして、自分と同じ市民の見解を説明したに違いない。

（1）Proclus, ***in Eucl. I.*** p. 65, Friedlein（エウデモスから。DK. 11A11).
（2）Herod. ii. 20 (DK. 11A16).
（3）Aet. iv. 1. 1 (*Dox.* p. 384, DK. 11A16).
（4）*Dox.* pp. 226–229. ラテン文の概要は、ローゼ編集のアリストテレスの断片のなかにある。
（5）Hekataios, fr. 278 (***F.H.G.*** i. p.19).

六　タレスと幾何学

タレスがエジプトから採り入れた数学的知識の性質や範囲について、たいていの誌家が伝承の性格を本気で誤解していることを指摘すべきである。(1) プロクロスは、エウクレイデスの第一巻の注釈書において、エウデモスを典拠にして若干の定理がタレスに知られていたと言い、その定理を枚挙している。(2) そのひとつは、一辺と両端角が等しければ、二つの三角形は等しい、という定理である。タレスはこれを知っていたに違いない。そうでなければ、タレスが実施したと世に言われる方法で、海上の舟と舟との距離を測定することができなかったであろう。(3) ここで明らかにするのは、どのようにしてこのような叙述が生まれたかということである。測定法についてのいくらかの功績は、伝統的にタレスに帰せられている。そしてエウデモスは、こうしたことが必然的に含んでいる一切の定理をタレスが知っていたと仮定したのである。しかしこれはまったくの思い違いである。海上の舟と舟との距離の測定と、やはりタレスに帰せられるピラミッドの高さの測定とは、(4) **seqt** を見いだすためにアアメスによって与えられた規則の簡単な応用なのである。(5) 伝承が実際に指摘しているのは、エジプト人がけっして直面しなかった実用上の問題に、タレスがこうした経験的規則を適用したということであり、タレスが普遍的方法を編み出したひとであったということである。それによって当然かれは名声を得るに至った。

（1） Cantor, *Vorlesungen über Geschichte der Mathematik*, vol. i. pp. 12 *sqq.*; G. J. Allman, "Greek Geometry from Thales to Euclid." (*Hermathena*, iii. pp. 164-174) を見よ。

（2） Proclus, *in Eucl.* pp. 65, 7; 157, 10; 250, 20; 299, 1; 352, 14 (Friedlein). エウデモスは、テオプラストスが最近の哲学史を書いたように、最初の天文学史や数学史を書いた。

（3） Proclus, p. 352, 14, *Εὔδημος δὲ ἐν ταῖς γεωμετρικαῖς ἱστορίαις εἰς Θαλῆν τοῦτο ἀνάγει τὸ θεώρημα* (*Eucl.* i. 26)· *τὴν γὰρ τῶν ἐν θαλάττῃ πλοίων ἀπόστασιν δι' οὗ τρόπου φασὶν αὐτὸν δεικνύναι τούτῳ προσχρῆσθαί φησιν ἀναγκαῖον.*

（4） この話の最古の陳述は、Diog. i. 27, *ὁ δὲ Ἱερώνυμος καὶ ἐκμετρῆσαί φησιν αὐτὸν τὰς πυραμίδας, ἐκ τῆς σκιᾶς παρατηρήσαντα ὅτε ἡμῖν ἰσομεγέθης ἐστίν.* Pliny, *H.Nat.* xxxvi. 82 (DK. 11A21), mensuram altitudinis earum deprehendere invenit Thales Melesius umbram metiendo qua hora par esse corpori solet. 参照。（ロードスのヒエロニュモスは、エウデモスと同時代人であった。）これは、あらゆるものの影が、同時刻にはその本体と等しいという考え以上のものを含んではいない。プルタルコスは、もっと手のこんだ方法を示している。*Conv. sept. sap.* 147a, *τὴν βακτηρίαν στήσας ἐπὶ τῷ πέρατι τῆς σκιᾶς ἣν ἡ πυραμὶς ἐποίει, γενομένων τῇ ἐπαφῇ τῆς ἀκτῖνος δυοῖν τριγώνων, ἔδειξας ὃν ἡ σκιὰ πρὸς τὴν σκιὰν λόγον εἶχε, τὴν πυραμίδα πρὸς τὴν βακτηρίαν ἔχουσαν.*

（5） Gow, *Short History of Greek Mathematics*, §84 を見よ。

七　政治家としてのタレス

ヘロドトスは、リュディアの王制の崩壊前の或る時期のタレスに再度触れている。つまりタレスは、イオニア人に対してテオスに中央政庁をもったひとつの連合地区として統一することを勧告した、とヘロドトスは言っている[1]。哲学の初期の学派が、政治からけっして隔離していなかったことに、ひとは再三気づくであろう。しかも事例は多い。たとえばイオニアの反乱の際にヘカタイオスの演じた役割がある。これは、ミレトスの学者たちがタレスの死後に起こる動揺の時期において、ひじょうに確固たる態度をとったことを暗示している。ともあれタレスのそれは政治的行為であって、この行為こそが七賢人のなかで疑う余地のない座をミレトス学派の創設者に与えたのである。数多くの逸話が、後世においてタレスの名前とともに言われるのは、そうした優秀な人びとのなかにかれをとり入れようとしたからである。(2)

(1) Herod. i. 170 (R.P. 9d. DK. 11A4).

(2) タレスが井戸に落ちた話 (Plato, *Theaet.* 174a) は、σοφία の無益さを教える寓話以外の何ものでもない。油の「買占め」についての逸話 (Ar. *Pol.* A, 11. 1259a6) は、反対の教訓を説こうとしている。

八 伝説の不確実な性格

私たちの知るかぎりタレスは何も書かなかったし、アリストテレスよりも以前のいかなる著述家も、タレスを学者としても哲学者としても知っていない。(1) しかしタレスが天文学的と言われている問題に必然的に注意の目を向けるようになったのは、明らかにミレトス人の事業や商業上の必要性からである。すでに見てきたことであるが、タレスは「小熊座」(Ursa minor) をもとに舟を操舵する技を導入したといわれた。(2) そしてかれが暦に手を加えようとしたという伝承のなかにも、そうした傾向が根強く残っている。(3) もっともここでその点を確かめようにも細部が十分実証されていない。たしかにタレスは、ミレトスにおいて発見された後の時代のものに似たひとつのパラペーグマ (παράπηγμα) を作成した。(4) パラペーグマは古い形の暦本であって、何年にもわたって、春秋分点や至点、月の相、太陽の出没のような星の出没、天気予報が記されていた。アリストテレスがタレスのものとした見解にどうしてタレスそのひとが辿り着いたのであるか、あるいはどういう論法からそうした見解を抱いたか、アリストテレスでさえも知った風を装っていないのである。しかしアリストテレスが、実際触れていないために、それらにかかわる二、三の点について言及してはいるものの、正しく通じていたかどうかを疑うことも困難にしている。だから推測によって、タレスの宇宙論の復原の試みがなされてもよいであろう。むろんこれは、まさにそれだけのものとしてそのまま受け取らねばならない。

（1） Aristophanes, *Clouds* 180,（ソクラテスが被いをどうして用意したかということについて愚弄した描写の後）*τί δῆτ' ἐκεῖνον τὸν Θαλῆν θαυμάζομεν;* *Birds* 1009（メトンの都市計画について *ἄνθρωπος Θαλῆς*）。プラトンの言い方は注目される。*Rep.* 600a, *ἀλλ' οἷα δὴ εἰς τὰ ἔργα σοφοῦ ἀνδρὸς πολλαὶ ἐπίνοιαι καὶ εὐμήχανοι εἰς τέχνας ἤ τινας ἄλλας πράξεις λέγονται, ὥσπερ αὖ Θάλεώ τε πέρι τοῦ Μιλησίου καὶ 'Αναχάρσιος τοῦ Σκύθου.* 参照。

（2） 68頁注（3）を見よ。

（3） もしタレスが、三百六十日の年と三十日の月を採用しようとしたのであれば、エジプトでそれを学んだのかもしれない。

（4） ミレトスの *παρατήγματα* については、A. Rehm, *Berl. Sitzungsber.*, 1893, p. 101 *sqq.*. 752 *sqq.* を見よ。

九　タレスの宇宙論

アリストテレスの報告は三つに要約されるであろう。

㈠　大地は水のうえに浮かんでいる。[1]

㈡　水が万物の質料因である。[2]

㈢　万物は神々で満ちている。磁石は生きている。なぜならそれは鉄を動かす力をもっているからである。[3]

このうち第一の報告は、アリストテレスの術語で表現されている第二の報告を知ったうえで理解されねばならないが、しかし水は素材であって、その素材からなるその他一切のものは一時的な姿をしている、とタレスが言ったということをたしかに表わしている。これが当時の重要な課題であったことは、見てきたとおりである。

（1） Ar. *Met.* A, 3. 983b21 (R.P. 10, DK. 11A12); *De caelo*, B, 13. 294a28 (R.P. 11, DK. 11A14).

（2） *Met.* A, 3. 983b21 (R.P. 10). ここでの *ἀρχή* を「質料因」と訳さねばならない。というのは *τῆς τοιαύτης ἀρχῆς* (b19) は *τῆς ἐν ὕλης εἴδει ἀρχῆς* (b7) を意味しているからである。この場合この語は、ここでは厳密にアリストテレスの意味で用いられている。序論、30頁注（6）参照。

（3） Arist. *De an.* A, 5. 411a7 (R.P. 13, DK. 11A22); *ib.* 2. 405a19 (R.P. 13a, DK. 11A22). Diog. i. 24 (R.P. *ib.*) は琥珀を加えている。

10 水

アリストテレスやテオプラストス、それに続くシムプリキオスや学説誌家は、この説に若干の説明を付している。アリストテレスは憶測として説明しているが、まったく確実であるかのように説明を繰り返しているのは、後世の誌家だけである。[1] 後の時代に類似の論題を証明しようとしてサモスのひとヒッポンが用いた議論を、アリストテレスが、タレスのものとしたというのが、最もありそうな見方であるようにおもわれる。[2] それは、議論が生理学的性格を帯びたものであったことをよく物語っている。五世紀に学的な医術が擡頭してきたことで、生理学的議論が大衆化した。しかしタレスの時代に支配的であった興味は、生理学的ではなくて気象学的なものであった。そしてこういう観点からこそ、その説が理解されようとしなければならない。

ところでタレスがどうして気象学的な考察をして、そのような見解を採るようになったかを究明することは困難ではない。周知のようにあらゆる事物のなかで、水がいちばんさまざまな形状をとるようにおもわれる。水が固体、液体、気体の様態をしていることはよく知られている。それでタレスは、水から世界が成り立ち、ふたたび水へ戻ることを目の当たりに見たとでも考えたのであろう。蒸発の現象は、当然、天体にある物体の火が、海から引き寄せた水分で維持されていることを暗示している。現代人でさえ「水を招く太陽」に言及しているのである。再び水は雨になって落下する。そして最後に、それは大地に変わると初期の宇宙論者は考えた。これは、三角洲を形成したエジプトの河や、沖積期の巨大な堆積物を流す小アジアの豪雨に馴染んだ人びとにとっては、至極当たり前のようにおもわれたであろう。ミレトスがかつて沿岸に位置していたラトモス湾は、現在埋まっている。最後に大地はもういちど水に戻る、とその人びとは考えた。これは露、夜霧、地下の泉の観察から来た考えである。というのは初期にあっては、これら最後にあげたものは、雨に関係するものとは考えられていなかった。「地下水」は、水分の独立した源と見なされたのである。(3)

（1） *Met.* A, 3. 983b22 (DK. 11A12); Aet. i. 3, 1 (DK. 11A11); Simpl. *Phys.* p. 36, 10 (R.P. 10, 12, 12a). タレスがオケアノスとテテュスについての宇宙生成論に影響されたというアリストテレスの説明の最後の部分は、不思議にもそのほかの部分よりもはるかに史実的であると考えられてきている。ところがこの部分は、プラトンの説明の気まぐれな焼き直しにすぎない。プラトンは、ヘラクレイトスやその先人たち（*οἱ ῥέοντες*）がホメロス（*Il.* xiv. 201）や、もっと古い文献（Orph. *frag.* 2, DK. 1B2）からさえも、自分たちの哲学を引き出した、と言っている（*Theaet.* 180d2; *Crat.* 402b4）。アリストテレスはこうした考えを引用するに当たっても、それは「或る人たち」——しばしばプラトンを意味する言葉——の考えであるとして、プラトンが呼んだように *παμπαλαίους*（ひじょうに古い）説の創説者たちと呼んでいる（*Met.* A, 3. 983b28; cf. *Theaet.* 181b3）。このようにしてアリストテレスは、プラトンから史実を採り入れている。「出典」ニを見よ。

（2） 前注のなかで引き合いに出された箇所と、Arist. *De an.* A, 2. 405b2 (R.P. 220, DK. 38A10) とを比較せよ。現に知られていることであるが、アリストテレスはヒッポンを哲学者と考える傾向があるけれども（*Met.* A, 3. 984a3; R.P. 219a. DK. 38A7）、メノンの *Iatrika* として周知の、ペリパトス学派による医学史においてヒッポンは論じられた。一八五参照。

（3） ここで最も多く採られている見方は、「ホメロスの寓意的解釈家」ヘラクレイトスの見方と似かよっている（R.P. 12

a)。しかしその見方は、ほかの見方がペリパトス学派にはじまるように、おそらくストア学派にはじまる憶測であろう。

二　神についての説

さきにあげた第三の報告は、アリストテレスによって想定されたもので、タレスが「宇宙霊」を信じていたことを意味している。もっともアリストテレスは、これは推量にすぎないとして慎重に記してはいる。[1] ついでアエティオスは、宇宙霊の説を積極的にタレスに帰している。アエティオスは直接に当たってみた出典のなかのストア的な言葉遣いで宇宙霊を表現し、そして神と宇宙の知性《ヌウス》とを一致させている。[2] キケロはエピクロス学派の手引き書に従ったが、そのなかに似たような報告を見つけた。しかしキケロはさらに一歩踏み出している。つまりキケロはストア的汎神論を排除して、宇宙の知性をプラトンのデーミウルゴスに変え、神は万物を水で形成する知性である、とタレスが主張したと言う。[3] これはすべてアリストテレスの慎重な報告から引き出されているのであり、その典拠を凌ぐ権威はとうていもちえない。よってタレスが、無神論者であったか否かという古くからの論議に介入するには及ばない。もしタレスの後継者からの判断が許されるなら、タレスが水を「神」と称したことも十分にありうるであろう。ただしそれは明確な宗教的信仰を意味してはいなかったに違いない。[4]

「万物は神々で満ちている」という言葉を過大視してはならない。格言を証言と見なすことは危険であるし、たぶんその格言は、ミレトス学派の創設者としてよりか、むしろ七賢人のひとりとしてのタレスのものであろう。さらにそのような格言は、普通、最初に言ったひとは判らないものであり、ときにはこちらの賢者に、ときにはあちらの賢者に帰せられる。[5] ところで他方、タレスが磁石や琥珀は魂をもっていると言ったのはありそうなことである。それは格言ではなく、大地が水に浮かんでいるという報告と同じ程度のものである。タレスについての記録をヘカタイオスに期待しようとしても、ちょうどこういった類いのものでしかない。しかしタレスの世界観をその報告から推測するのは間違いである。というのは磁石や琥珀が生きていると言うかぎりは、どんなものにしてもほかの事物が生きていないことを暗に示していることになるからである。

（1） Arist. *De an.* A, 5. 411a7 (R.P. 13).
（2） Aet. i. 7, 11=Stob. i. 56 (R.P. 14. DK. 11A23). ここであげられている出典については、「出典」二、三を見よ。
（3） Cicero, *De nat. d.* 1. 25 (R.P. 13b. DK. 11A23). キケロの典拠については *Dox.* pp. 125, 128 を見よ。ヘルクラネウム出土の、ピィロデモスのパピルスはこの点について不完全であるが、ピィロデモスがキケロの誤りを予知していたのでもないらしい。
（4） 「序論」九を見よ。
（5） プラトンは『法律』篇八九九B九 (R.P. 14b) で、タレスには触れないで、πάντα πλήρη θεῶν の言葉をあげている。『動物部分論』A巻五章六四五a七でヘラクレイトスに帰せられたことは、それをたんに変更したにすぎないとおもわれる。いずれにしてもそれが意味しているのは、別にもっと神的なものがあるのではないということである。

二　アナクシマンドロス

三　生涯

プラクシアデスの子アナクシマンドロスもミレトス市民であった。テオプラストスは、かれをタレスの「仲間」と記している。[1] そのような表現をどのように理解すべきかは、すでに明らかにされた（「序論」四）。

アポルロドロスによると、アナクシマンドロスは第五八オリュムピア祭期の三年目（前五四七／六年）に六十四歳であった。これは、第四二オリュムピア祭期の三年目（前六一〇／九年）にアナクシマンドロスが生誕したというヒッポリュトスや、第五八オリュムピア祭期にかれが黄道帯の傾斜というたいへんな発見をしたとするプリニウスによって確かめられる。(2) ここには、これらを併せて普通に考えられる以上のものが含蓄されているようにおもわれる。すなわち従来からの基準を当て嵌めるならば、アナクシマンドロスはタレスとアナクシメネスとの中間、前五六五年に「最盛期」であるべきであり、そしてこれによると前五四六年には六十四歳ではなく、六十歳になるからである。現にアポルロドロスは、アナクシマンドロスの著作を読んだことを語っているように見える。どうしてアポルロドロスがこのように述べることができたかは、その著作のなかに年代決定を可能にする指標を見つけたからに違いない。現に五四七／六年はちょうどサルディスの陥落の前年である。そしてそのような事件の折にアナクシマンドロスが何歳であったかを自ら記述していたと推測してもよいかもしれない。「メディア人が現われたときはおいくつでしたか」という問いが、当時の関心事と考えられたことは、クセノファネスから知られるのである。(3) とにかくアナクシマンドロスは、タレスより明らかに一世代若かった。(4)

かれは先駆者と同じように、実用向きの発明によって有名であった。いく人かの誌家は、かれがグノーモーンを発明したとしたが、それはおおかたの間違いである。ヘロドトスは、この道具がバビュロニアから到来した、と言っているし、タレスは至点や春秋分点を決定するときにそれを用いたに違いない。(5) またアナクシマンドロスは、地図を作成した最初のひとでもあった。エラトステネスは、この地図はヘカタイオスの労作であると言った。明らかにそれは、黒海でのミレトス人の活躍に役立てるつもりであった。アナクシマンドロス自身、アポルロニアへの植民を指揮したのであり、(6) 市民はかれの彫像を建てたのである。(7)

(1) **R.P. 15d.** シムプリキオスが『天体論注釈』(p. 615, 13. DK. 12A17) で記している *πολίτης καὶ ἑταῖρος* の言葉が、テオプラストスに由来しているということは、キケロの『アカデミカ』(ii.118. DK. 12A13) の popularis et sodalis との一致によって示される。二つの箇所は、伝承が独立して派生していることを表わしている。「出典」七、三を見よ。

（2） Diog. ii. 2 (R.P. 15. DK. 12A1); Hipp. *Ref.* i. 6 (*Dox.* p. 560. DK. 12A11); Plin. *N.H.* ii. 31. (DK. 12 A5).
（3） Xenophanes, fr. 22 (=fr. 17 Karsten; R.P. 95a).
（4） アナクシマンドロスが「その後まもなく歿した」(Diog. ii. 2; R.P. 15) の記述は、アポルロドロスが基準年代としたひとつ、サルディス陥落の年（五四六／五年）にかれを死なせたことを意味している。
（5） グノーモーンについて「序論」50頁注（2）を見よ。また Diog. ii. 1 (R.P. 15); Herod. ii. 109 (R.P. 15a. DK. 12A4) 参照。他方プリニウスは、グノーモーンの発明をアナクシメネスに帰している（*N.H.* ii. 187. DK. 13A14a)。
（6） Aelian, *V.H.* iii. 17 (DK. 12A3). たぶんポントスのアポルロニアのことであろう。
（7） その時代の彫刻の下位の部分が、ミレトスで発見されている（Wiegand, *Milet*, ii. 88)。そこには *ΑΝ〕ΑΞΙΜΑΝΔΡΟ* の銘がある。アナクシマンドロスがこのような敬意で迎えられたのは、きっと無限なものについての学説ではなかった。かれはタレスやヘカタイオスと並ぶ政治家であり、発明家であった。

一三　テオプラストスと、究極的基体についてのアナクシマンドロス説

アナクシマンドロスの学説について知られているものはほとんどすべて、最終的にはテオプラストスから引き出されている。[1] テオプラストスはたしかにアナクシマンドロスの著作を知っていた。少なくとも一回はアナクシマンドロス自身の言葉をかれは引用したようにおもわれるし、かれの言い回しを批判したのである。ここに『自然学説』第一巻において、テオプラストスがアナクシマンドロスに言及した箇所をあげよう。

「プラクシアデスの息子で、タレスと同市民で仲間であった[2]ミレトスのひとアナクシマンドロスは、もろもろの存在するものの原理や元素を無限なものであると言い、原理《アルケー》の名称をはじめてもたらしたひとであった。かれは原理は水でもないし、いわゆる元素[3]のなかの他のどのようなものでもなく、それらとは異なった或る無

限な原質であって、すべての天や、そのなかにある諸世界はその原質から生じてくる、と言っている。」*Phys. Op.* fr. 2 (*Dox.* p. 476; R.P. 16. DK. 12A9).

「これ（無限な原質）は『永遠で不滅』であり、また『ありとあらゆる世界を取り囲んでいる』、とかれは言っている。」Hipp. *Ref.* i. 6,2 (R.P. 17a. DK. 12A11; B2).

「もろもろの存在するものは、それがそこから生成するそのものへと、また消滅してゆく。『必然の掟に従って。というのはそれらが時の定めによって、相互に不正の報いを受け、そして償いをするからである』と、このようにやや詩的な言葉で語っている。[4]」*Phys. Op.* fr. 2 (R.P. 16; 12B1).

「そのうえさらに運動は永遠であり、そこにおいて諸天体が生成することになる、（とかれは言っている）。」Hipp. *Ref.* i. 6,2 (R.P. 17a).

「かれは、もろもろの存在するものの生成を質料の変化に帰さないで、無限な物体である基体においての相対立するものが分かれでた、と言っている。」Simpl. *Phys.* p. 150, 20 (R.P. 18).

（1）原本の言葉がシムプリキオスによって保存されているこの事例であれ、別の事例であれ、私は言葉をそのまま提示している。採りあげられたさまざまな誌家については「出典」九以下を見よ。

（2）シムプリキオスは、『自然学注釈』では「後継者で門弟」(*διάδοχος καὶ μαθητής*) と言っている。ただし81頁注(1)を見よ。

（3）*τὰ καλούμενα στοιχεῖα* の表現については、Diels, *Elementum*, p. 25, *n.* 4 を見よ。

（4）ディールスは実際 *ἐξ ὧν δὲ ἡ γένεσις*……の語句で引用をはじめている（*Vors.* 2, 9)。テクストと引用文と混成されたギリシア語の慣例は、これとは違っている。さらにプラトン的用語の意味である *γένεσις* や *φθορά* の語をアナクシマンドロスに帰すのは危険であるし、おそらくアナクシマンドロスは *τὰ ὄντα* について言ったのではないであろう。

一四　究極的基体は諸「元素」のひとつではない

さてアナクシマンドロスは、万物がそこから生成し、そこへたち帰るところの永遠で不滅なものがあると教えた。つまり実在が磨り減ってきても、絶えず償ってくれる無限の蓄積である。それは、ただタレスの考えと見なされた思想の自然な発展なのである。そして疑いもなく少なくともアナクシマンドロスが、それを厳密に系統立てて示した。実際、どうしてかれがそのように示したかは、ある程度まで納得することができる。タレスは水こそ、形態をもつそれ以外のあらゆるものの基になるに最もふさわしいものと見なした。ところがアナクシマンドロスは、どうして究極的基体がこうしたひとつの特定のものでありうるのか、を追求したようである。かれの論拠は、アリストテレスによって伝えられているようにおもわれる。すなわちアリストテレスが無限を論ずるなかに、つぎのような箇所がある。

「しかしさらに無限な物体はひとつで端的なものではありえない。つまり或る人びとが主張したように諸元素とは別の、これから諸元素が生まれてくるようなものでもなく、またそのように端的に限定されたものでもない。というのはこれ（諸元素とは別のもの）を、空気とか水とかでもなく無限なものとする人びとがいるからである。それは諸元素のなかで他のものが無限なものによって滅ぼされないためだからである。すなわちそれらの諸元素は相互に反対の性質をもっている。空気は冷たく、水は湿り、火は熱い。したがってそれらのうちのどれかひとつが無限であるならば、残りはすでに消滅してしまっているであろう。現にそのとおりであるから無限であるところのものは、諸元素とは別のものであって、それから諸元素が生じて来たのである、とかれらは言っている。」Arist. *Phys.* Γ, 5. 204b22 (R.P. 16b).

明らかにここではアナクシマンドロスは、タレスやアナクシメネスと対照的である。表現方法がアリストテレスそのひとのものであり、とりわけ「元素」の語が時代錯誤的用語であるにしても、[1]アナクシマンドロスの推論について与えられた説明が、実質的に正しいことを疑う理由はいっこうにない。アナクシマンドロスは、世界を形成している相対立するもののあいだの争いから出発しているようである。つまり暖は冷に対立し、乾は湿に対立していた。これらは相争っているのであり、一方が一方に対して優勢であることは「不正」であった。そのゆえにそれらは、定まった時に相互に罰を受けねばならなかったのである。[2]もしも水が基本的な実在であるとタレスが言ったのが正しかったとすれば、どうして水以外のものがかつて存在しえたかを理解するのは困難であろう。対立物の一方側、冷と湿はわがもの顔に振舞っていたであろうし、熱と乾はずっと昔に野原から追われてしまっていたであろう。それで存在するといっても、あるもの自体が争う対立物のひとつではなく、対立物がそこから生じ、再びそれへと消滅するもっと原初的なものでなければならない。テオプラストスの言及していることを素直に解釈すれば、アナクシマンドロスが、このものをプュシスの名で呼んだことになる。つまりアナクシマンドロスがアルケーの語を採り入れたという一般に知られている叙述は　誤解からきているようにおもわれる。[3]すでに明らかなように、アリストテレスがタレスを論じるときに、「質料因」と呼ばれているものを指してこの語を用いた。[4]そしてここでは、その語が「質料因」以外のものを意味していると考えることは困難である。

（1）31頁注（9）を見よ。

（2）ἀλλήλοις という重要な語は、シムプリキオスの写本にはすべて表わされている。もっともアルドゥス版では省かれている。この省略は、個々のものの実在（ὄντα）が何か不正であって、そのために個々のものが罰されねばならないことを、この文が表わしていると考えられたことからきた。ἀλλήλοις を復元すると、この気まぐれな解釈はなくなる。動詞の主語が何であっても、罰を受け償いをするのは相互にである。したがって不正は、お互いに対して犯す悪であるに違いない。さて *δίκη* が熱と冷、乾と湿といった対立物のあいだの平衡が等しく保たれていることに決まって用いられているのであるから、ここに、採りあげられている *ἀδικία* は、一方が対立する他方への不当な侵害に違いない。たとえば目の当たりに見る、昼と夜、冬と夏の変化において、一方が他方を等しく侵害することで償わねばならないのである。私はこの観点を初版（一八九二年）で述べたが（pp. 60–62）、ハイデル教授によってそれが確証されたことを知って喜んでいる（*Class. Phil.* vii, 1912, p. 233 *sq.*）。

（3）　シムプリキオスによって伝えられているテオプラストスの言葉、*ἀρχήν τε καὶ στοιχεῖον εἴρηκε τῶν ὄντων τὸ ἄπειρον, πρῶτος τοῦτο τοὔνομα κομίσας τῆς ἀρχῆς*（*Phys.* p. 24, 15: R.P. 16. *Dox.* 476. DK. 12A9）は、当然「かれは質料因のこの名称（*τὸ ἄπειρον*）を採り入れた最初のひとである」ということを意味している。しかしヒッポリュトスは *πρῶτος τοὔνομα καλέσας τῆς ἀρχῆς*（*Ref.* i. 6, 2. DK. 12A11）と述べている。このために多くの誌家は、かの言葉を、アナクシマンドロスが *ἀρχή* の語を採り入れたという意味に取っているのである。しかしヒッポリュトスは独立した文献ではない。（「出典」三を見よ。）唯一の問題は、テオプラストスが何と書いたかである。さて、シムプリキオスは、原典に当たったアレクサンドロスからテオプラストスを引用しているのに対して、ヒッポリュトスの方はさらに間接的な伝承であることを表わしている。明らかに *καλέσας* は、ペリパトス学派独自の用語である *κομίσας* の改竄であり、そして *τοῦτο* を省略する方が、アレクサンドロスやシムプリキオスによる挿入よりもはるかに本当らしい。しかしもし *τοῦτο* が真正であれば、ここでの *ὄνομα* は *τὸ ἄπειρον* でなければならない。この解釈は、シムプリキオスの *ἄπειρον δὲ πρῶτος ὑπέθετο*（*De caelo* 615, 15. DK. 21A17）によって立証される。別なところでシムプリキオスは、*πρῶτος αὐτὸς ἀρχὴν ὀνομάσας τὸ ὑποκείμενον*（p.150, 23）と言っている。それは文脈が示しているように「対立物の基体となるものを質料因として名づけた最初のひとである」ことを意味しているに違いない。要するにこれはもうひとつの別の問題である。テオプラストスはつねにひとつの着想を採り入れた「最初のひと」が誰であったかを書き留めることに深い関心を寄せている。そして *ἄπειρον* と *ὑποκείμενον* とはきわめて重要であったので書き留められたのである。むろんかれは、アナクシマンドロスが *ὑποκείμενον* の語を用いたと言っているのではない。ただかれは、*ἄπειρον* なものの「なかに」ある対立物が「分離される」という教説から、この考えを抱いたのであることを暗示しているにすぎない。最後に、これらの抜萃が採られた文献全体は、*Περὶ τῶν ἀρχῶν* であったし、書き留められていることは、*ἀρχή* や *ἀρχαί*

についてさまざまに述べられている属性を最初に採用したのは誰であるかということであった。

（4）　77頁注（2）と「序論」30頁注（6）を見よ。

一五　学説に対するアリストテレスの評価

アリストテレスがこの説を、「中間的質料」[1]についての自説に先んじて論じられたもの、または予め感じとられたものと見なしたのは当然であった。またアリストテレスが、しばしば諸「元素」についての後代の学説用語でアナクシマンドロスの見解を表わさねばならないのも当然であった。アリストテレス自身の学説においては、諸元素に先行する物体的なものを認める余地はないけれども、アリストテレスは、無限なものが物体であることは承知していたのである。[2]それでかれは、諸元素と「いっしょに在るところの」、または諸元素とは「異なった」(παρὰ τὰ στοιχεῖα) 無限な物体として無限なものを語らねばならなかった。アリストテレスがこの表現を用いるとき、アナクシマンドロスについて述べていることを、私の知るかぎり、誰ひとり疑ったものはいない。

アリストテレスは多くの箇所で、究極的基体を、諸元素の「あいだの中間的なもの」、あるいは二つの元素の「あいだの中間的なもの」と主張したひとに言及している。[3]ギリシアの注釈家のほとんどすべてが、またこれをアナクシマンドロスの説としているが、しかし最近の学者はこの注釈家の説に従うことを拒んでいる。アナクシマンドロス自身が、そのような中間的なものについて何も言いえなかったことを説明することは明らかに容易である。しかしそれは拒む本当の理由ではない。アリストテレスは史実に即した考察に留意しないで自己流に事柄を書き表わしているのである。無限なものを「諸元素のあいだの中間的なもの」と言い表わす方が、「諸元素と異なるもの」であると言い表わすよりも、はるかに時代錯誤的だと決めつけることは難しい。実際、ひとたび諸元素の語をもち出す以上、前者の言い表わし方が二つの言い表わし方のうちではより適切であろう。いずれにしても、これらの箇所がアナクシマンドロスに言及したものとして理解しようとしない場合には、アナクシマンドロスのいくらかの見解に同意したのみならず、かれに最も固有ないくつかの表現を用いながら、本当の名前はわからなくなった人物に、アリストテレスが多大の注意を払ったと言わねばならないであろう。[4] たしかにアリストテレスが、一、二箇所で「中間的」なものと、諸元素とは「異なる」ものとを同一視しているようだということも付言してよいであろう。[5]

アリストテレスの言葉にはおそらくまた別の解釈を受け容れる余地があるにしても、かれがアナクシマンドロスの無限なものを「混合物」と言っている箇所さえある。[6] しかしこれは、アナクシマンドロスを解釈するに当たって何の重要性ももたない。たしかにアナクシマンドロスは、諸「元素」について何も言うことはできなかった。エムペドクレス以前にはそれについて誰ひとり思いも及ばなかったし、パルメニデス以前には誰ひとり思い及ぶことすらできなかったのである。ただ問題として採りあげてきたのは、これが長い論争を惹き起したからであり、アリストテレスの叙述の史実としての価値を決める一助になるからである。アリストテレスそのひとの学説上の観点からは、これらのことは正当化されるかもしれない。しかしアリストテレスが、ひとつの考えを或る初期の思想家に付しているようにおもわれる場合、かれが史実的な意味で言っていると了解してはならないことは、ほかの場合でも銘記しなければならないであろう。[7]

（1） Arist. *Met.* Λ, 2. 1069b18（R.P. 16c. DK. 59A61).

（2） これは、*Phys.* Γ, 4. 203a16; 204b22（R.P. 16b. DK. 12A15）では当然のこととして受け取られ、Γ, 8. 208a8（R.P. 16a. DK. 12A14）でははっきりと述べられている。Simpl. *Phys.* p. 150, 20（R.P. 18）参照。

（3） アリストテレスは、火と空気との中間的なものについて四回述べている（*Gen. Corr.* B, 1. 328b35; *ib.* 5. 332a21; *Phys.* A, 4. 187a14; *Met.* A, 7. 988a30)。水と空気との中間的なものについては五箇所に現われている（*Met.* A, 7. 988a13; *Gen. Corr.* B, 5. 332a21; *Phys.* Γ, 4. 203a18; *ib.* 5. 205a27; *De caelo,* Γ, 5. 303b12)。水と火との中間

的なものについては一回のみ触れられている (*Phys.* A, 6. 189b1)。このようにまちまちなのは同時に、アリストテレスが史実に即して叙述していないことを表わしている。かつて誰かが *τὸ μεταξύ* 論を主張している限り、アリストテレスはどの「元素」を指しているかを知っていたに違いない。

(4) Arist. *De caelo*, Γ, 5. 303b12, *ὕδατος μὲν λεπτότερον, ἀέρος δὲ πυκνότερον, ὅ περιέχειν φασὶ πάντας τοὺς οὐρανοὺς ἄπειρον ὄν.*

(5) *Phys.* Γ, 5. 204b22 (R.P. 16b) 参照。ツェラーがこの箇所での *τὸ παρὰ τὰ στοιχεῖα* をアナクシマンドロスに帰したのは正しい。さて終わりのところで (205a25)、この箇所の全体がつぎのように要約されている。すなわち *καὶ διὰ τοῦτ' οὐθεὶς τὸ ἓν καὶ ἄπειρον πῦρ ἐποίησεν οὐδὲ γῆν τῶν φυσιολόγων, ἀλλ' ἢ ὕδωρ ἢ ἀέρα ἢ τὸ μέσον αὐτῶν.* 『生成消滅論』B巻一章三二八b三五では、はじめに *τι μεταξὺ τούτων σῶμά τε ὂν καὶ χωριστόν*' すこし進んで *μίαν ὕλην παρὰ τὰ εἰρημένα* (329a9) と記されている。B巻五章三三二a二〇では、*οὐ μὴν οὐδ' ἄλλο τί γε παρὰ ταῦτα, οἷον μέσον τι ἀέρος καὶ ὕδατος ἢ ἀέρος καὶ πυρός.* と記されている。

(6) *Met.* Λ, 2. 1069b18 (R.P. 16c. DK. 59A61). ツェラーは「崩れた軛《くびき》語法」と仮定している (p. 205, *n.* 1)。

(7) この論争についての文献は、R.P. 15 を見よ。ハイデル教授は "Qualitative Change in Pre-Socratic Philosophy" (*Arch.* xix. p.333) という論文において、アリストテレスがミレトス学派を誤解したのは、自説上の用語 *ἀλλοίωσις* でその学派の教説について考えることができるにすぎなかったからである、ということを明らかにしている。この見解は正しい。しかし同様に、実体の変化についてミレトス学派が独自の明確な論説をもっていなかったということも正しい。原初の「混合物」についての説は、*ἀλλοίωσις* の説と同じく、まったくのところ史実に即していない。もろもろの性質は、まだ「もの」から区別されていなかったのである。そしてタレスは、さらに突っ込んだ問題を夢想もしないままに、水が水蒸気になったり、氷になったりすると明言した。ミレトス学派のひとは、すべて長期間のあいだひとつの「もの」だけがあると信じたのである。そしてついにすべての外見上の違いは、稀薄と濃縮とによると結論するに至った。テオプラストスは、*ἐνούσας γὰρ τὰς ἐναντιότητας ἐν τῷ ὑποκειμένῳ…ἐκκρίνεσθαι.* と言っている (*ap.* Simpl. *Phys.* 150, 22)。これらの語句はアナクシマンドロスの言ったことを言い換えているにすぎない、と私は考えない。それらはペリパトス学派の思想に、アナクシマンドロスの見解を「適応させる」試みにすぎないし、*ἐνούσας* は *ὑποκείμενον* と同じく史実に即していない。

一六　究極的基体は無限である

究極的基体が無限であると考えるアナクシマンドロスの根拠は、まさしくアリストテレスが示しているように「生成が跡を絶たないから」[1]であった。しかし学説誌家がこれらの言葉をまるでアナクシマンドロスそのひとの言葉であるかのように述べているけれども、はたしてそのひとの言葉であるかどうか明らかではない。アナクシマンドロスの著作を目にしたことのあるテオプラストスが、この考えをそのひとに帰した以上、詮索する必要はあるまい。確かにアナクシマンドロスは、万物を観ることから物質の無限な蓄積の必要性を想起したに違いない。すでに明らかなように「対立するもの」は相互に戦っているのであり、戦いは一方側への「不正な」侵害によって示されるのである。暑さは夏に「不正」を犯し、寒さは冬に「不正」を犯す。そして無限なものの無尽蔵な供給があって、そこから対立しているものがつねに新規に分かれ出るのでなければ、無限なものそのものは別として、これは一切を破壊してしまうことになるであろう。それで無限な嵩を心に描かねばならないのである。無限な嵩は、目に触れられる対立物のひとつではなく、現にこの世界のどの方向にも限定されないで拡がっている[2]。この嵩は物体であり、そしてそこから昔にこの世界が現われでたのであり、いつの日にかふたたびそれへと吸収されるであろう。

（1） *Phys.* Γ, 8. 208a8 (R.P. 16a. DK. 12A14). また Aet. i. 3,3 (R.P. 16a. DK. 12A14) 参照。同じ論法は *Phys.* Γ, 4. 203b18 で与えられている。この箇所はアナクシマンドロスの名があげられて *τῷ οὕτως ἂν μόνον μὴ ὑπολείπειν γένεσιν καὶ φθοράν, εἰ ἄπειρον εἴη ὅθεν ἀφαιρεῖται τὸ γιγνόμενον* と述べられている。しかし私は、この章の初めの論法 (203b7; R.P. 17. DK. 12A15) が、アナクシマンドロスのものであると考えることはできない。それはエレア的弁証の特徴を有しているし、事実メリッソスの論法である。

(2) ἄπειρον の語は、タイヒミュラーやタンヌリによって支持されたように、質的に限定されないことではなく、空間的に無限なことを意味している、と私は推定している。この語の意味が「拡がりにおいての無限」であることを主張する決定的な理由は、つぎのようである。㈠ アナクシマンドロスの究極的基体は ἄπειρον であり、あらゆる宇宙を包括している、とテオプラストスが言っている。περιέχειν の語は、どこにあっても「包囲すること」を意味しているのであって、よく指摘されるように「潜在的に包む」ことを意味していない。㈡ アリストテレスは、διὰ γὰρ τὸ ἐν τῇ νοήσει μὴ ὑπολείπειν καὶ ὁ ἀριθμὸς δοκεῖ ἄπειρος εἶναι καὶ τὰ μαθηματικὰ μεγέθη καὶ τὰ ἔξω τοῦ οὐρανοῦ· ἀπείρου δ' ὄντος τοῦ ἔξω, καὶ σῶμα ἄπειρον εἶναι δοκεῖ καὶ κόσμοι. (*Phys* Γ, 4. 203b23) と言っている。σῶμα の語をあげているのは、これが原子論者を指したものでないことを示している。㈢ ἄπειρον についてのアナクシマンドロス説は、アナクシメネスに採り入れられて、それを空気と同一視された。空気は質的に無限定なものではない。

一七 無数の宇宙

アナクシマンドロスは「無限なもののなかに無数の宇宙」がある、(1)と考えたと言われている。宇宙はすべて滅びるものであるけれども、同時に無限定な数の宇宙が実在するという解釈と、新しい宇宙は古い宇宙が消えてしまうまでは存在することはないから、いちどにけっして一以上の宇宙は存在しないというツェラーの見解との、どちらを採るかが決められねばならない。この点は基本的に重要であるから慎重に証拠を吟味する必要があろう。

まずはじめに、学説誌的伝承記録は、テオプラストスが宇宙はひとつであるか無数であるかどうかについての、初期哲学者すべての見方を論じたことを証言している。そしてかれが「無数の宇宙」を原子論者に帰す場合、同時に存在しながら非連続的な宇宙を意味したことは疑いえない。さてもしもテオプラストスが、そのような二つの異なった見方をひとつの題目に配したのであれば、どのような点で見方が異なっているかを慎重に指摘したであろう。そのような区別は少しもなされていないのである。反対に、アナクシマンドロス、アナクシメネス、アルケラオス、クセノパネス、ディオゲネス、レウキッポス、デモクリトスやエピクロスはすべて、この世界のあらゆる方向に「無数の宇宙」があるという説を称えた、と述べられている。せめて区別といえば、エピクロスが宇宙と宇宙とのあいだの距離が不等としたのに対して、アナクシマンドロスは宇宙はすべて等間隔であると言ったという点位である。(3) ツェラーは、「無数の宇宙」をアナクシメネス、アルケラオス、クセノプァネスに帰している一誌家は信用されえないという理由で、この証言を認めなかった。(4) 最初の二名についてはこの報告は正しいことを私は示したいが、最後のひとの場合には少なくとも納得しえない。(5) いずれにしてもこの箇所は、アエティオスに由来しているのである。(6) そしてエピクロスの名がずっと後の時代に付加されたにしても、アエティオスがテオプラストスから引き出されていることを疑う理由はない。このことはシムプリキオスの言及によって確かめられる。

「アナクシマンドロスやレウキッポス、デモクリトス、後代ではエピクロスのように、数的に無限な宇宙を想定する人びとは、宇宙は無限に生成し、かつ消滅し、あるものはつねに生成しているが、あるものは消滅していると言った。(7)」

実際これはまたアレクサンドロスを経て、テオプラストスに由来していることは明らかである。

つぎに、ヘルクラネウムでエピクロスの宗教についての論文が発見されているが、その著者ピィロデモスからか、あるいはおそらくその論文の直接の出典からかキケロが写しとったひじょうに重要な報告に移ろう。キケロは、ヴェレイウスの口を通して、「アナクシマンドロスの見解は、長い間隔において生まれてきて、成長し、滅びてゆく神々がおり、そしてまた神々は無数の宇宙である、ということである」(8) と語らせている。これはアナクシマンドロスによると「無数の天体」は神々であったというアエティオスの報告とともに、はっきりと捉えられねばならない。[9]さて「長い間隔」とは、期間としてよりも空間の隔たりとして理解する方がごく自然である。[10]そしてもしそれが正しいとすれば、現存の文献間に完全な一致点をみることになる。

宇宙は結局相互に継起しているのであるから、無限なものが「あらゆる宇宙を包む」という報告を理解するのは、ひじょうに不自然であるということを付け加えてもよいであろう。というのはこのような見解からすれば、所定の期間に「包囲する」にはひとつの宇宙があるだけになるからである。さらにもしも天界外にあるものが無限であるならば、物体は無限でなければならないし、無数の宇宙が存在しなければならない、とアリストテレスが述べた議論は、或る意味でしか理解することができないのである。たしかにそれはミレトス学派の判断を表わそうとしている。というのはミレトス学派は、天界外に無限な物体があると主張する唯一の宇宙論者であったからである。[11]最後に、初期のピュタゴラス派のひとりペトロンが、三角形に配列されたちょうど百八十三の世界があると主張したことを図らずも知らされているのである。[12]それは、宇宙の多数性の所説が原子論者よりもはるかに古いことを少なくとも示している。

（1）〔Plut.〕*Strom.* fr. 2 (R.P. 21b. DK. 12A10) 参照。

（2）Aet. ii. 1, 3 (*Dox.* p. 327. DK. 12A17). ツェラーはここの *κατὰ πᾶσαν περιαγωγήν* を回転運動についてと解しているが、間違いのようにおもわれる。それに代わる語句 *κατὰ πᾶσαν περίστασιν* が示しているように、「私たちが向きを変えるどのような方向にも」の意でなければならない。六つの *περιστάσεις* は、*πρόσω, ὀπίσω, ἄνω, κάτω, δεξιά, ἀριστερά* である (Nicom. *Introd.* p. 85, 11, Hoche)。

（3）Aet. ii. 1, 8 (*Dox.* p. 329. DK. 12A17), *τῶν ἀπείρους ἀποφηναμένων τοὺς κόσμους Ἀναξίμανδρος τὸ ἴσον αὐτοὺς ἀπέχειν ἀλλήλων, Ἐπίκουρος ἄνισον εἶναι τὸ μεταξὺ τῶν κόσμων διάστημα.*

（4）ツェラーは、証言がストバイオスのものにすぎないと考えた。出典の系統は、かれの執筆当時には調査されていなかった。

（5）アナクシメネスについては三〇、クセノファネスについては五九、アルケラオスについては一九一を見よ。

(6) このことは、名称のリストをテオドレトスが与えている事実によって証明される。「出典」10を見よ。

(7) Simpl. *Phys.* p.1121, 5 (R.P. 21b. DK. 12A17). また Simpl. *De caelo*, p. 202, 14, *οἱ δὲ καὶ τῷ πλήθει ἀπείρους κόσμους, ὡς Ἀναξίμανδρος…ἄπειρον τῷ μεγέθει τὴν ἀρχὴν θέμενος ἀπείρους ἐξ αὐτοῦ τῷ πλήθει κόσμους ποιεῖν δοκεῖ.* 参照。

(8) Cicero, *De nat. d.* i. 25 (R.P. 21. DK. 12A17).

(9) Aet. i. 7, 12 (R.P. 21a. DK. 12A17). ストバイオスの *ἀπείρους οὐρανούς* の読みは、キュリルロスの *ἀπείρους κόσμους* や偽ガレノスの *ἀπείρους νοῦς* (*i.e.* ουνους) によって確実なものとなる。

(10) キケロが、エピクロスの出典において *διαστήμασιν* の語を見つけたと考えることは自然である。それは intermundia に対する術語である。

(11) Arist. *Phys.* Γ, 4. 203b25, *ἀπείρου δ' ὄντος τοῦ ἔξω* (sc. *τοῦ οὐρανοῦ*), *καὶ σῶμα ἄπειρον εἶναι δοκεῖ καὶ κόσμοι* (sc. *ἄπειροι*). それに続く言葉 *τί γὰρ μᾶλλον τοῦ κενοῦ ἐνταῦθα ἢ ἐνταῦθα;* は、これが原子論者についても言及していることを示している。しかし *ἄπειρον σῶμα* は、原子論者には当て嵌まらないであろう。表わしている内容は、無限なものを物体と見なした人びとも、空虚と見なした人びとも、*ἄπειροι κόσμοι* 説を同じ意味で主張したということである。

(12) 一三を見よ。Diels, *Elementum*, pp. 63 *sqq.* 参照。

一八 「永遠の運動」とディネー

学説誌家たちは、「あらゆる天体とそこにあるあらゆる宇宙」を存在させるのは「永遠の運動」であった、と言っている。すでに見てきたように(八)、これはおそらくアリストテレス流の事物の捉え方にすぎないし、また日々の天体の回転の場合と同じように、正真正銘の宇宙の運動と、無限なものの原初の運動とを一致させてはならない。さらにそれは、無数の宇宙についての所説とまったく両立しなかったであろう。それぞれの宇宙は、たぶんそれ自体の中心をもち、日々の固有の回転をしているのである。この運動の本当の性質については何も定まった報告はないが、「分離」（ἀπόκρισις）という用語が、どちらかというと簁《とおし》や篩のようにゆすったり篩い分けたりする過程を示している。それは、プラトンの『ティマイオス』篇でピュタゴラスの徒の学説として与えられている。(1) そしてピュタゴラスの徒は、その宇宙論においてアナクシマンドロスにかなり近い線に追随していたのである（五四）。後に明らかになるように（一七九）、アブデラ学派は、同じ類いの運動を原子に与えた。そしてその学派も思想の細部では主にミレトス学派に依存していた。しかしこれは、明確な証拠を欠いているので推測の域を出ないに違いない。

しかしいったん「分離」された宇宙の運動の点については、信頼に足りる根拠がある。たしかに初期の宇宙論の主なひとつの特徴は、水や風のなかでの渦巻、つまりディネー（δίνη または δῖνος）(2) との類推から、宇宙のなかで演じている役目である。そしてこれをアナクシマンドロスとアナクシメネスの学説と見なしても、どこからも疑念をもってみられることはないとおもわれる。(3) 究極的基体を水で始め、「空気」で終えた思想家たちは、至極自然に渦巻を想起したであろうし、大地や水が中心にあり、火が外周にあり、「空気」が両者のあいだにあることは、渦巻からうまく説明されたであろう。重いものは渦の中心に向かい、軽いものは外周へ押しやられる。回転する球体については当時何の問題も孕んでいないと見てとるべきである。心に描かれねばならないのは、地表に対して多かれ少なかれ或る角度をもったひとつの平面、ないしはいくつかの平面における回転運動である。(4) それがディネー形成に十分な力学的説明を与えるということは、原初的運動の性質についてさきになした推測を可とするものである。そして原子論者がこの起源についてのこうした見方を厳密に主張したことは、再度触れられるであろう（一八〇）。

（1） Plato, *Tim.* 52e. そこでは（「対立物」にとって替わる）基本図形が、「（τιθήνη の運動によって）動かされ、まるで篩や穀物選別器によって穀物がゆすられ、篩い分けられたりするように、さまざまな方向に動かされて分離される。そして濃密で重いものが一方へ、稀薄で軽いものは別の方へ運ばれて、そこにとどまる。」

（2） イオニアの宇宙論に関連して、アリストファネスは、*Δῖνος βασιλεύει τὸν Δί' ἐξεληλακώς* と言っている（*Clouds*, 828）。これは、宇宙論の宗教的起源についての近代の学説よりもはるかに真実に近い。

（3） 宇宙が運動するかぎり、宇宙の運動と「永遠の運動」とを同一視することはできないけれども、私はW・A・ハイデル教授によって提示された見解をすすんで採用したい（"The *δίνη* in Anaximenes and Anaximander." *Class. Phil.* i. 279）。私は、エウドクソスやアリストテレスの「球」をピュタゴラスの思想に持ち込むべきでないことを、できるだけ示そうとしてきた。ひとつの平面における回転運動がアナクシマンドロスの宇宙のものであるとするならば、そのように主張する立場を相当に強めるであろう。

（4） これは *Aet. ii. 2, 4, οἱ δὲ τροχοῦ δίκην περιδινεῖσθαι τὸν κόσμον* のはっきり言わんとするところである。ディールスはこれをアナクシマンドロスに帰している（*Dox.* p. 46）。アナクシマンドロスに *δίνη* を帰すことへのツェラーの反論は、主として *τροπαί* の語の認め難い翻訳に基づいている（98頁注（2））。もちろん回転がすべて同じ平面にあるわけではない。たとえば黄道は赤道に対して傾いているし、銀河は黄道や赤道に対しても傾いている。

一九　天体の起源

宇宙のさまざまな部分は、無限なものから過程を経て生じるが、学説誌家はまた、その過程をいろいろ説明している。結局、つぎの報告の出所は、テオプラストスである。

「永遠なものから暑さや寒さを生みだすものは、この宇宙が生じるときに分かれ出たのであり、これから或る炎の球が、木のまわりの樹皮のように、大地周辺の空気のまわりに生じ、そしてこれが破れて或る環状のものに閉じ込められてしまうと、太陽、月、星が形成される、とかれは言っている。[1]」Ps.-Plut. *Strom.* fr. 2 (R. P. 19. DK. 12A10).

無限なものの一部分が、残りのものから分かれ出て宇宙を形成するとき、はじめその部分は熱と冷との二つの対立するものに分化したということが、これから明らかである。熱は冷をとり囲む炎として現われ、冷は空気でとり囲まれた大地として現われる。ここではこの冷が、大地、水、空気にどのように分化するかを言っているのではない。しかしその問題解決に或る光を投じているアリストテレスの『気象論』の一節がある。「神々を語るものたち」の海についての見解を論じた後で、こう言っているのである。

「しかし人間の知恵においてもっと賢明な人びとは、海の起こりを説明している。すなわちこの人たちの言うところによると、大地の周りのすべての場所は、はじめは湿っていたが、太陽によって乾かされてくると、蒸発したものが風を起こし、また太陽と月を折り返させる。(2) そのあとに残った水が海である。したがってこの人たちは、海は乾くにつれて小さくなり、やがていつかはすっかり干上がってしまうであろう、と考えている。」*Meteor*, B, 1. 353b5 (DK. 12A27).

「このように考える人びとに対しても、また大地ははじめ湿っていたが、大地の周りの領域が太陽によって熱せられると空気が生じ、全天体が増大し、またそれ（空気）が風を起こし、（太陽の）折り返し(3)を起こさしたと主張する人びとに対しても、同じ不合理が生じる。」*Ib.* 2. 355a21 (R.P. 20a. DK. 64A9).

アレクサンドロスはこの箇所を注釈して、これはアナクシマンドロスとディオゲネスの見方であった、と言っている。そしてテオプラストスをこの報告にとっての典拠として引用している。この見方は、学説誌家が示しているアナクシマンドロスの海についての学説によって確認されるのである(110)。そこで結局、ディネーが熱いものと冷たいものとを最初に分離し、その後炎の熱は、宇宙の内部にある冷たい湿ったものの部分を空気や水蒸気——これはその時にあっては同じである——に変えたということ、またこの霧の膨張は炎自体を破ってそれを環のなかへと閉じ込めたということになる。いずれこれらの環の点に触れるであろうが、大地についての伝承をさきに見なければならない。

(1) ハイデルはこの箇所を論じている (*Proceedings of the American Academy*, xlviii. 686)。私は、*ἀποκριθῆναι* には *ἀπὸ τοῦ ἀπείρου* を補うべきであるという点には同意している。私は、以前には *ἐκ τοῦ αἰδίου* がその語句と同様であり、もし語調が不調和ならば置き換えてもよいと考えていた。それが「悠久の昔から」を意味しているとハイデルが考えるようには、私は考えることができない。他方、ハイデルの *περιφυῆναι* や *ἀπορραγείσης* の解釈は、明らかに正しい。また「炎の球」は不正確であると指摘しているのも正しい。樹皮との比較はある環状のものを厳密に示している。

(2) ツェラーは、*τροπαὶ τῆς σελήνης* が何を表わしうるかを尋ねているが、かれの感じた難事は危惧にすぎない (p. 223, *n*. 5)。たしかに月は傾斜して運動している。だから *τροπαί* である。換言すれば月は太陽ほど地平線上の同一点からかならずしも昇らない。これはT・L・ヒース卿の認めるところである (*Aristarchus*, p.33, *n*.3)。もっともかれは、ここでの *τροπαί* は「回転」を表わしていると考えた点で、まずいことにツェラーに従っている。私にはこうした見方はできないようにおもわれる。というのは *τρέπεσθαι* は「折り返す」とか「逸れる」とかを意味するが、*στρέφεσθαι* の「回転する」をけっして意味しない。実際『オデュッセイア』十五巻四〇四行における *τροπαὶ ἠελίοιο* は、太陽が沈み、西から東へ折り返す場所を表わしている。もっともヘシオドスが冬至や夏至の *τροπαὶ ἠελίοιο* をすでに用いているような場合 (*O.D.* 479, 564, 663) には、まったく当て嵌まらない。アリストテレスが『天体論』B巻十四章二九六b四で恒星の *τροπαί* に言及しているという、(ヒースによっても繰り返された) ツェラーの叙述は誤りである。アリストテレスが言っているのは、大地が運動しているのであれば恒星の *πάροδοι* (緯度上の運動) と *τροπαί* とがなければならないが、それらは存在しないということである。この箇所は、T・L・ヒース卿そのひとによって、つづく章で正しく示されている (p. 241)。採りあげられている他の箇所については、次の注と116頁注 (3) を見よ。

(3) 文脈全体からして、明らかに *τὰς τροπὰς αὐτοῦ* は *τὰς τοῦ ἡλίου τροπάς* を意味しているのであって、ツェラーやヒースが言うように、τὰς τοῦ οὐρανοῦ を意味しない。この箇所の「空気」は、さきに引用された箇所の「蒸発したもの」(τὸ διατμίσαν) に対応している。したがって τοῦτον はそれに相応じなければならない。アレクサンドロスの説明(テオプラストスを出所としている p. 67, 3. *Dox.* p. 494) τὸ μέν τι τῆς ὑγρότητος ὑπὸ τοῦ ἡλίου ἐξατμίζεσθαι καὶ γίνεσθαι πνεύματά τε ἐξ αὐτοῦ καὶ τροπὰς ἡλίου τε καὶ σελήνης を参照。アリストテレスは『気象学』のこの章において、太陽が水分によって「養われている」という説や、至点における太陽の τροπαί を論じている。徐々に説明してゆかねばならない。

二〇　大地と海

最初に「分かれてでた」冷たい物質である湿気から、大地や海が生じたことは、つぎのように記されている。

「海は、最初の湿気の残滓である。火はそのほとんどの部分を乾かしてしまい、それを燃やすことで残りのものを塩に変えてしまう。」Aet. iii. 16, 1 (R.P. 20a. DK. 59A78).

「大地は円筒形をしており、その深さは差渡しの三分一である、とかれは言っている。」Ps.-Plut. *Strom.* fr.2 (R. P. *ib.* DK. 12A10).

「大地は空中にあって、何ものにも支えられていない。あらゆるものから等距離にあるために、その位置に留まっている。その形は空洞で丸く、石柱のようである。その表面のひとつに私たちがおり、他のものは反対側にいる。[1]」Hipp. *Ref.* i. 6,3 (R.P. 20. DK. 12A11).

しばし諸「元素」についての一般論を採りあげると、アナクシマンドロスは、熱と乾の側に火を置き、一方の冷、つまり湿の側に残り全部を置いたことが明らかである。これは、どうしてアリストテレスが火と水との中間のものとしての無限なものに言及したかを物語っているといえよう。そしてまたすでに明らかなように、湿った元素は、火によって一部分が「空気」や水蒸気に変わったのである。これは、どうしてアリストテレスが火と空気、あるいは空気と水との中間のものを無限なものと言うことができたかをよく説明している。(2)

宇宙の内部にある冷たい湿ったものは、実のところ水ではない。それはつねに「湿ったもの」ないしは「湿り気」と呼ばれているのである。そのために湿りは、熱の影響でさらに大地、水、水蒸気に変えられねばならない。火によって徐々に水が干上がるのは、アナクシマンドロスが「不正」の語で表わしたよい実例である。

タレスは、大地が水に浮かんでいると言った。しかしアナクシマンドロスは、大地は何の妨げもなく宙に(μετέωρος)浮かんでおり、何にも支えられていないと理解していた。アリストテレスは、アナクシマンドロスの用いた論法を伝えている。大地はどんな方向をとってみても、渦の周囲から等しい距離にあり、そして大地が上下方向にも斜めにも動く根拠は少しもない。(3) 宇宙無数説は、宇宙に絶対的上下方向があるということと矛盾していたのであるから、この論法はまったく論理的である。大地が中央にあるのはディネーのためである。なぜならより大きな嵩のものは渦の中央に向かうからである。(4) アナクシマンドロスが、大地をして回転運動に与かったとするよい証拠がある。(5) しかし大地は球ではない以上、軸の回転に言及すべきではない。宇宙は回転する環の仕組みをもっているという見方を採るならば、アナクシマンドロスの与えた大地の形は容易に説明されるであろう。それはまさしく渦運動の中心にある固体の環である。

(1) ヒッポリュトスの写本は ὑγρὸν στρογγύλον である。ヒッポリュトスから抜萃した十一世紀の誌家ケドレヌスも同様である。ロェパーは、二番目の語を最初の語の注釈であると考えて γυρὸν [στρογγύλον] と読んでいる。ディールスは、最初の語は大地の表面に当て嵌まると主張している (*Dox.* p. 218)。一方二番目の語は大地の範囲を述べている。しかしA・E・テイラー教授は、γυρόν が凸状を意味しているという見解の蓋然性はないことを私に指摘している。アルケラオス (一六二) やデモクリトス (Aet. iii. 10, 5, κοίλην τῷ μέσῳ) にまで時代が下がるとイオニア人は、きまって地表を凹状と見なしている。γυρός はまさにそれをうまく表わしうるのである。また続く言葉も疑わしい意味をもっている。ヒッポリュトスの写本は、χίονι λίθῳ となっているが、アエティオス（iii. 10, 2）は λίθῳ κίονι となっている。ディールスは、λιθῷ κίονι を疑わしいと推測している。それは原本の λιθέῃ κίονι を表現しているであろうと考えている（*Dox.* p. 219）。いずれにしても柱は本物のようである。一般的な意味は、プルタルコスの『雑録』ὑπάρχειν……τῷ μὲν σχήματι τὴν γῆν κυλινδροειδῆ（*loc. cit.*）で確かめられる。

（2） 88頁注（3）を見よ。

（3） Arist. *De caelo*, B, 13. 295b10 (DK. 12A26), εἰσὶ δέ τινες οἳ διὰ τὴν ὁμοιότητά φασιν αὐτὴν (τὴν γῆν) μένειν, ὥσπερ τῶν ἀρχαίων Ἀναξίμανδρος· μᾶλλον μὲν γὰρ οὐθὲν ἄνω ἢ κάτω ἢ εἰς τὰ πλάγια φέρεσθαι προσήκειν τὸ ἐπὶ τοῦ μέσου ἱδρυμένον καὶ ὁμοίως πρὸς τὰ ἔσχατα ἔχον. δίνη の或る点は、別の点よりも「下方」にあるわけではない。明らかにピュタゴラスの徒は、こうした推論を採りあげた。なぜならばプラトンは『ファイドン』篇でソクラテスに、ἰσόρροπον γὰρ πρᾶγμα ὁμοίου τινὸς ἐν μέσῳ τεθὲν οὐχ ἕξει μᾶλλον οὐδὲ ἧττον οὐδαμόσε κλιθῆναι. と語らせているからである（108e）。これからも ὁμοιότης は「無差別」のようなことを意味していることになる。或る円のひとつの半径と、別の半径とを区別するものは何もない。

（4） Arist. *De caelo*, B, 13. 295a9 (DK. 59A88), (ἡ γῆ) συνῆλθεν ἐπὶ τὸ μέσον φερομένη διὰ τὴν δίνησιν· ταύτην γὰρ τὴν αἰτίαν πάντες λέγουσιν ἐκ τῶν ἐν τοῖς ὑγροῖς καὶ περὶ τὸν ἀέρα συμβαινόντων· ἐν τούτοις γὰρ ἀεὶ φέρεται τὰ μείζω καὶ τὰ βαρύτερα πρὸς τὸ μέσον τῆς δίνης. διὸ δὴ καὶ τὴν γῆν πάντες ὅσοι τὸν οὐρανὸν γεννῶσιν ἐπὶ τὸ μέσον συνελθεῖν φασιν.

（5） このことは、エウデモスによって Ἀναξίμανδρος δὲ ὅτι ἐστὶν ἡ γῆ μετέωρος καὶ κινεῖται περὶ τὸ μέσον. (*ap.* Theon. Smyrn. p.198, 18. DK. 12A26) とはっきりと述べられている。アナクサゴラスも同様の見解をとった（一三）。

二　諸天体

すでに明らかなように炎は、渦の周囲へ押しつけられ、それ自体の熱のために生じた水蒸気の膨張による圧力で分解され、環のなかへ閉じ込められたのである。これらの環から諸天体が生じたことについて、ヒッポリュトスやアエティオスの報告を示そう。

「諸天体は、火の環として生じ、宇宙の火から分離して、空気でとり囲まれている。呼吸する孔や或る円筒状の通路がある。諸天体はそこに現われる。したがって呼吸する孔が塞がると蝕が起こる。そして月は、通路が閉じたり開いたりするにつれて、或る時は盈ち、或る時は虚けるように見えるのである。太陽の環は、（大地の）大きさの二十七倍で、月（の環）は、十八倍の大きさである。(1) 太陽はなかでも最も高く、星の環は最も低い。」Hipp. *Ref.* i. 6, 4〜5 (R.P. 20. DK. 12A11).

「諸天体は、環状に空気が圧縮されたもので、火が充満し、或る点では孔から炎を吐き出している。」Aet. ii. 13, 7 (R.P. 19a. DK. 12A18).

「太陽は、大地の大きさの二十八倍の環であって、ちょうど空洞な輪縁のある、火の充満した馬車の車輪のようである。或る点でまるで鞴《ふいご》の尖口のように、孔を通して火を見せている。」Aet. ii. 20, 1 (R.P. 19a. DK. 12A21).

「太陽は大地と等しい。しかし太陽が呼吸する孔のある、またそれによって回転させられるその環は、大地の大きさの二十七倍である。」Aet. ii. 21, 1 (DK. 12A21).

「火の呼吸する孔が塞がれるときに、太陽の蝕が生じる。」Aet. ii. 24, 2 (DK. 12A21).

「月は、大地の大きさの十九倍の環であって、太陽のように、ちょうど空洞な輪縁のある、火の充満した馬車の車輪のようである。また太陽と同じくまるで鞴の尖口のように、ひとつの呼吸する孔をもって傾いている。〔車輪の回転のために月は蝕するのである。(2)〕」Aet. ii. 25, 1 (DK. 12A22).

「車輪の孔が塞がれるときに、月の蝕が生じる。」Aet. ii. 29,1 (DK. 12A22).

「(雷鳴や稲妻などは) すべて疾風によって起こる。なぜなら風が厚い雲に閉じ込められ、微細で軽量のために強い力で飛び出すときに、雲の破裂は音をたて、切れ目は雲の暗黒さと対比して閃光を発する。」Aet. iii. 3, 1 (DK. 12A23).

「風は、空気 (すなわち水蒸気) の流れである。なかでも最も微小で最も湿った部分が、太陽によって動かされたり、溶かされたりされるときに、それは生じる。」Aet. iii. 7,1 (DK. 12A24).

天体の環の大きさを示す形には、奇妙な違いがある。十八と二十七とは、環の内側に関係し、十九と二十八とは環の外側に関係していると見なすのが最も穏当である。「星」の環は、おそらく大地の大きさの九倍であったと推定してもよいであろう。というのも九、十八、二十七の数字が、原始的宇宙生成論において重要な役割を果たしているからである。[3] 火の環が完全な円形として見なされないのは、環を形成している水蒸気や霧が火を閉じ込め、火が出て行く周囲の一点を除けば、外側が輪形になっているからである。それが現に眼に見える天体である。[4]「環」の説は、銀河から連想された可能性がある。もしも空気の環が、それ自体可視的にならないで、どうして火を見えなくすることができるのかと訊ねるならば、そういうものが、当時のギリシア人が「空気」と呼んだものの特質であると答えられるであろう。たとえばホメロスの英雄が、「空気」に被われて見えなくなったときも、私たちは「空気」と英雄との両方とも正しく見抜きうるのである。[5] 稲妻も天体の場合とまったく同じような仕方で説明されていることを付言すべきであろう。それもまた圧縮された空気、つまりこの場合嵐の雲を突き破る火であった。これが、この説の実際の起こりであり、アナクシマンドロスは、稲妻との類比で天体を説明したので、その逆ではなかったというのが本当のようにおもわれる。想起されねばならないのは、気象学と天文学とがまだ分離していなかったことや、「環」や円形の説が渦の考えから自然に推論されることである。[6]
　この程度の範囲までなら、テオプラストスの文献によって、正当化されるとおもわれる。もしそうであるなら、当然さらにもっと立ち入って推論をしてもよいであろう。まずはじめにアナクシマンドロスは、天体が固い円天井であるという古い考えから抜け出してしまった。無限なものへ真直ぐに眼を向けることを妨げるものは何もないし、アナクシマンドロス自身が、そうすることに考え及ばなかったとおもうことは無理である。伝統上の宇宙は、はるかに壮大な仕組み、つまり水でも空気でもなく、無限の嵩のある数限りない渦巻の仕組みにとって代わられてきているのである。その場合、恒星と呼ばれているものが、「神々」でもある「無数の宇宙」と同じであるという考えに逆らうことは難しい。そのことから日々の回転がただ外見上のものということも生じてくる。というのは、星と私たちとの距離が等しくないからであり、星は共通した回転をもちえないからである。よって当然それは、円筒状をした大地の、二十四時間の回転に帰せられねばならない。すでに明らかになったように、大地はたしかにディネーの回転を分有している。それは、大地と月とのあいだにある「星」の環というひとつの困難を克服している。というのは恒星は、「環」によって少しも説明されえなかったからである。ひとつの天球層は必要とされたであろう。それで、この内側の環によって説明される「星」とは何であるのか。あえて言うならば、それらは明けの明星や宵の明星である。すでに明らかにしたように（45頁注（3））、それらの星はひとつの発光体としてはまだ認められていなかった。換言すると、アナクシマンドロスは、恒星は静止したものであるが、それぞれは固有の渦中で回転していると見なした、と私は考える。これは否応なしに、太陽と月の回転に関連したひとつの困難に直面させることになる。渦の性質から惹起するのは、星が大地と同じ方向に回転しなければならないことであり、まさにその想定からは西から東への方向になるであろうし、星は大地の回転よりも遅い回転となるであろう。これは、渦の外周が中心部よりもはるかに速く回転するという事実と矛盾している。しかしながらそれこそは、デモクリトスに至るまでのイオニアの宇宙論者すべてが相対さねばならなかった難題である。その人たちは、すべては同じ方向に回転していると述べたが、そう述べながらも、今日、最大の速度と呼ばれているものを最小の速度と言わざるをえなかったのである。たとえば月が太陽ほど速く回転しなかったのは、太陽がはるかに恒星に接近した位置にあるからである。(7) アナクシマンドロスが、この問題に最初にとり組んだひとであったことをおもえば、この困難さを見落としたのは驚くに当たらない。渦の中心が外周よりも遅い回転をするはずだということは、すぐさま明らかではない。天体固有の回転は、日々の回転とは逆方向であるという説の起源を説明するには、以上のことは恰好のものである。やがて明らかになるように回転の区別はピュタゴラスに帰せられる(五四)。

(1) ディールスとともに(*Dox.* p.560) 私は、何かテクストから脱落していると推定するが、しかし月の輪形を十八倍の大きさと見なして、十九倍と見なさないのは、これは別の形状の二十七倍とよく符合するからである。本頁注(3)を見よ。

(2) 月の蝕についてのアナクシマンドロスの実際の説明は、つぎの引用文に示されているので、ここではたしかに若干の混乱がある。読みにも疑わしい点がある。プルタルコスとエウセビオス(*P.E.* xv. 26, 1) の両者は、*ἐπιστροφάς* を用いている。それでストバイオスの *τροπάς* は、とくに codex Sambuci が *στροφάς* を用いているので否定されてもよいであろう。このことは、蝕が *σκάφη* の *στροφή* や *ἐπιστροφή* によるというヘラクレイトスの学説(七一) にまるで散発的に触れているかのようである。とにかくこの箇所は、ツェラーやヒースによって *τροπαί* に付された意味を証明する拠り所にはなれない(98頁注(2))。

(3) P. Tannery, *Science hellène*, p. 91; Diels, "Ueber Anaximanders Kosmos" (*Arch.* x. pp. 231 *sqq.*) を見よ。

(4) この説の真の意味は、最初ディールスによって説明された(*Dox.* pp.25 *sqq.*)。炎は、ルクレティウスが述べているような per magni circum spiracula mundi から発出している(vi. 493)。これらと比較される *πρηστῆρος αὐλός* は鍛冶家の鞴の尖口にすぎない。これはロードスのアポルロニオスが用いた *πρηστήρ* の語のもつ意味である(iv. 776)。ギリシア人の水夫が、身近な器具の名にちなんで火のような竜巻と尤もらしく名づけたほかは、同名の気象現象を扱うべきものはない。（第三章七を見よ。）いま語句の初期の解釈を論ずる必要はない。

（5）これは、見た目ほど奇妙な見方ではない。沖にある島や岩が靄（ἀήρ）で被われたときには、完全に姿を見せないであろう。そしてそのかなたに私たちは空を見ているような気がしているのである。

（6）49頁を見よ。

（7）**Lucretius, v. 619** ***sqq.***

三　動物

いずれにしろいままで見てきたことで、宇宙についてのアナクシマンドロスの思索が、極端なほど大胆な性格のものであったことは、十分に示されている。いま当面しているのは、何にもまして冠たる大胆さ、すなわちかれの生物起源説である。テオプラストスのこれについての説明は、学説誌家によってかなり残されているのである。

「生物は、太陽によって蒸発された水分から生じた。はじめは人間は、ほかの生物、すなわち魚に似ていた。」**Hipp.** ***Ref.*** **i. 6,6 (R.P. 22a. DK. 12A11).**

「最初の生物は、湿りのなかに生まれ、刺のある膜にとりまかれた。年をとるともっと乾いたところへ這い出した。膜が破られると、わずかの期間[1]、生きながらえた。[2]」Aet. v. 19,4 (R.P. 22. DK. 12A30).

「さらにかれは、はじめにひとはほかの種類の生物から生まれた、と言っている。それは他の生物はすぐさま自活するが、人間だけは長期間の養育が必要だからである。したがって最初から現にあるような状態であったならば、ひとはけっして生き延びることはできなかったであろう。」Ps-Plut. *Strom.* fr.2 (R.P. 22. DK. 12A10).

「まずはじめに人間は、鱶や鮫のように[3]、魚の胎内で生まれ、育てられて、みずからを十分に守りきることができるようになってから、現われ出て陸へ上がった。」Plut. *Symp. Quaest.* 730f（R.P. *ib* DK. 12A30）

これらの報告の重要性は、ときには過大評価され、またさらに頻繁に過小評価されてきている。或るひとによると、アナクシマンドロスはダーウィンの先駆者と言われる一方、或るひとはこれはすべて神々を語った名残りとして扱っている。したがってこれは、ただたんに placitum（学説）があるというだけでなく、それの基になった諸観察が示されている稀有な場合のひとつであることに注目する必要がある。このことから明らかに、アナクシマンドロスは、外界に適用し、最適なものが生き残るということはどういうことかについて、或る着想を抱いたのであり、そしてより高度な哺乳動物は、動物の原初的形態を表わしえないと解したのである。このためにかれは海を観て、哺乳動物（mammalia）に最も近似しているこれらの魚を当然のことながら選んだ。ヨハネス・ミュラーは、滑らか鮫（galeus levis）についてのアリストテレスの記述は後代の自然学者の記述よりもはるかに正確である、と言った。こうした観察をすでにアナクシマンドロスがなしたことは、現に明らかである。鮫が子供を養う方法は、最初の動物の生存を説明しようとするかれに、きわめて貴重な資料となった。(4)

（1）これは、*γαλεοί* について以下語られることに照らして理解されるべきである。Arist. *Hist. An.* Z, 10. 565a25, *τοῖς μὲν οὖν σκυλίοις, οὓς καλοῦσί τινες νεβρίας γαλεούς, ὅταν περιρραγῇ καὶ ἐκπέσῃ τὸ ὄστρακον, γίνονται οἱ νεοττοί* 参照。

（2）本当の読みは *ἐπ' ὀλίγον χρόνον μεταβιῶναι* で、ディールスの *Vors.*¹ や *Vors.*² における *χρόνον* の省略は、明らかに誤りである。『ギリシア学説誌』への索引においてディールスは、*μεταβιοῦν* の項で mutare vitam〔*μεταδιαιτᾶν* 参照〕と言っている。私も初版ではかれに従った。ハイデルは、アルケラオスの（最初の動物についての）*ἦν δὲ ὀλιγοχρόνια* と巧みに比較している（*ap.* Hipp. *Ref.* i. 9, 5）。

（3）デュナーとともに *ὥσπερ οἱ παλαιοί* に代えて *ὥσπερ οἱ γαλεοί* と読む。かれは、鮫の *φιλόστοργον* が記されて

いる Plut. *De soll. anim.* 982a と比較している。

(4) アリストテレスと「滑らか鮫」については、Johannes Müller, "Ueber den glatten Hai des Aristoteles" (*K. Preuss. Akad.*, 1842) を見よ。私は、同僚のダーシー・トムプソン教授の教えでこの論文に注目した。*τρεφόμενοι ὥσπερ οἱ γαλεοί* の語句が正確であるのは、アリストテレスの『動物誌』Z巻十章五六五b一、*οἱ δὲ καλούμενοι λεῖοι τῶν γαλεῶν τὰ μὲν ᾠὰ ἴσχουσι μεταξὺ τῶν ὑστερῶν ὁμοίως τοῖς σκυλίοις, περιστάντα δὲ ταῦτα εἰς ἑκατέραν τὴν δικρόαν τῆς ὑστέρας καταβαίνει, καὶ τὰ ζῷα γίνεται τὸν ὀμφαλὸν ἔχοντα πρὸς τῇ ὑστέρᾳ, ὥστε ἀναλισκομένων τῶν ᾠῶν ὁμοίως δοκεῖν ἔχειν τὸ ἔμβρυον τοῖς τετράποσιν.* から来ている。アナクシマンドロスは、アリストテレスによって記されたさらに進んだ現象に言及したと考える必要はない。アリストテレスは、再三にわたって、*ἀκανθίας*（トゲ鮫）のほかの *γαλεοί* は、「じぶんの幼魚を出したり、ふたたび入れたりする」(*ἐξαφιᾶσι καὶ δέχονται εἰς ἑαυτοὺς τοὺς νεοττούς*, *ib.* 565b23) と言っている。これについては、Ael. i. 17; Plut. *De amore prolis* 494c; *De soll. anim.* 982a と比較せよ。ヨハネス・ミュラーの記した胎盤や臍帯は、アリストテレスの言わんとするすべてを十分に説明している。

三　アナクシメネス

二三　生涯

エウリュストラトスの子で、ミレトスのひとアナクシメネスは、テオプラストスによれば、アナクシマンドロスの「仲間」であった[1]。たしかにアポルロドロスは、かれはサルディスの陥落（前五四六／五年）の頃「最盛期」であり、第六三オリュムピア祭期（前五二八／五二五年）に死んだ、と言った[2]。換言すれば、アナクシメネスはタレスが「最盛期」であったときに生まれ、タレスが亡くなったときに「最盛期」であった。これは、アポルロドロスがアナクシメネスの年代について確かな情報を得ていなかったことを表わしている。アポルロドロスが、おそらく第六三オリュムピア祭期にアナクシメネスを死んだことにしたのは、ミレトス学派にちょうど三代を割り当てたためであった。[3] したがってアナクシメネスが、アナクシマンドロスよりは若かったに違いないということのほか、この年代について積極的な発言はできない。

(1) Theophr. *Phys. Op.* fr. 2 (R.P. 26. DK. 13A5).

(2) これは、Hipp. *Ref.* i. 7,9 (R.P. 23. DK. 13A7) や Souidas (*s.v.* DK. 13A2) と、Diog. ii. 3 (DK. 13A1) との比較からきている。しかしヒッポリュトスにおいては、ディールスの考えに従って πρῶτον を τρίτον と読まねばならない。アポルロドロスはオリュムピア祭期を述べたが何年目としなかったという、R.P. 23e においての提案は不十分である。というのはアポルロドロスは、オリュムピア祭期で計算しないで、アテナイの執政官で計算したからである。

(3) イヤコビーは、ピュタゴラスの最盛期とこの年代を結びつけているが (p. 194)、あまり当たっていないようにおもわれる。

一四　著作

アナクシメネスは一書をものしたが、それは原文批判の可能な学説誌が成立する年代まで残っていた。というのは、かれは単純で飾り気のないイオニア方言を用いたと言われているからである。[1] おもうにそれは、アナクシマンドロスの詩的散文とはひじょうに異なっていたであろう。[2] アナクシマンドロスの思索は、その大胆さや幅広さで顕著なものであったが、アナクシメネスの思索は、それとは正反対の性質で特徴づけられるのである。アナクシメネスは、自分の学説を慎重に案出したように見える一方、先人の大胆な学説を拒絶しているのである。その結果、かれの世界観は、アナクシマンドロスの世界観より迫真性に乏しいが、はじめから信念を貫こうとしたもろもろの思想のうえでは、はるかに実り多い。

(1) Diog. ii. 3 (R.P. 23. DK. 13A1).

（2）　さきのテオプラストスの報告（三三）を参照。

二五　究極的基体の説

アナクシメネスは、テオプラストスが特別に一書を設けて記した哲学者のひとりである。(1) これは、伝承の信用性に対する保証をさらに強いものにしている。つぎの文章は、(2) アナクシメネスの学説の中心的特色を最もよく説明している箇所である。

「エウリュストラトスの子で、ミレトスのひとアナクシメネスは、アナクシマンドロスの仲間であり、アナクシマンドロスと同じく、基体はひとつで、かつ無限なものであると言っている。しかしそれをかれは、アナクシマンドロスのように無規定なものと言わないで、規定されていると言っている。つまりかれは、それが空気であると言っているのである。」*Phys. Op.* fr. 2 (R.P. 26. DK. 13A5).

「生成しつつあるもの、生成したもの、生成するであろうもの、そして神々や神的なものは、それ（空気）から生まれるのであり、そのほかのものは、空気の生み出したものから生まれる、とかれは言った。」Hipp. *Ref.* i. 7,1 (R.P. 28. DK. 13A7).

「私たちの魂は空気であって、私たちをいっしょに結びつけているように、気息つまり空気は、全宇宙を包んでいる、とかれは言っている。」Aet. i. 3,4 (R.P. 24. DK. 13B2).

「そして空気の形態はつぎのようである。それが最も均一である場合は眼には見えないが、しかし冷たいもの、熱いもの、湿ったものや動くものによって見られる。それはつねに運動している。なぜならそれが運動しなければ、現に変化しているように変化をすることはないからである。」Hipp. *Ref.* i. 7, 2 (R.P. 28. DK. 13A7).

「それ（空気）は、稀薄と濃縮によって実体の上でさまざまに異なっている。」*Phys. Op.* fr.2 (R.P. 26. DK 13A5).

「それ（空気）がもっと稀薄なものに拡散すると火となるが、風は濃縮した空気であり、雲は空気からのフェルト化によって仕上げられる。[3] そしてこれがさらに濃縮化されると水となり、水がさらに濃縮化されると大地になり、最大限に濃縮されると石となる。」Hipp. *Ref.* i. 7,3 (R.P. 28. DK. 13A7).

（1）これらの文書については *Dox.* p. 103 を見よ。

（2）*Dox.* p. 135 で示されたテオプラストスからの抜萃文の摘要を見よ。

（3）「フェルト化」(*πίλησις*) は、初期の宇宙論者すべてにとって、この過程に対するお決まりの用語である。プラトンは、この宇宙論者からこの語を借用している (*Tim.* 58b4; 76c3)。

二六　稀薄と濃縮

まずこの説は、洗練されたアナクシマンドロスの所説と比べると、粗野な見方へと堕落しているようにも見える。しかしこれは本当に実状ではないのである。いなむしろ稀薄や濃縮をこの説へ導入したのは、優れた前進である。[1] 実際、それはミレトス学派の宇宙論をはじめて首尾一貫させている。つまり、万物を単一の基体の一形態として説明する論説は、あらゆる相違を量的なものと見なさざるをえないからである。究極的基体の単一性を救う唯一の方法は、一定の空間のなかに多いにしろ少ないにしろその基体が存在していることにあらゆる多様性を帰すべきだと主張することである。そしてそれに対処する対策がいったんとられている場合でも、アリストテレスの、曖昧ではあるが好都合な語句を用いて、「諸元素とは異なった」ものを、究極的基体とする必要はもはやない。まったくのところ基体は、元素のひとつであっても構わないのである。

(1) シムプリキオス（*Phys.* p. 149, 32. R.P. 26 b. DK. 13A5）は、テオプラストスがアナクシメネスだけの場合に稀薄や濃縮について語った、と言っている。しかし注目されるべきは、とくにもし *ὅ ἐστι πυρὸς μὲν πυκνότερον ἀέρος δὲ λεπτότερον* がアナクシマンドロスに帰せられるならば、アナクシマンドロスもまた稀薄と濃縮について語ったことをアリストテレス（*Phys.* A, 4. 187a12. DK. 12A16）が示しているようにおもわれる。他方a二〇の *οἱ δ' ἐκ τοῦ ἑνὸς ἐνούσας τὰς ἐναντιότητας ἐκκρίνεσθαι, ὥσπερ Ἀναξίμανδρός φησι* が、a一二の *οἱ μὲν κτλ.* に反しているようにおもわれる。すでに指摘したように、アリストテレス自身の、あまりにも明白でない推断や解釈をここで私たちは斟酌しているようである。シムプリキオス自身、*δῆλον δὲ ὡς καὶ οἱ ἄλλοι τῇ μανότητι καὶ πυκνότητι ἐχρῶντο* をつけ加えているけれども、シムプリキオスがテオプラストスから引用した明確な報告の方が、アリストテレスの推断や解釈よりも優れている。しかしそれは、アリストテレスのいささか混乱した報告からの、シムプリキオスの独自の推断にすぎない。

二七　空気

アナクシメネスの言う空気は、ひと口に「空気」と名ざして呼べないような多くのものを含んでいる。通常の状態の場合、最も均等に拡がっている時には空気は眼に見えない。そしてその場合、現に言う「空気」に相当するのである。それは呼吸する気息であり、吹く風である。そのためにアナクシメネスは、それをプネウマ（*πνεῦμα*）と呼んだ。他方、霧や水蒸気は圧縮された空気であるという古来の考えが、問題なしにそのまま受けとられている。いずれ明らかになるように、今日、空気と呼んでいるところのものが、紛れもない物体的存在であり、水蒸気とも空虚とも同じでないことを最初に発見したのは、エムペドクレスであった。初期の宇宙論者にあっては、「空気」はつねに水蒸気の一形態であり、暗闇さえも「空気」の一形態なのである。暗闇は影であることを示して、この点を明白にしたのもエムペドクレスであった(1)。

アナクシメネスが、「空気」を究極的基体として決めたのは当然のことであった。というのは、アナクシマンドロスの学説において、空気は、二つの基本的な対立物、炎の環と、そのなかの冷たく湿ったものとのあいだの中間的な場所を占めていたからである（一九）。プルタルコスの伝えているところでは、アナクシメネスは、稀薄になると空気は暖かくなり、圧縮されると冷たくなると想像した。かれは、変わった実験的根拠によってこのことを納得した。つまり口を開けて息を吐くと空気は暖かいし、口を細めて息を吐くと冷たい(2)。

（1）ホメロスにおける *ἀήρ* の意味については、たとえば *Od.* viii. 1, *ἠέρι καὶ νεφέλῃ κεκαλυμμέναι* を参照。イオニア方言による散文として残っているものとしては、ヒッポクラテスの *Περὶ ἀέρων, ὑδάτων, τόπων*, 15, *ἀήρ τε πολὺς κατέχει τὴν χώρην ἀπὸ τῶν ὑδάτων* を参照。プラトンはまだ古義を知っている。というのはティマイオスに *ἀέρος* (*γένη*) *τὸ μὲν εὐαγέστατον ἐπίκλην αἰθὴρ καλούμενος, ὁ δὲ θολερώτατος ὁμίχλη καὶ σκότος*（*Tim.* 58d）と語らせているからである。*ἀήρ* と暗闇との一致については、Plut. *De prim. frig.* 948e, *ὅτι δ' ἀὴρ τὸ πρώτως σκοτεινόν ἐστιν οὐδὲ τοὺς ποιητὰς λέληθεν· ἀέρα γὰρ τὸ σκότος καλοῦσιν* 参照。私の見解は、タンヌリの "Une nouvelle hypothèse sur Anaximandre"（*Arch.* viii. pp. 443 *sqq.*）で批判されている。この批判に耐えるために、私はこれについての表現を多少変えている。この点は、ピュタゴラス思想の解釈にとっての基本的な重要性を有している。

（2）Plut. *De prim. frig.* 947f (R.P. 27. DK. 13B1). そこでアナクシメネスは、稀薄な空気について *τὸ χαλαρόν* の語を用いたと言われている。

六　宇宙が呼吸する

以上の論証から、立論の要に私たちは気づくのである。そしてそれは現存する一断片によって裏書きされている(1)。すなわち「私たちの魂は空気であって、私たちをいっしょに結びつけているように、気息つまり空気は全宇宙を包んでいる」という断片である。究極的基体は、人間の生命に対してと同じように、宇宙の生命に対して同じ関係をもっている。ところでこれは、ピュタゴラスの見方であった(2)。それは、小宇宙から大宇宙に至ることについて議論した初期の一例でもあるし、生理学的事象にはじめて関心を抱いたことを表わしている。

（1）Aet. i. 3,4 (R.P. 24. DK. 13B2).

（2）　第二章五三を見よ。

二九　宇宙の諸部分

さて宇宙の形成や、その諸部分の形成についての学説誌的伝承に移ろう。

「空気がフェルト化されて、まずひじょうに広々とした大地が生成した、とかれは言っている。よってそれゆえに大地は空気で支えられている。」Ps.-Plut. *Strom.* fr. 3 (R.P. 25. DK. 13A6).

「同様に、ことごとく火の性質をもっている太陽、月、その他の星辰も拡がりのために、空気によって支えられている。星辰は、大地から立ちのぼる水蒸気によって、大地から作られた。それが稀薄になると火が生じ、星辰は高方へ立ちのぼる火から構成されている。星辰の領域のなかには、地的な本性をもつものが存在していて、それといっしょに回転している。そして他の人びとが想定したように、星辰は大地の下では動かないし、帽子が私たちの頭のまわりを回転するように、大地のまわりを動く、とかれは言っている。太陽は、大地の下へ行くためにではなく、大地のより高い部分で隠されることによって、またそれと私たちの距離が大きくなるために、見えなくなるのである。星辰は、距離が遠くなりすぎて熱を伝えない。」Hipp. *Ref.* i. 7,4-6 (R.P. 28. DK. 13A7).

「風は、空気が圧縮され、ひじょうな勢いでつき進んでくるとき生じる。しかしそれがもっと集中化して厚くなってくると、雲になる。そのようにしてついに水に変じる。(1)」Hipp. *Ref.* i. 7,7 (*Dox.* p. 561. DK. 13A7).

「星辰は、［水晶状の円天井にある鋲のように固定化されるとかれは言っているが、ある人びとは、その星辰は］絵のような、火の木の葉である、（と言っている）。(2)」Aet. ii. 14,3 (*Dox.* p. 344. DK. 13A14).

「星辰は大地の下には行かないで、そのまわりを回っている。」*ib.* ii. 16, 6 (*Dox.* p. 348. DK. 13A14).

「太陽は、火のようなものである。」*ib.* 20, 2 (*Dox.* p. 348. DK. 13A15).

「太陽は、木の葉のように拡がっている。」*Ib.* 22, 1 (*Dox.* p. 352. DK. 13A15).

「星辰は、濃縮され、反撥する空気のために押し出されて折り返す。(3)」*Ib.* 23, 1 (*Dox.* p. 352. DK. 13A15).

「月は、火のようなものである。」*Ib.* 25, 2 (*Dox.* p. 356. DK. 13A16).

「アナクシメネスは、稲妻をアナクシマンドロスと同じように説明した。櫂《かい》で掻き分けられるときに海が閃くという、海で起こる現象をつけ加えている。」*ib.* iii. 3, 2 (*Dox.* p. 368. DK. 13A17).

「雹は、落下する水が凍るときに生じる。雪は、いくらかの空気が水分のなかに含み込まれるときに生じる。」Aet. iii. 4, 1 (*Dox.* p. 370. DK. 13A17).

「虹は、厚い濃縮した空気のなかに太陽光線が投じるときに生じる。そのことから、その前の部分は、太陽光線によって燃え深紅色に見える。ほかの部分は、水蒸気が優勢で暗色である。そして虹は、月によって夜に作られるが、つねに満月ではないし、太陽よりも月の光が弱いために、しばしば生じはしない、とかれは言っている。」*Schol. Arat.*(4) p. 515, 27M (*Dox.* p. 231. DK. 13A18).

「大地は、卓形である。」Aet. iii. 10, 3 (*Dox.* p. 377. DK. 13A20).

「地震の原因は、大地の乾きと湿りである。一方は旱魃が起こし、一方は豪雨が起こす。」*Ib.* 15, 3 (*Dox.* p. 379).

すでに明らかなように、アナクシメネスが究極的基体の本性という点で、タレスに立ち返ったのは正しい。しかしアナクシメネスの宇宙論の細部についての成果は、不適当であった。大地は、再び空気中に浮かんだ卓形の円盤のように想定されている。太陽、月、星もまた「木の葉のように」空中に浮かんでいる火の円盤なのである。この着想は、当然、「渦」（δίνη）から思いつかれた。それは、アナクシマンドロスが主張したに違いないように、夜、天体が大地の下に行かないで、文字どおり帽子や臼石のように、[5] 大地のまわりを回るにすぎないということになる。この見方はまた、アリストテレスの『気象学』においても述べられている。[6] そこでは、天体が視界から隠れるのは、大地の北方の部分が隆起しているためであるとされている。これはなぜ北極限界線外の星が、昇って沈むように見えるのかを説明できる程度のものにすぎない。もしも世界が平面的に回転していると見なされていることを念頭に置くならば、この説明でまさしく十分である。それは、天球の説とまったく矛盾している。[7] 惑星間を循環している地的な物体は、紛れもなく月蝕や月の相を説明するためのものである。[8]

（1）この原文は、この箇所がひどく乱れている。私は ἐκπεπυκνωμένος を残す。というのは、雲は濃縮された空気である、と先にも言われているからである。

（2）本頁注（7）を見よ。

（3）これは、太陽の τροπαί を示しうるにすぎない。もっとも一般的には τὰ ἄστρα について曖昧に述べられている。この文は、Περὶ τροπῶν ἡλίου の項に記されており、孤立した報告であるかのように解釈することはできない。

（4）この出典は、テオプラストスを用いたポセイドニオスである。*Dox.* p. 231.

（5）テオドレトス（iv. 16）は、車輪の回転に比せられるような、臼石にも似た回転を信じた人びとに言及している。ディールス（*Dox.* p. 46）は、これに似たことをアナクシメネスやアナクシマンドロスにそれぞれ帰している。もちろんこれらは、ストバイオスにも、『概要』にも表わされていないけれども、アエティオスに由来している（「出典」10）。

（6）B, 1. 354a28 (R.P. 28c. DK. 13A14).

（7）この理由から、アエティオス、二巻十四、三（114頁）の 'Αναξιμένης ἥλων δίκην καταπεπηγέναι τῷ κρυσταλλοειδεῖ の叙述を現に私は認めない。ここに名前の混乱があることは、それにすぐ続いてくる ἔνιοι δὲ πέταλα εἶναι πύρινα ὥσπερ τὰ ζωγραφήματα の語句、おそらくアナクシメネスの真正の教説であるが、これによってはっきりと示されている。私は *ζωγραφήματα* を星座についてのものと解している (Plato, *Tim.* 55c 参照)。星を水晶球体に固定したものと見なすのは、星は大地の下に行かないという、はるかによく証明されている教説と少しも矛盾しない。

（8） Tannery, *Science hellène*, p. 153 を見よ。アナクサゴラスに採り入れられた、きわめて類似の物体については、第六章一三五を見よ。さらに第七章一五一を見よ。

三〇　無数の宇宙

予想されるように、アナクシメネスに帰せられる「無数の宇宙」にまつわる多くの厄介な点は、アナクシマンドロスの「無数の宇宙」にまつわる場合と同様である。しかし証拠の方は、はるかに十分ではない。キケロは、アナクシメネスが空気を神と見なしたことに触れ、空気が生成したとも言っている。(1) それが正しいはずはない。究極的基体としての空気は、たしかに永遠であって、アナクシマンドロスが無限なものを「神的なもの」と呼んだように、アナクシメネスが空気を「神的なもの」と呼んだということもきわめてありそうなことである。しかしアナクシメネスも、生成し消滅した神々についてたしかに語った。かれによると、神々は空気から生まれたのである。これは、ヒッポリュトス(2)や聖アウグスティヌス(3)によって明白に述べられている。これらの神々は、おそらくアナクシマンドロスの神々と同様に説明されるであろう。実際、シムプリキオスは別の見方を採っているが、しかしストア学派の文献から誤解したもののようである。(4)

（1） Cic. *De nat. d.* i. 26 (R.P. 28b. DK. 13A10).

（2） Hipp. *Ref.* i. 7,1 (R.P. 28. DK. 13A7).

（3） Aug. *De civ. D.* viii. 2: "Anaximenes omnes rerum causas infinito aëri dedit: nec deos negavit aut tacuit; non tamen ab ipsis aërem factum, sed ipsos ex aëre ortos credidit" (R.P. 28b. DK. 13A10).

（4） Simpl. *Phys.* p.1121,12 (R.P. 28a. DK. 13A11). 『学説誌』からの文章は、シムプリキオスからのこの箇所より、

もっと権威をもっている。連続する宇宙は、ここでさえも、アナクシメネス、ヘラクレイトス、ディオゲネスに帰せられているにすぎない。ヘラクレイトスに対するストア学派の見解については、第三章七六を見よ。またディオゲネスについては第一〇章一八八を見よ。シムプリキオスが、ストアの文献に従っていることは、καὶ ὕστερον οἱ ἀπὸ τῆς Στοᾶς の語句で明らかである。

三　アナクシメネスの影響

アナクシメネスが、その同時代人の見るところでも、またずっと後になっても、アナクシマンドロスよりもはるかに重要な人物であったことを理解するのは容易ではない。しかし実際は重要な人物なのである。いずれ明らかになるように、ピュタゴラスが天体の説明ではアナクシマンドロスに従ったけれども、宇宙についての全般的な説に対しては、はるかにアナクシメネスに負っていたのである（五三）。さらに後の時代になってもういちどイオニアに学問が復活したとき、学問とは「アナクシメネスの哲学」のことであり、それに学問が寄り掛かっていたことも、明らかになるであろう（一三三）。アナクサゴラスは、アナクシメネスの最も特色のある多くの見方を採り入れた（一三五）。そして原子論者もそうであった。(1) アポルロニアのディオゲネスは、アナクシメネスの中心的な学説に立ち返り、空気を究極的基体とした（一八八）。もっともディオゲネスは、その学説とアナクサゴラスの学説とを結びつけようとしたのである。このことは、いずれすべてにわたって取りあげられるであろう。とはいうもののアナクシメネスが、タレスから始まった思想系列の最頂点を示していることをいまここで指摘し、そしてどのようにして「アナクシメネスの哲学」がミレトスの学説を代表するようになったかを示すことが望ましいとおもわれた。ともあれ「アナクシメネスの哲学」のみがこれをなし遂げることができたのである。なぜならそれは、アナクシメネスが最後の著名な代表者であった一学派の、本当の仕事であったからであり、そしてアナクシメネスがそれに尽くすこととは、先人から受け継いだ学説を完成さすことであったからである。すでに明らかなように(二六)、稀薄と濃縮の説は、たしかにミレトスの学説の完成であった。そしてただ言い添える必要があるのは、この事実をはっきりと弁えることが、ミレトス人の宇宙論自体を理解するための、またそれに付随する学説を理解するための格好の道しるべになろうということである。大体においてすべての学説は、アナクシメネスを出発点としている。

(1) とくにレウキッポスとデモクリトスは、平たい大地についてのアナクシメネスの説を固執していた。Aet. iii. 10, 3–5 (*Περὶ σχήματος γῆς*), *'Αναξιμένης τραπεζοειδῆ* (*τὴν γῆν*). *Λεύκιππος τυμπανοειδῆ. Δημόκριτος δισκοειδῆ μὲν τῷ πλάτει, κοίλην δὲ τῷ μέσῳ.* を参照。しかし大地の球形は、ピュタゴラス思想に影響された仲間のあいだでは、すでにありふれたことであった。

第二章　学問と宗教

三　イオニアと西方

アジアにおけるイオニアの精神は、すでに触れたように徹底的に非宗教的であった。そして私たちが考えうるかぎり、ミレトス人は完全に伝統的信仰を無視したのである。ミレトス人が、究極的基体や無数の宇宙に対して「神」の語を使用するにしても、宗教的意義をもたせなかった。[1] ところがエーゲ海の島々においては、事情は違っていたのである。つまり、その島々は、アナトリア沿岸が移民に晒されるまで、長くイオニア人の古里であったし、そこには遠い昔のおびただしい追憶が籠められていた。それはデロス島の神殿のまわりに集中していたらしい。その島に接近しているシュロス島のひとプェレキュデスの断片は、読んでみると初期の時代の蒼枯とした言語表現のようである。[2] 疑いもなく西方のカルキディケ人やイオニア人の植民地においては、また事情は異なっていた。その植民地が建設されたのは、ヘシオドスやその追随者が、まだ安泰に権威を維持していた時代であった。

ところでピュタゴラスやクセノプァネスは、アジアにおけるギリシア人の諸都市が、ペルシアに屈服したのをつぶさに見た世代の、最も顕著な人物であって、どちらもイオニア人でありながら、生涯の大半を西方で過ごしたのである。とりわけ復古調がギリシア人の社会を当時襲ってきて盛り上がったときには、そこでは、もはや宗教を無視するわけにはゆかなかった。以後、開化を推し進めるものは、ピュタゴラスのように、伝統的宗教を改革し深めようとするか、クセノプァネスのように、それにおおっぴらに反対するかの、どちらかでなければならなかったのである。

(1) 33頁を見よ。

(2) 19頁を見よ。

三 デロスの信仰

しかし復古は、たんなる古いエーゲ海の宗教の再燃ではなく、はるか北方に当時起源をもつ或る思想が流布したために深く影響された。デロス島の神殿の伝説は、たしかに古い。そしてそれは、アポロン崇拝とダニュウブ川の沿岸に住んでいたと考えられているヒュペルボレオイ人(極北人)とを結びつけている。(1) ひとからひとへ受け渡されて、アドリア海の奥深いところから、ドドナ、マリス湾を経由してデロス島に至った「麦藁に包まれた供物」(2)は、初期の時代のダニュウブ文明とエーゲ文明とのあいだに、本当の接触があったことを立証している。そして、このこととアカイア人の到来とを結びつけるのは自然である。ヒュペルボレオイ人であるアバリスや、(3) プロコネソス生まれのアリステアスの物語は、(4) 同じ宗教的動向をもっており、その動向が、見たところエーゲ海域において新しい、魂についての見解に基づいていたことを証しているのである。さて、ピュタゴラスとデロス島との結びつきは、これでうまく裏書きされるし、そして、たしかにアカイア人の名称を誇っている都市に、ピュタゴラスは教団を築いた。もしもデロスの信仰が本当にアカイア人のものであれば、ほかの点では不明なピュタゴラスの生涯における確実な事柄を示すひとつの道標をもつことになる。このことには、後で立ち入るであろう。(5)

(1) Pindar, *Ol.* iii. 14–16.

(2) Herod. iv. 33. また Farnell, *Cults of the Greek States*, iv. pp. 99 *sqq*. 参照。

(3) Herod. iv. 36.

(4) *Ibid.* iv. 13–15.

（5）私は *Encyclopaedia of Religion and Ethics*（*s.v.* Pythagoras）において、こゝよりももっと十分にピュタゴラス派の宗教の起源を論じている。

三四　オルペウス教

しかし北方の宗教がきわめて強い影響を与えたのは、デロスの様式に対してではなかったのである。トラキアにおいてそれは、素朴なディオニュソス崇拝と結びつき、オルペウスの名称と繋がった。新しい信仰は、この宗教において主に「恍惚」（*ἔκστασις*「出てゆくこと」）の現象に基づいていたのである。魂がその真の本性をあらわすのは、「身体から」離れるときのみである、と考えられた。魂はホメロスにおけるような自己にそっくりの弱々しいものであるだけでなく、堕落した神であった。そしてそれが高次の状態に再び戻されるのは、「浄化」（*καθαρμοί*）や「秘儀」（*ὄργια*）の方法によってであった。こうした形式で新しい宗教は、詩人による現世化された擬人的神々に対する崇拝や国の宗教に飽き足らなかったあらゆる階級や身分の人びとに、直接的な訴えをしたのである。

オルペウス信仰は、ギリシアにあって新しい二つの特色をもっていた。それは、宗教的権威の源として、成文化した啓示に頼っていたし、そしてそれを信仰するものは、結社に組織されていた。結社は、事実上の血縁や血縁とおもわれているひとに基づいているのではなくて、任意の支持や入門によるのであった。今日残存しているオルペウス教の文献は、後の時代のもので起源は不明であるが、しかしオルペウス教の詩の刻まれた薄い金板が、トゥリオイやペテリアで発見された。それはオルペウス教がまだ生き生きとした信条であった当時へ、私たちを連れ戻すのである。[1] それらのものから、この時代においてインドがギリシアに影響を与えたことを想定することが実際のところ不可能であるにしても、それが同時代のインドに流行していた信仰と驚くほど類似していたことを知るのである。(2) いずれにしてもオルペウス教徒や儀式の主な目的は、「輪廻」から、すなわち動物や植物の形のなかへの転生から魂を救済することであった。そのようにして救済された魂は、再び神となったのであり、永遠の楽園を享楽したのである。

(1) この金板については、ハリッソン女史の *Prolegomena to the Study of Greek Religion* の付録を見よ。そこではギルバート・マレイ教授によって原文が論じられ、訳出されている。

(2) インドの影響下にやってきた一ギリシア人の、最も早い時期の確実な例は、エリスのピュロンの例である（*Encyclopaedia of Religion and Ethics* にある私の記した「懐疑派」の項を見よ）。ここに取りあげている宗教的な考えが、ギリシアに至ったと同じ北方の源泉からインドにも達したであろう、と私はあえて推定するのである。その源泉を漠然と「スキュティア人」と呼んでいる。カエサルが述べているように（*B.G.* vi. 14,5）、もしもガリアのドルイド教の僧たちが、輪廻説を教えたのであれば、この推定はじつに確かなものとなるであろう。L・フォン・シュレーダーの学説（*Pythagoras und die Inder*, 1884）は、ピュタゴラス思想についての間違った見解に基づいているし、年代的に不可能なことを含んでいるようである。A. Berriedale Keith, "Pythagoras and the Doctrine of Transmigration" (*Journal of the Royal Asiatic Society*, 1909, pp. 569 *sqq.*) を見よ。

三五　生活手段としての哲学

ここでオルペウス教の結社を考察するのは、哲学がとりわけ「生活手段」であるという考えを、主としてその組織が暗示していたとおもわれるからである。すでに明らかなように、イオニアにおいてフィロソフィア（φιλοσοφία）は、「好奇心」のような意味であるし、その語のそうした使用から、イソクラテスに現われるような「教養」というアテナイ人に共通する意味が派生してきたようである。他方、ピュタゴラスの影響を辿ってみると、どこでもこの語はもっと深い意味をもっていた。哲学はそれ自体、「浄化」であり、「輪廻」から逃れる方法である。それは、『ファイドン』篇できわめて優美に表現された思想であり、そしてその思想こそはまさしくピュタゴラス学派の教義に由来している。(1) それ以後、哲学のこうした方法は、ギリシアの最も優れた思想の特色を示している。アリストテレスは、同様に強い影響をそれから受けている。そのことは『ニコマコス倫理学』の第十巻に窺われるし、またもし『プロトレプティコス』(*Προτρεπτικός*) が完全なままに残されているならば、もっとはっきりと理解されるであろう。(2) そこには、このような態度がたんなる静寂主義や「来世思想」に成り果てるであろう危険、プラトンが悟って回避しようとした危険があった。哲学者が方向を転換して昔の仲間である囚人どもを救うために、もういちど洞窟に降りてゆくべきだと主張したのは、まさしくプラトンそのひとであった。(3) もしも別の見方が最終的にもてはやされるのであるならば、それはほとんど哲学者の責任ではない。

(1)『ファイドン』篇は、いわばプィレイウスの町におけるピュタゴラス派の結社に対して述べられている。プラトンは、『国家』篇第十巻六〇〇Bで、ピュタゴラスを、私的な *ὁδός τις βίου* の創始者として言及している。『ファイドン』篇六六Bの *ἄτραπος* 参照。

(2) *Προτρεπτικός* についてはバイウォーターの論文を見よ (***J. Phil.*** ii. p.35)。それは、アウグスティヌスに多大の影響を与えたキケロの『ホルテニウス』の原型であった。

(3) Plato, *Rep.* 520c1, *καταβατέον οὖν ἐν μέρει.* 洞窟の比喩は、オルペウス教に起源がある、と明らかに考えられる (J. A. Stewart, *Myths of Plato*, p. 252, *n.* 2)。

三六　宗教と哲学との関係

そうだとすると、学問はひとつの宗教に変じたのである。そして哲学が宗教に影響されたということは、そのかぎりにおいて本当であった。しかしながら今でさえ、哲学が宗教からなにか特別な教説を引き継いだと考えることは誤りであろう。すでに見てきたように宗教的復古は、魂についての新しい見方を必然的に含んでいた。またそれがそうした主題について哲学者たちの教義に当然深い影響を及ぼしたに違いないと考えてもよいかもしれない。だが注目すべきことは、そのようなことが生じなかったことである。宗教的活動にすすんで加わったピュタゴラスの徒やエムペドクレスでさえも、宗教的実践に当然含まれている信仰と、まるで違った魂に対する見解をもっていたのである。(1) いずれ明らかにされるように、不死の魂の占める席は、この時代の哲学のなかにはない。ソクラテスは、合理的な根拠に基づいて魂の不死の説を主張した最初の哲学者であった。(2) また、ソクラテスが自分自身の教義を確かめようとオルペウス教徒に訴えるのに半ば真剣であった様子を、プラトンが描いているのは重要である。(3)

　これは、古代宗教にあって教義が大部分ではなかったからである。秘儀が仕来たりどおりに、そして純粋な気分でとり行なわれる以外は、何も求められはしなかった。つまり崇拝するものにとって、秘儀を釈明するなどは気の赴くままでよいことであった。それは、ピンダロスやソフォクレスの場合のように熱狂的であったかもしれないし、プラトンの『国家』篇のなかに記された流浪する修験者の場合のように、下品であったかもしれない。アリストテレスは、「秘儀をうけるものは、何かを学ぶのではなく、感受して或る気分になることでなければならない」(4) と言った。そのために宗教的な復古は、哲学に新しい精神を与えたが、新しい教義を哲学に最初に移植することはできなかったのである。

(1) エムペドクレスについては二七、ピュタゴラスの徒については一四九を見よ。

(2) この点について私は、"The Socratic Doctrine of the Soul" (*Proceedings of the British Academy*, 1915–16, p. 235) において十分に論じておいた。

(3) Plato, *Phaed.* 69c3, *καὶ κινδυνεύουσι καὶ οἱ τὰς τελετὰς ἡμῖν οὗτοι καταστήσαντες οὐ φαῦλοί τινες εἶναι ἀλλὰ τῷ ὄντι πάλαι αἰνίττεσθαι κτλ.* この文章や類似の文章の皮肉は紛れもないことであったであろう。

(4) Arist. fr. 45 (Rose, 1483a19, 84 Ross), *τοὺς τελουμένους οὐ μαθεῖν τι δεῖν, ἀλλὰ παθεῖν καὶ διατεθῆναι*

一　サモスのピュタゴラス

三七　伝承の性格

ピュタゴラスが歴史上の人物であると主張することができるにしても、そのひとについて何か説明をするとなると容易なことではない。実際、ピュタゴラスを最初に引き合いに出した典拠は、実質上同時代のものである。若干の韻文は、クセノファネスから引用されており、そこではピュタゴラスが、犬がかつて吠えるのを聞いて、死んだ友人の声だということが判ったから、飼主にそれを打たないように頼んだ、と言われている。[1] このことから、かれが輪廻の教義を教えたことが知られる。瞞着のために用いたにしても、ピュタゴラスが誰よりも学問研究（ἱστορίη）を押し進めた、とつぎの世代のひとヘラクレイトスは言っている。[2] それより後といっても、まだその世紀であったが、ヘロドトス[3]がかれのことを「ギリシアでも有力な知識人（σοφιστής）」と言っているし、さらに伝説上スキュティアのひとといわれるサルモクシスが、サモスのピュタゴラスに仕えたことを、ヘレスポントスのギリシア人から聞いたと述べている。ヘロドトスは全面的にそれを信じてはいない。というのはサルモクシスは、ピュタゴラスよりも何年も前に住んでいたことを知っていたからである。しかしこの話は、ピュタゴラスが五世紀に、学者として、また不死を説くひととしてよく知られていた証拠である。何としてもそれだけのことしか判らない。

プラトンは、ピュタゴラスの思想に深い関心を寄せていたが、ピュタゴラスという人物には奇妙に言及していない。プラトンは、全著作のなかでいちどだけ名前をあげてその人に触れているにすぎないし、そこで述べられていることは、ピュタゴラスが、ピュタゴラス流と呼ばれる「生活法」を授けたことで、いまもなおことのほか目立って仲間から愛された（διαφερόντως ἠγαπήθη）、ということにつきるのである。[4] ピュタゴラスの徒の名前もいちどだけ挙げている。この件りでは、ピュタゴラスの徒が音楽や天文学を姉妹関係の学問と見なしている、とソクラテスに語らせている。[5] 他方、別の出典からピュタゴラスの徒であったことが知られる人びとについて、プラトンは多くを語っているが、名前は挙げていない。かれの述べていることを総合して、エケクラテスやフィロラオスがピュタゴラス学派に属していたと推定できるにすぎない。いつもピュタゴラス学派の見解は、匿名で「創意に富んだ人びと」（κομψοί τινες）とか、それに類した人びとの見解として与えられているし、ロクロイのひとティマイオスの口を借りてプラトンは、間違ったピュタゴラス的宇宙論を設定しているが、ティマイオスがその結社に所属していたということをはっきりと語ってさえいない。ティマイオスがイタリアから来ているという事実から、そうと推断されるのである。アリストテレスは、師プラトンがそれに言及しなかったことに倣っている。ピュタゴラスの名前は、残存している真正の著作のなかで二回表わされているにすぎない。一箇所では、ピュタゴラスの晩年にアルクマイオンが若者であった、と述べられ、[6] 別の箇所は、「イタリアの人びとはピュタゴラスを尊敬していた」という趣旨のアルキダマスからの引用文である。[7] アリストテレスは、「ピュタゴラスの徒」の語についてプラトンほど引込み思案ではなくて、遠まわしな方法でその語を用いている。かれは「ピュタゴラスの徒といわれるイタリアの人びと」[8] のように表現しているし、「いわゆるピュタゴラスの徒たちの」学説として、特殊な学説をいつもとり挙げている。本当のピュタゴラスの徒が誰であったかについては、四世紀にはもう疑わしいことであったようである。いずれその理由は明らかになるであろう。

　アリストテレスはまた、ピュタゴラスの徒について特別なひとつの論文を書いた。それはいま失われているが、しかしそれからの引用文が後代の誌家のなかに見いだされる。引用文は、誌家がピュタゴラス思想の宗教的側面を取り扱わねばならないほど、大きな価値をもっている。

ピュタゴラスについてのそのほかの古代の典拠は、ただタラスのアリストクセノス、メッサナのディカイアルコス、タウロメニオンのティマイオスであった。この人たちはみな、特別な機会を得てピュタゴラスにまつわる事柄を知ったのである。ピュタゴラスの生涯においての、ピュタゴラス教団に関するイヤムブリコスによる説明は、主としてティマイオスに基づいている。(9)ティマイオスはまさしく無批判な歴史家であったが、イタリアやシケリアについての消息に詳しかった。かれの証言が復原されうる場合には、そのような消息からきているだけにきわめて重要となるのである。アリストクセノスは自ら、プレイウスにおけるピュタゴラスの結社の最後の世代の人びとに明るかった。しかし明らかにかれは、ピュタゴラスをたんに学者として描こうとしたのであり、かれが宗教上の教師であるという考えを論破しようと心を砕いたのである。同様な方法で、ディカイアルコスは、ピュタゴラスがただの政治家であり、宗教改革者であるにすぎないことを見いだそうとした。(10)

ポルプュリオス、イヤムブリコス、ディオゲネス・ラエルティオスによって記された『ピュタゴラスの生涯』(11)を繙くとき、奇跡の領域に踏み込んでいることを再び感じるのである。その人たちは、ひじょうに怪しげなひとの文献に基づいているのであり、(12)行きつくところは信じられない虚構の集まりである。しかしピュタゴラスの伝説においての奇跡的な要素を無視するのは、全くの間違いであろう。というのはきわめて印象的な若干の奇跡が、ピュタゴラスの徒についてのアリストテレスの作品からも引用されているし、(13)エプェソス生まれのアンドロンの『デルプォイの鼎』からも引用されているからである。(14)どちらも前四世紀のものであって、新ピュタゴラス学派の創意によって影響されることは不可能であった。最も古い解釈と最も新しい解釈とが、一致してピュタゴラスを、奇跡を行なうひととして描いていることは事実である。しかし何らかの理由で、四世紀にはその汚名をかれの名声から拭い去ろうと試みられた。このことは、プラトンやアリストテレスが婉曲に言及していることを説明するのに役立つが、納得のゆく意義は、いずれ後に明らかになるであろう。

（1）Xenophanes, fr. 7.

（2）Herakleitos, fr. 17 (DK. 22B129). κακοτεχνίη の意味は、195頁注（1）を見よ。

（3）Herod. iv. 95 (DK. 14, 2).

（4）Plato, *Rep.* x. 600b (DK. 14, 10).

（5）*Ibid.* vii. 530d (DK. 47B1).

（6）Arist. *Met.* A, 5. 986a29 (DK. 14, 7).

（7）Arist. *Rhet.* B, 23. 1398b14 (DK. 14, 5).

（8）たとえば *Met.* A, 5. 985b23 (DK. 58B4); *De caelo*, B, 13. 293a20 (DK. 58B37) 参照。

（9）A. Rostagni, "Pitagora e i Pitagorici in Timeo" (*Atti della R. Accademia delle Scienze di Torino*, vol. 49 (1913–14), pp. 373 *sqq*. を見よ。

（10）*Rh. Mus.* xxvi と xxvii における E・ローデの論文 "Die Quellen des Iamblichos in seiner Biographie des Pythagoras." を見よ。

（11）ポルプュリオスの『ピュタゴラスの生涯』は、現存するかれの『哲学史』から相当の分量を抜萃したものである。イヤムブリコスによる『ピュタゴラスの生涯』は、ナウクによって編集されている（1884）。

（12）イヤムブリコスは、ゲラサの数学者ニコマコスや、テュアナのアポルロニオスの架空の話から編集した。ポルプュリオスは、ニコマコスや、『極北の彼方の不思議』と称される作品を書いたアントニオス・ディオゲネスを用いた。この作品は、ルキアノスの『真実史』において、茶化されている。

（13）ピュタゴラスがどのようにして毒蛇を咬んで殺したか、どのようにしてかれが同時刻にクロトンでもメタポンティオンでも見られたのであるか、どのようにしてかれがオリュムピアで片方の腿が黄金であるのを見せたか、どのようにしてかれがコサス河を渡るとき、天からの声で挨拶を受けたかを伝えるのはアリストテレスである。またクロトンの人びとは、ピュタゴラスを極北のアポロンと同じと見なしたことや、ピュタゴラスの徒が、*λογικὸν ζῷον* を *τὸ μὲν…θεός, τὸ δὲ ἄνθρωπος, τὸ δὲ οἷον Πυθαγόρας* の三つに分けたことの、貴重な情報の断片を残したのもアリストテレスであった。この点やこれに類する報告については、Diels, *Vors.* 4, 7 を見よ。アリストテレスは、ピュタゴラスのこうした面を無視しようとした後期のピュタゴラスの徒への反論から、つとめてその面を強調しようと並々ならぬ配慮をしたようである。

(14)　アンドロンは、七賢人の作品を書いた。この標題は、よく知られている故事に関係がある（72頁注（4））。

三八　ピュタゴラスの生涯

確かなものとして知られているのは、ピュタゴラスが若い頃サモスで過ごしたことと、ムネサルコスの息子であったことであろう。(1)かれは、ポリュクラテスの治下（前五三二年）に最盛期であったと言われる。(2)この年代はそれほど間違っていない。というのはヘラクレイトスが、すでに過去形でピュタゴラスについて語っているからである。(3)

後の誌家によって、ピュタゴラスに帰せられた広範囲な旅行は、もちろん贋物である。かれがエジプトを訪問したという報告でさえも、サモスのポリュクラテスとアマシスとのあいだの密接な関係を考えると、多少とも起こりうることのようであるが、十分な文献はなにも残っていない。(4)実際、ヘロドトスは、エジプト人が本来エジプト的なものであるオルペウス教やバッコス教と呼ばれる戒律と、ピュタゴラス派の戒律とを或る慣習上一致させたことを述べている。(5)しかしこれは、ピュタゴラスの徒がこれを直接エジプトから採り入れたことを意味していない。ヘロドトスはまた、時代的にあと先はあるが、いくらかのギリシア人が輪廻信仰を自らの固有のものであると偽って唱えているけれども、エジプトから来た、と言っている。しかしその人たちの名前を挙げることを拒んでいる。したがってヘロドトスが、ピュタゴラスを指していることにはならない。(6)もっともそれはそれほど問題ではない。というのはエジプト人は輪廻を少しも信じていなかったし、ヘロドトスが、祭司によって、また古文書の形象文字によって誤ったからである。

アリストクセノスは、ピュタゴラスがポリュクラテスの僭主制を避けようとしてサモス島を去った、と言った。(7)ピュタゴラスが結社を築いたのは、長いあいだサモスと友好関係にあり、運動競技や医術家で著名な町、クロトンにおいてであった。[8] ティマイオスは、かれが前五二九年にイタリアに来て、二十年間クロトンに留まった、と述べたようである。ピュタゴラスはメタポンティオンで死んだ。その地へ退いたのは、クロトン人がかれの権威に対して反乱を起こしたときである。[9]

（1） Herod. iv. 95 (DK. 14A2) と Herakleitos, fr. 17 (R.P. 31a. DK. 22B129) 参照。しかしティマイオスは、ピュタゴラスの父の名をデマラトスとした。ヘロドトスは、そのひとがサモスで生活したように表現している。アリストクセノスは、アテナイ人がテュレニア人を追放して後占領した島々のひとつから、ピュタゴラスの一族がやって来たと言った (Diog. viii. 1)。それはレムノス島かイムブロス島を暗に示している。そこからテュレニア人である「ペラスゴイ人」は、ミルティアデスによって追放された (Herod. vi. 140)。そのほかの解釈では、プレイウスの町とピュタゴラスの父を結びつけているが、それはその地で前四世紀の初めに栄えた結社のけなげな作り話であろう。パウサニアス (ii. 13, 1) は、プレイウスの伝説として、ピュタゴラスの曽祖父ヒッパソスがプレイウスからサモスへ移住して来たとしている。

（2） エラトステネスは、第四八オリュムピア祭期の第一年目（前五八八／七年）のオリュムピック勝者とピュタゴラスとを間違って同じとしたが、アポルロドロスは、ポリュクラテスの時世の五三二／一年をピュタゴラスの最盛期とした。ピュタゴラスがポリュクラテスの僭主制を嫌ってサモスを逃れた (R.P. 53a. DK. 14, 8) という、ポルプュリオス (*V. Pith.* 9) によって引用されたアリストクセノスの報告に基づいて、アポルロドロスが、これを記していることは疑いえない。

（3） Herakl. fr. 16, 17 (R.P. 31, 31a. DK. 22 B40, 129).

（4） まずそれは、イソクラテスの『ブシリス』二八 (R.P. 52. DK. 14, 4) に現われている。

（5） Herod. ii. 81 (R.P. 52a. DK. 14, 1). *Αἰγυπτίοισι* のところをコンマで区切るのは、明らかに正しい。ヘロドトスは、ディオニュソス崇拝がメラムプスによって導入されていると信じており (ii. 49)、またオルペウス教が、バッコス信仰からこうした慣行を採り入れ、一方ピュタゴラスの徒が、オルペウス教からそれを採り入れたことをかれは示している。

（6） Herod. ii. 123 (R.P. *ib.*)「その人たちの名前を私は知っているが、記さない」の語句を、ピュタゴラスに帰すことはできない。なぜならヘロドトスがこのように言うのは、同時代人についてだけだからである (i. 51, iv. 48 参照)。ヘロドトスがエムペドクレスを指したというステインの主張は、納得がゆくようにおもわれる。ヘロドトスは、エムペドクレスにトゥリオイで出会ったであろう。もしもピュタゴラスのエジプト訪問をヘロドトスが聞いたことがあるのであれば、この文章のどこかできっと触れたに違いない。ヘロドトス生誕以前に、ピュタゴラスが死んだのであるから、とりあげるきっかけもなかったであろう。

（7）Porph. V. *Pyth.* 9 (R.P. 53a. DK. 14,8).

（8）ヘロドトスがデモケデスについて語っていることから（iii. 131）、クロトンの医術校が、ピュタゴラスの時代より以前に建てられたと推定してもよい。前六世紀においてクロトン人によって克ちとられたオリュムピックの連続優勝は、輝かしいものである。

（9）年代の問題の十分な検討については、Rostagni, *op. cit.* pp. 376 *sqq.* を見よ。シュバリスの崩壊（前五一〇年）後すぐにキュロンの蜂起が生じたことをティマイオスが明らかに認めているようである。かれは両者を結びつけた。ピュタゴラスがその時メタポンティオンに難を避けたという報告は、キケロによって確認されている。キケロは、その町でピュタゴラスの思い出になおも敬意が払われていたことを語っている（*De fin.* v.4. R.P. 57c）。アリストクセノスは、同様なことに言及している（*ap.* Iambl. V. *Pyth.* 249. R.P. 57c. DK. 14,16）。Andron, fr.6 (*F.H.G.* ii. 347) 参照。

三九　教団

ピュタゴラスの教団は、はじめのうちはただの宗教団体にすぎなかったのであって、よく言われるように政治的な同盟ではなかった。(1) そこにはどこからみても「ドーリス人の貴族制の典型」と言えそうなものはなかったのである。ピュタゴラスはイオニア人であったし、教団ははじめからアカイア人の身分から食み出すわけにはゆかなかった。(2) なおまた「ドーリス人の貴族制の典型」は、スパルタやクレタをソクラテスが理想のものとしたことに基づく虚構である。コリントス、アルゴス、シュラクサイは、すっかり見落とされている。ピュタゴラスの徒が、貴族的な部族に好意を寄せたという証拠は何もない。(3) 教団の主な目的は、清浄の修練であった。この点において、主なピュタゴラス派の神はアポロンであって、ディオニュソスではなかったけれども、オルペウス教の結社に似ていたのである。それはたしかに、ピュタゴラスとデロス島との結びつきによるものであるし、クロトン人が、極北のアポロンとピュタゴラスを同じだとした理由を物語っている。(4)

(1) プラトンの『国家』篇第十巻六〇〇A九は、ピュタゴラスが公的な役職についていなかったことをはっきりと示している。ピュタゴラスの徒の集まりが、政治同盟であったという見方は、近代になってクリシェ（*De societatis a Pythagora conditae scopo politico*, 1830）によって支持されたのであって、この見方は、ローデが示したように（*loc. cit.*）「実践的生活」の擁護者であるディカイアルコスにまで溯る。ちょうどそれは、主として学問的な結社であったという見方が、数学者であり音楽理論家であったアリストクセノスに溯るのと同じである。

(2) ピュタゴラスの徒が「ドーリス人の典型」を代表するという考えは、なかなか絶えない。マックス・C・P・シュミットは、***Kulturhistorische Beiträge*** (Heft i. p. 59) において、後の時代の誌家が、団体の創設者をピュタゴレスに代えてピュタゴラスと呼んだと想像している。なぜならかれが「典型的なひとりのドーリス人」となっていたからである。ヘラクレイトスやデモクリトスは、かれをピュタゴレスと呼んでいる。事実はただ、*Πυθαγόρης* が *Πυθαγόρας* のアッティカ方言であり、また *Ἀναξαγόρας* が「ドーリス方言」であるのと同じだということである。トロイア人の領域においてさえ、*Πυθαγόρης* が正綴であることをサモスのひとはまだ知っていたのである。Diels, ***Vors.*** における上部の表題参照。

(3) ピュタゴラスが貴族の側に味方したと述べる唯一の報告は、ディオゲネスの *ὥστε σχεδὸν εἶναι ἀριστοκρατίαν τὴν πολιτείαν* (viii. 3) の所見である。これはティマイオスから採られているかもしれないが（副詞 *σχεδόν* が示しているように）、文字どおりに採るべきではない。ピュタゴラス派の戒律は、プラトンの『国家』篇でソクラテスがこの語に与えた意味では、まさしく *ἀριστοκρατία* であった。しかし戒律は、家柄にも財産にも関係がなかった。よってそれは、この語に対して普通のギリシア語の意味でいう貴族制ではなかった。そうかといって寡頭制でもなかったのである。それは「聖徒の戒律」に最もよく似ていた。ピュタゴラス派に対しての主な反対者キュロンは、アリストクセノスによって *γένει καὶ δόξῃ καὶ πλούτῳ πρωτεύων τῶν πολιτῶν* (Iambl. *V. Pyth.* 248) として記されている。後にピュタゴラス派の主要地であったタラスは、民主制であった（Strabo, vi. p.280, *ἴσχυσαν δέ ποτε οἱ Ταραντῖνοι καθ' ὑπερβολὴν πολι-*

τευόμενοι δημοκρατικῶς……ἀπεδέξαντο δὲ καὶ τὴν Πυθαγόρειον φιλοσοφίαν κτλ.）。この時代において新しい宗教は、「自由思想」を抱きがちな貴族に対してよりも、むしろ本当に大衆に訴えたのである。貴族を相手にしたのはピュタゴラスではなく、クセノファネスである。

（4）この一致には、アリストテレスの断片一八六、一五一〇B二〇（Rose, 130 Ross）の文献がある。アバリスやアリステアスの名前は、オルペウス教に似ていながらアポロン崇拝に基づいた秘儀活動を表わしている。後の時代の伝承は、その人たちをピュタゴラスの先駆者としている。そしてそれが、或る史実に即した論拠をもっていることはヘロドトス（iv. 13 *sqq.*）から明らかである。とりわけアリステアスが、ピュタゴラスの死んだメタポンティオンに彫像を建てたという記録からも明らかである。ピュタゴラスとサルモクシスとに繋がりがあるのは、考えの同じ教団にあったためである。極北人の伝説が、デロス島のものであるので、ピュタゴラスの授けた信仰は、最初には真正のイオニア人の信仰であったし、ディオニュソスを扱うことはなかったことが理解される。

四〇　教団の没落

新教団は、しばらくのあいだアカイア人の都市で強い力を維持するのに成功したが、やがて反動が来た。この事件に対する現存する記録は、ピュタゴラスそのひとの存命中におけるキュロンの反乱と、イタリアからピュタゴラス派を追放させるに至った後の時代の蜂起とのあいだを区別することができなくて、ひどく混乱している。この両者間を切り離す場合にはじめて、見通しもつくのである。ティマイオスは、キュロンの蜂起と、シュバリスの崩壊（前五一〇年）を招いた諸事件とが繋がっていたと見ている。ピュタゴラスは、何らかの方法でシュバリスの人びとに同情していて、僭主テリュスによって追放されていた若干の亡命者を迎え入れるよう、クロトンの人びとに勧告したと推定される。ピュタゴラスが同情したのは、この亡命者が「貴族」であったからだと主張する根拠はない。つまり亡命者が、ひとりの僭主と嘆願者どもによる犠牲者であったし、イオニア出身のピュタゴラスが、イオニア人の大きいとはいえ不運な都市の住民に対し、いかばかりかの親切心を禁じえなかったと解することは難しくない。アリストクセノスによって資産と門閥の点でクロトンの第一人者であったと明言されているキュロンは、[1]もうひとつのアカイア人の都市メタポンティオンへピュタゴラスを立ち退かせることができた。晩年ピュタゴラスが過ごしたのもその地においてであった。

しかしクロトンでは、ピュタゴラスがメタポンティオンへ向けて旅立ってからも、またかれの死後においてもなお、妨害が続いていた。ついにキュロン一派は、ピュタゴラスの徒が集合する、競技者ミロンの家に火を放ったということである。家にいたひとのなかで、若くて強靱なアルキッポスとリュシスのふたりだけが逃れた。アルキッポスは、民主的なドーリス人の都市タラスへ逃れた。リュシスは、最初アカイアへ、後にテーバイに赴いた。そこでリュシスは、後日にエパメイノンダスの教師となったのである。[2]こうした事件が正確には何時のことかはっきりしないが、リュシスの発言から事件が三十年以上の開きがあったことが明らかである。もしエパメイノンダスの教師がクロトンを脱出したとすれば、クロトンにおけるクーデタは、前四五〇年以前にはほとんど起こりえなかったし、はるかに後であったことも不可能である。すると前四四四年のトゥリオイの建設とそれとは繋がっていたことを認めねばならない。ティマイオスが出所とおもわれる貴重な文章において、ポリュビオスは、アカイア人の都市という都市にあるピュタゴラス派の「小屋」(*συνέδρια*)が焼かれた旨を伝えている。かれの言い方は、最終的に平和と秩序とが、ペロポネッソス半島のアカイア人によってとり戻されるまで、かなり長期にわたってこの事態が続いたことを示している。[3]後の時代になって、若干のピュタゴラスの徒が、イタリアに舞い戻ることができ、そこで再び大きな勢力を得たことは、いずれ明らかになるであろう。

（1）　133頁注（3）を見よ。私は、近代の歴史学者が、キュロンをどうして民主的な指導者と称しているのか判らない。

（2）　Rohde, *Rhein. Mus.* xxxvi. p. 565, *n.* 1. 後代の記録は、この諸事件をひとつの激変のなかに収めている。或る記録は、ピュタゴラス自身ミロンの家で焼死した、と主張している。

(3) Polyb. ii.39 (DK. 14,16), *καθ' οὓς γὰρ καιροὺς ἐν τοῖς κατὰ τὴν 'Ιταλίαν τόποις κατὰ τὴν μεγάλην 'Ελλάδα τότε προσαγορευομένην ἐνέπρησαν τὰ συνέδρια τῶν Πυθαγορείων, μετὰ ταῦτα γινομένου κινήματος ὁλοσχεροῦς περὶ τὰς πολιτείας (ὅπερ εἰκός, ὡς ἂν τῶν πρώτων ἀνδρῶν ἐξ ἑκάστης πόλεως οὕτω παραλόγως διαφθαρέντων) συνέβη τὰς κατ' ἐκείνους τοὺς τόπους 'Ελληνικὰς πόλεις ἀναπλησθῆναι φόνου καὶ στάσεως καὶ παντοδαπῆς ταραχῆς. ἐν οἷς καιροῖς, ἀπὸ τῶν πλείστων μερῶν τῆς 'Ελλάδος πρεσβευόντων ἐπὶ τὰς διαλύσεις, 'Αχαιοῖς καὶ τῇ τούτων πίστει συνεχρήσαντο πρὸς τὴν τῶν παρόντων κακῶν ἐξαγωγήν.*

四　ピュタゴラスの教説についての証拠不足

ピュタゴラスの持説については、その生涯よりもなお判らない。プラトンやアリストテレスは、創設者自身の倫理説や自然学説について、確実なことはまったく何も知っていなかったのである。[1] アリストクセノスは、一連の倫理的な教訓を残した。[2] ディカイアルコスは、ピュタゴラスが門弟に教えたことのうち、転生、輪廻、全生物の紐帯についての所説のほか、ほとんど何も知られているとは言わなかった。[3] ピュタゴラスは、著述によって持説を拡げるよりも、口頭で教えを授ける方を明らかに選んだのである。そしてアレクサンドリア時代になってはじめて、或るひとがピュタゴラスの名前を借りてあえて著作の偽造を試みた。最初のピュタゴラスの徒に帰せられる著作も、同時代の偽作であった。[4] したがってピュタゴラス思想の初期の歴史は、完全に推測的である。しかしなおギリシア思想史のなかで、ピュタゴラスの位置がいかなるものであったかを、きわめて一般的な方法で理解しようとつとめてもよいであろう。

(1) アリストテレスは、ピュタゴラスの学説を検討するときはいつも、その学説を「ピュタゴラスの徒」のものとして、ピュタゴラスそのひとのものとしていない。アリストテレスがピュタゴラスの学説として知っていたものは、おおむねエムペドクレス、アナクサゴラス、レウキッポスの時代のものであったことは、表現からまったく明らかである。というのはそのことに言及してからも、かれはピュタゴラスの徒を「その人たちと同じ頃か、その人たちより以前の人びと」（*ἐν δὲ τούτοις καὶ πρὸ τούτων*, *Met.* A, 5. 985 b23）と記しているからである。

（2）アリストクセノスの *Πυθαγορικαὶ ἀποφάσεις* の諸断片は、Diels, *Vors.* 45D（DK. 58D）に記載されている。

（3）Porphyry, *V. Pyth.* 19 (R.P. 55).

（4）Diels, *Dox.* p.150 と "Ein gefälschtes Pythagorasbuch"（*Arch.* iii. pp. 451 *sqq.*）、また J. Bernays, ***Die heraklitischen Briefe*, n. 1** を見よ。

四　転生

すでに明らかなように、(1) まず第一にピュタゴラスは輪廻の説を教えた。(2) さてこれは、人間と動物との紐帯についての原始信仰の発展したものとして説明すれば最も容易である。ディカイアルコスは、この見解をピュタゴラスのものと述べている。さらにこの信仰は、一般に或る種の食物に対する禁忌の考えと結びついている。またピュタゴラスの戒律は、禁欲とでもいうべき作法を規定したものとして、よく知られている。ピュタゴラスがイオニアから渡ってきたときにこの戒律を携えてきたことは確かであろう。ティマイオスは、どのようにしてピュタゴラスがデロス島最古の祭壇、つまり父なるアポロンの祭壇以外には一切犠牲を捧げるのを拒んだかを伝えている。その祭壇には、流血のない生贄だけが許されていた。(3)

（1）126頁を見よ。

（2）これについての本来のギリシア語は、*παλιγγενεσία* であるが、間違った用語 *μετεμψύχωσις* だけが後の註家のなかに現われている。いく人かの新プラトン学派のひとや、キリスト教の護教家は、*μετενσωμάτωσις* と言っている。この語は正確ではあるが、扱い難い語である。Olympiodoros ***in Phaed.*** p. 54, 25 (Norvin), *τὴν μετεμψύχωσιν, ἤτοι τὴν μετενσωμάτωσιν, διότι οὐ πολλαὶ ψυχαὶ ἓν σῶμα εἰδοποιοῦσιν, ἐπεὶ αὕτη μετεμψύχωσις ἦν, ἀλλὰ μία ψυχὴ διάφορα σώματα μεταμπίσχεται.* 参照。Rohde, *Psyche*, p. 428, *n.* 2 を見よ。

（3）Diog, viii. 13 を見よ。

四　禁欲

ポルプュリオスのような後代の誌家が、ピュタゴラスの禁欲について伝えていることを、そのまま受け容れてよいかどうか、じつのところ信じかねている。ピュタゴラスは一般に動物の肉は断たなかったが、耕作する雄牛と雄羊の肉だけは別であった、とアリストクセノスははっきりと述べた。(1) またピュタゴラスは、通じを最もよくするために、どんな野菜よりも豆を選んだことや、乳離れしない豚や軟らかい子山羊を嗜んだ、とアリストクセノスは言った。(2) しかしこうした報告にありありと窺われる誇張は、かれが当時にあったひとつの信仰と戦おうとしていることを表わしている。それでピュタゴラスの徒に動物の肉や豆を断たせた言い伝えは、新ピュタゴラス学派よりもはるかに前の時代のものに遡及することが、アリストクセノス自身の言葉から証されるのである。それはアリストクセノスが、最も後のピュタゴラス学派に属するひとの仲間であったということを説明している。もうその頃には、戒律を厳格に守ることは崩れていたのである。もっともそれとは別に教団の主脳陣も認めようとしなかった狂信者には戒律は遵守されていた。(3) 古い修業に愛着していた「ピュタゴラス主義者」は、当時異端者と見なされていたし、その人びとは修業生と呼ばれていて、実際、秘儀を洩らした廉で破門されたヒッパソスの追随者であった。ピュタゴラスの真正の後継者は学問生だったのである。(4) しかし中期喜劇の作家による諷刺は、アリストクセノスの友人どもが禁欲を守らなかったとしても、四世紀にはピュタゴラスの追随者と自称するたくさんのひとがいて、それを守っていたことを証明している。(5) その人たちがなお口を利かないという戒律を守っていたことが、イソクラテスからも知られる。(6) 史実は修業生には冷たかったけれども、修業生は完全に無くならなかった。アスペンドスのディオドロスや、ニギディウス・フィグウルゥスの名前は、修業生とテュアナのアポルロニオスとの間隙を埋めるのに役立っている。

すでにピュタゴラスが、動物と人間との紐帯を教えたことには触れた。そしてまた肉を断つ戒律は、博愛とか苦行の理由からではなく、禁忌にもとづくものであると推断されるのである。ピュタゴラスの徒は、肉を断つ戒律を守ったけれども、それにもかかわらず神に犠牲を捧げる時にはそれを食べたという趣旨の、ポルプュリオスの『禁欲について』における報告は、このことを際立って証している。(7) さて通常の状態にあっては不信心の最たるものでありながら、儀式の際には神に捧げた動物を殺して食べる風習は、原始人のあいだでしばしば見られる。ここに再び原始信仰を見るのである。つまりアリストクセノスによる否認を、あまり重視するに及ばない。(8)

(1) Aristoxenos *ap.* Diog. viii. 20 (DK. 14.9), *πάντα μὲν τὰ ἄλλα συγχωρεῖν αὐτὸν ἐσθίειν ἔμψυχα, μόνου δ' ἀπέχεσθαι βοὸς ἀροτῆρος καὶ κριοῦ.*

(2) Aristoxenos *ap.* Gell. iv. 11,5 (DK. 14,9), *Πυθαγόρας δὲ τῶν ὀσπρίων μάλιστα τὸν κύαμον ἐδοκίμασεν· λειαντικόν τε γὰρ εἶναι καὶ διαχωρητικόν· διὸ καὶ μάλιστα κέχρηται αὐτῷ*: *ib.* 6, "porculis quoque minusculis et haedis tenerioribus victitasse, idem Aristoxenus refert." アリストクセノスは、豆の禁忌の点では正確に述べている可能性が強い。その禁忌が、もともとオルペウスのものであり、誤ってピュタゴラスの徒のものとされたらしいことはよく知られている。しかしそれは、少なくとも若干のピュタゴラスの徒が、すっかり規定された多くの種類の肉食を断つことを守ったという一般的な結論を冒すことにはならないであろう。

(3) なおそのうえアリストクセノスさえ、プェレキュデスが死んだとき、ピュタゴラスがかれをデロス島に埋葬した、と記録した (Diog. i. 118. DK. 14,8)。それはおそらくよく知られていたことで、いまさら否定できなかったであろう。

(4) いずれ明らかになるように、クロトンないしはメタポンティオンのヒッパソス (イヤムブリコスの目録ではシュバリスのひと) は、きまってピュタゴラス学派の悪役を演ずる羽目になるひとである。ここでニコマコスの後を継ぐイヤムブリコスの言によると、*ἀκουσματικοί* は *μαθηματικοί* をピュタゴラスの徒であると認めていたが、逆に *μαθηματικοί* は *ἀκουσματικοί* をピュタゴラスの徒であると認めていなかった (*V. Pyth.* 81; R.P. 56. DK. 18,2)。ピュタゴラスに帰

せられる μυστικὸς λόγος は、本当のところヒッパソスによるものであって、ヒッパソスはそれを ἐπὶ διαβολῇ Πυθαγόρου、つまりピュタゴラスを生粋の宗教的指導者と描くことによって、中傷するために書いたと言われている（Diog. viii. 7. DK. 14,19）。Πυθαγοριστής の用語は、修業生の場合にとくに用いられているようであるが、一方、学問的なピュタゴラスの徒は、別の学派の後継者を ʼΑναξαγόρειοι, ʼΗρακλείτειοι と呼ぶのとちょうど同じ仕方で、Πυθαγόρειοι と呼ばれた。

（5）諸断片については、Diels, *Vors.* 45E（DK. 58E）を見よ。最も印象的なものは、Antiphanes, fr. 135, Kock（DK. 58E1）, ὥσπερ Πυθαγορίζων ἐσθίει | ἔμψυχον οὐδέν; Alexis, fr.220（DK. 58E1）, οἱ Πυθαγορίζοντες γάρ, ὡς ἀκούομεν, | οὔτ' ὄψον ἐσθίουσιν οὔτ' ἄλλ' οὐδὲ ἓν | ἔμψυχον; fr.196（DK. 58E1）（Πυθαγορίζουσα から）, ἡ δ' ἑστίασις ἰσχάδες καὶ στέμφυλα | καὶ τυρὸς ἔσται· ταῦτα γὰρ θύειν νόμος | τοῖς Πυθαγορείοις; Aristophon, fr.9（DK. 58E2）（Πυθαγοριστής から）, πρὸς τῶν θεῶν οἰόμεθα τοὺς πάλαι ποτέ, | τοὺς Πυθαγοριστὰς γενομένους ὄντως ῥυπᾶν | ἑκόντας ἢ φορεῖν τρίβωνας ἡδέως; Mnesimachos, fr.1（DK. 58E3）, ὡς Πυθαγοριστὶ θύομεν τῷ Λοξίᾳ | ἔμψυχον οὐδὲν ἐσθίοντες παντελῶς· また Theokritos xiv.5（DK. 58E）, τοιοῦτος καὶ πρᾶν τις ἀφίκετο Πυθαγορικτάς, | ὠχρὸς κἀνυπόδητος· ʼΑθηναῖος δ' ἔφατ' ἦμεν. を見よ。

（6）*Bousiris*· §28, ἔτι γὰρ καὶ νῦν τοὺς προσποιουμένους ἐκείνου μαθητὰς εἶναι μᾶλλον σιγῶντας θαυμάζουσιν ἢ τοὺς ἐπὶ τῷ λέγειν μεγίστην δόξαν ἔχοντας. ピュタゴラス学派の口を利かないことは、ἐχεμυθία や ἐχερρημοσύνη と称された。いずれも正統なイオニア方言のようである。おそらく口を利かないのは、教説を隠す手段としてよりも、鍛練のためであった。

（7）Bernays, *Theophrastos' Schrift über Frömmigkeit* を見よ。Περὶ ἀποχῆς ἐμψύχων というポルフュリオスの小論は、カストリキウス・フィルムウスに向けられている。フィルムウスは、ピュタゴラスの徒の厳格な菜食主義を守っていなかった。採りあげられている箇所は、*De abst.* p.58, 25 Nauck, ἱστοροῦσι δέ τινες καὶ αὐτοὺς ἅπτεσθαι τῶν ἐμψύχων τοὺς Πυθαγορείους, ὅτε θύοιεν θεοῖς. である。ポルフュリオスの論文のほとんどがそうであるように、この出所はテオプラストスではなく、まずたいていはポントスのヘラクレイデスである。Bernays, *op. cit.* p. 11 を見よ。また Plutarch, *Q. conv.* 729c.（οἱ Πυθαγορικοὶ）ἐγεύοντο τῶν ἱεροθύτων ἀπαρξάμενοι τοῖς θεοῖς. 参照。

（8）ポルプュリオス（*V. Pyth.* c15）は、ピュタゴラスが競技家（ミロンのことか）のために肉食を命じたという趣旨の伝承を残している。この話は、アリストクセノスが述べたと同じ頃、同じような仕方で生じたに違いない。事実、ベルナイズは、これがポントスのヘラクレイデスに由来することを明らかにしている（*Theophr. Schr.* n.8）。イヤムブリコス（*V. Pyth.* 5, 25）やその他の人たち（Diog. viii. 13, 47）は、ピュタゴラスという名前の体操教師にこの話を関連さすことで、これを回避した。いかにして新プラトン学派の人びとが、ピュタゴラスの教訓の原型につとめて立ち戻ろうとし、また四世紀の再構成とは離れて説明しようとしたかが、ここに示されている。

四四　アクウスマタ

現存しているピュタゴラス派の戒律や教訓を何と考えたらよいかは、いまや明らかであろう。それらは二種類あり、出所は異なっている。或るものはアリストクセノスが出所となり、大部分はイヤムブリコスによって保存されているが、それはたんなる道徳上の教訓である。それには、ピュタゴラスそのひとのものの装いはない。つまりそれは、最後の世代の「学問生」が、先駆者から聞いた格言にすぎないのである。(1) 第二の部類は、性格を異にし、アクウスマタと呼ばれる戒律からなっている。(2) それは、古い慣習を誠実に守り続けてきた団体の所有していたものであることを示している。後代の誌家は、アクウスマタを道徳的真理の「しるし」と解している。しかしそれらが紛れもない禁忌であることは、一目瞭然である。若干の実例を与えて、ピュタゴラス派の戒律が実際どのようなものであったかを示そう。

一、豆を断つこと。
二、落ちてしまったものを拾わないこと。
三、白い雄鶏に触らないこと。
四、パンを千切らないこと。

五、閂を跨がないこと。
六、鉄製の器具で火を掻き立てないこと。
七、パンを丸ごと食べないこと。
八、花環を毟《むし》らないこと。
九、コイニックス枡の上に坐らないこと。
十、心臓を噛まないこと。
十一、大通りを歩かないこと。
十二、燕に軒を貸さないこと。
十三、陶製の壺を火から取り上げるとき、灰に跡を残さないで、灰を掻き交ぜること。
十四、明りの傍で鏡を見ないこと。
十五、離床のとき、褥を均して身体の跡をつけないこと。

ピュタゴラス思想と原始的な思考とが、密接に関係している証拠を重ねて示すのは容易である。しかしここで述べてきたことで目的は十分に達している。

(1) アリストクセノスの *Πυθαγορικαὶ ἀποφάσεις* については、Diels, *Vors.* 45D (DK. 58D) を見よ。
(2) Diels, *Vors.* 45C (DK. 58C) には、*Ἀκούσματα καὶ σύμβολα* が蒐集されている。

四五　学者ピュタゴラス

さてもしこれだけが一切であるとすれば、哲学史からすすんでピュタゴラスの名称を削って、エピメニデスやオノマクリトスとともにかれを「魔法師」（γόητες）の仲間に追いやるべきであろう。しかしこれはまったくの間違いである。ピュタゴラス学派の結社は、ギリシアの主な学問的な修養の場になったし、たしかにピュタゴラス学派の学問は、五世紀のはじめの年代、したがって創設者に溯るのである。ピュタゴラスを好まないヘラクレイトスは、ピュタゴラスがほかの何びとよりもはるかによく学問研究を押し進めた、と言っている。[1] ヘロドトスは、ピュタゴラスを「ギリシアでも有力な知識人」と呼んだ。その当時ではこういう言い方には、取るに足らぬ軽視の意味は含まれず、学的な研究に値するという意味を含んでいる。[2] アリストテレスは、ピュタゴラスがはじめに数学や数のことに没頭していたけれども、後にプェレキュデスの不可思議な業を受け容れたことに言及した。[3] ピュタゴラスの活動のこの両面の関係を追跡することがはたして可能であろうか。

すでに明らかなようにオルペウス教やそのほかの秘儀《オルギア》の狙いが、原始的な形をした「浄化」によって「生まれ変わりの輪」から離脱することであった。ピュタゴラスの創設した結社における新しい点は、こうした古い慣習を結社が採り入れる一方、同時に「浄化」とは本当は何であるかについて、突っ込んだ考えを示すことであったようにおもわれる。アリストクセノスは、ピュタゴラスの徒が身体を浄めるために医術を用いたように、魂を浄めるために音楽を用いた、と言った。[4] 魂を浄めるそのような方法は、コリュバント僧の秘儀の場合と似ていたし、[5] 調和に対するピュタゴラスの関心を説明する一助となろう。しかしそれだけではない。もしヘラクレイデスを信用しうるならば、「三通りの生活」すなわちアリストテレスが『ニコマコス倫理学』において用いた、観想的生活、実践的生活、快楽的生活を最初に区別したのは、ピュタゴラスであった。この教説の趣旨はつぎのようである。ひとはこの世では客人であり、身体は魂の墳墓であるが、しかし自殺によって逃れようとしてはならない。というのはひとは神の配下にある家畜であり、神の命令がなければ逃れる権利はないからである。[6] オリュムピック競技に参加したひとに三種類あるように、この生活においても三種類のひとがある。最下位は商いを目的に来たひと、その上は、競技に参加するひとである。しかし最上位は観戦する（θεωρεῖν）ために来たひとである。したがって何にもまして大きな浄化は、学問であり、「生まれ変わりの輪」から最も有効に身を解放するひとこそは、学問に献身するひと、すなわち真の哲学者である。ピュタゴラスが、こうした方法で正確に考えを述べたと言うことは、性急にすぎる嫌いがある。しかしこうした考えはすべて本当にピュタゴラス的であり、そうした方法においてのみ、学者としてのピュタゴラスと、宗教家としてのピュタゴラスとの間隙を埋めることができる。(7) かれに追随するほとんどのものが、低次元の浄めに甘んじて安堵したはずだ、ということを理解するのは簡単であり、そのために修業生が集まったはずである。或る少数のものは、より高次元の教説に応じたであろう。いまや後期のピュタゴラス学派の学問のうち、どれほどのものがピュタゴラスそのひとに帰せられてよいかを尋ねなければならない。

（1） Herakl. fr.17 (R.P. 31a. DK. 22B129). *ἱστορίη* の語自体、まったく通常の用語である。その語がここで表わしている意味は、イヤムブリコスの『ピュタゴラスの生涯』八九、*ἐκαλεῖτο δὲ ἡ γεωμετρία πρὸς Πυθαγόρου ἱστορία.* で保存されている貴重な所見から明らかである。

（2） Herod. iv. 95 (DK. 14, 2)

（3） Arist. *Περὶ τῶν Πυθαγορείων*, fr. 186, 1510a39 (Rose, 130 Ross), *Πυθαγόρας Μνησάρχου υἱὸς τὸ μὲν πρῶτον διεπονεῖτο περὶ τὰ μαθήματα καὶ τοὺς ἀριθμούς, ὕστερον δέ ποτε καὶ τῆς Φερεκύδου τερατοποιΐας οὐκ ἀπέστη.*

（4） Cramer, *An. Par.* i. 172, *ὅτι οἱ Πυθαγορικοί, ὡς ἔφη Ἀριστόξενος, καθάρσει ἐχρῶντο τοῦ μὲν σώματος διὰ τῆς ἰατρικῆς, τῆς δὲ ψυχῆς διὰ τῆς μουσικῆς.* を見よ。

（5） これらはプラトン『法律』篇七九〇Dで述べられている。この箇所は、アリストテレスの *κάθαρσις* 説の出所である。充実した説明としては Rohde, *Psyche*, ii. 48, *n.* 1 を見よ。

（6） プラトンは『パイドン』篇六二Bにおいて、これをピュタゴラスの見方としている。それはピュロラオスの説であるだけでなく、もっと古いものであることを、この箇所ははっきりと示している。

（7） *Arch.* v. pp. 505 *sqq.* にあるデェリンクの論文を見よ。ヘラクレイトスの断片一一一（DK. 22B29）における「三通りの生活」の説と関連しているようである。これは、明らかにプィレイウスのピュタゴラスの結社で教えられた。というのはヘラクレイデスは、ピュタゴラスとプィレイウスの僭主との対談の際に、ピュタゴラスにそれを語らせたからである（Cic. *Tusc.* v. 3; Diog. pr. 12, viii. 8）。またプラトンは『プァイドン』篇で、それに基づいてソクラテスに語らせている。（拙著の六八C二の注を見よ。）

四六 算術

アリストクセノスは、算術についての論文において、ピュタゴラスが数の論を商取引に用いる以上のものにはじめて前進させたひとである、と言った[(1)]。そしてアリストクセノスのこの報告は、その他の資料からも確かめられる。前五世紀末に至っては、そうした主題に対しての関心が広まっていて、主題自体の目的のために研究されたことが知られている。さてこの新しい関心を全面的にひとつの学派が惹き起こすことはありえなかった。つまりそれは、或る卓越した人間がきっかけで起こったに違いないし、ピュタゴラス以外にそれを帰せるものはだれもいない。しかしピュタゴラスは何も著わさなかったために、かれ自身の教えと、一・二世代後の追随者の教えとを区別する確実な手段はないのである。せめて無難に言いうることといったら、ピュタゴラス学派の教義が原初的な表現をとればとるほど、ピュタゴラスそのひとの教義らしくなるということであり、もしもかれの時代や少し前の時代において主張されたとされる諸見解と、この教義とが随所で接触していることが示されれば、ますますピュタゴラスそのひとの説に近くなるということである。とりわけ後期のピュタゴラスの徒の教えていることが、もうその時代でも時代錯誤のものであったことに気づくとき、私たちが目下取り扱っているのは、師の名前の権威によってやっと残りえた遺物であると考えてもよいであろう。展開した学説に本書の後半で触れられるとはいうものの、若干の事柄はいまここで言及しなければならない。誰ひとり正確にピュタゴラス思想の系統的な諸段階を区切ってみせることができないことを念頭に置くべきではあるが、ギリシア思想におけるピュタゴラスの説の占める位置が明らかになるのは、最初の表現形式とずっと後の表現形式とが区別されることによってである。

(1) Stob. i. p. 20, 1, ἐκ τῶν Ἀριστοξένου περὶ ἀριθμητικῆς, Τὴν δὲ περὶ τοὺς ἀριθμοὺς πραγματείαν μάλιστα πάντων τιμῆσαι δοκεῖ Πυθαγόρας καὶ προαγαγεῖν ἐπὶ τὸ πρόσθεν ἀπαγαγὼν ἀπὸ τῆς τῶν ἐμπόρων χρείας.

四七　図形

ピュタゴラスの思想について残されている最も注目すべき報告のひとつは、アルキュタスの整った文献によってエウリュトスについて伝えられているものである。エウリュトスは、フィロラオスの弟子であり、アリストクセノスは、フィロラオスもエウリュトスも、最後期のピュタゴラスの徒を教えたと述べた。かれ自身その人たちに詳しかったのである。したがってエウリュトスは前四世紀のはじめのひとであり、その頃にはピュタゴラス学派の学説は、十分に発達していた。かれは気紛れな狂信者ではなくて、その学派でも主要な人物であった(1)。それからエウリュトスについては、馬や人間のようなさまざまな種類のものに数をあてがったとか、小石を決まった仕方で並べて、それらのものを示したとか伝えられている。さらにアリストテレスは、エウリュトスの方法と、三角形や四角形のような図形（σχήματα）に数をあてがった人びとの方法とが似ていると考えている(2)。

さてこれらの報告や、とくに最後に引用されたアリストテレスの考えは、この時代ならびに以前の時代において、一方ではアルファベットの記号とはまったく違った記数法と、他方ではエウクレイデスが直線で数を表わしたのとはまったく異なった記数法とが、存在していたことを暗示しているようにおもわれる。前者は算術的な目的からは都合が悪かった。なぜならまだ零が発見されていなかったからである(3)。直線で数を表わすことを採りあげたのは、通約できない量が発見されて生じたもろもろの困難を避けるためであった。そして直線による数の表記は、ずっと後の時代のものである。どちらかといえば最初に数は、対称的で識別しやすい形に並んだ点によって表わされたようである。その形については、賽子や牌の印を想像するのが最もよい。事実、そこにある印は、それが数を表示する本当の原始的方法であるということを最もよく証明している。なぜならその印は、いつとは言えないほどの過去のものであり、そのような形に数を並べることで、ひとが数を数えることのできた時代のものだからである。それぞれの形は、いわば新しい単位となった。

a a a
a a a
a a a

aaa
aaa

a
a a
a a

a a
a a

a
a a

aa

a

したがって自らピュタゴラスの徒と称し、算術の研究を幾何学から独立したひとつの学問として蘇生させた、後の若干の誌家に至ってはじめて、アリストテレスが「三角形や四角形のような図形に数をあてがった人びと」という言葉で何を表わそうとしたかを解明する端緒が見いだせるのであって、このことは意義深い。これらの人びとは、エウクレイデスの直線による記数法を放棄しただけでなく、自ら用いたアルファベットの記号さえ、数の本性を表わすのには不十分であると見なしたのである。ゲラサのニコマコスは、数を表わすために用いられた文字が純粋に慣習上のものである、とはっきり言っている(4)。一列に並んだ単位によって線形数、すなわち素数を表わし、さまざまな平面図形を描きだすように並んだ単位によって多角形数を表わし、角錐などの形に配置された単位によって立体数を表わすのは当然のことであろう(5)。よって上のような図形となる。

さて明らかにされるべきは、これが何の刷新でもないということである。もちろん単位を表わすためにアルファの文字が使われたのは、慣習上の表記に由来している。しかし別の点で、学問のきわめて早い時期のものが明らかに露顕している。そしてまた点が、小石（ψῆφοι）を表わすことになっていたと考えられる。このことは、いわゆる計算の初期の方法を明らかにしている。

（1）エウリュトスが、幾年も前に死んでいたはずのピィロラオスの声を、後になって墓場から聞いたというイヤムブリコスのなかにある話（*V. Pyth.* 148. DK. 45,1）とは異なって、アリストクセノスに帰せられる報告では、エウリュトスがピィロラオスに続いて言及されているが、これは注目されるべきである（*Diog.* viii. 46; R.P. 62. DK. 44A4）。

（2）Arist. *Met.* N, 5. 1092b8（R.P. 76a. DK. 45,3）. アリストテレスは、ここでアルキュタスの文献を引用していないが、かれの記述の出典は、テオプラストスの *Met.* p. vi. a19（Usener, DK. 45,2）, *τοῦτο γὰρ* (sc. *τὸ μὴ μέχρι του προελθόντα παύεσθαι*) *τελέου καὶ φρονοῦντος, ὅπερ Ἀρχύτας ποτ' ἔφη ποιεῖν Εὔρυτον διατιθέντα τινὰς ψήφους· λέγειν γὰρ ὡς ὅδε μὲν ἀνθρώπου ὁ ἀριθμός, ὅδε δὲ ἵππου, ὅδε δ' ἄλλου τινὸς τυγχάνει.* によって、まったく明白である。

（3）ギリシアの算術の論文で用いられていた記号は、或る時代の或る地方において生じたに違いない。或る地方とは、ファウ（Ϝ）やコッパ（Ϙ）がまだアルファベットの文字として認められ、その文字の最初の位置がそのままアルファベットのなかに残されている地方である。それはドーリス人の都市（タラスか、それともシュラクサイか）を示しているし、また前四世紀の初頭を下らない時期を示している。いわゆるアラビア数字は、通常インド人の功績とされているが、カッラ・ド・ヴォは、（十世紀になって現われるにすぎない）この考えが、アラビア語 hindi「インドの」と hindasi「算術的」とのあいだの混乱から来ていることを示している（*Scientia*, xxi. pp. 273 *sqq.*）。かれは、「アラビア」数字が新ピュタゴラス学派の人びとによって発見され、新プラトン学派の人びとによってペルシアにもたらされ、そこからインド人や、後にアラビア人に至ったという結論に達している。全系列の要である零は、*οὐδέν* の頭文字であるようにおもわれる。

（4）Nikomachos of Gerasa, *Introd. Arithm.* p. 83, 12, Hoche, *Πρότερον δὲ ἐπιγνωστέον ὅτι ἕκαστον γράμμα ᾧ σημειούμεθα ἀριθμόν, οἷον τὸ ι, ᾧ τὸ δέκα, τὸ κ, ᾧ τὰ εἴκοσι, τὸ ω, ᾧ τὰ ὀκτακόσια, νόμῳ καὶ συνθήματι ἀνθρωπίνῳ, ἀλλ' οὐ φύσει σημαντικόν ἐστι τοῦ ἀριθμοῦ κτλ.* また Iambl. *in Nicom.* p. 56, 27, Pistelli, *ἰστέον γὰρ ὡς τὸ παλαιὸν φυσικώτερον οἱ πρόσθεν ἐσημαίνοντο τὰς τοῦ ἀριθμοῦ ποσότητας, ἀλλ' οὐχ ὥσπερ οἱ νῦν συμβολικῶς.* 参照。

（5）素数すなわち直線数については、Iambl. *in Nicom.* p. 26, 25, Pistelli, *πρῶτος μὲν οὖν καὶ ἀσύνθετος ἀριθμός ἐστι περισσὸς ὃς ὑπὸ μόνης μονάδος πληρούντως μετρεῖται, οὐκέτι δὲ καὶ ὑπ' ἄλλου τινὸς μέρους, καὶ ἐπὶ μίαν* δὲ διάστασιν προσβήσεται ὁ τοιοῦτος, διὰ τοῦτο δὲ αὐτὸν καὶ εὐθυμετρικόν τινες καλοῦσι, Θυμαρίδας δὲ καὶ εὐθυγραμμικόν· ἀπλατὴς γὰρ ἐν τῇ ἐκθέσει ἐφ' ἓν μόνον διιστάμενος. 参照。テュマリダスが、初期のピュタゴラスの徒であったことは、いまは一般的に認められている（Tannery, *Mém. scient.* vol. i. *n.* 9; G. Loria, *Scienze esatte*, p. 807）。そしてもしそうであれば、この説が学派の初期の時代のものであるという完全な根拠をもつことになる。三角形数、長方形数、正方形数については、スミュルナのテオンを見よ（pp. 27-37, Hiller, and Nicom. *loc. cit.*）。

四八　三角形数、正方形数、長方形数

アリストテレスがこのことに言及しているのは、明らかなようである。そしてピュタゴラスの果たした人間にとっての驚嘆すべきことが、厳密にはこうした種類の形、テトラクトゥスであった、という伝承によってその言及は確かなものとなる。ピュタゴラスの徒は、テトラクトゥスの前で祈ったのであった。[1] またこの全学説がピュタゴラスのものであった、ということを主張しているスペウシッポスの文献がある。[2] 後の時代になると幾種類かのテトラクトゥスがあったが、[3] 最初はひとつであったし、ピュタゴラスの徒が祈ったのは、「十のテトラクトゥス」の前であった。それは左のような形をしていた。

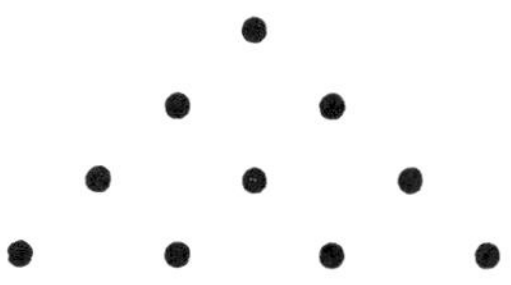

そしてこれは、十の数を、辺が四の数からなる三角形として表わしていた。それは、一＋二＋三＋四＝十を一目瞭然と示していたのである。スペウシッポスは、ピュタゴラスの徒が十の数のなかに見いだした若干の性質について伝えている。たとえばそれは、素数と合成数とが等しい数で含まれている最初の数である。こうした考えのどれほどのものが、ピュタゴラスそのひとのものであるかは判らない。しかしかれとの関連において、ギリシア人や夷狄のすべてにとって、十まで数えると再び初めからやり直すことを繰り返すことが、「本性に即して」いると結論しても間違いではないであろう。

長方形数

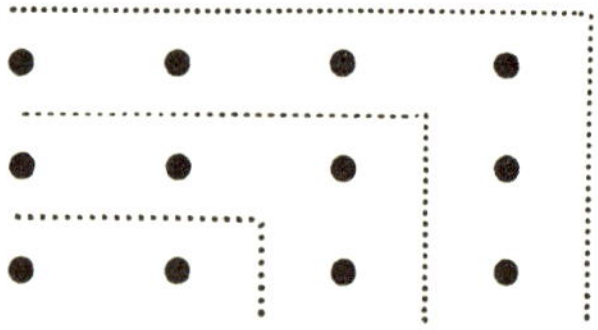

正方形数

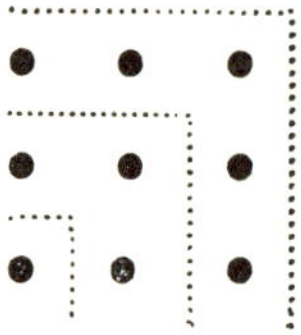

明らかにテトラクトゥスは、無限に拡げられて、連続する整数の数列の総和を示している。それゆえにこれらの総和が、「三角形数」と呼ばれるのである。

同様な理由で、連続する奇数の数列の総和は「正方形数」と呼ばれ、連続する偶数の数列の総和は「長方形数」と呼ばれる。もしも奇数がグノーモーン状(4)に足されると、相似形、すなわち正方形となる。一方、偶数が足されると、右上の図形のように一連の長方形となる。(5)

そこで明らかに、数列の総和の研究はピュタゴラスそのひとのものであると言われてもよいであろう。しかしかれが長方形数からさらに進んで、角錐数や六面体数を研究したかどうかを述べることはできない。(6)

(1) きまり文句 *Οὐ μὰ τὸν ἁμετέρᾳ γενεᾷ παραδόντα τετρακτύν* 参照。*Χρυσᾶ ἔπη* の偽作者が、この文句をピュタゴラスの言ったものとして語らせているだけに、なおのことこの文句は古いもののようである。Diels, *Arch.* iii. p.457 を見よ。

(2) スペウシッポスは、主としてフィロラオスを基にして、ピュタゴラスの数についての著作を書いた。そしてその大半の断片は、『算術的神智論』に保存されている。それは、Diels, *Vorsokratiker*, 32A13 (DK. 44 A13) において見られるであろうし、Tannery, *Science hellène*, pp. 374 *sqq.* において論じられている。

(3) Theon, *Expositio*, pp.93 *sqq.*, Hiller を見よ。『ティマイオス』篇で使われている *τετρακτύς* の語は、テオンによって記されたその二番目のものである (*Exp.* p.94, 10 *sqq.*)。

(4) 類推すると (42頁注 (8))、*γνώμων* の語の最初の意味は、大工の定規の意味であったに違いない。それから派生しているのは、㈠ 道具にそれを使うことであり、㈡ 或る正方形や長方形に図形を加えて、別の正方形や長方形を作る際に使うことである。エウクレイデス (ii. def.2) において、これは平行四辺形全体にまで拡大され、最後にヘロンは *γνώμων* をつぎのように定義している (ed. Heiberg, vol. iv. def. 58)。*καθόλου δὲ γνώμων ἐστὶν πᾶν, ὃ προσλαβὸν ὁτιοῦν,*

ἀριθμὸς ἢ σχῆμα, ποιεῖ τὸ ὅλον ὅμοιον ᾧ προσείληφεν. しかしこれらは後に発展したものである。すなわちキオスのオイノピデスが、「垂線」の意味で γνώμων を用いたのは、前五世紀においては、この語が長方形にのみに使われたことを表わしている。

(5) Milhaud, ***Philosophes géomètres***, pp. 115 *sqq.* 参照。アリストテレスは、このことをつぎのように言っている(*Phys.* Γ, 4. 203a13)。*περιτιθεμένων γὰρ τῶν γνωμόνων περὶ τὸ ἓν καὶ χωρὶς ὁτὲ μὲν ἄλλο ἀεὶ γίγνεσθαι τὸ εἶδος, ὁτὲ δὲ ἕν.* これはさらに偽プルタルコスによってはっきりと述べられている。*ἔτι δὲ τῇ μονάδι τῶν ἐφεξῆς περισσῶν περιτιθεμένων ὁ γινόμενος ἀεὶ τετράγωνός ἐστι· τῶν δὲ ἀρτίων ὁμοίως περιτιθεμένων ἑτερομήκεις **καὶ** ἄνισοι πάντες ἀποβαίνουσιν, ἴσως δὲ ἰσάκις οὐδείς.* (Stob. i. p. 22, 16) アリストテレスが、ここでは εἶδος を「図形」の意味で用いていることに気づかれるであろう。***καὶ χωρὶς*** の語は、明らかに *χωρὶς τοῦ ἑνός* つまり一からではなく、二から始まることを表わしている。

(6) スペウシッポス(150頁注(1)参照)は、最初の角錐数として四を挙げている。しかしこれは、フィロラオスから採られている。それで問題なくそれを、ピュタゴラスのものと言うことができない。

四九　幾何学と調和

数のこの表記法が、幾何学的性質をもった問題をどのように提示していたかを理解するのはやさしい。小石にとって代わる点は、正式には「境界石」(ὅροι, termini,「限界」)と呼ばれるし、その点が区切る範囲は、「拡がり」(*χώρα*)と呼ばれるのである。[1] これは明らかに初期の表現方法であり、ピュタゴラスそのひとのものかもしれない。さて「もろもろの拡がり」が、数の場合と同様に比べられうることはかれにとってきわめて印象的であったに違いないし、[2] こうした雑なやり方はエジプトに伝わるものであることを知っていたようである。もっともかれは、こうした方法にたしかに満足はしなかったであろう。伝統方式は、ピュタゴラスの思想が向かわねばならなかった方向を考える場合にも役立っている。むろん直角を作る場合、三・四・五の辺をもつ三角形を用いることをかれは知っていた。すでに明らかなように（40頁以下）、それはきわめて早い時代から東方では珍しくなかったし、たとえギリシア人がすでにそれを知っていなかったにしても、タレスがそれをギリシア人のもとに採り入れたのである。後の註家は、実際それを「ピュタゴラスの三角形」と呼んだ。ところでとくにピュタゴラスの定理とは、直角三角形において斜辺の平方は、残りの二辺の平方の和に等しい、というまさにそのことである。そしていわゆるピュタゴラスの三角形は、ある特別な場合にその逆を適用したものである。「斜辺」（ὑποτείνουσα）の本当の名称は、二つの事物間を密接に結びつけていることを強固に証している。それは文字どおり「伸びている綱」を意味しているし、それはまさしく「土地測量者」の綱である。したがってこの定理は、本当にピュタゴラスによって発見された可能性が強い。もっともそれに対して確信があるわけではないし、またエウクレイデスが与えたそれに対する証明は、ピュタゴラスのものでないことは確実である。(3)

（1） Proclus, *in Eucl. I.* p.136, 8, *ἔστι δὲ τὸ ὄνομα* (sc. *ὅρος*) *οἰκεῖον τῇ ἐξ ἀρχῆς γεωμετρίᾳ, καθ' ἣν τὰ χωρία ἐμέτρουν καὶ τοὺς ὅρους αὐτῶν ἐφύλαττον ἀσυγχύτους.* 級数（*ἔκθεσις*）、それから比例、ずっと後の時代には三段論法の *ὅροι* がある。∵、∷、∴の記号は、これから来ているようである。アッティカの用法が長方形に対して *χωρίον* を用いたけれども、*χώρα* の語は後期のピュタゴラスの徒によってしばしば用いられている。またアバクスと碁盤の *γραμμαί* のあいだの空間が、*χώρα* と呼ばれた。

（2） プロクロスは、エウクレイデスの一巻四四に対する注釈において、*χωρία* の *παραβολή, ἔλλειψις, ὑπερβολή* は、ピュタゴラスの発見であったと、エウデモスを典拠として言及している。このことや、円錐曲線についての用語を後の時代に用いたことについては、Milhaud, *Philosophes géomètres,* pp. 81 *spp.* を見よ。

（3） Euclid *i.* 47 についてのプロクロスの注釈を見よ。

しかしながらひとつの大きな失望が、ピュタゴラスを待ちうけていた。正方形の対角線上の平方は、正方形の一辺の上の正方形の二倍である、ということが直ちにピュタゴラスの定理から導かれる。これはたしかに算術的表現を可能にするはずである。しかし事実上、分割すると二つの等しい平方形数になるような平方形数は存在しないし、問題は解決されない。この意味でピュタゴラスが、正方形の対角線と辺とは通約できないことを発見したのは本当であろう。もしそれが通約できるならば、偶数と奇数とは等しいと言わねばならない、というアリストテレスの言及した根拠は、表現の仕方からして厳密にピュタゴラス的である。(1) しかしたとえそうであっても、かれがこの主題をすすんでさらに追究しなかったことも確かである。かれは、この平方根が無理数であるという事実に躓いたであろう。しかし無理数についての完全な論理は、プラトンの友人であるキュレネのテオドロス、それにテアイテトスを俟って与えられたことが知られている。(2) いまのところ依然として、対角線と正方形との不通約性は、言われているように、ひとつの「不面目な例外事象」である。伝承記録は、メタポンティオンのヒッパソスが、他人に知られたくない一派の秘密を漏洩した廉で、海で溺らされて死んだとしている。(3)

（1） Arist. *An. Pr.* A, 23. 41a26, *ὅτι ἀσύμμετρος ἡ διάμετρος διὰ τὸ γίγνεσθαι τὰ περιττὰ ἴσα τοῖς ἀρτίοις συμμέτρου τεθείσης*. エウクレイデスの第十巻の終わりで与えた証明（vol. iii. pp. 408 *sqq.*, Heiberg）は、まさにこの点を中心問題としている。証明はエウクレイデス的ではなく、実質的にピュタゴラス的であろう。Milhaud, ***Philosophes géomètres***, p. 94.

（2） Plato, *Theaet.* 147d3 *sqq.*

（3） 伝承についてのこの説明は、イヤムブリコスの『ピュタゴラス伝』（二四七）で述べられている。そしていずれ後に触れられる他の説明（二四八）よりも、古いとおもわれる。破門されたヒッパソスは、ピュタゴラス思想の手に負えない子供であるし、かれについての伝承は、教訓で満ちている。139頁注（4）を見よ。

五一　比例と調和

さきの諸考察から顕わになるのは、エウクレイデスの初期の著作の本旨を、初期のピュタゴラスの徒のものであるとするのがまったく無難である一方、たしかにエウクレイデスの算術的方法は、ピュタゴラスの徒のものではないということである。算術的方法が効力を発揮するのは、単位に代えて線を用いるときである。したがってその方法を、有理数のあいだの方程式では表わされえない関係に適用することができる。疑いもなくこのために算術は、平面幾何学によって最初の秩序が完全に逆転してはじめて、エウクレイデスの論ずるところとなるのである。同じ理由で、エウクレイデスにおいて見いだされる比例の説は、ピュタゴラスのものではありえないし、事実、エウドクソスの作である。しかし初期のピュタゴラスの徒や、おそらくピュタゴラス自身も独自の方法で比例に取り組んだことは明らかである。またとくにこの創設者の考えである三つの「中項」（μεσότητες）、ことに最も複雑に中項が絡み合っているものの場合には、「調和」が、八度音《オクターブ》の発見と密接に関係していることは明らかである。もしも12：8：6という調和比例をとりあげると(1)、12：6は八度音、12：8は五度音、8：6は四度音であることに気づくであろう。ピュタゴラスそのひとが、これらの音程を発見したことは、ほとんど疑いえない。かれが調和的音程を鍛冶場で観察し、また音程を生みだす槌の重さを計ったり、等しい長さの弦に、槌の重さに相当する錘りをぶらさげたりした話は、本当のところ実行不可能であり、不合理である。それにしてもこれらのことを辻褄を合わせて説明するのは、時間のまったくの浪費である(2)。もっともこうした不合理性こそは、ここでの目的にとって主要な価値でもある。これらの話は、或るギリシアの数学者が作りあげようとして作り出した話ではなくて、民間の説話であって、ピュタゴラスがこの重大な発見の張本人であったという現実的な伝承が存在していたことを立証している。一方、一弦器において音が協和するように長さを計って、「協和音」をかれが発見したという報告は、ひじょうに信用の置けるものであり、音響学上の誤りを含んでいない。

(1) よって調和の中項は、アルキュタスによって (fr. 2, Diels. DK. 47B2) ἁ δὲ ὑπεναντία (μεσότας), ἃν καλοῦμεν ἁρμονικάν, ὅκκα ἔωντι ⟨τοῖοι (sc. οἱ ὅροι)· ᾧ⟩ ὁ πρῶτος ὅρος ὑπερέχει τοῦ δευτέρου αὐταύτου μέρει, τωὐτῷ ὁ μέσος τοῦ τρίτου ὑπερέχει τοῦ τρίτου μέρει. と定義されている。Plato, *Tim.* 36a3, τὴν……ταὐτῷ μέρει τῶν ἄκρων αὐτῶν ὑπερέχουσαν καὶ ὑπερεχομένην. 参照。したがって十二と六の調和の中項は、八である。なんとなれば $8=12-\frac{12}{3}=6+\frac{6}{3}$ であるから。

(2) 鍛冶屋の槌は、作り話の領域に属している。そして音調が、槌の重さに対応するとか、もし対応するとしても、等しい長さの弦にぶら下がった錘りが、音調を生みだすとかいうのは、本当ではない。実際、振動数は重さの平方根とともに変化するのである。こうした話の不正確さは、モンテュクラによって指摘された (Martin, *Études sur le Timée*, i. p. 391)。

五三　事物は数である

万物は数である、とピュタゴラスが言うに至ったのは、まさにこのことからである。いずれ触れられるように、後の時代になってピュタゴラスの徒が、事物の数と幾何学的図形とを一致させた。しかしエウリュトスの方法について伝えられている事柄との関連で、ピュタゴラスの徒が事物を「数」と呼んだ、というただこれだけの事実を示せば、これが教説の最初の意味でなかったことは十分明らかである。このことは、ピュタゴラスが、何かつぎのように判断したと考えれば足りることである。つまり音楽的な音が数に還元されうる以上、どうしてほかの一切のものがそうならないことがあろうかと。事物には、多くの数に似たものがある。そして八度音が発見されたときのような幸運な実験が、事物の数的な本質を明らかにするのも無理はないのである。新ピュタゴラス学派の誌家どもは、この場合にも他の事柄の場合と同じく、学派の最も初期の流儀にまで溯って、無限に多様であるという点で事物と数とのあいだにある類似を心の赴くまま追跡した。しかし私たちは、幸いにもこうした気まぐれな気持でその人たちに従わないですむのである。アリストテレスは、ピュタゴラスの徒が若干の事物にかぎって数によって説明した、とはっきりと言及している。(1) ここで意味しているのは、ピュタゴラスそのひとがこの主題についてもっとつき進めた所説を残さなかったことと、一方、五世紀のピュタゴラスの徒が、こういった類いのことを流儀に付け加えようとしなかったことである。しかしアリストテレスは、ピュタゴラスの徒に従うと、「好機」（*καιρός*）は七、正義は四、結婚は三であった、と暗に示している。これに似た二、三の例もあるが、事物と数との同一視は、確実にピュタゴラスか、またはかれじきじきの後継者のものとされてよいであろう。しかしこれ以上の重要性がその人たちに付されてはならない。私たちは、その人たちからではなく、ミレトス学派の教説との接点を示しているとおもわれる若干の報告から出発すべきである。公平に推断すると、この報告は、最も原初的な形態をした学説に属している。

（1）Arist. *Met.* M, 4. 1078b21 (R.P. 78. DK. 58B4).『算術的神智論』には、そのような空想が随所にある（R.P. 78. DK. 44A12)。アレクサンドロスの『形而上学注釈』(p. 38, 8) は、古いと考えられるわずかな定義を与えている (R. P. 78c)。

五三　宇宙論

さてこういった報告のうちでも最も際立っているのは、アリストテレスの一報告である。それによるとピュタゴラスの徒は、天界の外に「無限な気息」があり、気息は天界によって吸い込まれる、と主張した。(1) 実際、これはアナクシメネスの説であり、クセノファネスがそれを否定したことに気づくとき、ピュタゴラスがそれを説いたということが、実質上確かになってくるのである。(2) この考えをさらに発展させたのもピュタゴラスである、と推断してもよいであろう。最初の一が形成されてから後——たとえそういうことが起こったにしても——最も近い無限なものの部分がまず誘い込まれ、限定された、と述べられている。(3) そして諸単位を相互から離しているのは、吸い込まれた無限なものである、とも言われている。(4) それは、単位と単位のあいだに間隙があることを表わしている。これは、離散した量を記述する初期の方法である。

アリストテレスのこの箇所において、「気息」は、また空間とか空虚とか言われている。これは、すでにアナクシメネスの場合にもあった用語の混同であるし、ここでも見いだせるからといって驚くにあたらない。(5) その他空気や水蒸気についても混同のはっきりした痕跡が、見いだせるのである。事実、ピュタゴラスが、限りあるものを火と同一視し、無限なものを暗闇と同一視したことは確かなようである。アリストテレスは、ヒッパソスが火を第一原理とした、と言っている。(6) そして後で触れられるが、パルメニデスは、同時代人の所説を検討して、二つの原初の「形」、つまり火と夜があったという見方を、その人たちの考えであるとしている。(7) また光と闇が、限りあるものと無限なものからはじまるピュタゴラス派の対立表に、それぞれ対立して現われていることも明らかである。(8) ここに暗示されている気息と闇との一致は、この説が原始的性格をもつことを強く証明している。すなわち闇は、六世紀においては或る種の水蒸気であると考えられたのであり、五世紀になってその本当の性質が知られたからである。プラトンは、かれ一流の史実に即した手際で、霧と闇とを圧縮した空気として、ピュタゴラス派のティマイオスに語らせている。(9) そこで星空から当然浮かんでくる想像、つまり光の点で区切られた闇、すなわち気息の「広がり」について考えねばならない。成り行き上ピュタゴラスが無限数について語りはしなかったにしても、おそらく宇宙の多数性についてのミレトス人の見方をピュタゴラスのものと考えることさえできる。少なくとも初期のピュタゴラスの徒のひとりペトロンは、三角形の形に並んだちょうど百八十三の宇宙がある、と言ったことが知られている。(10)

(1) Arist. *Phys.* Δ, 6. 213b22 (R.P 75. DK. 58B30).

（2） Diog. ix. 19（R.P. 103c. DK. 28A1）, *ὅλον δ' ὁρᾶν καὶ ὅλον ἀκούειν, μὴ μέντοι ἀναπνεῖν*（*φησι Ξενοφάνης*）. それで偽プルタルコスの『雑録』断片四（DK. 21A32）において，クセノファネスは *μὴ κατὰ πᾶν μέρος περιέχεσθαι ὑπὸ ἀέρος*（*τὴν γῆν*）と主張したと読んでいる。したがってディオゲネスが，ディールスが示したように（*Dox.* p.168）劣った（伝記的）出典を基にここで引き出している事柄ではあるが，この報告は何の躊躇もなくテオプラストスのものとしてよいであろう。Hipp. *Ref.* i. 14, 2, *τὴν δὲ γῆν ἄπειρον εἶναι καὶ μήτε ὑπ' ἀέρος μήτε ὑπὸ τοῦ οὐρανοῦ περιέχεσθαι*（*Ξενοφάνης λέγει*）. 参照。

（3） Arist. *Met.* N, 3. 1091a3（R.P. 74）.

（4） Arist. *Phys.* Δ, 6. 213b23（R.P. 75a, DK. 58B30）. *διορίζει τὰς φύσεις* の語は，無用な厄介事を招いている。というのはこの語は，限定の機能を *ἄπειρον* に付しているようにおもわれてきているからである。アリストテレスは，かれの考えが原本で述べられているとおりであることをきわめてはっきりとさせている。とくに *χωρισμοῦ τινος τῶν ἐφεξῆς καὶ διορίσεως* の語句参照。用語 *διωρισμένον*「不連続的」と，*συνεχές*「連続的」とは厳密な対句である。アリストテレスは，ピュタゴラスの哲学についての著作において，*διορίζει τὰς χώρας*（Stob. i. p.156, 8; R.P. 75〔I. 18, 1c〕DK. 58B30）の句を代わりに用いた。そしてこれは，ピュタゴラスの徒が *χώρα* によって表わしたことを想起するならば，ひじょうに理解されやすいのである（152頁注（1）参照）。

（5） Arist. *Phys.* Δ, 6. 213a27（DK. 67A19）, *οἱ δ' ἄνθρωποι……φασὶν ἐν ᾧ ὅλως μηδέν ἐστι, τοῦτ' εἶναι κενόν, διὸ τὸ πλῆρες ἀέρος κενὸν εἶναι;* *De part. an.* B, 10. 656b15, *τὸ γὰρ κενὸν καλούμενον ἀέρος πλῆρές ἐστι;* *De an.* B, 10. 419b34, *δοκεῖ γὰρ εἶναι κενὸν ὁ ἀήρ.* 参照。

（6） Arist. *Met.* A, 3. 984a7（R.P. 56c. DK. 18, 7; 22A5）.

（7） 第四章ⅺを見よ。

（8） Arist. *Met.* A, 5. 986a25（R.P. 66. DK. 24A3）.

（9） Plato, ***Tim.*** 58d2.

（10） プルタルコスは，これをエレソスのファニアスから引用している（*De def. orac.* 422b, d）。ファニアスは，レーギオンのヒッピュスの典拠をもとにこれを主張した。もしもヴィラモヴィッツ（*Hermes*, xix. p. 444）に従って，これは実はメタポンティオンのヒッパソスを意味しているとか、(またピュタゴラスの徒が避難したのがレーギオンであったとか)考えるならば、これはひじょうに価値のある一片の証拠である。

五四　諸天体

アナクシマンドロスは、諸天体を、いくらかの孔を通って出てくる火で満たされた「空気」の環と見なした(三二)。同じ見方をピュタゴラスが採ったことは明白である。[1] すでに明らかなようにアナクシマンドロスは、そのような三つの環の存在を想定したにすぎない。そしてピュタゴラスが、環と環の間隔を、自ら見いだした三つの音楽上の音程、つまり四度音、五度音、八度音と同じであるとしたことは、きわめてありうることである。「もろもろの球体の調和」の教説にとって、それから始めるのが最も自然であったであろう。もっとも、もしこういう言い方が、厳密にピュタゴラスそのひとのものとされる所説に向けて適用されるならば、ひとをなおさら誤らせることになるであろう。ハルモニアー(ἁρμονία)の語は、調和を意味しているのではなくて、八度音を意味しているのである。「もろもろの球体」というのは、時代錯誤である。この時期はまだ、輪や環で天体を説明すれば十分と考えられた時期である。

天体の東から西への一日の回転と、太陽、月、惑星の西から東への緩慢な回転とのあいだを区別するのは、この学派の初期の時代、おそらくピュタゴラスそのひとのものであろう。[2] 明らかにそれは、渦運動の説との完全な断絶に陥っているのであり、天体は球形であることを示唆しているのである。しかしそれは、アナクシマンドロスの学説の窮境から抜け出る唯一の方法であった。もしも真剣に区別すべきであるとすると、太陽、月、惑星の運動は合成されたものと考えねばならない。一方において、これらの天体は、それぞれ西から東への違った角速度をもった固有の回転をしながら、しかしまた東から西への一日の回転にも従っている。明らかにこれは、天球の赤道へ傾斜している惑星の軌道の運動が、日々の天体の回転によって支配されている（κρατεῖται）、という言い方で表わされた。デモクリトスの時代にまで下がると、イオニア人はけっしてこのような見方を採らなかった。イオニア人は、あらゆる天体が同じ方向に回転することを必然的に主張している渦の説に執着していたのである。その結果、ピュタゴラスの考えでは、最大の角速度をもったものが、その人たちの学説では最小の角速度をもっている。ピュタゴラスの見方では、たとえば土星は、一回転するのに約三十年かかるが、イオニア人の見方では他の惑星よりもはるかに少なく、「後に残される」、すなわち土星は黄道十二宮と同じ速度をほとんど維持しているのである。(3)

理由は後ではっきりするが、大地の球形の発見をピュタゴラスそのひとのものであると確信してよいであろう。大地の球形については、イオニア人やアナクサゴラスやデモクリトスでさえ採択を拒んだ。しかしピュタゴラスはまだおそらく、大地中心の学説を固執していたであろう。また大地はひとつの惑星であったという発見は、はるか後の時代のものであろう（一五〇）。

ピュタゴラスの見方に対する説明は、疑いもなく推測的で不完全である。ここでは、最古のものの装いをとっているピュタゴラス的な学説の、そうした部分をピュタゴラスに割り当ててきているにすぎない。いま討論の基になっている証拠を完全に引用することは、この時期には不可能ですらある。パルメニデスの詩の第二部や、後期のピュタゴラスの徒の学説が吟味されるとき、それは明らかになるであろう。(4) ともかくピュタゴラスの学問への偉大な貢献は、明らかに調和した音程が、単純な数の比によって表現されうるという発見であった。大体において少なくともそれは、伝統的な「対立するもの」のあいだの関係についてのまったく新しい見方を示している。もしも完全に高低の調子を合わせること（ἁρμονία）が、これらの比に従うことで達せられるならば、明らかにほかの対立したものも同様に調和されるであろう。暖と寒、湿と乾は、正しい混合（κρᾶσις）のなかに結合されているであろう。そのような考えに対して、今日でもまだ"temperature"（温度）という語が、それを立証している。(5) "temperaments"（気質）の医学理論は、同じ出典に由来している。さらに中庸についての著名な論理は、行為の問題に同様な考えを適用したものにすぎない。(6) ギリシア哲学は、完全に調律された弦とは何であるかということによって、以後支配されたと言っても言いすぎではない。

（1）これは第四章九三に見いだされるであろう。

（2）プラトンが『法律』篇八二二Aにおいて、新奇なものとしてこの説をはっきりと表明しているという理由から、以前私はこれを疑った。しかしテイラー教授は、私が間違っていることを納得させてくれたのである。プラトンがその箇所で否定しているものが、じつは当の教説であるし、プラトンが称讃している説は、新しい形式でのたんなる運動の説であるに違いない。これはプラトンの晩年の発見であった。『国家』篇や『ティマイオス』篇におけるエルの神話には、ピュタゴラスの合成運動説がある。本当のところスミュルナのテオン（p. 150, 12）よりも早い時期の誌家では、明らかにこの説をピュタゴラスのものとしていない。しかしアエティオス（ii. 16, 2）は、ピュタゴラスの同時代人でも若い方に属すアルクマイオンが、惑星は恒星とは反対の運動をしていると主張している学問生に同意した、と言っている。アルクマイオンの別の天文学的見方は、粗野であったので（九六）、ほとんどこれを案出することはできなかった。

（3）ルクレティウス、五巻六二一行以下におけるデモクリトスの説の解説を見よ。さきの104頁以下参照。専門用語は、ὑπόλειψις である。厳密に言えば、イオニア人の見方は、同じ現象を別の仕方で記している。しかしそれは、惑星の真の運動についての一貫した説に簡単には役立たない。

（4）第四章九二—九三、第七章一五〇—一五二を見よ。

（5）この説とドルトンの化合説とのあいだの類似性に、心が惹きつけられないわけにはゆかない。H_2O のような式は、μεσότης の美しい例である。近代の立体化学の図表は、奇しくもピュタゴラス的外観をもっている。ピュタゴラスが「事物は数である」と言ったとき、かれは世界の秘密に本当に出くわしたことを表明しようとしたことが、しばしば感じられる。

（6）アリストテレスは、中庸の説をプラトンの『ピレボス』篇から引き出した。そこでは、その説はピュタゴラスの説として、はっきりと詳述されている。

二　コロプォンのクセノプァネス

五　生涯

ピュタゴラスが、当時の宗教的活動にどのように深い意義を与えたかは、すでに触れられた。いまや、神々についで詩人が親しんできた見方に対しての反動の、ひじょうに違った発露を考えねばならない。クセノプァネスは、神人同形同性の神々をすっかり否定したが、かれの周辺でことごとく進行していた宗教の復古調に少しも影響されることはなかった。かれがピュタゴラスや、転生説を嘲笑うエレゲイアの一片が、まだ残っているのである。(1) クセノプァネスは、タレスやピュタゴラスの見解に反対し、エピメニデスを攻撃したとも言われている。もっともその種の断片は残されていないけれども、十分ありそうなことである。(2)

クセノプァネスの年代決定は、容易ではない。こうした事情についてはティマイオスの証言が重きをなすが、ティマイオスは、クセノプァネスがヒエロンやエピカルモスと同時代人であると言った。クロイソスや七賢人の王宮の話が五世紀のギリシア人を喜ばせたように、ヒエロンの王宮の逸話は四世紀のギリシア人を喜ばせたのであり、たしかにクセノプァネスは、その物語のなかで一役を演じたようにおもわれる。(3) ヒエロンは前四七八年から四六七年にかけて君臨していたので、たとえクセノプァネスが百歳まで生きたと推定するにしても、前五七〇年より以前にかれの生誕の時期を決めることを不可能にしている。他方クレメンスは、アポルロドロスが第四〇オリュムピア祭期（前六二〇―六一六年）をクセノプァネスの生誕の時としている、と言っている。そしてさらに、かれの生存期間は、ダレイオスやキュロスの時代まで延長された、とつけ加えている。(4) またそのような事情についての資料の大半がアポルロドロスからきているディオゲネスは、クセノプァネスの最盛期が第六〇オリュムピア祭期（前五四〇―五三七年）であった、と言っている。ディールスは、実際アポルロドロスがそのように言ったと考えている。(5) たとえそうであっても、前五四〇年は、かれがエレア建設の年にエレアを訪ねたという仮定からきていることは明白である。したがって、たんなる結びつけにすぎない。これを採りあげて説明するには及ばない。(6)

確かなものであると考えられている点は、クセノプァネスが二十五歳から放浪生活に入ったことと、九十二歳まで生きて作詩したということである。かれは自ら言っている。(fr. 8=24 Karst.; R.P. 97. DK. 21B8)

「ギリシアの地を　彷徨い、わたしが心を(7)　動揺させて　このかた　六十と七年。
生まれてより　かの時まで　二十と五年が加わる。
これらについて　わたしが　違《たが》わず語りうるとなれば。」

この箇所でクセノプァネスは、ハラパゴスによるイオニアの征服に言及しているのだとも、また事実、つぎの別の詩（fr. 22=17 Karst.; R.P. 95a. DK. 21B22）のなかで訊ねられた問いに答えているのだとも考えたくなる。(8)

「冬の季節に　炉端で　わたしらは　こうした話を　語るがよい。
腹を充たし　エジプト豆を肴に　甘い葡萄酒を　飲みながら、柔らかい臥所《ふしど》に　横たわって――
あなたは　どこからお越しか　お生まれの地は？　お歳はいくつ？　善き客人よ。かのメディア人が
到来したとき、おいくつでした？」

その場合にはクセノプァネスの出生は、前五六五年に当たるし、かれとヒエロンとの繋がりは、ひじょうに確かなことであったであろう。クセノプァネスが、過去形でピュタゴラスに言及しているが、こんどはヘラクレイトスが、クセノプァネスを過去形で言及していることに私たちは気づくのである。[9]

テオプラストスは、クセノプァネスがアナクシマンドロスに「教わった」と言った。[10] いずれクセノプァネスが、イオニアの宇宙論に精通していたことは触れられるであろう。郷関を出るとかれは、シケリア、伝えられるところによると主に、ザンクレやカタナに住んだ。[11] かれは、その昔のアルキロコスのように、哀歌《エレゲイア》や諷刺詩のなかに心を打ち明けた。おもうにかれは、宴席で吟唱したし、そこでは亡命者どもが、優れたイオニアの社会の仕来たりを守ろうとしていたのである。かれが吟遊詩人であったという記録は、まったく根拠がない。[12] 哀歌を吟ずるものは、吟遊詩人のように職業的ではなくて、聞き手と同じ生活を営むひとであった。明らかに九十二歳までかれは、放浪生活を送っていた。とくに、もしもヒエロンの王宮で、クセノプァネスが晩年を過ごしたと考えるべきであるとすれば、かれがエレアに移転し、そこに学校を建てたという報告とは、ほとんど両立するところはない。[13] ひじょうに注目すべきは、古代の誌家のだれひとり、かつてかれがエレアにいた、と述べていないことである。[14] そして現存するすべての証拠は、かれがその地にいたということとまったく矛盾しているようにおもわれる。

（1）断片七を見よ。
（2）Diog. ix. 18 (R.P. 97. DK. 21A1, B8). クセノプァネスが、タレスの蝕の予言を採りあげたことは知られている（第一章69頁注（3））。
（3）Timaios *ap.* Clem. *Strom.* i. p. 353 (R.P. 95. DK. 21A8). 実際にヒエロンと対談中のクセノプァネスを想い出

させる逸話はひとつあるにすぎないが（Plut. *Reg. apophth.* 175e）、アリストテレスの『形而上学』Γ巻五、一〇一〇a四を、エピカルモスがクセノプァネスに対してなした評言をそれとなく述べていると解するのが自然である。クセノプァネスについてのアリストテレスの逸話の出所となったとおもわれる話は、クセノプォンの『ヒエロン』にも模倣されている。

（4） Clem. *loc. cit.* キュルスの言及は、ヒッポリュトスによって確かなものとなる（Ref. i. 94）。ディールスは、ダレイオスが述べられたのは韻律上の理由である、と考えている。初期の時代を言おうとしないのであれば、キュルスがなぜ触れられるべきであったかを誰ひとり満足に説明するものはいない。全体的な点では、Jacoby, pp. 204 *sqq.* を見よ。たしかにイヤコビーは、*ἄχρι τῶν Δαρείου καὶ Κύρου χρόνων* を「ダレイオスやキュルスの時代を通して」の意味であると考えているが、それは間違いである。

（5） *Rh. Mus.* xxxi. p. 22.　Clem. *loc. cit.* においては *τεσσαρακόστῃ* に代えて *πεντηκόστῃ*（Mに代えてN）と読むことをリッターが提案したが、ディールスはそれを採用している。しかしアポルロドロスは、オリュムピア祭期ではなく、アテナイの執政官を言ったのである。

（6） ポカイア人は、ポカイアを去って六年後に、エレアを建設したので（Herod. i. 164 *sqq.*）、その年代はちょうど前五四〇—三九年にあたる。アポルロドロスが、トゥリオイの建設の年を基にエムペドクレスの年代を決めた方法（九八）を参照。

（7） ベルク（*Litteraturgesch.* ii. p. 418, *n.* 23）は、ここでの *φροντίς* がクセノプァネスの文学作品をもっぱら意味するとしているが、しかしこの時代に、それがラテン語でいう cura のように使われえたと考えるのは、たしかに時代錯誤である。

（8） これは、たしかに別の詩である。というのはこれはヘクサメトロス（長短々・六脚韻）であるが、前述の断片はエレゲイアである。

（9） Xenophanes, fr. 7（DK. 21B7）; Herakleitos, frs. 16, 17（DK. 22B40, 129）.

（10） Diog. ix. 21（R.P. 96a. DK. 21A2）.

（11） Diog. ix. 18（R.P. 96. DK. 21A19）. 後のメッセネの代わりに、旧名ザンクレを用いているのは、この報告——

おそらくクセノファネスそのひとのエレゲイアにとって初期の出典であることを示している。

(12) Diog. ix. 18 (R.P. 97) は、αὐτὸς ἐρραψῴδει τὰ ἑαυτοῦ と言っており、これはきわめて異常なことである。クセノファネスが、ホメロスを吟唱したとはどこにも言われていない。ゴムペルツの想像画 (*Greek Thinkers*, vol.i. p.155) は、このひとつの言葉以上に依拠するものはない。

(13) Diog. ix. 20 (R.P. 97. DK. 21A1) は、クセノファネスがエレアの植民地について二千行のヘクサメトロスの詩を書いたと言っている。本当であるにしても、これはかれがその地に住んだことを証明はしないであろう。というのはエレアの建設は、イオニア人のすべての亡命者にとって関心の的であったであろうからである。そのうえこの報告は、ひじょうに疑わしい。七賢人やエピメニデスなどについての、ディオゲネスにおける詩の行数で分量を測るという注解は、偽作者ロボンに由来しているし、この場合も同じ典拠からきているようにおもわれる。

(14) クセノファネスとエレアを結びつけるただこの箇所は、エレア人がレウコテアへ犠牲を捧げるべきかどうかをかれに尋ねた際にかれが与えた答えにまつわる逸話で、アリストテレスが記したものである。「もしも彼女を女神とおもうならば、彼女を悼《いた》まないように、もしもあなたが女神とおもわないならば犠牲を捧げないようにしなさい」とクセノファネスは言った (*Rhet.* B, 23. 1400b5; R.P. 98a. DK. 21A13)。これさえもかれが、エレアに住んだことを必然的に内含するものではない。いずれにしてもそのような逸話の作者は、じつのところ不明である。プルタルコスは、いちどならずこの話を語っているが、これはクセノファネスのエジプト人に対して言った言葉としている (Diels, *Vors.* 11A13 [DK.21A13])。他のひとはそれをヘラクレイトスのこととして語っている。

五六　詩

ディオゲネスによると、クセノファネスはヘクサメトロスで書き、ホメロスやヘシオドスの向こうを張ってエレゲイア形式やイアムボス形式で作詩したのである。[1] かれが哲学的な詩を書いたとは、どんな優れた典拠も触れていない。[2] シムプリキオスは、大地の下方への無限な拡がりについて記された詩（断片二八）に、どうしても出くわさなかった、と言っている。[3] このことは、アカデメイアがそうした詩の写しを少しももっていなかったことを表わしているし、それがたとえあったとしても、きわめて予想外のことであろう。もっと取るに足らない人たちの全集だって、シムプリキオスは見つけだすことができたのである。クセノプァネスの作品の内部からも、かれが哲学的な詩を書いたとする見方を裏づけるような証拠はない。ディールスは、そのような詩として二十八行ほどを引用しているが、私がつとめて明らかにしようとしたように、それは終始ホメロスやヘシオドスを攻撃する場合ともちろん同じ様子なのである。その多くが、ホメロスの注釈家から拝借されていることも意義深い。(4) それでおそらくクセノプァネスは、たまたま諷刺詩形式をとって学問的見解を述べたのであろう。これはエピカルモスの残存資料から窺われるように、当時の様式であった。

この諷刺詩は、後代の誌家から「シロイ」と呼ばれた。この名称は、クセノプァネスそのひとによるのかもしれない。しかし「諷刺詩《シロイ》家」であるプィレイウスのティモン（約前二五九年）が、哲学者に向けて多くの諷刺詩をクセノプァネスの言ったことにした事柄は、実際上起こったかもしれない。ただ一行のイアムボス形式のものが残されている。それにすぐ続くものはヘクサメトロスとなっている（断片一四）。このことは、クセノプァネスが、自分のヘクサメトロスのなかで「マルギテース」の方式でイアムボス形式の行を挿入したことを表わしている。

（1） Diog. ix. 18 (R.P. 97, DK. 21A1). *ἐπικόπτων* の語は、ティモン断片六〇 (Diels) *Ξεινοφάνης ὑπάτυφος Ὁμηραπάτης ἐπικόπτης.* を彷彿させる。

（2） *Περὶ φύσεως* という詩の最古の引用は、『イリアス』二一巻一九六行のジェノヴァ・スコリア（断片三〇を引用している）にある。これはマロッスのクラテスのものである。このような標題は後代のものであり、クセノプァネスはクラテスの時代よりもずっと以前の哲学者のなかに位置を占めていたとおもわねばならない。したがってペルガモンの司書が、クセノプァネスの或る詩に *Περὶ φύσεως* の標題を付したということしか言いえない。

（3） Simpl. *De caelo*, p. 522, 7 (R.P. 97b. DK. 21A47). 事実、二断片（二五と二六）は、シムプリキオスによって残されているが、かれはこの断片をアレクサンドロスから採った。おそらくテオプラストスが引用したものであろう。というのは明らかにアレクサンドロスが、直接クセノプァネスを知ったのではないし、『メリッソス、クセノプァネス、ゴルギアスについて』（M.X.G.）がクセノプァネスを直接採り入れたのでもなかったからである（182頁を見よ）。

（4）三断片（二七、三一、三三）は、ホメロスの寓意的解釈家から来ているし、二断片（三〇、三二）はホメロスのスコリアから来ている。

五七　断片

ディールスの原文により、またその配列に従って断片を示そう。

エレゲイア

（一）

いま　床も、すべてのひとの　手も杯も浄らか。或る従者は　編まれた　花環を　頭に被せ、他の従者は
盆に載せた　馥郁たる香油を　捧げる。混ぜ合わせる壺《クラテール》は　喜色満面と　佇み、葡萄酒が　別に　しつらえられ、それはけっして　わたしどもを　見捨てはせぬ、と約している。瓮《かめ》は　花の　まろやかな　芳香を
漂わせ、なかほどで　乳香が　妙なる香を　放つ。冷たく　甘い　浄らかな水が　ある。黄金《こがね》色に焼けた
パンは　厳《いか》めしい　食卓の　かたわらにあり、チーズと　豊かな　蜂蜜とが　積まれている。中央の　祭壇は
花で　すっかり　覆われて、物騒がしい　歌と　宴は　邸《やしき》に　漲る。
しかし　逸楽に浸る　人びとは　はじめに　神を　讃えねばならぬ、聖なる物語と　清浄な言葉を　用いて。
正しい行ないが　果たせる力を　賜わるよう、献酒を注ぎ　祈り終えると——そのことは　まことに　魁《さきが》け
てなすべき　ことゆえに——　ひどく年老いていぬかぎり、付きびとなしに　家に　辿り着きうるほどなら

飲めるだけ飲んでも　無謀ではない。しかしだれよりも　讃えられるべきひとは、飲んだあとでも　記憶や強さが　助けとなって　勝《すぐ》れた技を　試しつつ(1)　おのれの　気高いことを　語るひとである。昔の　ひとの絵空ごと、ティタン族やギガス一族、ケンタウロスどもの戦《いくさ》、また　何の益もない　荒れ狂う国の　乱れを歌わせまい。しかし　神々に　敬虔の念を払うことは　つねに　善いこと。

(1) *ἀμφ' ἀρετῆς* を私はこのように解する。*τόνος* は「肺の強さ」である。つぎの詩句は、ヘシオドスやアルカイオスに対して向けられている（ディールス）。(DK. 21B1)

(二)

しかし　もしもだれかが、オリュムピアの　ピサの泉の畔《ほと》り　ここ　ゼウスの聖域で　足の速さのゆえに、また五種競技や相撲で　さてまた苦しい　拳闘をして、またもし　乱暴な競技、世に呼んでパンクラティオンで　勝利を克ちとるなら、町のひとから　いやがうえにも　栄えあるものと　崇められ、競技では　脚光を浴びる　勝者の席を　獲得し、公費で　国から　食事が賄われ、子子孫孫まで伝えるほどの　賜物を受ける。たとえ　馬ゆえに　かかる賞を　洗い浚い勝ちとるにしろ——わたしが受けるほどの　値打ちは　いっこうにあるまい。なぜというに　ひとや馬の軀の　強靱さよりも、わたしの　技術《わざ》が　勝《まさ》っているゆえ。しかし　ことこれは　なべて　履き違えられているし、優れた技術《わざ》(1)よりも　強さを　選ぶのは　正しくない。なぜというに　人びとのなかに　立派な拳闘家がいても、五種競技や相撲の名人がいても、抜群に足の速いものがいても、その強さが　競技で　男どもの　試金石となるかぎり　すごく　尊ばれるものであるとはいえ、ために　国が　ひときわ　よく治まることもありえぬゆえ。もしも　ピサの岸辺で　競技に勝ったからとて、国は　きわめて僅かなものしか　得ぬ。つまり　これは　国の宝庫を　殖やしはせぬ。(DK. 21B2)

（1）当時、クセノファネスのような作家においては、「技術」は σοφίη の訳としては当たり前である。

（三）

おどましい　僭主の治世から　自由であったあいだは、リュディアびとから（コロプォンの）奴らは、奢侈と無駄を　学び、すっかり紫紅色に　染めた　上衣を　纏い、あわせて　千人を下らぬ人数で　市場《アゴラ》へ来よった。高慢ちきに、見目よい髪毛を誇り、妙なる軟膏《おしろい》の香気を　漂わせつつ。(DK. 21B3)

（四）

巵《キュリクス》のなかで　葡萄酒を　混ぜるとき　誰しもまた　葡萄酒を　さきに　注ぎはしないで、むしろ　水の方をさきに　葡萄酒の　うえに　注ぐだろう。(DK. 21B5)

（五）

子山羊の　大腿骨を　送って、代わりに　肥えた雄牛の　太脚を　汝は　手に入れた。それは　ひとりの男にとっての　貴い酬い。その誉れは　ギリシア全土に　行きわたり、ギリシアの　歌の　続くかぎり(1)　絶えることは　けっしてない。(DK. 21B6)

（1）これは、貪欲さが語り草となっているシモニデスのようなひとりの詩人を攻撃したものである、とディールスは言っている。

（七）

さていまや　別の話に　わたしは　移って、道を　示そう。……かつて　かのひと（ピュタゴラス）が　通りすがり　小犬の　殴たれているのを　憐れんで　声をかけた　という。「やめよ　殴ってはならぬ。紛れもない　それは　友人の　魂だ。声を聞いて　それとわたしは　わかった[1]」と。（DK. 21B7）

（1）ピュタゴラスの名前は、残っている行数のなかでは現われていない。しかしディオゲネス、八巻三六の出典は、かれ以前の哀歌を完全に備えていたに違いない。というのは、詩の行が *ἐν ἐλεγείᾳ, ἧς ἀρχὴ Νῦν αὖτ' ἄλλον ἔπειμι λόγον κτλ.* に現われている、とかれが述べているからである。

（八）

163頁を見よ。

（九）

老人よりも　はるかに　脆弱なもの。（DK. 21B9）

諷刺詩《シロイ》

（一〇）

あらゆるひとが　はじめから　ホメロスに添って　学んでからというものは……（DK. 21B10）

（一一）

ホメロスと　ヘシオドスは　ひとの世で　恥辱と叱責の　的となるかぎりの　ありとあらゆることを　神々

に　やらせた。盗むこと　姦通すること　互いに騙し合うことを。（R.P. 99. DK. 21B11）

（一二）

かれらが、数多くの　神々の　無法な　行ない、盗むこと　姦通すること　互いに騙し合うこと　を語ったからには。*（R.P. *ib.* DK. 21B12）

* *ὡς* の解読は多様である。**N. Marinone, *Lessico di Senofane*, p. 67** 参照。

（一四）

しかし　人間どもは、神々が　同じく　生まれたものであり、己れどもと同じような　衣服と　声と　姿をもっている、とおもっている。（R.P. 100, DK. 21B14）

（一五）

いやもし　牛馬や獅子が　手をもっていて、手で　絵を描き、ひとと同じような　作品を　作りうるとすれば、馬は馬の、牛は牛の　似姿の神々を　描き、おのおの　自分に似た姿の　軀を　作るであろう。（R. P. *ib.* DK. 21B15）

（一六）

エチオピアの人たちは、自分どもの　神々が　獅子鼻で　色黒い、と言い、トラキアの人たちは、碧い眼と赤い髪をしている、と言う。（R.P. 100b. DK. 21B16）

（一八）
神々は　初っ端から　死すべきものたちに　ありとあらゆることを　顕わにしてはいない。しかしひとは探し求めて　時が経てば　ひとしお優れたものを　見つけだす。（R.P. 104b. DK. 21B18）

（二三）
ただひとつの神、神々や人間どものうち、最も偉大な神は、姿も　思惟も　いっこうに　死すべきものどもに　似ぬ……。（R.P. 100. DK. 21B23）

（二四）
神は　全体を見、全体を考え、全体を聞く。（R.P. 102. DK. 21B24）

（二五）
しかし　神は　労せずして　心の思いのまま　ありとあらゆるものを　揺さぶる。（R.P. 108b. DK. 21B25）

（二六）
神は　同じところに　つねに　留まっていて　いっこうに　動かぬ。或るときはあちら　或るときはこちらへと　赴くのは　神にふさわしからぬ。（R.P. 110a. DK. 21B26）

（二七）

ありとあらゆるものは　大地から　生まれ、ありとあらゆるものは　大地へ　帰る。（R.P. 103a. DK. 21B27）

（二八）

これは　われらの足もとで　見られる　大地のうえの　際《きわ》で、空気と[1]　接している。しかし　下方は　際限もなく　延びている。（R.P. 103. DK. 21B28）

（1）ディールスとともに *καὶ ῥεῖ* に代えて *ἠέρι* と読む。

（二九）

ありとあらゆるものは、生成し　かつ成長した　大地と水　である。（R.P. *ib.* DK. 21B29）

（三〇）

海は　水の　源《みなもと》、風の　源である。なぜというに　大いなる　海なくしては、雲のなかに　内部から　〈吹きあげる　いかなる風も　生まれはしなかったろうし〉、河の流れも　空からの　雨水も　生まれはしなかったろう。大いなる海は、雲や　風や　河川の生みの親。[1]（R.P. *ib.* DK.2 1B30）

（1）この断片は、ホメロスについてのジェノヴァ・スコリアから見つけられた。（*Arch.* iv. p. 652 を見よ。）〈　〉内の言葉は、ディールスによって付加されている。

（三一）

日輪は　大地のうえを　揺れ動き[1]　大地を温める……。（DK. 21B31）

（1）この語は、ὑπεριέμενος である。これは、ヒュペリオンの名称の説明として、『寓意集』から引用されている。そして疑いもなくクセノファネスは、この語をそうした意味で言った。

（三二）

イリス（虹の女神）と　かのものたちが　呼ぶもの、もともと雲。紫や紅や緑に見えるところの。（R.P. 103. DK. 21B32）

（三三）

なぜなら　わたしらすべては　大地と　水から　生まれ出たが　ゆえに。（R.P. *ib.* DK. 21B33）

（三四）

さて　神々についても　あるいは　わたしの語る　ありとあらゆるもの　についても、人間で　誰ひとり
確かなことを　見たものは　いなかったし、これからも　知るひとはいないだろう。なぜというに　たとえ
誰かが運よく　能うるかぎり完全に　真実《まこと》を語ったにしろ　そのひとみずから　けっしてそれを　知っての
ことではない。むしろ　すべてのひとにとって[1]　憶測のみがある。（R.P. 104. DK. 21B34）

（1）πᾶσι を中性形より男性形と採るのが、はるかに自然である。そして ἐπὶ πᾶσι は、「あらゆるひとに及ぶ」の意味をとりうる。

（三五）

これらのことは　真実《まこと》に似たものと　憶測されよ。[1]（R.P. 104a. DK. 21B35）

（1）ヴィラモヴィッツとともに δεδοξάσθω と読む。

（三六）

死すべきものどもにとって　見られるべく　顕われているもの　すべて。[1]（DK. 21B36）

（1）ディールスが言及しているように、これはおそらく星のことを指している。クセノファネスは、星を雲と解した。

（三七）

それにまた　ある洞窟の　なかで　水が滴る……（DK. 21B37）

（三八）

神がもし　褐色の　蜜を　作らなかったなら　ひとは　無花果を　はるかにもっと　甘いと　言ったに違いない。（DK. 21B38）

五八　諸天体

これらの断片のほとんどは、どう見ても哲学的ではない。哲学的だとおもわれる断片も、別の点から容易に説明されるのである。なかでも一断片（断片三二）の狙いは、明確である。「イリスとは、もともと」雲であり、そして太陽、月、星にも同じように言われたと推察してもよいであろう。というのは学説誌家が、これらはすべては「運動によって点火された雲」として説明された、と報じているからである。(1) アエティオスの残している聖エルモの火の説明は、同様な文脈を有している。つまり「或る人びとがディオスクリオイ（双子座）と呼んだ、船上に現われる星のようなものは、運動によって火を発した小さな雲である」(2) と言っている。学説誌家のなかには、きわめてわずかな違いはあるものの、同じ説明が、月、星、彗星、稲妻、流星などの項目のもとに繰り返されている。この説明は、体系的な宇宙論の体裁を示している。(3) しかしこの体系は、テオプラストスの著作の配列に依存していて、クセノプァネスによっているのではない。というのは、ほんのわずかではあるがヘクサメトロスが付け加わることで、明白にそれが、学説記録の伝えようとすることをすっかり説明しつくすことになったからである。

太陽について伝えられていることは、かなり面倒である。太陽は、点火された雲である、と言われている。しかしこれは、雲が海水の蒸発から生じ、その蒸発は太陽熱によるものである、という報告と矛盾するものではない。クセノプァネスによると、太陽は水蒸気からの火花が集まったものである、とテオプラストスは述べた。しかしこれさえも、蒸発そのものについては、不説明のままで終わっているのである。(4) ところでもしもクセノプァネスの主な狙いが、天体について学的な論理を与えるよりも、神人同形の神々を信じないことにあったとすると、それはそれほど問題になることではない。重要なことは、太陽神ヘリオスもまた一時の現象であるということである。アナクシマンドロスが主張したように、太陽は大地の周りを廻るのではなくて、真直ぐに進むのであって、循環の軌道の現象は、距離が増大することからくるにすぎない。それで同じ太陽が翌朝昇るのではなくて、すべて新しい太陽が昇るのである。一方、蝕が生じるのは、太陽が大地の或る無人地帯を通るときに、「孔に陥没する」からである。一回の蝕は、一か月も続くかもしれない。さらにそのうえ、多くの太陽や月があり、大地のどの地帯にもそれぞれひとつずつ太陽や月がある。(5)

「孔に陥没する」という力強い表現は、[6]たしかにクセノファネス自身の詩句に由来しているようにおもわれ、他にもある類似の表現は、テオプラストスによって引用されたと考えるべきであろう。星は、日中には消えるが、ふたたび夜に「燠のように」[7]輝く。太陽は、世界やそこに生存する生物の生成に役立つが、月は「余計な振舞をする」[8]のである。そのような表現は、結局、天体が見かけ上不合理であることを表わしているにすぎないし、したがって他の宇宙論的とされる断片が、同じ原理のもとで解釈されうるかどうかを探索することも適切なことであろう。

(1) Diels *ad loc.* (*P.Ph. Fr.* p. 44), "ut Sol et cetera astra, quae cum in nebulas evanescerent, deorum simul opinio casura erat." 参照。

(2) Aet. ii. 18, 1 (*Dox.* p. 347. DK. 21A39), *Ξενοφάνης τοὺς ἐπὶ τῶν πλοίων φαινομένους οἷον ἀστέρας, οὓς καὶ Διοσκούρους καλοῦσί τινες, νεφέλια εἶναι κατὰ τὴν ποιὰν κίνησιν παραλάμποντα.*

(3) アエティオスからの文章は、Diels, *Vors.* 11A38 (DK. 21A38) *sqq.* に蒐集されている。

(4) Aet. ii. 20, 3 (*Dox.* p. 348. DK. 21A39), *Ξενοφάνης ἐκ νεφῶν πεπυρωμένων εἶναι τὸν ἥλιον. Θεόφραστος ἐν τοῖς Φυσικοῖς γέγραφεν ἐκ πυριδίων μὲν τῶν συναθροιζομένων ἐκ τῆς ὑγρᾶς ἀναθυμιάσεως, συναθροιζόντων δὲ τὸν ἥλιον.* テオプラストスが、自己流のやり方で矛盾を指摘したのは、これらの語句からのようにおもわれる。

(5) Aet. ii. 24, 9 (*Dox.* p.355. DK. 21A41a), *πολλοὺς εἶναι ἡλίους καὶ σελήνας κατὰ κλίματα τῆς γῆς καὶ ἀποτομὰς καὶ ζώνας, κατὰ δέ τινα καιρὸν ἐμπίπτειν τὸν δίσκον εἴς τινα ἀποτομὴν τῆς γῆς οὐκ οἰκουμένην ὑφ' ἡμῶν καὶ οὕτως ὥσπερ κενεμβατοῦντα ἔκλειψιν ὑποφαίνειν· ὁ δ' αὐτὸς τὸν ἥλιον εἰς ἄπειρον μὲν προϊέναι, δοκεῖν δὲ κυκλεῖσθαι διὰ τὴν ἀπόστασιν.*

(6) これが *κενεμβατέω* の意味であることは、リッデル＝スコットにおいて引用された箇所から、十分に明らかである。そしてそれは、蝕全体をひじょうに巧みに記している。

(7) Aet. ii. 13, 14 (*Dox.* p. 343. DK. 21A38). *ἀναζωπυρεῖν νύκτωρ καθάπερ τοὺς ἄνθρακας.*

(8)　Aet. iii. 30,8 (*Dox.* p. 362. DK. 21A42), *τὸν μὲν ἥλιον χρήσιμον εἶναι πρὸς τὴν τοῦ κόσμου καὶ τὴν τῶν ἐν αὐτῷ ζῴων γένεσίν τε καὶ διοίκησιν, τὴν δὲ σελήνην παρέλκειν.* 動詞 *παρέλκειν* は「無精に漕ぐ」を表わしている (Aristophanes, *Pax*, 1306 参照)。ヘレニズム時代のギリシア語にあっては、比喩とはもはや受けとられない。そして *παρέλκει* は、「余分なものである」「余計なものである」を意味している。

五九　大地と水

クセノファネスは、断片二九で「万物は大地と水である」と言っている。ヒッポリュトスは、こうした文が現われる文脈について、テオプラストスの与えた解釈を残している。それはつぎのようなものであった。

「クセノファネスは、大地と海との混合が生じ、そしてまたそれは水蒸気によって、時とともに分解されている、と考えている。かれは、これはつぎのような証拠によると述べている。つまり貝殻が内陸部でも山中でも見いだされ、そしてシュラクサイの石切場で、魚や海藻の跡が発見され、パロスでは岩の底に月桂樹の葉型が、またマルタではあらゆる海洋の生物が押しつけられて扁平になったものが見いだされている、と言っている。これらは、すべてのものが昔、泥であったときに生じ、泥のなかでその跡型が乾上がった、と言っている。またあらゆる人間は、大地が海のなかに没して、泥と化すときに亡び、＊それから生成が再び始まるこの変化は、あらゆる宇宙にも生じる。」Hipp. *Ref.* i. 14,5.6 (R.P. 103a. DK. 21A33).

＊　バーネットは「それから……再び始まる」まで省略。

むろんこれは、アナクシマンドロスの学説である。おそらくクセノファネスよりむしろアナクシマンドロスの方が、化石を観察したものとおもわれる。(1) しかしながらこの変化が、「あらゆる宇宙」に当て嵌まるという報告は、とりわけ注目されるべきものである。疑いえないのは、テオプラストスが、「無数の宇宙」を信じたのはクセノファネスである、としたことである。すでに明らかなように、アエティオスは、宇宙無数説を主張した人びとのなかにかれを含めているし、ディオゲネスもまた、その説はかれのものとしている。(2) 一方、ヒッポリュトスは、それを当然のこととしているようである。しかしクセノファネスが、全宇宙すなわち神はひとつである、と言ったのは他との関連においてであることをいずれ触れることになろう。もしもここでのかれについての解釈が正しいとすれば、大きな困難はいまやない。要するにガイアもまた、「かつての万物にとっての強固な座」から離れるかぎり、一時的な現象にすぎないのである。これはヘシオドス非難であり、もしもクセノファネスが、これと関連してアナクシマンドロスとともに「無数の宇宙」を語りながら、一方、別のところで神すなわち全宇宙がひとつであると述べたのであれば、このことは、さらによく匡されるべき矛盾と繋がっている。いまやこの矛盾が検討されるべきである。

(1) これらについては、ゴムペルツの ***Greek Thinkers*** (Eng. trans. i. p. 551) に興味深い記述がある。私は写本 φωκῶν (海豹) にかえて φυκῶν の校訂に沿って翻訳している。つまりこれは古生物学的に不可能なことを含んでいる、といわれているからである。ひばまた属海草の跡型が見いだされるのは、本当はシュラクサイの石切場ではなく、その付近である。またパロスには、海の化石はない、と言われている。それで写本の読み δάφνης は、グロノヴィウスのように ἀφύης (鰯) に代えるに及ばない。化石が岩の底にあったという事実は、パロスの大理石が、かつて泥であったことを表わしているようにおもわれる。それは確かに想像上のことであった。

(2) Aet. ii. 1, 2 (*Dox.* p. 327. DK. 51, 3); Diog. ix. 19 (R.P. 103c. DK. 21A1). ディオゲネスのこの箇所は、伝記的概説に本当のところ由来している (*Dox.* p. 168)。しかしアエティオス、ヒッポリュトス、ディオゲネスに見いだされる記述が、テオプラストスから来ていることを疑うことは難しい。

六〇　有限か無限か

アリストテレスは、クセノプァネスが宇宙を有限と見なしたか、無限と見なしたかどうかを、かれの詩から発見しようとしたが、不首尾に終わった。「かれはこの点について、何もはっきり説いていなかった」とアリストテレスは述べている。(1) 他方、テオプラストスは、クセノプァネスが宇宙を球形で有限なものと見なした、と判断した。というのは宇宙は「どこからも等しい」とクセノプァネスが言ったからである。(2) クセノプァネスは、宇宙を「どこからも等しい」し、無限であると称えながら、そこに矛盾が含まれていることに気づかなかった。すでに明らかなように太陽は無限のかなたへ真直ぐに進む、とかれが言っているが、これは無限に拡がった平面と見るのと変わらない。かれはまた、大地は見られる上の際をもちながら、下の際をもっていない、と主張した（断片二八）。このことは、アリストテレスによって証明されているのである。つまりアリストテレスは、大地が「無限に根を下ろしている」ことに言及し、さらにエムペドクレスがクセノプァネスのこうした見方を批判した、と言っている。(3) そのうえ、クセノプァネスが広大な空気が無限に上方へ拡がっていると言ったことは、アリストテレスによって引用されたエムペドクレスの断片から明らかである。(4) したがって球形の有限な宇宙のなかに、無限な大地と、無限な空気との場所を見いだささるをえない。まさにこれは、学問を諷刺詩のなかから見つけ出そうという試みの結果である。他方、もしも同じ観点からのこうした報告は、天体についての報告であると見なすならば、諸報告のおおよその狙いが判るであろう。ウーラノスとガイアの話は、つねに『神統記』の主な恥辱であったし、無限な空気は、ウーラノスをすっかり追放している。無限に下方へ伸びた大地という点では、タルタロスを追放しているのである。ホメロスは、タルタロスを大地や海の最も下の際にあり、天が大地の上から離れているのと同じぐらい冥府《ハデス》の下へ離れていると記している。(5) むろんこれは紛れもなく推測である。しかしたとえ推測が可能であるとしても、そのような驚くべき矛盾が宇宙論的な詩のなかに現われたことを、私たちが信じないのは当然である。

エレア学派について解説した後期のペリパトス学派のひとは、すすんでこの困難を明敏に説明した。その説明の一部は、アリストテレスの著作集のなかにもまだ残存しているし、一般に『メリッソス、クセノファネス、ゴルギアスについて』の論文として、いまも知られている。(6) そのひとは、クセノファネスが、宇宙を有限でもないし無限でもないと述べ、こうした主張を中心に一連の議論を構成しており、そのうえそれに類したこと、すなわち宇宙は運動もしないし、休息もしないと主張した、と言った。これは、もろもろの典拠にはかり知れない混迷をもたらしている。アレクサンドロスは、この論文をテオプラストスの著作と同様に用いた。またシムプリキオスは、この論文からの引用をテオプラストスのものからも来ていると考えた。かれは詩文の写しをもっていなかったことから、まったく困惑したのである。そして最近に至るまで、クセノファネスについての説明は、どれも混迷して価値を低下させていた。そこでつぎのように言ってもよいであろう。つまり以上のものがなければ、「クセノファネスの哲学」を、すなわち、学究的なこの働きが重要なものとまだ認められなかった以前の時代から本当に存続している表現方法を、私たちは少しも知らなかったであろうと。

(1) Arist. *Met.* A, 5. 986b23 (R.P. 101. DK. 21A30), *οὐδὲν διεσαφήνισεν.*

(2) これは、シムプリキオスの『自然学注釈』二三、一八 (R.P. 108b. DK. 21A31, 9), *διὰ τὸ πανταχόθεν ὅμοιον* によって推論として与えられている。それは *M.X.G.* (977b1, R.P. 108), *πάντῃ δ' ὅμοιον ὄντα σφαιροειδῆ εἶναι.* からのみ来たのではない。ヒッポリュトスはそれをも採用している (*Ref.* i. 14; R.P. 102a. DK. 21A33, 2)。よってそれはテオプラストスのものである。プィレイウスのティモンは、同じようにクセノファネスを解したが、これは、ティモンがかれに「一者」を *ἶσον ἁπάντῃ* (fr. 60, Diels=40 Wachsm.; R.P. 102a) と言わせているからである。

(3) Arist. *De caelo*, B, 13. 294a21 (R.P. 103b. DK. 21A47).

(4) 私は *δαψιλός* を限定詞、*ἀπείρονα* を二つの主語に対する述語と採る。

（5） *Il.* viii. 13-16, 478-481. とくに οὐδ᾽ εἴ κε τὰ νείατα πείραθ᾽ ἵκηαι | γαίης καὶ πόντοιο κτλ. の語。『イリアス』八巻は、クセノプァネスにとって悪書とみられたに違いない。

（6） ベッカー版においてこの論文は、Περὶ Ξενοφάνους, περὶ Ζήνωνος, περὶ Γοργίου という標題となっているが、最良の写本は、それを三部分に区別した標題、㈠ Περὶ Ζήνωνος, ㈡ Περὶ Ξενοφάνους, ㈢ Περὶ Γοργίου として与えられている。しかし最初の部分は、明らかにメリッソスと関係がある。そのため現在、論文全体を ***De Melisso, Xenophane, Gorgia*** (**M.X.G.**) という題目にされている。それはアペルトによってトイブナー叢書のなかに編集され、さらに最近ディールスによって編集されている（*Abh. der k. Preuss. Akad.* 1900）。ディールスはまた、クセノプァネスを扱っている部分を *Vors.* 11A28 (DK. 21A28) に記載している。かれは現在、この作品を前三世紀のものという *Dox.* p. 108 で陳述した見解を引っ込めて、それは ***a Peripatetico eclectico*** (***i.e. sceptica, platonica, stoica admiscente***) ***circa Christi natalem conscriptum.*** であったと主張している。この誌家は、クセノプァネスの詩文についてのなまの知識はもっていなかったであろう。もろもろの哲学者が論じられている順序は、『形而上学』における全論題に言及した文章の順序である。パルメニデスについての部分は、現に残されているものよりも前のものであった可能性がある。

六　神と宇宙

アリストテレスは、ここでとり挙げられた『形而上学』の文章において、クセノプァネスが「一者を唱えた最初のひと」と述べている。(1) そしてクセノプァネスがエレア学派の最初のひとであったことを、アリストテレスが示唆しようとしている様子が、文脈にありありとしている。すでに見てきたように、クセノプァネスの生涯の或る事実を拠り所とすれば、かれのエレア滞在や、その地に学派を築いたということはきわめて本当らしくない。そういった場合の常套であるが、アリストテレスはおそらくプラトンの或る発言を翻刻しているにすぎないのである。ともかくプラトンは、「全体を熱心に唱えた人びと」としてエレア学派を語っていた。(2) そしてまたその学派を「クセノプァネスかそれより以前において始まる」と述べていたのである。(3) しかし最後の言葉は、プラトンが言おうとすることを鮮明に表わしている。ちょうどかれが、ヘラクレイトスの徒を「ホメロスやさらに古い師匠たちに追随するもの」(4)と称したように、エレア学派をクセノファネスや、さらに以前の優れた人びとに付したのである。プラトンのこうした巫山戯て、皮肉な見方でありながら、どのように深刻にかれを継ぐものたちに受け取られたかは前にも触れた。そしてアリストテレスの直解の、この新しい事例を過剰に重視すべきではない。

　つづけてアリストテレスは、クセノファネスが「全宇宙に注意を向けて(5)、一者は神であると言った」と語っている。このことは、断片二三―二六ではっきりと言及されている。それらの断片において、あらゆる人間的な諸性質は、一で、かつ「神々と人間どものうち最も偉大なもの」といわれるひとつの神のものではないとされている。もしも或る一群の詩文を「諷刺詩」に、別の一群の詩文を宇宙論的詩に帰す代わりにこれらの詩文を断片一一―一六と密接に関係しているものと考えるならば、これらの詩文はもっと要を得たものになると、言い添えてよいであろう。クセノファネスが、宇宙や神を「どこからも等しい」(6)と呼び、それが呼吸していることを否定したのは(7)、おそらく同じ文脈においてであった。神々のなかにいかなる主導権もないという報告も(8)、断片二六とじつにうまく調和している。神は何の欠けたものもないし、ひとつの神は、ホメロスにおけるイリスやヘルメスのように、他のものの僕であるにふさわしくない。

（1）*Met.* A, 5. 986b21 (R.P. 101), *πρῶτος τούτων ἑνίσας*. 動詞 *ἑνίζειν* は、ほかのどこにも現われないが、*μηδίζειν, φιλιππίζειν* などの語との類比で明らかに造られている。

（2）*Theaet.* 181a6 (DK. 28A26), *τοῦ ὅλου στασιῶται*. 名詞 *στασιώτης* は、「熱心な支持者」より他の意味をもっていない。このことは、その語が本書で言っていることと同じであることを文脈は示している。派生語 *στασιώτας…ἀπὸ τῆς στάσεως* は、まずセクストスの『諸学者駁論』十巻四六に現われ、そこでは *στασιῶται* の用語は誤ってアリストテレスに帰せられ、そして不可能な解釈であるが、宇宙を静止させた人びとを指して言っていると考えられている。

（3）*Soph.* 242d5 (R.P. 101b. DK. 21A29). もしもこの箇所が、クセノファネスのエレア定住を暗示しているならば、同様にそれは、実在しないかれの先駆者の定住を暗示しているであろう。しかしクセノプァネスの最盛期までには、エレアは建設されていなかった。

（4） *Theaet.* 179e3, τῶν Ἡρακλειτείων ἤ, ὥσπερ σὺ λέγεις, Ὁμηρείων καὶ ἔτι παλαιοτέρων. ここでホメロスは、クセノプァネスが『ソフィステス』篇でエレア学派の立場に立っているのと同じ関係で、ヘラクレイトスの徒の立場に立っている。まったく同じような考えで、クセノプァネスと同時代人エピカルモスは、ホメロスとともに ῥέοντες のひとりの先駆者として述べられている（*Theaet.* 152e)。

（5） *Met.* 986b24. この語句は、「全天を見あげること」や、そういった類いのことを表わしえない。ボーニッツ（*im Hinblicke auf den ganzen Himmel*）とツェラー（*im Hinblick auf das Weltganze*）も、私の解釈と同じである。ἀποβλέπειν の語は、立場の鮮明でない語であるのでそれ以上のことを表わしえない。そして οὐρανός は、後になって κόσμος と言われるものを表わしている。

（6） 182頁注（2）を見よ。

（7） Diog. ix. 19 (R.P. 103c. DK. 21A1), ὅλον δ' ὁρᾶν καὶ ὅλον ἀκούειν, μὴ μέντοι ἀναπνεῖν. 158頁注（2）を見よ。

（8） 〔Plut.〕 *Strom.* fr. 4 (DK. 21A32), ἀποφαίνεται δὲ καὶ περὶ θεῶν ὡς οὐδεμιᾶς ἡγεμονίας ἐν αὐτοῖς οὔσης· οὐ γὰρ ὅσιον δεσπόζεσθαί τινα τῶν θεῶν, ἐπιδεῖσθαί τε μηδενὸς αὐτῶν μηδένα μηδ' ὅλως, ἀκούειν δὲ καὶ ὁρᾶν καθόλου καὶ μὴ κατὰ μέρος.

六二　一神教あるいは多神教

この「神」こそはまさに宇宙である、とアリストテレスは述べているが、テオス（θεός）の語の使用は、まったくイオニア人の使用と同じである。クセノプァネスは、特殊な感覚器官をもたないにしても神は感覚のあるものと見なした。そして神は、万物を自らの心の思いのままに揺り動かすのである。かれはまたそれを「一なる神」と呼んでいる。それが一神教であるならば、クセノプァネスは一神教主義者であったことになる。もっともその語が、普通どのように理解されているかを、これは確かに表わしているのではない。事実、「一なる神」という表現は、この頃のギリシア人にとっては存在しなかったさまざまな連想を、私たちの心に呼びおこす。クセノファネスが、腐心して本当に否定しているのは、語の本来の意味からすれば、どんな神々でも実在するということである。「一なる神」の語は、「宇宙以外神ではない」ということを表わしている。(1)

ついでフロイデンタールが言うように、クセノファネスは、ある意味で多神教主義者であった、というのは確かに間違いである。(2) クセノファネスが、エレゲイアのなかで多神教について言葉を用いたと考えるのは、私たちがそうあってほしいとおもうことにすぎない。「神々」についての別の言及は、ホメロスやヘシオドスの神人同形の神々への攻撃に付随したものとして、最も適切に説明されうる。或る場合に、フロイデンタールは、諺風の表現法を、あまりに強く前面に押し出している。(3) いちばん認容できないことは、クセノファネスが下級の、あるいは部門別の神々の実在を許したということである。というのはクセノファネスが腐心して主に否定したのは、まさにそのような実在であったからである。同時にフロイデンタールは、クセノファネスが「かつて地上に存在した唯一の本当の一神教を唱えた」(4) と言っているヴィラモヴィッツと比べれば多少なりとも正しいと私は考えざるをえない。おもうにディールスがそれを「多少狭い汎神論」と呼ぶとき、(5) やや的を射ているのである。しかしこの見方はどれもこれも、クセノファネスそのひとを同じぐらい驚かしたであろう。かれはたしかに両脇に予言者を侍らせた、まさにゲーテのいう Weltkind であった。そして他日かれが、ひとりの神学者と見なされるはずだということを知ったならば、一笑に付したことであろう。

(1) クセノファネスが、宇宙を生きて感覚するものと言っているという事実は、けっして論争を呼ぶものではない。宇宙が或る意味で ζῷον であることを疑うギリシア人はかつていなかった。

(2) J. Freudenthal, *Die Theologie des Xenophanes* (Breslau, 1886).

(3)　クセノプァネスは、神を「神々と人間とのなかで最も偉大なもの」と呼んでいるが、しかしこれは「正反対の表現」の一例にすぎない。それと類似のものは、エウリピデスの『ヘラクレス』五巻一一〇六に対するヴィラモヴィッツの注釈に見いだされるであろう。とりわけ「神々や人間どものだれも」宇宙を作らなかったというヘラクレイトスの報告(断片二〇)参照。

(4)　*Griechische Literatur*, p. 38.

(5)　***Parmenides Lehrgedicht*, p. 9.**

第三章　エプェソスのヘラクレイトス

六三　ヘラクレイトスの生涯

エプェソス出身のヘラクレイトスは、ブロソンの子で第六九オリュムピア祭期（前五〇四/三〜五〇一/〇年）に「最盛期」であったといわれる。[1] それはダレイオス治下のちょうど半ばに当たるとされ、若干の伝承が、ダレイオスとヘラクレイトスとを結びつけたのである。[2] しかしヘラクレイトスが、ピュタゴラスやクセノプァネスの名前をあげ、過去形で引用している（断片一六）一方、こんどはパルメニデスがヘラクレイトスにそれとなく言及している（断片六）。これらの引用は、哲学史におけるヘラクレイトスの占める所在を表わしている。事実、ツェラーは、ヘラクレイトスが前四七八年までには著作を著わすことができなかったと考えている。その根拠は、断片一一四において言及されているヘルモドロスの放逐は、ペルシアの統治が没落する以前には生じえなかったことにある。もしそうであれば、パルメニデスが、詩を書くにあたってどのようにしてヘラクレイトスの見解を知ることができたかは理解しがたい。[3] しかしエプェソスの人びとが、まだ大王に貢物を捧げているときでさえも、ひとりの市民を追放したと考えることはけっして難しいことではない。ヘラクレイトスの偽文書は、ヘルモドロスの放逐が、ダレイオスの治世に起こったと信じられていたことを示している。[4] そしてヘルモドロスに導かれた徒党は、ペルシアの統治をすすんで信任していたようにおもわれる。かれを放逐したのは、事の成否よりも、むしろペルシアの統治に対抗する運動の始まりを表わすものであった。

ソティオンは、ヘラクレイトスがクセノパネスの弟子であった、という報告を引用している。(5) もっともおそらくそれはありえないことである。というのはクセノパネスは、ヘラクレイトスが生まれる以前にイオニアを後にしていたからである。ヘラクレイトスは誰の弟子でもなかった、という方がはるかにもっともらしい。しかしかれが、ミレトス人の宇宙論とクセノパネスの詩との両方に通暁していたことは明白である。かれはまた、ピュタゴラスの唱えた或る学説を知っていた（断片一七）。ヘラクレイトスの生涯については、かれがおそらく古代の王家の出であり、かれの兄弟のために、バシレウスの名義上の職を放棄したというほか、じつのところ何も知られない。(6) 生涯に関連する別の諸報告の由来は、まったくたわいないものである。(7)

（1） Diog. ix. 1 (R.P. 29. DK. 22A1). これは或る間接的な文献を通ってアポルロドロスから来ていることは間違いない。ブロソンの名前は、ブリュソンよりも確かである (Diels, *Vors.* 12A1 (DK. 22A1), *n.* 参照)。そしてブロソンがイオニア方言の名前であることが、刻銘から知られている。

（2） Bernays, ***Die heraklitischen Briefe***, pp. 13 ***sqq.***

（3） パルメニデスの年代については、254頁を見よ。

（4） Bernays, ***op. cit.*** pp. 20 ***sqq.*** これは、ヘルモドロスがローマにおける十二銅表の立法に後日参加した、というローマのひとの伝承とまったくよく一致している (*Dig.* 1, 2, 2, 4; Strabo, xiv. p. 642. DK. 22A3a)。集会所にはヘルモドロスの像があった (Pliny, ***H.N.*** xxxiv. 21. DK. 22A3a)。十二銅表はギリシアの手本をもとに作られたことを、ローマのひとはよく知っていた。そしてベルナイズが述べたように (***op. cit.*** p. 85)、若干の事柄がローマの初期の歴史のなかにあることから、事実が立証されるのである。

（5） Sotion ***ap.*** Diog. ix. 5 (R.P. 29c. DK. 22A1).

（6） Diog. ix. 6 (R.P. 31. DK. 22A1).

（7） ヘラクレイトスは、魂にとって水になることは死である（断片六八）、と言った。したがってかれが、水腫のために死んだと伝えられている。かれは、エペソスの人びとが自分どもの国を子供たちに残さねばならない（断片一一四）とか、時間は将棋をして遊んでいる子供である（断片七九）とか言った。したがってかれは、公的な生活に参加することを拒み、アルテミスの神殿で子供と遊びに興じたと伝えられている。かれは、屍は糞尿よりもはるかに廃棄されるべきである（断片八五）、と言った。それでかれは、水腫に罹ったとき、自分自身を糞尿で覆ったと伝えられている。ついにかれは、断片五八のために、医師とずいぶん長く議論したと言われている。これらの話については、Diog. ix. 3-5 を見よ。

𣎴 著作

ヘラクレイトスの著作の題目は知られていない(1)――たとえそれが実際ひとつであっても――そしてその内容がどのようであったかをはっきりさせることは容易ではない。伝えられるところによると、それは三論文に分かれていた。ひとつは宇宙、ひとつは政治、ひとつは神について扱ったものである(2)。ただしこの区分は、ヘラクレイトスそのひとによると考えられるべきではない。つまりストア学派の注釈家たちのもとで編集されたときに、著作がいつのまにか三部分に分かれてしまったということしか、せいぜい推断できないのである。

ヘラクレイトスの文体は、周知のように晦渋である。そして後の時代になって、かれに「闇のひと」という渾名を帰すに至った(3)。現にデルプォイの神やシビュルについての断片（断片一一、一二）が示しているとおもわれるのは、意識して神託の文体で書いたことである。そこでなぜヘラクレイトスがそのように書いたかを問わねばならない。まずそれは、当時のやり方であった(4)。その時代の騒がしい事件や宗教的復古の影響が、思想上の指揮者すべてに或る予言的韻《ひびき》を与えた。ピンダロスやアイスキュロスもまたそうである。また時は、偉大な個性の時代でもあったし、個性は孤独で尊大になりがちである。少なくともヘラクレイトスは、そうであった。もしもひとが黄金を探して掘り当てることに腐心するならば、黄金を見つけるであろう（断片八）。もしそうしなければ、ひとは麦藁に満足しなければならない（断片五一）。テオプラストスの抱いた見解もこのようであったとおもわれる。

テオプラストスは、自分が不完全で矛盾にとんだ報告をするに至るのも、ヘラクレイトスの強情な気質のためである、と言った(5)。

（1）ディオゲネス九巻一二（R.P. 30b）に掲げている題目に異説があることは、誰にも本当に知られていなかったことを表わしているようにおもわれる。『ムウサたち』の題目は、プラトンの『ソプィステス』篇二四二D七に由来する。その他の題目は、ストア学派の編集者たちによって文頭につけられた「題辞」（Schuster）にすぎない（Diog. ix. 15; R.P. 30c）。

（2）**Diog. ix. 5 (R.P. 30. DK. 22A1).** バイウォーターは、断片を配列するにあたってこの暗示に従っている。三区分は、一―九〇、九一―九七、九八―一三〇である。

（3）**R.P. 30a.** *ὁ σκοτεινός* の渾名は、後の時代のものであるが、プィレイウスのティモンは、すでにヘラクレイトスを *αἰνικτής* と呼んだ (fr. 43, Diels)。

（4）ディールスの ***Herakleitos von Ephesos***, pp. iv. *sqq.* の序文におけるすぐれた見解を見よ。

（5）**Diog. ix. 6 (R.P. 31. DK. 22A1)** 参照。

六五　断片

バイウォーターの範とすべき編集の配列に従って、断片の翻訳を示す(1)。

（1）ディールスは、編集にあたって主題に従った断片配列の試みを一切見捨てている。このためディールスの校訂文は、私たちの狙いにとってふさわしくない。おもうに、かれは正確に近い配列をするのが困難であることを過大視し、かつヘラクレイトスの文体が、「格言の」文体であったという見方を重視しすぎている。文体がそうであったことは、重要で有益な見方ではある。しかしヘラクレイトスが、ニーチェのように書いたことにはならない。ひとりのギリシア人にとって、そのひとの語調が予言的である場合にも、格言の文体と、脈絡のない文体とのあいだにつねに区別があるには違いない。

（一）

わたしに聞くのではなく、わたしのことばに聞いて、万物がひとつであることを認めるのが賢いのである。(1)

(R.P. 40. DK. 22B50)

(1) バイウォーターもディールスの両者とも、δόγματος に代えて λόγου とするベルクの説と、εἰδέναι に代えて εἶναι とするミラーの説とを採用している。バイウォーターの注で引用されている Philo, *Leg. all.* iii. c3 を参照。

(二)

このことば(1)はつねにまことであるが、人間どもは、それを聞くまえでも、はじめてそれを聞いたときでも、悟ることができない。というのは万物は、このことばに即して生成しているけれども、わたしがそれぞれのものを本性に従って分割し、それがどうしてそうであるかを示しながら語っているような言葉や行為を、人間どもが試してみる場合にも、その人たちはそのようなことを試していないかのような風である。しかしわたし以外の人たちは、眠っているときの仕業を忘れているのと同じように、目覚めているときの仕業に気づいていない。(R.P. 32. DK. 22B1)

(1) λόγος は、基本的にヘラクレイトスそのひとの説話である。それにしても、かれが予言者であるように、ここでそれをかれの「ことば」と呼んでもよいであろう。その意味は、ヘラクレイトスに向けた説話でも、「ことわり」でもない。(Zeller, p. 630, *n.* 1; Eng. trans. ii. p. 7, *n.* 2 参照) ひとつの難題は、ἐόντος αἰεί をめぐって生じている。ヘラクレイトスは、自分の説話がつねに存在していたとどうして言うことができたのであろうか。答えはこうである。イオニア方言の ἐών は、λόγος のような言葉と対になって、「まこと」を意味している。Herod. i. 30, τῷ ἐόντι χρησάμενος λέγει や、Aristoph. *Frogs*, 1052, οὐκ ὄντα λόγον をも参照。この語句をこのような仕方で採りあげることではじめて、適切に句読を切ることについてのアリストテレスの躊躇が理解できるのである。(*Rhet.* Γ, 5. 1407b15. R.P. 30a. DK. 22A4) マルクス・アウレリウスによって与えられたストア的解釈 (iv. 46, R.P. 32b. DK. 22B71, 76) は、拒否されるべきである。とにかく λόγος についてのヨハネスの教説は、少しもヘラクレイトスを扱っていないし、ギリシア哲学にかかわるものは何も扱っていないのであって、その出所はヘブライの知恵文学である。*The Expositor*, 1916, pp. 147 *sqq.* 記載の Rendel Harris, "The Origin of the Prologue to St. John's Gospel." 参照。

(三)

聞いていて理解しないものは、聾のようである。「居るにはいても居ない」という諺は、そんな人たちのことを言っている。(R.P. 31a. DK. 22B34)

(四)

人間どもにとって、眼や耳が悪い証人となるのは、そのひとたちが言語を解しない魂をもっている場合である。(R.P. 42. DK. 22B107)

(五)

大勢のひとは、でくわしていることでも、それほどには心に留めていないし、教えられたところで判らないで、自身で勝手に考えている。(DK. 22B17)

(六)

聞き方も、話し方も知らぬ人びと。(DK. 22B19)

(七)

絶望的なものでも期待しなければ、君はそれを見いだせないであろう。というのはそのままでは探し出すことは難しく、何としようもないからである。(1)（DK. 22B18）

（1）私はここでのバイウォーターの句読からはなれて、ゴムペルツ（*Arch.* i. 100）が示したように、動詞に対して新しく目的語を与えている。

（八）

黄金を探す人びとは、多くの土を掘り起こして、わずかなものを見いだす。（R.P. 44b. DK. 22B22）

（一〇）

自然は、隠れることを好む。（R.P. 34f. DK. 22B123）

（一一）

デルプォイの神託の主は、考えを言い表わしたり、あるいは隠したりしないで、しるしによって明かすのである。（R.P. 30a. DK. 22B93）

（一二）

そして巫女シビュラは、狂乱の口で、陽気さもなく、飾り気もなく、潤いもないことを言い、その声で千年も向こうに辿り着いているが、巫女の内なる神のせいである。（R.P. 30a. DK. 22B92）

（一三）

見たり聞いたり学んだりすることのできるものは、わたしが最も尊重するところのものである。（R.P. 42. DK. 22B55）

（一四）

異論のある事柄を弁護して、信用のおけない証拠をもちだす……。（DK. 22A23）

（一五）

眼は、耳よりも正確な証人である。[1]（R.P. 42c. DK. 22B101a）

（1） Herod. i. 8 参照。

（一六）

博学は、分別を教えるものではない。もしそうであるなら、それはヘシオドスやピュタゴラス、さらにクセノファネスやヘカタイオスを教えたはずであるから。（R.P. 31. DK. 22B40）

（一七）

ムネサルコスの子、ピュタゴラスは、どんなひとよりも擢んでて学問をし、そのような著作を選り抜いて、自らの知恵のために、博識とごまかしの知恵を求めた。[1]（R.P. 31a. DK. 22B129）

（1） 読みとして最もよく確かなものとされているのは、*ἐποίησεν* ではなく *ἐποιήσατο* であり、*ἐποιήσατο ἑαυτοῦ* は「自分自身のものとして求めた」ことを表わしている。ἐκλεξάμενος ταύτας τὰς συγγραφάς の語句は、シュライエルマッヘルの頃から怪しいとされている。最近、ディールスは全断片を偽作と見なしている。そのわけは、ピュタゴラスが書物を著わしたことをこれは立証しているとされたからである（Diels, *Arch.* iii. p. 451 参照）。しかしバイウォーターが指摘したように、この断片自体は、ただピュタゴラスがもろもろの著作を読んだことを言っている。私はさらに、古風な συγγραφάς は、偽造者に悪用されていること、ならびに証明されるべき肝心のことが明らかに省略されていることに言及しようとした。ピュタゴラスの著作を表わしているという最後の決め手は、ἐποίησεν を ἐποιήσατο と読むことで消え失せるのである。κακοτεχνίη に対して与えられる表現については、「虚偽の立証」という法的意味と比べてみよ。

（一八）

あらゆるひとの説をわたしが聞いたかぎりでは、だれひとり、知恵があらゆるものからかけ離れている、という理解に達したものはいない。（R.P. 32b. DK. 22B108）

（一九）

知恵とは、ひとつのものである。それは、あらゆるものが一切のものを通して操られるが、その操っている意図を知ることである。（R.P. 40. DK. 22B41）

（二〇）

この宇宙は[1]、あらゆるものにとって同じであり、神々にしても人間にしても、だれかが造ったのではない。むしろ定量だけ燃え、定量だけ消えて[2]、永遠に生きている火としてつねにあったし、いまもあり、またあるであろう。（R.P. 35. DK. 22B30）

(1)　*κόσμος* の語は、ここではたんなる「秩序」ではなくて、「宇宙」を意味しなければならない。というのは宇宙のみが、火と同一視されうるからである。この語のこの用法は、ピュタゴラス的であり、ヘラクレイトスはきわめてよくそれを承知していたであろう。

(2)　*μέτρα* は *ἀπτόμενον* の内的客語であって、「定量だけ燃え、定量だけ消えて」の意であることに注目するのは重要である。私が初版で付したこの解釈は、現にディールスによって採用されている（*Vors.*³ 12 (DK. 22) B30 *n.*)。

（二一）

火の転化は、まず海である。そして海の転化した半分は大地で、半分は竜巻である。[1]（P.P. 35b. DK. 22B31a)

(1)　*πρηστήρ* の語については、129頁注（4）を見よ。

（二二）

万物は、火との交換物であり、火は、万物の交換物である。まさにそれは、商品が黄金との、黄金が商品との交換物であるのと同じである。(R.P. 35. DK. 22B90)

（二三）

それ（大地）は、分解して海となり、量ると海が大地となる以前にあったと同じ分量になっている。[1]（R.P. 39. DK. 22B31b)

(1)　断片二三の主語は、Diog. ix. 9 (R.P. 36), *πάλιν τε αὖ τὴν γῆν χεῖσθαι.* や Aet. i. 3, 11 (*Dox.* p. 284a1; b5. DK. 22A5), *ἔπειτα ἀναχαλωμένην τὴν γῆν ὑπὸ τοῦ πυρὸς χύσει* (Dübner: *φύσει, libri*) *ὕδωρ ἀποτελεῖσθαι.* から明らかなように、*γῆ* である。ヘラクレイトスは、*γῆ θάλασσα διαχέεται* と言ったかもしれないし、クレメンス

（*Strom.* v. p. 712）は、このことを暗示しているようにおもわれる。*μετρέεται εἰς τὸν αὐτὸν λόγον* は、分量の均衡が一定であることを表わしうるにすぎない。それでツェラーは、**zu derselben Grösse.** としている（p.690, *n.* 1）。ディールスは、"nach demselben Wort (*Gesetz*)" と訳出しているが（*Vors.* 12（DK. 22）B31 *n.*）、しかしルクレティウス五巻二五七行を引き合いに出している。それは別の翻訳（pro parte sua）を裏付けている。

（二四）

火は、欠乏と過多である。（R.P. 36a. DK. 22B65）

（二五）

火は空気の死を生き[1]、そして空気は火の死を生きる。水は土の死を生き、土は水の死を生きる。（R.P. 37. DK. 22B76）

（1）この断片は、原本通りに引用されているかどうか疑わしい。それは、エムペドクレスの四元素を暗に示しているようにおもわれる。

（二六）

火は、近づいてすべてのものを裁き、断罪するであろう[1]。（R.P. 36a. DK. 22B66）

（1）私は、*πυρὸς ἔφοδος* の *ἐπελθόν* と解する。それについては、231頁注（3）を見よ。ディールスは、*καταλαμβάνειν* が「有罪を宣する」という古語であることを指摘している。

（二七）

ひとはどうして沈まないものから、身を隠すことができるか。(DK. 22B16)

(二八)

あらゆるものの行く手をきめるのは稲妻である。(P.R. 35b. DK. 22B64)

(二九)

太陽は、おのれの限度を踏み越えないであろう。もしも踏み越えるならば、正義の侍女エリニュエスが、かれを見つけ出すであろう。(R.P. 39. DK. 22B94)

(三〇)

夜明けと宵の限界は、熊座である。熊座の反対は、輝けるゼウスの境界である。(1) (DK. 22B120)

(1) ここでは、*οὖρος*=*τέρματα* であることが明らかである、したがって「山」ではなくて、「境界」を意味している。この断片を引用しているストラボン(i. 6, p. 3)が、*ἠοῦς καὶ ἑσπέρας* と *ἀνατολῆς καὶ δύσεως* とを等しいものと解しており、またこの語を「北極」圏と関係させていることは、おそらく正当である。*αἴθριος Ζεύς* が輝く青空を表わしているので、ディールスが示すような、その *οὖρος* が南極である可能性はない。それは、地平線であるらしい。私は、この断片を、南半球についてのピュタゴラスの説に対して対抗するものと考える。

(三一)

もしも太陽がなければ、ほかの星がすべて何としようとも闇であろう。(1) (DK. 22B99)

(1) ディオゲネス九巻十(226頁に引用)から、ヘラクレイトスがどうして太陽が月より暖かくて明るいかを説明したことを私たちは知っている。確かにこれは、その行《くだり》の一断片である。

（三二）

太陽は、日々新しい。（DK. 22B6）

（三三）

（タレスは蝕を予言した。* DK. 22B38）

* 69頁注（3）を見よ。

（三四）

あらゆるものをもたらす季節……。（DK. 22B100）

（三五）

ヘシオドスは、最も多くの人びとの教師である。かれらは、かれがひじょうに多くのことを知っていると信じているが、そのひとは昼と夜とを知らなかったほどのひとである。つまり昼と夜とは、ひとつである。(1)（R.P. 39b. DK. 22B57）

（1）ヘシオドスは、昼は夜の子である、と言った（*Theog.* 124）。

（三六）

神は、昼と夜、冬と夏、戦いと平和、満腹と飢えである。しかし、火[1]が香料と混ざりあうとき、それぞれの香りによって違って呼ばれるが、まさにそのように神はさまざまな姿になる。(R.P. 39b. DK. 22B67)

(1) ディールスとともに ὄκωσπερ に代えて、ὄκωσπερ πῦρ と読む。

(三七)

一切のものが煙と化しても、鼻がそれを識別するであろう。(DK. 22B7)

(三八)

魂は、ハデスにおいては臭いが判る。(R.P. 46d. DK. 22B98)

(三九)

冷たいものは熱くなり、熱いものは冷たくなる。湿ったものは乾き、乾いたものは湿ってくる。(DK. 22B126)

(四〇)

それは散り、そして集まる。それは進み、そして退く。(DK. 22B91)

(四一、四二)

同じ河に君は、二度踏み入ることはできない。なぜなら新しい水が、たえず君の足もとに流れているからで

ある。(R.P. 33. DK. 22B12)

(四三)

ホメロスが、つぎのように言っているのは間違いであった。「争いは神々や人間どものあいだからなくなりますように」と。かれは世界の破壊を祈っているのだとは、おもっていなかったのである。もしも祈りが聞き入れられでもすると、一切が消滅してしまうであろう。[1]……(R.P. 34d. DK. 22A22)

(1) *Il.* xviii. 107. 私は、Simpl. *in Cat.* 412, 26 から *οἰχήσεσθαι γὰρ πάντα* をつけ加える。それは、原本にあったものを表わしているに違いない。

(四四)

戦いは万物の父であり、万物の王である。つまりあるものを神々として、あるものを人間として、あるものを奴隷として、あるものを自由人として作る。(R.P. 34. DK. 22B53)

(四五)

行き違っているものは、どうして自分自身と一致するかを、人びとは知らない。それは、弓とリュラ琴の場合のように、反対の張り合い[1]で調和する。(R.P. 34. DK. 22B51)

(1) ヘラクレイトスが、*παλίντονος* と *παλίντροπος ἁρμονίη* との両方を言った、と私はおもうことはできない。私は、ヒッポリュトスの *παλίντροπος* に対してプルタルコスの *παλίντονος* (R.P. 34b) を選ぶ。ディールスは、パルメニデスの論争が *παλίντροπος* を支持していると考えているが、248頁注(1)と第四章261頁注(3)を見よ。

（四六）

対立するものが、利益を齎す。[1]（DK. 22B8）

（1）これは、医学的な規則 *αἱ δ' ἰατρεῖαι διὰ τῶν ἐναντίων, e.g. βοηθεῖν τῷ θερμῷ ἐπὶ τὸ ψυχρόν.* に関係がある。

（四七）

隠れた調和は、顕わな調和よりもはるかに優っている。（R.P. 34. DK. 22B54）

（四八）

最も重要な事柄については、筋の通らない推断をしないようにしよう。（DK. 22B47）

（四九）

知恵を愛するひとは、実際ひじょうに多くの事柄に精通していなければならない。（DK. 22B35）

（五〇）

洗い張り屋の、真直ぐな梳みちも曲がった梳みちも、ひとつであり同じである。（DK. 22B59）

（五一）

驢馬は、黄金よりもむしろ麦藁をとるであろう。（R.P. 31a. DK. 22B9）

（五一a）[1]

牛は、にがい烏の豌豆を見つけて食べるとき仕合わせである。（R.P. 48b. DK. 22B4）

（1） ***Journ. Phil.*** ix. p. 230 のバイウォーターを見よ。

（五二）

海水は最も清らかな水であるとともに、最も不潔な水である。それは、魚にとっては飲むことができ、生命を保つものであるが、人間にとっては飲めないし、命を奪うものである。（R.P. 47c. DK. 22B61）

（五三）

豚は泥沼で身を洗い、家禽は塵埃で身を洗う。（DK. 22B37）

（五四）

……泥沼をよろこぶ。（DK. 22B13）

（五五）

あらゆる動物は、笞打たれると牧場へ移動する。[1]（DK. 22B11）

（1） 断片五五については、***Berl. Sitzb.***, 1901, p. 188 のディールスを見よ。

（五六）

四五と同じ。

（五七）

善と悪とはひとつである。（R.P. 47c. DK. 22B58）

（五八）

医者は、切ったり、焼いたり、刺したりして、さんざん病人を苦しめておきながら、受けてはならない報酬をそのために要求するのである。[1]（R.P. 47c. DK. 22B58）

（1）ベルナイズやディールスとともに *ἐπαιτέονται* と読む。

（五九）

結びついているのは、全体と全体でないもの、近づいてくるものと離れ離れになるもの、調和するものと調和しないものである。一は万物から成りたっており、万物は一から出ている。[1]（DK. 22B10）

（1）断片五九については、*Berl. Sitzb.*, 1901, p.188. におけるディールス説を見よ。*συνάψιες* の読みは、十分に証明済みであるし、優れた意味を与えているようにおもわれる。*συλλάψιες* という別の読みは、ホフマンによって提起されている（*Gr. Dial.* iii. 240)。

（六〇）

もしもそれらのものがなければ、人間は正義《ディケー》の名称を知らなかったであろう。[1]（DK. 22B23）

（1）「それらのもの」という言葉で、おそらくありとあらゆる不正行為を表わしている。

（六一）

神にとって、すべてのものは美であり、善であり、正であるが、人間は、或るものが悪いと考え、或るものが善いと考える。（R.P. 45. DK. 22B102）

（六二）

戦いは、すべてに共通しており、争いは正義であることを知らねばならない。またすべてのものが、争いを通して生成し、消滅する（?）ということも。（DK. 22B80）

（六四）

わたしたちが目覚めているとき視るものすべては、死んでいる。眠っているとき視るものすべてが、眠っているように。（R.P. 42c. DK. 22B21）[1]

（1）ディールスは、断片六四に ὁκόσα δὲ τεθνηκότες ζωή. が続くと考えている。「生、眠り、死は、自然学における火、水、土のように、心理学における三つの階層である。」

（六五）

知恵とは、ただひとつのものである。それがゼウスの名で呼ばれるのは、意に添わぬことであり、意に添うことでもある。（R.P. 40. DK. 22B32）

（六六）

弓（$\beta\iota \acute{o}\varsigma$）は生（$\beta \acute{\iota} o \varsigma$）と呼ばれるが、その働きは死である。（R.P. 49a. DK. 22B48）

（六七）

死ぬものは死なないものであり、死なないものは死ぬものである。生きることは他のものの死であり、死ぬことは他のものの生である。（R.P. 46. DK. 22B62）

（六八）

魂にとって水になることは死であり、水にとって土になることは死である。しかし土から水が生じ、水から魂が生じる。（R.P. 38. DK. 22B36）

（六九）

上り道と下り道とは、ひとつであり、同じである。（R.P. 36d. DK. 22B60）

（七〇）

円周の場合、始めと終わりは共通である。（DK. 22B103）

（七一）

君がどんな方向に出かけたところで、魂の限界を見いだすことはできないであろう。それほどにその分量は、深い。[1]（R.P. 41d. DK. 22B45）

（1）οὕτω βαθὺν λόγον ἔχει の語は、もし断片二三のように λόγος が「分量」を意味していることを想起するならば、厄介なことを少しも表わしてはいない。

（七二）

魂にとって湿ったものになるのは、喜ばしい。（R.P. 46c. DK. 22B77）

（七三）

大人も酔うと、よろけて、自分の行くところも分からないまま、年端もゆかない子供に導かれる。そのひとの魂を湿らせているからである。（R.P. 42. DK. 22B117）

（七四―七六）

乾いた魂は、最も賢く、最善である。[1]（R.P. 42. DK. 22B118）

（1）この断片は、古代においてさまざまに改竄されていることから興味深い。バイウォーターが追随しているステプァヌスによると、ξηρή が αὔη のたんなる注釈であるから、Αὔη ψυχὴ σοφωτάτη καὶ ἀρίστη と読まねばならない。かつてテクストに ξηρή が採り入れられたときに、αὔη は αὐγή になった。そして「乾いた光は、最も賢い魂である」という文にとったのである。ベイコンの siccum lumen は、それに由来している。さてこの読みは、プルタルコスが、ロムルス伝（c. 28）において、αὐγή をいつものように輝きを意味していると採り、雲を突き破っての乾いた輝き（たとえ何であっても）のように、賢い魂が身体の牢獄を破って裂けるという考えを想定した場合の頃のものである。（ディールスが現在、*αὐγὴ ξηρὴ ψυχὴ σοφωτάτη καὶ ἀρίστη* は真正の読みであると主張していることも付け加えられるべきである。）結局、プルタルコスが *αὐγή* と書いたに違いないけれども、写本は *αὔτη* と *αὐγή* とのあいだを変化している。（写本における *De def. or.* 432f. *αὔτη γὰρ ξηρὰ ψυχὴ* 参照。）つぎの段階は、*αὐγή* の *οὗ γῆ* への改竄である。これは、「大地が乾いているところでは、魂は最も賢い」という意味を与えているし、プィロンの頃のものである。（バイウォーターの注を見よ。）

（七七）

人間は、死んでしまってなおまだ生きているとき、夜には自分のために灯りをつける。眠っているひとは、目が見えなくなると死んだひとがもとで灯りをつける。目覚めているものは、眠っているひとがもとで灯りをつける。(1)（DK. 22B26）

（1） 私は、ここでディールスの完全な校訂文*を採用している。死、眠り、目覚めは、ヘラクレイトスにおいては土、水、空気に対応している（断片六八参照）。しかしおもうに、断片全体においてすべて *ἅπτεται* を同じ意味に捉えるべきである。そしてディールスが訳しているように「と接触している」と、私は訳さない。

* *Vors.*[4] と *Vors.*[7] とを比べよ。バーネットは前者によっている。

（七八）

ところで生と死、目覚めと眠り、若さと老いとは、わたしたちのうちでは同じである。このものが転化してかのものになり、(1)かのものが転化してこのものになる。（R.P. 47. DK. 22B88）

（1） ここでの *μεταπεσόντα* を私は、ひとつの *γραμμή* すなわち将棋盤の区画から、別の区画へ「動かされる」の意味と解している。

（七九）

時は、将棋をして遊んでいる子供であり、王権も子供の力によっている。（R.P. 40a. DK. 22B52）

（八〇）

わたしは自分自身を探究してきた。（R.P. 48. DK. 22B101）

（八一）

わたしたちは、同じ河に這り込むのであり、這り込まないのである。わたしたちは存在するのであり、存在しないのである。（R.P. 33a. DK. 22B49a）

（八二）

同じ主人のために働き、そのひとから支配されるのは、疲れることである。（DK. 22B84b）

（八三）

それは変化することで休んでいる。（DK. 22B84a）

（八四）

ミルク酒でさえ、掻きまぜなければ分離する。（DK. 22B125）

（八五）
屍は、糞尿よりもはるかに廃棄されるべきである。（DK. 22B96）

（八六）
かれらは生まれてくると、生きてそして死ぬこと――いなむしろ休息することを願う。そして順に死ぬために、子供を残すのである。（DK. 22B20）

（八七―八九）
ひとは三十歳で祖父であることもあろう。（DK. 22A19）

（九〇）

眠っている人びとは、（宇宙において生起する事柄のなかで）働いているものたちである。（DK. 22B75）

（九一 a）
思慮することは、すべてのひとに共通している。（DK. 22B113）

（九一 b）
知性をもって語る人びとは、まさに都市が法をしっかりと恃んでいるように、あらゆるものに共通したものをしっかりと恃んでいなければならない。というのは人間のあらゆる法は、神のひとつの法によって培われているからである。つまり神の法は、その望むままに力を及ぼして、あらゆるものを充たしてなお余力をもっているからである。（R.P. 43. DK. 22B114）

（九二）

したがって共通なものにひとは従わねばならない。[1] しかしわたしのことばが共通であっても、多くのひとは自分に固有な知恵があるかのように生きている。（R.P. 44. DK. 22B2）

（1）Sext. *Math.* vii. 133, *διὸ δεῖ ἕπεσθαι τῷ κοινῷ*（写本はこのようになっている。*ξυνῷ* はシュライエルマッヘル）*ξυνὸς γὰρ ὁ κοινός.* バイウォーターは、この語句を省略しているが、私はこの語句はヘラクレイトスのものであったと考える。ディールスは、ベッカーの提起を採り入れて *διὸ δεῖ ἕπεσθαι τῷ* 〈*ξυνῷ, τουτέστι τῷ*〉 *κοινῷ.* と読んでいる。私はいまも、もし *λόγος* の語をさきに説明した意味で（292頁（二）注（1））解するならば、それに続く語句を疑うべくもないとおもう。

（九三）

かれらは、最も永続的に交わっているものに対して反目している。[1]（R.P. 32b. DK. 22B72）

（1）*λόγῳ τῷ τὰ ὅλα διοικοῦντι* の語句は、マルクス・アウレリウスのもので、ヘラクレイトスのものではない。

（九四）

眠っているひとのように、行なったり言ったりしてはならない。（DK. 22B73）

（九五）
目覚めているひとは、ひとつの共通な世界をもっているが、眠っているひとはそれぞれ、それに背いて自分だけの世界に入っている。（DK. 22B89）

（九六）
人間のする仕方は、分別をもたないが、神のそれは分別をもっている。（R.P. 45. DK. 22B78）

（九七）
大人は神の側からすれば稚児と呼ばれる。ちょうどそれは大人の側から子供と呼ばれるように。（R.P. 45. DK. 22B79）

（九八、九九）

最も賢い人間も、神と比べれば猿のようである。ちょうど最も美しい猿も、人間と比べれば醜いように。（DK. 22B83, 82）

（一〇〇）

民衆は、城壁を守って戦うように、法を守って戦わねばならない。（R.P. 43b. DK. 22B44）

（一〇一）

死が大きければ大きいほど、得る分け前も大きい。(R.P. 49a. DK. 22B25)

(一〇二)

神もひとも、戦場で斃れた人びとを讃える。(R.P. 49a. DK. 22B24)

(一〇三)

放埓は、火事の家以上に消し止めねばならない。(R.P. 49a. DK. 22B43)

(一〇四)

人間にとって、すべて望み通りになるのは、善いことではない。病気は健康を、禍[1]は仕合わせを、飢えは満腹を、疲れは休息を快いものにする。(R.P. 48b. DK. 22B110, 111)

(1) ディールスの *καὶ* に代えて、ヘイツの *κακὸν* を採る。

(一〇五―一〇七)

欲望と戦うのは難しい[1]。それは欲しいとおもうものを、心を犠牲にして購う。(R.P.49a. DK.22B85)

(1) *θυμός* の語は、ホメロス的意味をもっている。欲望を充たすことは、湿ったもの(断片七二)と乾いた魂の火との転化(断片七四)を表わしている。アリストテレスは、ここの *θυμός* を誤って怒りと解した(*Eth. Nic.* B, 2. 1105a8)。

(一〇八―一〇九)

無知を隠すことは、最善である。しかし、寛いで酒を酌み交すときは難しい。(DK. 22B95)

(一一〇)

そして、ひとりのひとの意図に従うのも法である。(R.P. 49a. DK. 22B33)

(一一一)

なにゆえにかれらは、思慮と知恵とをもっているのであるか。かれらは、居るのは夥しい悪人と僅かな善人である、ということも知らないで、吟遊詩人どもの謡うままに、群集を師と仰いでいる。というのは、かれらのなかで最善のひとは、ありとあらゆるもののなかから、ひとつのこと、死すべきもののなかの不死な誉れを選ぶからである。一方、大多数の連中は、まるで獣のように満腹しているからである。(1) (R.P. 31a. DK. 22B104, 29)

(1) これは、「三通りの生活」に関係しているようにおもわれる。第二章四五、143頁。

(一一二)

テウタメスの子ビアスは、プリエネに住んでいた。そのひとは、ほかの人びとよりもはるかに重視されている。(かれは「大多数のひとは悪い」と言った。)(DK. 22B39)

(一一三)

もしも最善のひとであれば、ひとりでもわたしにとって千万人に当たる。(R.P. 31a. DK. 22B49)

（一一四）

エプェソスの人びとは、大人になっていればすべて自分で首を縊って死んだ方がましであり、そして都市を年端も行かない若者に残した方がましである。というのはその人たちは、なかでも最善のひとヘルモドロスを、つぎのように言って追放したからである。「わたしたちのなかには最善なひとはだれひとりいない。もしもそのようなひとがいれば、他のどこか別のひとのところへ行かせよう」と。[1]（R.P. 29b. DK. 22B121）

（1）かれはイタリアに行き、ローマで十二銅表の作成に参加した。189頁注（4）を見よ。

（一一五）

犬は、見知らぬものにはだれにでも吠えかかる。（R.P. 31a. DK. 22B97）

（一一六）

……（賢いひとは）人びとの不信心のゆえに知られない。（DK. 22B86）

（一一七）

愚かなものは、どんな言葉にも動揺するものである。（R.P. 44b. DK. 22B87）

（一一八）

なかでも最も評価されているひととはいえ、ただそう心でおもわれていることを知っていて、それを固持しているにすぎない。[1] しかしそれにもかかわらず実のところ、正義が、贋技術家や偽証したひとを捕えるであろう。(DK. 22B28)

(1) シュライエルマッヘルとともに δοκέοντα（あるいはディールスとともに δοκέοντ᾽ ὤν）と読む。また私は、ディールスとともに γινώσκει, φυλάσσει と読む。ディールスは、ヒッポクラテスから、φυλάσσουσι καὶ γινώσκουσι の組み合わせを引用している。

（一一九）

ホメロスは、競技場から放逐され、笞打たれるべきである。アルキロコスも同様に。(R.P. 31. DK. 22B42)

（一二〇）

一日は、どの日とも同じである。(DK. 22B106)

（一二一）

人間の性格は、宿命である。[1] (DK. 22B119)

(1) ここの δαίμων の意味については、私の編集したアリストテレスの『倫理学』一頁以下を見よ。

（一二二）

人間が死ぬとき、望みもしなければ、心に描きもしないものが待っている。(R.P. 46d. DK. 22B27)

（一二三）

かれらは立ち上がって、生者と死者の眠らない守護者となること……(1)（R.P. 46d. DK. 22B63）

（1）私にはこの校訂文が余りにも曖昧であるようにおもわれるので、最初の ἔνθα δ᾽ ἐόντι の語をあえて採り入れなかった。しかしディールスの注を見よ。

（一二四）

夜参りするもの、魔術師、バッコスの徒、お祭り騒ぎのひと、秘儀に入門したものは……（DK. 22B14a）

（一二五）

人びとのあいだで行なわれている秘儀は、穢れた秘儀である。（R.P. 48. DK. 22B14b）

（一二六）

まるでひとは、家と言葉を交しているかのように、神々や英雄がどのようなものかも知らないで、それらの神像に祈っている。（R.P. 49a. DK. 22B5）

（一二七）

というのは行列を作り、性器崇拝の歌を謳ったことがディオニュソスのためでないとなると、人びとは最も恥ずべき振舞をしたことになろう。しかしかれらが狂乱して、バッコスの祭りを祝うのがディオニュソスのためであれば、ハデスはディオニュソスと同じである。（R.P. 49. DK. 22B15）

（一二九、一三〇）

かれらは、血で身を穢すことでいたずらに身を浄める。それはまるで泥に足を踏み入れたひとが、泥で足を洗うように。そうしたかれの仕草を目にしたひとは、かれを狂人とおもうであろう。（R.P. 49a. DK. 22B5）

六六　学説誌的伝承

これらのいくつかの断片は、あまり鮮明ではないし、復原することもできないといった断片はおそらく二、三に留まらないであろう。そこで研究の手懸かりのために、学説誌家に目を転じてみるのであるが、不幸にしてヘラクレイトスについては、他の場合に学説誌家から得たほどの知識を与えてくれない。ヒッポリュトスは、テオプラストスが言及したことを公平で正確に説明しているとして一般に拠りどころとされているが、ヒッポリュトスの最初の四章、つまりタレス、ピュタゴラス、ヘラクレイトス、エムペドクレスを扱っている章に対する資料を、後のところでかれが用いた優れた梗概書からではなく、ほとんど贋の逸話や格言からなる伝記的な概要書から引き出している(1)。さらにそれは、ヘラクレイトスをピュタゴラスの徒と見なした『諸系譜』の誌家に基づいたものであった。かれとピュタゴラスの徒とのあいだを繋ぐのは、ヒッパソスであった。ヒッパソスの学説においては、火が重要な役割を演じていたのである。アリストテレスに続いてテオプラストスは、同じ文中で両者に言及したし、『諸系譜』の誌家たちにはこれが十分資料となっていたのである(2)。そこでディオゲネスによって与えられたヘラクレイトスの諸見解の二様の説明を、もっと詳細にあえて見てみようとするのである(3)。そしてその説明は、『古期学説誌』にも溯り、また運よくかなり充実して正確である。

当面せざるをえないもうひとつの厄介な点は、ディオゲネスにおいてヘラクレイトスを注釈するほとんどのひとは、ストア学派のひとであったことである。[4] ところでストア学派のひとは、このエプェソス人に格別な尊敬の念を抱いていたし、自分たちに固有な学説との対応によって、できるだけかれを解しようと努めた。さらにかれらは、初期の思想家の見解を、自分たちの見解に「調和させる」[5] ことを好んだのであった。このことは大変な結末を迎えるに至った。とくにロゴスとエクピュローシス（ἐκπύρωσις）のストアの学説は、たえずヘラクレイトスに帰せられ、そして真の断片は、ストア的術語の寄せ集めで不純なものにされている。

（1） Diels, *Dox.* p. 145 を見よ。ヘラクレイトスについての情報源として、『全異教徒駁論』の一巻と九巻とは区別しなければならない。九巻は、ノエトスの独裁神論的異説がヘラクレイトスに由来したことを示そうとしている。またそれは、ヘラクレイトスの断片を多く蔵している。

（2） Arist. *Met.* A, 3. 984a7 (R.P. 56c. DK. 22A5); Theophr. *ap.* Simpl. *Phys.* 23, 33 (R.P. 36c. DK. 22A5).

（3） これら二様の説明については、「出典」一五を見よ。

（4） Diog. ix. 15 (R.P. 30c). このことを主張したシュライエルマッヘルは正しい。

（5） ピィロデモスは συνοικειοῦν の語をストア的解釈方法で用いた（*Dox.* 547b, *n.* 参照）。そしてキケロはそれを accommodare と表わしている（*N.D.* i. 41）。

六七　ヘラクレイトスの発見

ヘラクレイトスは、一般大衆にかぎらず、以前、自然を探究したひとたちをのこらず軽蔑している。人間にとって明白でありながら、これまで認知されなかった或る真理に対する洞察を果たしているとかれがおもいこんだことを、これは表わしているに違いない（断片九三）。ヘラクレイトスの教説の中心的な点に触れるために試みなければならないのは、人間の遅鈍や無知について、こうした告発を始めたとき、ヘラクレイトスの胸に去来した思いを見いだすことである。その答えは、断片一八と四五で与えられているとおもわれる。これまで知られなかった真理とは、多くの明らかに独立し、矛盾している周知の事柄が本当はひとつであり、また他方、この一は多であるということが、これらの断片から判断されるのである。「対立しているものの戦い」は、本当は「調和」(ἁρμονία)である。その結果、知恵とは博識ではなくて、相争う対立者の基底となっている統一の知覚である。これがじつにヘラクレイトスの基本的思想であったことを、フィロンは述べている。すなわちこう言っているのである。「つまり対立者を構成しているものはひとつである。そして一が分割されると対立者が現われる。これは、偉大でかつ賞讃の的であったヘラクレイトスが、自分の哲学の最初に設定し、新発見として自慢した、とギリシア人が言っている当のものではないか(1)」と。

(1) Philo, *Rer. div. her.* 43 (R.P. 34e. DK. 22A9a).

六六 一と多

アナクシマンドロスは、対立しているものが無限なものから分離され、再度それへ消滅し、そのようにしてそれらの不正の侵害に対して相互に償いを払う、と説いた。ここで暗示されているのは、対立しているものの争いには何かしら不正があり、対立者があるということが一者の統一に対する違反であるということである。ヘラクレイトスが真理と主張するのは、世界は一であると同時に多であり、まさしく一者の統一を構成するものこそ、対立者の「相反する緊張」であるということであった。それが別の仕方でなされたものであるにしても、行き着くところはピュタゴラスと同じである。ハルモニエーの語を用いているのは、同時代人とはいえ年上のひとから、ヘラクレイトスが幾分影響を受けたことを示している。

プラトンは、これがヘラクレイトスの中心的思想であった、と明確に述べている。『ソプィスト』篇(二四二D)において、私たちが多と言っていることは、じつは一である、とどうしてエレア人が主張したかに言及してから後に、エレア学派の客人が言葉を続けている。

「しかし或るイオニアの、そして（後の時代には）或るシケリアのムウサ（詩神）たちは、これら二つのことを結びつけ、また実在は多と一との両方であり、憎みと愛とによっていっしょに保たれていると語るのが、最も安全であると考えた。なかでもはるかに厳正なムウサたちは述べている。『というのは、それが分割されていても、つねにいっしょに結びついている』と。（断片五九参照）しかるに、なかでもはるかに柔軟なムウサたちは、それはつねにそうあるべきだという要求を和らげて、万物は交互に、ときにはアプロディテの力で一であり、親和的であるが、或る種の争いのために、ときには多となり、自らと戦う、と語っている。」

この箇所において、イオニアのムウサとはもちろんヘラクレイトスであり、シケリアのムウサはエムペドクレスである。してみるとプラトンによれば、実在は多であると同時に一である、とヘラクレイトスが説いた。この意味するところは、論理的原理としてではない。[(1)] 多様性のなかに存在するものとして、ヘラクレイトスが説明している同一性は、どんな現われのなかにもある究極的基体の同一性である。この同一性は、すでにミレトス人によって自覚されているが、しかしミレトス人は多様性のなかに困難を見いだしたのである。アナクシマンドロスは、対立しているものの争いを「不正」として処理した。そしてヘラクレイトスそのひとが示そうとしたのは、逆にそれが最高の正義である、ということであった（断片六二）。

（1）このことは、ラッサルの著作の誤りであった。かれが誤解する原因は、ヘラクレイトスが自分自身の論理にかかわらない表現は言わなかったというヘーゲルの記述にあった（*Gesch. d. Phil.* i. 328）。かれの引用している例は、非存在は存在に劣らず多く存在している、という報告である。これについてかれは、アリストテレスの『形而上学』A巻四章を挙げている。しかしこの箇所では、これはヘラクレイトスのこととされないで、レウキッポスやデモクリトスに帰されている。この人たちにとってそれは、空虚が物体と同じく存在するということであった（一七五）、実際、アリストテレスが『形而上学』において述べているところによると、「或る人たち」は、同じものがあると同時にないとヘラクレイトスが言っている、と考えている。しかしかれは、ひとはヘラクレイトスが言っていることを、そっくりそのまま信じてはいないことも付言している（*Met.* Γ, 3. 1005b24）。このことは、K巻五章一〇六二a三一で説明されている。そこでは、或る方法で質問されると、ヘラクレイトスは矛盾律に同意せざるをえなかった、と述べられている。いわばかれは、自分が何を言っているのか理解しなかった。別の言葉でいえば、その論理的意味を知らなかったのである。

六六　火

すべてこうしたことからヘラクレイトスは、新しい究極的基体を見つけださずにはおれなかった。かれが求めたものは、対立者が「分離」されうるところのものだけではなく、固有の性質をもっていて、あらゆるものへ変化するところのものであり、逆にあらゆるものがそれへと変化してゆくところのものである。かれは火のなかにこれを発見した。もしも燃焼の現象を思い浮かべるならば、理由を容易に解することができる。間断なく燃えている炎のなかでの火の量は、そのまま変わらないように見えるし、炎はひとが言う「物」のようである。しかもその実体は、つねに変化している。炎はつねに煙となって消滅しているし、燃料としての新鮮な物質が補給されて、炎の場所をたえず占めている。これこそ求める恰好のものである。もしも宇宙を「永遠に生きている火」（断片二〇）と見なすならば、どのようにしてそれがつねに万物になり、万物がつねにそれに戻るかを理解することができるであろう。(1)

（1）ヘラクレイトスの火が、アナクシメネスの「空気」とほぼ同じようなものであったということは、アリストテレスの『形而上学』A巻三章九八四a五のような文章にはっきりと示されている。文字通りの火とは異なったものを表わしているという見方を支えるものとして、プラトンの『クラテュロス』篇四一三Bがときどき引用される。しかし文脈が示しているのは、この箇所からこうした解釈が生じないであろうということである。ソクラテスは、δια-ιόν から δίκαιον が派生したと論じている。たしかに δίκη は、ヘラクレイトス派の顕著な概念であった。そしてここに言われた多くは、この学派の真正の教説であろう。ソクラテスは、万物を「貫いている」ものは何であるかを尋ねると、てんでばらばらな答えが返ってくることに不平を言っているのである。或るひとは、それは太陽であると言っている。別のひとりは、もしそうとすると日没後に正義がないことにならないかと疑問を投げかけ、それはただ火であると述べるのである。三人目は、それは火そのものではなく、火に内在する熱であると言っている。四人目のひとは、それを魂と同じものとしている。さてこうしたことから推断が許されるかぎり、結局、さまざまな説明は後の時代になってヘラクレイトス派に付されたということに尽きる。正義は火そのものではなく、熱であって、万物を「貫いていた」という見方は、ちょうどヒッポンの湿ったものがタレスの水に関連づけられているように、ヘラクレイトス説に関連づけられている。ヘラクレイトス派の若干のひとが、自説とアナクサゴラスの学説とを混ぜ合わせようとしたのも、むべなるかなである。まるでアポルロニアのディオゲネスが、アナクシメネスの学説と混ぜ合わせようとしたのに似ている。こうした試みがなされた作品が実際まだあることも、いずれ明らかになろう（230頁注（2））。

七〇　流出

以上のことは、永遠に生きている火にともなって宇宙の変化と運動に対する或る見方を当然示している。火は、たえず間断なく燃えている。それはつねに燃料を焼き尽くし、つねに煙を発散している。あらゆるものは、燃料として供給するために上昇しつづけるか、炎を形成してから降下しつづけるかである。その結果、全実在は流れてやまない流れのようであり、何ものもほんの瞬時も休むことはない。現に目にしている事物の本体は、無常のなかにある。事物を見ているときでさえ、構成しているいくつかの素材は、すでに或る別のものに変化してしまっている一方、新しい素材が別の源からそこに流入している。このことは、「万物は流転する」（πάντα ῥεῖ）の語句のなかに、きわめて適切に集約されている。もっともこの語句は、ヘラクレイトスからの引用文とはおもわれない。しかしプラトンは、この考えをじつに明確に表現している。「いかなるものもつねにあるのではなく、あらゆるものはつねになるのである」、「万物は流れのような運動のなかにある」、「万物は過ぎ去り、何ものも留まらない」、「ヘラクレイトスは、万物は過ぎ去って留まらない、といつであったか語っている。そして川の流れに存在を譬えて、同じ流れに君は二度も踏み入れることはできない、と言っている。」（断片四一参照）――これらは、プラトンがその学説を記述している表現である。アリストテレスもまた同じことを「万物は運動している」、「何ものも不動ではない」と言っている。[1] 事実、ヘラクレイトスは、そこにあるものが現象のうえでは安定しているとはいえ、流れにおけるひとつの部分にすぎず、それを構成している素材は、二つの連続した瞬間において同じではない、と主張した。その過程がどのように生じたとかれが考えたかは、やがて明らかになるであろう。一方ではこれは、学説として最初に現われたものではない、と私たちは考えている。ミレトス人は、同じ見方をしていた。

（1） Plato, *Theaet.* 152e1. (DK. 23A6); *Crat.* 401d5, 402a8 (DK. 22A6); Arist. *Top.* A, 11. 104b22; *De caelo,* Γ, 1. 298b30; *Phys.* Θ, 3. 253b2.

七二　上り道と下り道

ヘラクレイトスは、アナクシメネス説を参照しながら細部を仕上げたようにおもわれる。[1] しかしかれが、稀薄と濃縮によって事物の変化を説明したとはおもえない。[2] テオプラストスは、ヘラクレイトスが説明したことを提言したようである。しかしそれがけっして明確なものでないことを認めた。ここで引用しようとしているディオゲネスからの文節は、この感触をたしかに保存している。[3] 断片のなかには、稀薄と濃縮とについて何も見いだされない。言い回しとしては「交換物」(断片二二)が用いられている。これは、火が煙を吐き出し、代わって燃料を吸い込むときに生じる事態を表わすには、ひじょうに恰好な表現である。

ヒッポリュトスに欠けている場合に、ヘラクレイトスについてのテオプラストス流の学説誌のなかで最も優れた説明は、ディオゲネス・ラエルティオスに与えられた二つの、はるかに詳細な説明である。それはつぎのようである。

「個々の点にわたってのかれの見解は、こうである。火が元素であり、あらゆるものは火の交換物であり、濃縮と稀薄によって作られている、とかれは説いた。しかしかれは何もはっきりとは説明していない。あらゆるものは、対立することで生成され、そして総体は、川のような流れのなかにある。すべてのものは有限で、世界はひとつである。それは火から生じ、再びきまった周期をもって交互に永遠に火となる。これは運命によって生じるのである。対立したもののうち世界の生成へ導くものは、戦いや争いと呼ばれ、最後の大火へ導くものは、和合や平和と呼ばれる。

変化は上下の道と呼ばれ、それによって世界は生じる、とかれは主張した。火が濃厚になると湿りとなり、それが圧縮されると水となる。さらに水が凝結すると土となる。これをかれは下り道と呼んだ。そしてまた逆に、土は液化されて水が生じ、それから残りのすべてのものが生じる。というのは、かれはほとんどすべてのものを、海からの蒸発物に帰しているからである。これが上り道である。R.P. 36.

かれはまた、海からも陸からも蒸発が生じる、と言っている。一方は明るく純粋で、他方は暗い。火は明るいものによって養われ、湿りは暗いものによって養われる。

世界を包むものの本性は何であるか、をかれははっきりさせていない。しかしかれの主張するところによると、私たちに窪んだ方を向けているいくつかの槽がある。そこに明るい蒸発物が集まると炎を作る。これが諸天体である。

太陽の炎は、最も明るく最も熱い。というのは他の諸天体は、大地からきわめて隔たっているからであり、そのために光や熱を多く与えない。一方、月は大地に最も近い。しかし不純な領域を運動している。しかるに太陽は、明るくて純粋な領域を運動し、同時に私たちから正しい距離を保っている。そのためにそれははるかに多くの熱と光とを与えてくれるのである。太陽と月との蝕は、槽が上部で回転することのためである。また月ごとの月相は、槽が少しずつ回転するためである。

昼と夜、月々、季節、年、雨、風などの現象は、異なった蒸発物によっている。すなわち明るい蒸発物が、太陽の環に点火すると昼を作り、反対の性質の蒸発物が支配的になると夜を作る。明るい蒸発物のために熱が増大してくると夏を作り、暗い蒸発物のために湿りが優勢になると冬を作る。かれは、その他のものについても、これらに相応じて原因を付している。

大地について、いったいどういう性質のものであるかをはっきりかれは言明していないばかりか、槽についてさえ言明していない。以上が、かれの見解であった。R.P. 39b.」

ところでもしこの文章を信用することができるならば、これは最大の価値をもっている。要するに、信用できるというのは、テオプラストスの著作から引き出された学説誌がすべて固執している論題の正確な順序に、この文章が従っているという事実によってである。まず究極的基体、ついで宇宙、諸天体の順で、最後に天体現象となっている。それで結局のところ、まず第一にそれは、稀薄と濃縮についてテオプラストスのおそらく誤った推測を例外的に採り入れているらしいということ、第二に『古期学説集』を出所とする若干のストア的解釈を採り入れているらしいということになる。

細部に目を向けよう。純粋な火は、主に太陽に見いだされるはずである、と伝えられている。これは、他の天体と同じように、私たちの側に窪んだ方を向けた桶つまり槽である。そのなかに海からの明るい蒸発物が、集まって燃えるのである。太陽の火は、どのようにして他の諸形態のなかに侵入するのであろうか。もしも下り道を扱っている断片を一瞥すると、火の最初の転化は海であり、さらに海の半分は大地で、半分はプレーステール（πρηστήρ 断片二一）であると言われている。このプレーステールとは何であろうか。私の知るかぎりでは誰ひとり、常用の、つまり竜巻をともなった旋風の意味で、この語を捉えることを提案したものはいない(4)。いな、きっとこれこそ、求めている当の意味である。海が明るい蒸発物によって火へと上昇することをヘラクレイトスが説明したことは、十分に立証されている。そしてこれに類似して、火が海へと戻ってくる気象上の説明が欲しくなる。事実、太陽の燃焼によって生じる煙や、火と水とのあいだに接した段階を等しく表わすものが求められるのである。何がいったい、竜巻よりもはるかによく転化の説明に役立つことができるであろうか。それは、きわめてよく煙に似たものであるから、太陽の燃焼の発生物として説明される。そしてそれは、たしかに水の姿で下りてくる。この解釈がとくに確かなものとなるのは、プレーステーレス（πρηστῆρες）についてのヘラクレイトス説に関するアエティオスの報告と結びつけられるときである。それらは、「雲の点火と消火に」よるといわれる(5)。換言すると、明るい水蒸気は太陽の槽のなかで点火され、再び出てゆくと、暗い火の嵐雲として現われ、もういちど海に侵入する。つぎの段階で見られるのは、たえず大地に浸入する水である。すでにこの考え(10)には馴染んできた。「上り道」へ向きを変えると、海が大地になるのと同じ割合で、明らかに大地は液化されるのである。その結果、海は相変わらず「量ると同じ分量になっている」（断片二三）。その大半は大地であり、その大半はプレーステール（断片二一）である。いつのときにも海の大半は下り道をとり、火の嵐雲となっている一方、その大半は上昇して、大地となっていることを、これは表わしているに違いない。海が雨で増水するにつれて、水は大地に溢れる。海水が蒸発で減少するにつれて、大地が海を浸食する。ついに太陽の槽のなかで、海からの明るい水蒸気が点火して、「上り下り道」の周期をなし遂げるのである。

（1）第一章二九を見よ。
（2）しかしR.P. 36cを引用したディールスの言明（*Dox.* p.165）を見よ。
（3）Diog. ix. 8. (DK. 22A1), *σαφῶς δ' οὐθὲν ἐκτίθεται.*
（4）ここのことは、一八九〇年に書かれた。ディールスは、*Herakleitos von Ephesos*（1901）において、私と同じようにGlutwindの語を与えてそれを捉えている。Herod. vii. 42. とLucretius vi. 424とを参照。セネカ（*Q.N.* ii. 56）は、それをigneus turboと呼んでいる。こうした現象についての初期哲学者の見解は、アエティオス、三巻三に収集されている。アナクシマンドロスの*πρηστήρ*（第一章105頁注（4））は、別のことである。ギリシア水兵は、おそらく鍛冶屋の身近な鞴《ふいご》に準えて、その気象現象を名づけたのであろう。
（5）Aet. iii. 3, 9 (DK. 22A14), *πρηστῆρας δὲ κατὰ νεφῶν ἐμπρήσεις καὶ σβέσεις* (sc. *Ἡράκλειτος ἀποφαίνεται γίγνεσθαι*).

七三　定量の償い

この恒常的な流れにもかかわらず、事物が相対的に留まっているのはどのようにしてであろうか。それは「もろもろの定量」を保っているからであり、ために長い流れにおいて、その本体はたえず変化していても、さまざまな形をした素材の総体が変わらないでいる、というのがヘラクレイトスの答えであった。「永遠に生きている火」の或る「定量」は、つねに点火されつづけている一方、同じ「定量」がたえず消されつづけているのである（断片二〇）。あらゆるものは火と「交換」されるし、火はあらゆるものと「交換」される。このことは、もって行かれたものがどんなものであっても、その分だけ火がとって代わることを表わしている。「太陽は、おのれの限度を越えないであろう」（断片二九）。

しかもなお「定量」は、絶対的に固定されてはいない。上記のディオゲネスの文章から推定すると、テオプラストスは、明るい蒸発物と暗い蒸発物相互の優勢について語り、またアリストテレスは、ヘラクレイトスが蒸発によって万物を説明していると述べている。(1) とくに昼と夜、夏と冬の移り変わりは、こうした方法で説明された。ところでほとんど確かに、出所がヘラクレイトス派である偽ヒッポクラテスの論文 *Περὶ διαίτης* の一箇所において、(2) 昼と夜、また太陽と月の進路と「火と水が近づくこと」を結びついているのが読みとれる。(3) 断片二六においてもまた、「近づく」火が記されている。これらのものはすべて、密接に関連しあっているようにおもわれる。したがって残存する断片中に、主題に関係のあるものがあるかどうかを見てみなければならない。

（1） Arist. *De an.* B, 2. 405a26, *τὴν ἀναθυμίασιν ἐξ ἧς τἆλλα συνίστησιν.*

（2） ゲスナーは、この論文のなかにヘラクレイトス派の事柄が含まれていると指摘したが、ベルナイズは、学説を再構成するに当たって、それを重視して採用した最初のひとであった。この主題についてのかなり古い文献に取って替わってきたのは、主としてカール・フレドリッヒの *Hippokratische Untersuchungen* (1899) である。（私がすでに初版においても言及したように）この作品が、一八四で簡潔に性格づけられた折衷主義と反動の時代のものであることを、フレドリッヒは示している。そしてかれは、以前主としてヘラクレイトスのものと考えられていた第三章は、エムペドクレスやアナクサゴラスによって強い影響を受けていることを指摘している。しかしおもうにかれは、誤ってこの部分をアルケラオス学派の無名の「自然学者」に帰し、かつアルケラオスそのひとにまで帰しているのである。それと、プラトンの『クラテュロス』篇四一三C（223頁注（1）を見よ）に記された折衷的なヘラクレイトス派の人びとから予想しなければならないこととは、はなはだしくよく似ている。かれがヘラクレイトス的ではない、火と水との均衡の説を主張したのは、たしかに誤りである。そして校訂文に引用されている言葉を文脈から切り離すのは正しくない。なぜなら第三章の冒頭とそれは、言葉のうえでほとんど同じであるからである。

(3) *Περὶ διαίτης*, i. 5 (DK. 22C1). 私はつぎのように読む。*ἡμέρη καὶ εὐφρόνη ἐπὶ τὸ μήκιστον καὶ ἐλάχιστον· ἥλιος, σελήνη ἐπὶ τὸ μήκιστον καὶ ἐλάχιστον· πυρὸς ἔφοδος καὶ ὕδατος.* いずれにしてもこの文章は、*χωρεῖ δὲ πάντα καὶ θεῖα καὶ ἀνθρώπινα ἄνω καὶ κάτω ἀμειβόμενα* と *πάντα ταὐτὰ καὶ οὐ τὰ αὐτά* とのあいだにある。この両文は、たしかにヘラクレイトス的発言である。

十三　人間

火と水とが互いに交換し合うことを調べるにあたって、小宇宙から始めるのが都合がよいであろう。人間における二つの蒸発物についての方が、宇宙全般における類似した過程についてよりもはるかに明確な資料がある。そしてどちらかというと、ヘラクレイトスそのひとは、宇宙から人間を説明するよりも、人間から宇宙を説明したようである。アリストテレスは、乾いた蒸発物と魂とは一致することを仄めかしている。(1) このことは諸断片によって確かめられる。人間は火、水、土の三つのものから形成されている。しかし、大宇宙で火だけがひとつの知恵と同じであるように、小宇宙では火だけが意識をもっているのである。それが身体を離れると、残るもの、つまり、たんなる土や水はすっかり価値を失う（断片八五）。むろん人間に生命を与える火は、「上り下り道」に従っている。それはまるで宇宙の火が、「上り下り道」に従っているのと同じである。*Περὶ διαίτης* は、明らかにヘラクレイトス風の文章を残している。「すべてのもの、人間的なものと神的なものとの両方も、交換によって上へ、下へと過ぎて行く。(2)」私たちも世界にある他の物と同じように、永遠の流れのなかにいる。私たちは、二つの連続した瞬間において、同じであるし同じでない（断片八一）。この世にある火は、永遠に水となっているし、水は永遠に土となっている。しかし反対の過程も同時に進んでいるのであるから、同じ姿のままに見えるのである。(3)

(1) Arist. *De an.* A, 2.405a25 (R.P. 38. DK. 22A15). ディールスは、*καὶ ψυχαὶ δὲ ἀπὸ τῶν ὑγρῶν ἀναθυμιῶν·*

ται の語句をヘラクレイトスそのひとのものとしている。この語句は、断片四二に続いていて、アレイオス・ディデュモスに見いだされる。しかし私は、ἀναθυμίασις の語がヘラクレイトスのものとは、どうしても考えることができない。かれは二つの蒸発物をむしろ καπνός や ἀήρ と呼んだようにおもわれる（断片三七参照）。

（2） *Περὶ διαίτης* i. 5 (DK. 22C1), *χωρεῖ δὲ πάντα καὶ θεῖα καὶ ἀνθρώπινα ἄνω καὶ κάτω ἀμειβόμενα.*

（3） エピカルモスの断片二（Diels, 170b, Kaibel. DK. 23B2）において、これに触れたような言葉がある。「さて人間どもを見てごらんよ。或るものは成長し、或るものは去ってゆく。いつだってすべては変化しているのだ。本質的に（*κατὰ φύσιν*）変化して、同じところにかたときも留まらないものは、すでにもう移りゆくところのもとのものとは、おそらく違ったものなのだ。だから君にしろ私にしろ、昨日は別人であったし、いまだってまったく別人なのだ。再び私どもは別人になるだろうし、同じ人間にもなるだろう。こういった具合は、同じ理屈なのだ。」これは、借金をしながら返済をしたがらないひとの言葉である。

七四　(イ) 眠りと目覚め

しかし以上で尽きるのではない。人間は、火と水の「もろもろの定量」内で、或るきまった振幅運動に従っている。つまりその運動は、眠りと目覚め、生と死とを交互に起こすのである。これについての典拠のある句（**locus classicus**）は、セクストス・エムペイリコスの一文であって、それはアイネシデモスが説明したものを再生している。[1] つまりつぎのようである。（R.P. 41. * *Adv. math.* VII. 129 *sq.* DK. 22A16）

「自然学者たちは、私たちをとり巻くもの[2]が理性的で意識をもっている、と考えている。ヘラクレイトスによれば、私たちは呼吸によってこの神的な理性のなかに引き入れたときに、理性的となる。眠っているときは私たちは忘れているが、目覚めているときにもういちど意識的となる。というのは眠っているときに感覚の通路が閉じると、私たちの内面の心が、周辺のものとの接触から切り離され、ただ呼吸によって、まるで（残りのものが再び伸び出す）或る種の根のように、それとの接触が保たれている。そしてこのように分離されると、それは以前に所有していた記憶力を失ってしまう。しかし再度、目覚めると、ちょうど或る窓を通して眺めるように、感覚の通路を通して眺め、それはとり巻く心といっしょになって理性の力を身につけるのである。そして、燃えさしが火に近づけられると変化し、灼熱し、そして再びそれから隔てられると消えるように、まさにそのように、私たちの身体に逗留している周辺の魂の部分は、切り離されると非理性的になる。そして最も多くの通路を通して接触されるとき、それは全体的に同じ性質をもつようになる。」

明らかにこの文章には、後代の考えがずいぶん混入している。とくに「私たちをとり巻くもの」と空気とを一致させることは、ヘラクレイトス的ではありえない。というのはヘラクレイトスは、空気が水の一形態であることと以外、何も知っていなかったからである(三七)。感覚の通路とか戸口とかに触れられていても、おそらくかれには預かり知らぬことである。すなわち通路の説は、アルクマイオンのものである(九六)。最後に、心と身体との区別が、あまりにも極端に描かれている。一方、重要な役割を呼吸に与えているのは、きわめてヘラクレイトス的である。というのはアナクシメネスにおいて、それはすでに見られたことだからである。火に近づけるときに燃える燃えさしについての、印象的な直喩が本物であることは、ほとんど疑いえない(断片七七参照)。眠りは、火を消す水からの湿った暗い蒸発物が身体に侵入することで生じるというのが、疑いもなく真正の教説であった。ひとは眠りにおいて、あらゆるものに共通している世界内の火との接触を失い、自らの世界へ立ち戻る(断片九五)。魂においては、火と水が等しく釣り合っており、明るい蒸発物が等しく近づくことで、朝には均衡が蘇るのである。

(1) セクストスは、「ヘラクレイトスに従っているアイネシデモス」の語句を引用している。(* *Adv. math.* I. 349)

ナトルプは、アイネシデモスが実際ヘラクレイトス思想と懐疑主義とを結びつけた、と主張している（*Forschungen*, p. 78）。ディールスは、アイネシデモスだけがヘラクレイトスの学説を説明した、と言い張っている（*Dox.* pp. 210, 211）。この論争は、ここでこの箇所を取り挙げることを妨げるものではない。

（2）τὸ περιέχον ἡμᾶς は、τὸ περιέχον τὸν κόσμον に対立してはいるが、並行するものである。

一五　㈫　生と死

しかし魂にあっては、火と水とが長期間にわたって釣り合っているのではない。どちらか一方が優勢であって、どちらの場合も結果は死である。これらのそれぞれの場合を順に取り挙げよう。周知のように、魂にとって水になることは死である（断片六八）。しかしそういう事態が生まれるのは、快楽を求める魂においてである。というのは快楽とは、酔っぱらったひとの場合に見られるように、魂が湿ることであるからである。酔っぱらったひとは、魂を湿らせているので、どこへ自分が行っているのか知らない（断片七三）。そのために放埒を鎮めなければならないのときと違って無知を隠すことがいっそう困難である（断片一〇八）。酒杯を重ねて寛ぐときは、ほか（断片一〇三）。というのは欲しいとおもうものは何であれ、生命、つまり内なる火を犠牲にして購う（断片一〇五）。別の場合をいま取り挙げよう。最小限の水分を含む乾いた魂は、最善のものである（断片七四）。しかし火が優勢になると、水が優勢になった場合と同様に死をもたらす。しかしそれは、ひじょうに異常な死である。しかしまたそれは、死ぬ人びとにとって「より大きな分け前」を克ちとっている（断片一〇一）。

さらに夏と冬はひとつであり、それらの「反対の張り合い」によって必然的に相互に再生し合うのと同じように、生と死も相互に再生し合うのである。生も死もまたひとつである、と言われている。そして若さも老いも同じである（断片七八）。したがって魂はいま生きているし、いま死んでいる。つまりそれは場合に応じて、休みない上り下り道をもういちどやり直すために、火かあるいは水に変わるにすぎない。水分が超過したために死に至った魂は、土へと沈んでゆく。しかし水は土から生じ、水からもういちど魂が蒸発されるのである（断片六八）。そしてまた神々と人間どもとは、実際ひとつである、と言われている。それらは互いの生を生き、互いの死を死ぬる。火の死を死ぬ可死的なものは不死となり、(1) それは生者と死者の守護者となる（断片一二三）。(2) またこれら不死なものは、その逆に可死的となる。あらゆるものは、別のものの死である（断片六四）。生きているものと死んでいるものとは、たえず転化している（断片七八）。それは子供が遊んでいる将棋盤での駒のようにである（断片七九）。これが当て嵌まるのは、水となった魂だけにではなく、火となり、いまや守護心である魂にも当て嵌まる。真の疲れは、同じ状態が続くことである（断片八二）。そして真の休養は変化である（断片八三）。休養を他の意味で言えば、分解と同じである（断片八四）。(3) そのようにそれらも再度生まれ変わる。ヘラクレイトスは、生と死の均衡を保つ周期の持続期間を、三十年、つまりひとが祖父となる最小期間と見なした（断片七八―八九）。(4)

（1）この語は、逆説的効果をあげるために用いられている。厳密に言えば、それらのものは、ひとつの観点からすればことごとく可死的であるが、別の観点からすれば不死的である。

（2）戦場で斃れた人びとは、明らかに同じ分け前を分有している（断片一〇二）。ローデの ***Psyche***（Ⅱ.² pp. 148 *sqq.*）は、ヘラクレイトスが死後にもある魂を信じた、ということを認めようとしなかった。厳密に言えば、それは確かに矛盾してはいる。しかし私はツェラーやディールスとともに、その点は認められてよいと考える。プラトンが『ファイドン』篇で、不死の説をうちたてるのに初めて用いた論法は、まさに生と死を眠りと目覚めとに並行させたヘラクレイトス的思考である。

（3）これらの断片は、ついでながらプロティノス、イヤムブリコス、ヌメニオスによって引用されている（R.P.46c）。そしてローデのように、かれらがこれらの断片をそのように解釈する根拠をもっていなかった、と主張することはできないであろう。かれらは文脈を知っていたが、私たちは知らないのである。

（4） Plut. *Def. orac.* 415d (DK. 22A19), *ἔτη τριάκοντα ποιοῦσι τὴν γενεὰν καθ' Ἡράκλειτον, ἐν ᾧ χρόνῳ γεννῶντα παρέχει τὸν ἐξ αὑτοῦ γεγεννημένον ὁ γεννήσας.* Philo, fr. Harris, p.20 (DK. 22A19), *δυνατὸν ἐν τριακοστῷ ἔτει αὖ τὸν ἄνθρωπον πάππον γενέσθαι κτλ.* Censorinus, *De die nat.* 17, 2 (DK. 22A19), "hoc enim tempus (triaginta annos) ***genean*** vocari Heraclitus auctor est, quia ***orbis aetatis*** in eo sit spatio: orbem autem vocat aetatis, dum natura ab sementi humana ad sementim revertitur." この orbis aetatis の語は' *αἰῶνος* ***κύκλος*** 「生の周期」を意味しているとおもわれる。もしもそうであるなら、オルペウス教的な ***κύκλος γενέσεως*** と比較してもよいであろう。

七六　日と年

さて宇宙に目を転じよう。ディオゲネスは、火は大地や海からの明るい水蒸気によって養われ、湿りは暗い水蒸気によって養われた、と述べている。(1) 水の成分を増大させるこれらの「暗い」水蒸気とは何であろうか。もしかりにアナクシメネスの「空気」を想起するならば、その水蒸気を暗闇そのものと見なすことになるであろう。明りを欠いでいるのが暗闇であるという考えは、原初的でないことは周知のことである。したがっておそらくヘラクレイトスは、大地や海から暗闇が立ち昇ることで夜や冬が作られる、と信じたに違いない。むろんかれは、山頂を前にした渓谷は暗いことをよく呑み込んでいた。そしてこの暗闇は、湿っていて、太陽の明りを消すように水の成分を増したに違いない。しかしこのことは、暗闇そのもののもつ力を破壊している。太陽が暗闇に動きを与えるのでなければ、それはもはや上昇しえない。そしてそういうふうにして新しい太陽（断片三二）が点火されることも可能となるし、ひと時のあいだ水の成分を犠牲にして、太陽が自らを養うことも可能になるのである。しかしそれが可能になるのは、ほんのひと時のあいだである。太陽自体は、明るい水蒸気を燃焼することで養分を奪い、暗い水蒸気がもういちど支配するのである。「昼と夜とはひとつである」（断片三五）のは、この意味においてである。それぞれは別のことを表わしている。すなわち昼と夜とは、ひとつの過程の二側面であるにすぎないので、その過程のなかにのみ、それの説明の真の根拠を見いだすべきである（断片三六）。

夏と冬とは、同様な仕方で説明されてもよいものであった。周知のように、太陽の「折り返し」は当時の興味の中心であった。そして太陽が南に後退するうちに、太陽自体の熱で水の成分が前進するとヘラクレイトスが解したのも当然であった。しかしこのことは、蒸発を起こす太陽の力を弱める。それで太陽は養分補給のために、北方へ帰らねばならない。少なくともストア学派の説がそうであった。[2] その説がヘラクレイトスに由来していることは、*Περὶ διαίτης* に記載されている事柄によって証明されるであろう。つぎの文章は、明らかにヘラクレイトス的である。

「そしてそれぞれ（火と水）は、代わる代わる優勢となり、大なり小なりできるだけ限度一杯に優勢となる。というのはつぎのような理由から、どちらもこぞって優勢とはなりえないからである。もしも火が水の最上限へ向かって進むなら、その養分が不足する。そこでそれは養分の摂れる場所へと退く。またもし水が火の最上限へ進んでゆくと、運動が不足する。それでその場所に水は留まったままである。そして水がその点に至るとき、もはや反抗する力をもたないで、おしかけてくる火の養分として食い尽くされる。こうした理由から、どちらもこぞって優勢にはなりえないのである。しかしもしもいつかのときに、何らかの方法でどちらも優勢になることがあるならば、現存する事物のいかなるものも、現状のようには存在しないであろう。事物が現状のように存在するかぎり、火にしろ水にしろつねに上記のようにあるであろうし、どちらもけっして不足することはないであろう。[3]」

（1）Diog. ix. 9 (R.P. 39b. DK. 22A1)

(2) Cic. *N.D.* iii. 37: "Quid enim? non eisdem vobis placet omnem ignem pastus indigere nec permanere ullo modo posse, nisi alitur: ali autem solem, lunam, reliqua astra aquis, alia dulcibus (from the earth), alia marinis? eamque causam Cleanthes (fr.29 Pearson; I. 501 v. Arnim) adfert cur se sol referat nec longius progrediatur solstitiali orbi itemque brumali, ne longius discedat a cibo." 参照。

(3) ギリシア語の校訂文については、246頁注(12)を見よ。フレドリッヒの論文は、これがさきに引用した出典(231頁注(3))と同じ出典に由来したものであることを認めている。そしてこの出典は *Περὶ διαίτης* の一巻三から来ているので、かれはこの箇所がヘラクレイトス派から来ていることを否定している。かれは、それがストア学派の教説を示しているという事実に触れていない。そしてストア学派の教説は、それがヘラクレイトス的であることのゆえに、或る推測を生み出しているのである。もしも私がフレドリッヒ説に同意することができるならば、他の箇所がヘラクレイトス派の仲間のなかにおける自然学者からの改竄であったというよりむしろ、この箇所は自然学者のなかにおけるヘラクレイトス的な改竄であった、とさらに言うべきであろう。230頁注(2)参照。

七七　大年

ヘラクレイトスはまた、「大年」に相当する或る長期間について言及した。それは、一万八千年とか一万八百年続くなどさまざまに記されている。[1] しかし大年において生じる過程は何であるとヘラクレイトスが考えたかについて、明確な叙述はない。三万六千年の期間はバビュロニア的であったし、一万八千年はちょうどその半分の期間である。つまりこの事実は、あらゆる周期を「上り下り道」に分割するヘラクレイトス的方法と結びつけられるかもしれない。ストア学派やそれに所属する幾人かのひとは、大年が宇宙のひとつの大火と、つぎの大火とのあいだの期間と主張した。しかしかれらは、それをヘラクレイトス以上に長期とするには慎重であった。いずれにしても無造作に全体的な大火の説を、ヘラクレイトスの功績としてよいものではない。[2] まずすでに論じられたもっと短い期間から類推して、大年を解釈すべきであろう。

すでに明らかなように、ひとが祖父になる最小期間が三十年であり、それは魂の上り下り道の期間であって、それより長い期間については、その期間が宇宙内の火の「定量」によって下り道を通って土へ向かったり、再び上り道を通って火へ戻ったりするためにかかる時間を表わしていると解釈すれば、確かに最も自然である。プラトンは、人間の期間と宇宙の期間とのあいだにそのような類似性が認められていたことを、それとなく示している。[3] そしてこのことは、アリストテレスの文章からも十分確証される。つまりそれは、いつも周期的な大火の説に関連していると考えられている。かれは、「天」、つまり「最初の天」とかれが呼んでいるものが永遠であるか否か、という問題を論議しているのである。アリストテレス自身の観点からすれば当然のことであるが、かれは「天」をヘラクレイトスの火と同一視している。アリストテレスは、エムペドクレスとならんでヘラクレイトスが「天」は現に存在していても別の場合には消滅する、といったように交互にある、と主張した点を引き合いに出している。そして或るひとがもしも子供から大人へ、大人から子供へ転化するという場合に、ひとは存在しないことを表わしているのではないのと同様に、このことは天が消滅することを本当のところ表現しているのではない、とアリストテレスはつづけて指摘しているのである。[4] じつに明らかにこれは、三十年という世代と大年とのあいだの類似性に言及したものである。もしもそうであれば、この箇所の通常の解釈が間違いであろう。事実、火の「定量」が上り下りの道の全体を通して変わりえないと考えることは、この論とまったく矛盾している。しかし正確にはその矛盾は、個人の魂の継続に際して認めざるをえないと感じる矛盾である。さて一万八千は三万六千の半分である一方、一万八百は三六〇×三〇であることに気づくであろう。大年においてはそれは、それぞれの世代を一日とするものであって、これは高次の数にとっては有利である。[5]

（1）　Aet. ii. 32.3 (DK. 22A13), *Ἡράκλειτος ἐκ μυρίων ὀκτακισχιλίων ἐνιαυτῶν ἡλιακῶν* (*τὸν μέγαν ἐνιαυτὸν εἶναι*). Censorinus, *De die nat.* 11 (DK. 22A13), Heraclitus et Linus, Xdccc.

（2）　ストア学派の教説については、Nemesios, ***De nat. hom.*** 38（R.P. 503）を参照。アダム（***Republic***, vol. ii. p. 303）は、宇宙の破壊にしろ大火にしろプラトン年の終末を表わすものではないことを認めたが、しかし、この二つの事柄の結びつきははるかに後の時代のものであり、したがってヘラクレイトスが両者をそのように結びつけたという証拠もないまま、ヘラクレイトスに帰されるべきではなかったと当然帰結するとおもわれることにかれは触れようとしなかった。

（3）　これは、私たちが詳細に理解しているにしても、*ἀνθρώπειον* の期間と *θεῖον γεννητόν* の期間とのあいだの類似性を一般に表わしている。J. Adam, ***Republic***, vol. ii. pp. 288 *sqq.* を見よ。

（4）　Arist. ***De caelo***, A, 10. 279b14（DK. 22A10）, *οἱ δ' ἐναλλὰξ ὁτὲ μὲν οὕτως ὁτὲ δὲ ἄλλως ἔχειν φθειρόμενον, …… ὥσπερ Ἐμπεδοκλῆς ὁ Ἀκραγαντῖνος καὶ Ἡράκλειτος ὁ Ἐφέσιος.* 本当のところこのことは、*ὥσπερ εἴ τις ἐκ παιδὸς ἄνδρα γιγνόμενον καὶ ἐξ ἀνδρὸς παῖδα ὁτὲ μὲν φθείρεσθαι, ὁτὲ δ' εἶναι οἴοιτο*（280a14）のように、天は永遠であって形態を変えるとだけ結局は言っているにすぎないと、アリストテレスは指摘している。エムペドクレスに言及しているという点は、***De Gen. Corr.*** B, 6. 334a1 *sqq.*（DK. 31B53）から明らかであろう。アリストテレスが両説において論難しているのは、かれらが天の実体を元素の上昇運動や下降運動以外のものと見なしていないことである。

（5）　**Tannery**, ***Science hellène***, p. 168 参照。したがってディールスは、現にアエティオスにおいて *μυρίων ὀκτακοσίων* と読んでいる（***Vors.*** 12A13. DK. 22A13）。

六　ヘラクレイトスは全体的大火を説いたのか

ほとんどの誌家は、周期的な大火の説、つまりストア的用語を用いると、エクピュローシス（*ἐκπύρωσις*）の説をヘラクレイトスのものとしている。[1]これがよく知られたかれの見解と矛盾していることは明白であるが、ツェラーはこれを実際、受け容れているのである。ツェラーはさきに引用したプラトンの叙述（222頁）について、さらに解釈を下している。すなわち「ヘラクレイトスは、宇宙構成の周期的な変化の説においてこの原理を撤回しようとはしなかった。もし二つの説が両立しえないのであれば、それはかれの気づいていない矛盾である」と。

さてヘラクレイトスの論説にもろもろの矛盾があるにはあっても、この特定の矛盾があったというのはきわめて当たらない。まず第一に、それはヘラクレイトスの学説の中心的理念、すなわちかれの心をすっかり支配していた思考と矛盾している(六七)。そしてたとえそれについての証拠が結局文句の言えないものであるにしても、ただその可能性を認めることができるにすぎないのである。第二に、そのような解釈は、ヘラクレイトスとエムペドクレスのあいだを対照させたプラトンの観方、すなわちヘラクレイトスは一者がつねに多であり、多者はつねに一であると言っているのに対して、エムペドクレスは万物が代わる代わる多であり一であると言ったということをすっかり無効にする(六八)。そこでツェラーの解釈から考えざるをえないことは、ヘラクレイトスが自らの発見に気づかないで、簡単にそれに反したことを述べたことであり、またプラトンがこの発見そのものを論じながら、矛盾を見通せなかったことである。(2)

アリストテレスは、プラトンの言及に対照する何の発言もしていない。すでに明らかなように、エムペドクレスとならんでヘラクレイトスが、天が交互に或る状態から或る状態へ行き交っている、と説いた旨をアリストテレスは述べているが、その箇所は、宇宙のことではなく火のことを言っている。アリストテレスは、火をかれ自らいう「最初の天」の実体と同一視した。(3)それは、ヘラクレイトスがすべてのものはいつかは火になると言う場合、私たちの解釈とまったく一致するのである。これは、すべてのものが同時に火になることを表わしているのではなくて、上り下りの道についての、正真正銘のヘラクレイトス的な説をたんに報告しているのかもしれない。(4)

ヘラクレイトスが全体的大火の説を唱えたと最初に報じた文は、ストア学派の誌家のなかに見いだされる。またキリスト教の護教家も終末の大火の考えに関心を示し、ストア的な見解を再現している。しかし奇妙なことは、ストア学派のなかにあってさえ、この主題についての見解に差異があったということである。マルクス・アウレリウスは、或る箇所で言っている。「あらゆるものが、宇宙の理法のなかに取り入れられるのは、周期的な大火によってであるか、あるいは永遠の交換物のために刷新されるからかである。[5]」実際いく人かは、ヘラクレイトスには全体的大火は少しもない、と言った。プルタルコスは、作品中のひとりの人物に語らせている。「多くのひとから私はこれらのなにもかも聞いているのだ。それにヘシオドスの詩のいたるところにストア的な大火が拡がっているのを目にしている。まるでストア的な大火がヘラクレイトスの著作やオルペウスの詩句に蔓延しているようにだ[6]」と。この問題が論じられたことは、このことからも判るのであって、したがってそれを解決しうるヘラクレイトスについての報告に期待し、繰り返し引用されなければならない。こういった類いの引用文をひとつしか示すことができないということのもつ意味は、すこぶる深い。[7]

反対に、ヘラクレイトスが全体的大火について語ったことを示す何の資料もないということは、それを証明すると考えられる若干の断片に当たってみるだけで、いっそう明らかになる。好都合な断片は、断片二四である。そこでは火は欠乏と過多である、とヘラクレイトスが言ったとされている。その表現こそがヘラクレイトス風であり、そのもつ意味は、ここでの解釈をきわめて納得のゆくものにしている。それはさらに断片三六で確認される。つぎは断片二六で、そこで判読するのは、火が前進しながらあらゆるものを裁き、断罪するであろうということである。そこには、火があらゆるものを代わる代わるに裁くのではなく、一度に裁くであろう、ということを表わす何ものもない。実際、語法からは火や水の前進のことが頭に浮かぶ。この前進は、ヘラクレイトスのものであるというわけを私たちは心得てはいるが、しかし前進は、或る極限までに限られていると、はっきり言われている。[8] これらの断片は、ストア学派やキリスト教護教家たちが発見しえた最良の文章であるとおもわれる。それについての私たちの解釈が正しいにしろ間違っているにしろ、動かせないことは、かれらが自らの結論の重みに耐えかねていることであり、見つけ出そうにもそれ以上、明確な断片が何もなかったことである。

全体的大火と矛盾する断片を見つける方が、はるかに容易である。断片二〇や断片二九の「定量」は同じものであるはずであり、両者は断片二三に照らして解釈されねばならない。もしそうであれば、断片二〇やとくに断片二九は、全体的大火についての考えを真っ向から否定している。「太陽は、おのれの限定を踏み越えないであろう。[9]」第二に、断片二二における火の転化に適用された「交換物」の譬えは、同じ方向を指している。黄金が商品と、商品が黄金と交換される場合に、総計すなわちそれぞれの「定量」は、所有者が代わっても変わらない。商品や黄金のすべては、同じ手のなかにはやって来ない。同様に何かが火になるときに、「交換物」が正義であるとすれば、等しい分量だけ火でなくならねばならない。そしてそれが正義であることを、エリニュエスの用心深さのために保証されているのである（断片二九）。かの侍女は、太陽が与える以上のものを取らないように注意している。もちろんすでに見たように、或る変様はある。しかしそれは厳密には一定の限界内に限られており、別方向における変様によって長期間のうちに償われるのである。第三に、ホメロスが戦いの停止を望んだという廉でヘラクレイトスがかれを非難した断片四三は、ひじょうに決定的である。戦いの停止とは、あらゆるものが上り道か下り道かを同時に取らねばならないし、「反対方向へ進むこと」を止めねばならないことを意味するであろう。もしもすべてが上り道をとるなら、全体的大火に出会わざるをえないであろう。さてもしヘラクレイトスそのひとが、これは運命の定めであると主張したとすれば、ホメロスが是非達成してほしいと望んだということをはたして咎めたであろうか。[10]第四に、断片二〇において永遠に存在していると言われているのは、この宇宙であり、[11]ただたんなる「生きている火」ではないことに気づくのである。そしてまたその永遠性は、同じ「定量」のもとにそれがつねに点火され、つねに消えている事実にもとづくものであること、あるいはひとつの方向への侵害は、つづいて起こる別の方向への侵害によって償われるということを表わしている。最後に、*Περὶ διαίτης* からさきに引用された箇所の終わりの章句について、ラッサルが論じた点は、本当のところツェラーの反論、すなわちあらゆるものが火と水であることをその章句が暗に示しているから、ヘラクレイトス的でないという反論によっても損われない。その章句の表わしているのは、そのことではなくて、天体のようにただひとが火と水とのあいだを振幅運動しているということである。まさにこれこそヘラクレイトスの説いた点である。さてこの箇所においては、火にしろ水にしろいずれも完全に優勢ではありえない、と読み取れる。これに対してはまことにうまい理由が付されており、その理由はまたヘラクレイトスの別の見解ともじつによく一致している。(12)そしてこうした見方と相呼応して、もしそのようなものが生ずることになれば、どうして宇宙がかつて全体的大火から回復できたかを理解することは、実際容易なことではない。全過程は、過多が欠乏でもあるという事実、別の言葉で言えば火が進めば水蒸気が増大し、水が進めば蒸発を誘引する力を火から奪うという事実に基づいているのである。大火はしばらくのあいだしか続かないにしても、(13)大火があるかぎり、新しい宇宙が出現する拠り所である反対の緊張を毀すであろうし、その場合運動は不可能になるであろう。

(1)　シュライエルマッヘルやラッサルは、顕著な例外である。ツェラー、ディールス、ゴムペルツは、ヘラクレイトスが *ἐκπύρωσις* を信じたことにまったく積極的である。

(2)　ツェラーは第五版（六九九頁）で、この最後の困難を感じとったようにおもわれる。というのも、そこで「それは、かれやおそらくプラトンもまた（und den wahrscheinlich auch Plato）気づかなかった矛盾である」と言ったからである。これはまだ少しは議論の余地があるようである。プラトンは間違っているかも、間違っていないかもしれない。しかしかれは、ヘラクレイトスは *ἀεί* と言っているが、エムペドクレスは *ἐν μέρει* と言っている旨、きわめてはっきりした言明をしている。イオニアのムウサたちは *συντονώτεραι* と、シケリアのムウサたちは *μαλακώτεραι* と呼ばれる。まさにそのわけは、後者が、それらはつねにそうである（*τὸ ἀεὶ ταῦτα οὕτως ἔχειν*）という教説の「調子を和らげた」（*ἐχάλασαν*）からである。

(3)　240頁注（4）を見よ。

(4)　*Phys.* Γ 5, 205a3（*Met.* K, 10. 1067a4）, *ὥσπερ Ἡράκλειτός φησιν ἅπαντα γίνεσθαί ποτε πῦρ.* ツェラーはこ

れを es werde alles dereinst zu Feuer werden. と翻訳している。しかしそのためには *γενήσεσθαι* となる必要があろう。*ἅπαντα*（たんに *πάντα* だけではない）は、あらゆるものが一度に火と化すことを表わしている、とかれが主張するわけは何ものもない。アリストテレスの頃には、*πᾶς* と *ἅπας* とに意味の違いはなかった。もちろんディールスが言っているように、現在形は「時代の永続的な交替」について用いられたかもしれない（*Vors.* 12A（DK. 22）10 *n.*）。しかしツェラーの論の狙いのためには、それを意味するかもしれないということだけでなく、それを意味しなければならないというものが望まれるのである。

（5） Marcus Aurelius, x.7, *ὥστε καὶ ταῦτα ἀναληφθῆναι εἰς τὸν τοῦ ὅλου λόγον, εἴτε κατὰ περίοδον ἐκπυρουμένου, εἴτε ἀιδίοις ἀμοιβαῖς ἀνανεουμένου.* この *ἀμοιβαί* は、とくにヘラクレイトス的であって、この報告は、マルクウスが別の箇所でストアの通例の解釈に従っているだけに、もっと注目されてよいものである。

（6） Plut. *De def. orac.* 415f.（DK. 22A10）, *καὶ ὁ Κλεόμβροτος, 'Ακούω ταῦτ', ἔφη, πολλῶν καὶ ὁρῶ τὴν Στωικὴν ἐκπύρωσιν ὥσπερ τὰ 'Ηρακλείτου καὶ 'Ορφέως ἐπινεμομένην ἔπη οὕτω καὶ τὰ 'Ησιόδου καὶ συνεξάπτουσαν.* ツェラーが認めるように（p. 693 *n.*）、これはストアの *ἐκπύρωσις* について反対するものたちが、ヘラクレイトスによる支えをそこから除こうとしたことを証明している。

（7） これはただ argumentum ex silentio と言われている。しかしその場合他の場合と違って、argumentum ex silentio はもっと説得的である。積極的な報告は、かえって間違って解釈されることもあろう。しかし主題が鋭く論じられたことが判っている場合や、どのような当事者もそうした見方をとっていてはまともな校訂文を著わしえないことに私たちが気づく場合、そのようなものは何も存在しなかったという結論に文句は言えなくなる。同じような言い方が、この主題に対する近代の諸意見にも当て嵌まる。ディールスは、私の見解は「間違っている」（ist irrig）とこともなげに言っているが、そう言えるための何か新しい理由を挙げていない。結局、かれは何があるかも知ってはいないのである。

（8） *Περὶ διαίτης*, i. 3, *ἐν μέρει δὲ ἑκάτερον κρατεῖ καὶ κρατεῖται ἐς τὸ μήκιστον καὶ ἐλάχιστον ὡς ἀνυστόν.*

（9） もしこれが「もろもろの定量」を実際に意味していることをひとが疑うならば、アポルロニアのディオゲネスの断片三での語法と比べさせるがよい。

（10） これは、プラトンが『ファイドン』篇（七二C）で *ἀνταπόδοσις* の必要性を証明するために用いた論法と同じである。その箇所での論法全体を貫くものは、性格上厳密にヘラクレイトス的である。

(11) ここで *κόσμος* をどんなに理解するにしても、意味は同じである。実際、それは「秩序」を表わしている、というベルナイズと同じく考えるならば、その論はもっと積極的なものになるであろう。*κόσμος* の語は、いかなる語義のなかにも *ἐκπύρωσις* を留めてはいない。したがってストア学派の人びとは、ヘラクレイトスが永遠であると説明していたにしても、*κόσμος* は *φθαρτός* であると言った。

(12) *Περὶ διαίτης*, i. 3 (230頁注(2)を見よ), *οὐδέτερον γὰρ κρατῆσαι παντελῶς δύναται διὰ τάδε· τό ⟨τε⟩ πῦρ ἐπεξιὸν ἐπὶ τὸ ἔσχατον τοῦ ὕδατος ἐπιλείπει ἡ τροφή· ἀποτρέπεται οὖν ὅθεν μέλλει τρέφεσθαι· τὸ ὕδωρ τε ἐπεξιὸν τοῦ πυρὸς ἐπὶ τὸ ἔσχατον, ἐπιλείπει ἡ κίνησις· ἵσταται οὖν ἐν τούτῳ, ὅταν δὲ στῇ, οὐκέτι ἐγκρατές ἐστιν, ἀλλ' ἤδη τῷ ἐμπίπτοντι πυρὶ ἐς τὴν τροφὴν καταναλίσκεται· οὐδέτερον δὲ διὰ ταῦτα δύναται κρατῆσαι παντελῶς, εἰ δέ ποτε κρατηθείη καὶ ὁπότερον, οὐδὲν ἂν εἴη τῶν νῦν ἐόντων ὥσπερ ἔχει νῦν· οὕτω δὲ ἐχόντων ἀεὶ ἔσται τὰ αὐτὰ καὶ οὐδέτερον οὐδαμὰ ἐπιλείψει.*

(13) ディールスは断片六六(26=Byw.)に注を付して、*ἐκπύρωσις* はほんの僅かな火で、しかもほんの瞬間だけしか続かないと言って、それのもつ難点を最小限にとどめようとしているが、矛盾は残っている。ディールスは、ヘラクレイトスが「表現形式上でのみ暗かった」のであり、「かれ自身、自分の考えの意味や範囲については完全に明るかった」と主張している(Herakleitos, p. i)。私がそれにつけ加えるとすれば、かれがおそらく「暗い人」と呼ばれたことであろう。なぜならストア学派の人びとは、自分たちの思想をヘラクレイトスの言葉で解釈するのは難しいことに気づいたからである。

七九　戦いと「調和」

いまや私たちは、「上り下りの道」に現われる戦いの法則すなわち対立の法則をもっとはっきり理解することのできる立場にある。いつだって三つの集合体、火・水・土のそれぞれは二つの等しい部分――むろん上述の振幅運動をしている――から成り立っている。一方の部分は上り道を、別の部分は下り道を通っている。さてこれは、あらゆるものの両半分が「相反する方向へ引っぱられている」というまさにそのことに他ならない。つまり一方は「逆方向への張り合い」であり、一方は、「事物を和合させる」のであって、或る限度内で一時的に妨げられるにすぎない平衡状態に保つのである。かくしてそれは、宇宙の「隠れた調和」(断片四七)を作る。もっともその別の面では戦いである。「弓とリュラ琴」(断片四五)について、キャムブルは直喩でもってきわめて巧みに説明したと私はおもう。かれは、「矢が弦を離れるとき、一方の手と他方の手は、また弦と弭とは別々に逆方向へ張り合っている(プラトン『国家』篇四巻四三九参照)。そして琴が妙なる調べを奏でるのは、それと似て引っ張って保持するからである。宇宙の秘密は同じである」と言った。(1) それから人間社会においてと同様に、世界においても戦いは父であり、万物の王である(断片四四)。そして争いが止むよう望んだホメロスは、本当のところ世界の破壊を祈ったのであった(断片四三)。

ヘラクレイトスが多くの実例をあげて自説を裏づけたことは、フィロンから知られるのである。若干の実例は、まだ捜し出すことが可能である。偽アリストテレスの *Περὶ κόσμου* やヒッポクラテスの *Περὶ διαίτης* におけるこういった箇所のあいだには、注目すべき一致がある。両方の著者とも同じ典拠、すなわちヘラクレイトスから引き出されたことが実際に確かめられるのは、この一致が或る程度まで『ヘラクレイトスの書翰』にまで及んでいるという事実によってである。この書翰は偽作ではあるが、原本に触れたことのあるひとによってたしかに著わされている。その論ずるところは、人間みずから自然とまさしく同じ方法で行動しているということである。したがって自然の働きが準拠している法則を、人間が認知しないのは意外なことである。画家は色の対比によって、音楽家は高低の調べの対比によって、調和を効果的にする。「もしもひとが万物を同じに作っていれば、そこには何の喜びもないであろう。」似たような実例は多い。そのうちの若干は、たしかにヘラクレイトスに由来しているに違いない。しかし後の時代に付加されたものと、それらを区別することは容易ではない。(2)

(1) L. Campbell, *Theaetetus* (2nd ed.), p. 244. ベルナイズは、弓と琴の形態を引き合いに出してこの句を説明したが、これは適切ではない。ヴィラモヴィッツの解釈は、キャムブルの解釈に基づいている。"Es ist mit der Welt wie mit dem Bogen, den man auseinanderzieht, damit er zusammenschnellt, wie mit der Saite, die man ihrer Spannung entgegenziehen muß, damit sie klingt" (*Lesebuch*, ii. p. 129). ここにピュタゴラス学派の「調律された弦」の影響があるとおもわれる。

(2) 文章 (*Περὶ διαίτης*, i. 5. DK. 22C1), *καὶ τὰ μὲν πρήσσουσιν οὐκ οἴδασιν, ἃ δὲ οὐ πρήσσουσι δοκέουσιν εἰδέναι· καὶ τὰ μὲν ὁρέουσιν οὐ γινώσκουσιν, ἀλλ' ὅμως αὐτοῖσι πάντα γίνεται……καὶ ἃ βούλονται καὶ ἃ μὴ βούλονται* は、本物のヘラクレイトス的調子をもっている。つぎの場合もまた、ヘラクレイトスを措いては著者はありえない。すなわち「かれらは知解よりも自分の眼を信頼している。もっとも目は、可視的なものについてさえ判断するのにふさわしくない。しかし私はこうしたことを知解したから言っているのである。」これらの語句は、医学に通じた編者の言ったものとすれば奇妙である。しかし、こうした事柄は、このエプェソス人からつねに聞いている。ヘラクレイトス調の別の実例は、木を切っている二人のひとの姿である。――「ひとりは押し、ひとりは引っ張る」――そして、筆記術の例もある。

八〇　対立者の相互関係

ヘラクレイトスの若干の断片のなかには、それ自体で一群を形成するものがある。それは現存する最も顕著な表現をした断片のなかに含まれている。一群の断片は、つねに対立者と見なされるさまざまな事物の統一性を、単刀直入に述べている。その意味を探る手懸かりは、昼と夜はひとつであるという主張に対して、すでに与えられた解説のなかに見いだされるべきである。すでに明らかなように、ヘラクレイトスは、昼が夜であり、夜が昼であるのではなく、それらは同じ過程の二側面である、すなわち火と水の「定量のもの」が振幅運動をするのであり、どちらも一方がなければ成り立ちえない、という意味のことを言った。夜について言うことのできる説明は、どんなものでも昼についての説明になるであろう。その逆も同じである。というのはそれが両者に共通なものについて述べていることになろうし、それ自体ときには一方を、ときには他方を示しているからである。さてこれは、原初の火が分割されてもひとつであるという原理をとくに適用したものであるにすぎない。火そのものはひとつであっても、過多と欠乏、戦いと平和の両方である（断片三六）。換言すれば、火が別の形態になるように、また火がつとめて「変化することで休むこと」（断片八三）や、対立の「隠れた調和」に「隠れる」（断片一〇）ことを求めるようにしむける「飽満」は、過程のたんなる一側面である。一方は、火が明るい蒸発物を燃料として燃やすようにしむける「欠乏」である。上り道は、下り道がなければ存立しない（断片六九）。もしもどちらかでも存在しないとなると、一方も存在しなくなろうし、世界は消滅するであろう。というのは見かけのうえで確固とした実在を現わすには、両方が必要だからである。

その他、こういった類いの表現は、すべて同様な仕方で説明されるはずである。寒さがなければ、暖かさもないであろう。すなわち、寒いという状態があって、その程度に応じて暖かくなるということがあるにすぎない。そして同じことは、湿りと乾きとの対立にも当て嵌まるのである（断片三九）。いずれ述べられることであるが、これらはアナクシマンドロスの二つの基本的対立者とまさしく同じであり、ヘラクレイトスは、その対立者間にある戦争が実は平和であることを示している。すなわち戦争は、そのあいだにあって争いとして現われる共通要素である（断片六二）。さらにまた、真の争いは正義であり、アナクシマンドロスが説いたように、一方が他方を償い、かつ両方を共通の基盤に再度引き入れることで贖われるべき不正義ではないことをも示しているのである。(1)

こうした表現の最も驚くべき点は、善と悪とが同じと確信することである（断片五七）。これは善が悪であるとか、悪が善であるとかを意味するのではなく、ただそれらは分離しえない一の半分、同じものの半分であることを示している。悪の状態があるからこそ、善になりうるのであり、善の状態があるからこそ、悪になりうるのである。あらゆるものがあるのは、対立があるからである。断片五八で与えられた例証は、このことをはっきりと示している。世に言われるように、苦痛は悪であった。しかももうひとつの悪、すなわち病があるからそれは善となるのである。ちょうど外科医は患者に苦痛を与えた代償として謝金を期待する事実がこれを示している。他方、善である正義は、悪である不正義がなければ知られないであろう（断片六〇）。そのために人間にとって、すべて望み通りになるのは善いことではない（断片一〇四）。世界における争いの停止が世界の破壊を意味するのと同様に、飢え、病、疲れがなくなることは、満腹、健康、休息がなくなることを意味するであろう。

このことは相対論に導いて、ゆくゆくは「万物の尺度は人間である」というプロタゴラスの教説に辿り着くことになる。(2) 海水は魚にとっては善であるが、人間にとって悪である（断片五二）といった多くの事例がある。同時にヘラクレイトスというひとは、絶対的な相対性を信じてはいない。宇宙の過程は、たんに循環であるばかりか「上り下りの道」である。二つの道が出会う上限に、純粋な火があるのであって、そこに分離がない以上相対性はない。人間にとって或るものが悪であり、或るものが善であるが、神にとってすべてのものは善である（断片六二）と言われている。さてヘラクレイトスが、神すなわち「ひとりの賢者」の語でもって火を表わしたことは疑いえない。かれが述べようとしたのは、神のなかでは宇宙にあまねく対立や相対が消滅することであった。このことに疑義を挟む余地はほとんどありえない。たしかに断片九六、九七、九八は、このことに言及している。

（1）第一章一六。

（2）プラトンは『テアイテトス』篇（一五二D以下）で知識の相対性について述べているが、この記述はヘラクレイトスそのひとに溯及し難い。しかし狙いは、ヘラクレイトスの思想がどうしてそのような説を惹起するかを示すことである。もしも魂は流れであり、事物も流れであるなら、むろん知識は相対的である。たぶん後の時代のヘラクレイトスの徒が、この方向に説を案出したのであろう。

八二　賢者

ヘラクレイトスは、「知恵」や「賢者」について二つの意味で言っている。すでに触れたように、かれは多の統一性の知覚を知恵の語で表わして、知恵は「あらゆる他のものからかけ離れたもの」(断片一八)であると言った。また「あらゆるものの行く手を教える思慮」と見なされたその統一性そのものにも、この用語を適用している。これは、一方が上り道をとり他方が下り道をとるという、二つの部分に分けられない純粋な火と同義語である。そういったもののみが知恵をもっているのである。つまり目に見える不完全なものは知恵をもちあわせない。私たち自身が火的である程度に応じて、知的である(断片七四)。

八三　神についての説

ヘラクレイトスは、或る条件つきでひとつの知恵を、ゼウスの名をもって呼ぶことにした。少なくとも断片六五の意味は、そのようにおもわれる。この条件とは何であったかを推察するのは容易である。もちろんひとつの知恵は、人間の姿で描かれるはずのものではない。このように言えば、ヘラクレイトスはすでにクセノプァネスの言及したことをただ繰り返しているにすぎないことになる。かれはさらにクセノプァネスと意見を同じくして、この「神」がそのように呼ばれるのであれば一であると主張した。しかし民間信仰に対するかれの論争は、神話的な結果に対してよりも、むしろ儀式や祭典そのものに向けられていた。かれは当時の宗教的形式を羅列している(断片一二四)。そして断片が引用されている文脈は、天罰が来るといったような仕方で民衆を脅したことを示している。かれは神像に祈ることの不合理を批判しており(断片一二六)、また殺人罪は血を流すことで浄められるという奇妙な考えを批判している(断片一三〇)。かれはまた陽気で淫蕩な祭典で、ディオニュソスを崇拝し讃えることが不合理である一方、ハデスは陰気な儀式で宥められる、と言ったようである(断片一二七)。神秘的な教義そのものからすると、二つの神は実際はひとつであった。ひとつの知恵は、完全無欠なものとして崇拝されるべきであった。

八三　ヘラクレイトスの倫理

ヘラクレイトスの倫理的な教えは、「共通なものに従う」という決まりに集約される。それにもかかわらずヘラクレイトスの主張する「共通なもの」は、常識とはずいぶんかけ離れたものである。実際かれは、常識に対して最大限の蔑視をした(断片一一一)。多くのものがまるで自分に固有な知恵があるように(断片九二)、自分だけの世界に入って生きている(断片九五)ということは、事実「多くのもの」に対するかれの最も強烈な反論である。したがって世評は、「共通なもの」とはまったく反対なものである。この決まりは、ヘラクレイトスの人間学的で宇宙論的見方の結果として、実のところ解釈されるべきである。最初に要求されるのは、私たちの魂を乾いた状態に保ち、火であるひとつの知恵へ魂を同化させることである。それこそが本当に「共通」なものであって、最大の誤りは、眠った人間のように振舞うこと(断片九四)、すなわち私たちの魂を湿らせることで宇宙の火から離れることである。

ヘラクレイトスが「共通なもの」を都市の諸法則に準えたことから、結局ストア的世界国家への道を開いた。そしてこの諸法律は、神の掟が典型的にひとつなのにくらべてはるかに多い。つまり神の掟の不完全な具体化である。しかし諸法律は、神の掟をことごとく網羅することはできない。というのは人間的なあらゆる出来事には、相対的要素があるからである(断片九一)。「大人は神の側からすれば稚児である」(断片九七)。しかしながら法律がそのようなものであっても、都市は、城壁のために戦うように、法律のために戦わねばならない。そしてもしたまたま乾いた魂をもつ一市民が出るという幸運に巡りあうならば、そのひとは千万人に値する(断片一一三)。すなわちこういうひとにあってのみ、「共通なもの」が具体化するからである。

第四章　エレアのパルメニデス

八四　生涯

ピュレスの子パルメニデスは、プォカイアからの亡命者によって、前五四〇～三九年にオイノトリアに築かれた植民地ヒュエレ、すなわちエレア、またの名ヴェリアの一市民であった[1]。ディオゲネスは、かれが第六九オリュムピア祭期（前五〇四～五〇〇年）に、「最盛期」であった、と述べている。これはたしかにアポルロドロスの与えた年代であった[2]。他方プラトンは、パルメニデスが六十五歳のときにゼノンを連れてアテナイに来、ソクラテスと面談したが、そのときソクラテスはひじょうに若かった、と言っている。さて前三九九年に処刑されたとき、ソクラテスは七十歳を越えたばかりであった。したがってパルメニデスと面談した頃、ソクラテスがエプェーボス（ephebos）、すなわち十八歳から二十歳にかけてであったと想定すると、その面談の年代は前四五一―四四九年となる。プラトンのはっきりした言明よりもむしろアポルロドロスの目算の方を選ぶのは[3]、とりわけパルメニデス自身「あらゆる都市」を訪ねたと言っている以上[4]、まったく無批判というほかない。ゼノンがアテナイを訪問し、そこでペリクレスがかれに「聞いた」といわれる別の証拠もある[5]。アポルロドロスの与えた年代は、もっぱらエレアの建設の年代（前五四〇年）に依拠しているのである。かれはその年代をクセノプァネスの最盛期として採りあげた。パルメニデスがその年に生まれたのは、ゼノンがパルメニデスの「最盛期」の年に生まれたのと事情は同様である。そのような取り合わせをどうして誰もが重要視するのか、私には納得がゆかない。

すでに触れたようにアリストテレスは、パルメニデスがクセノファネスの弟子であった、と述べている（五五）。しかし取り挙げられたこの叙述が、『ソフィステス』篇でのプラトンの諸謔味のある言葉のままであることは、実際確かである。このプラトンの言葉についてはすでに触れた。(6) クセノファネス自身、九十二歳でなおあちらこちらを彷徨していた、と言っている（断片八）。その当時パルメニデスは、かなり歳をとっていたであろう。そしてディオゲネスが残しているソティオンの叙述を看過するわけにはゆかない。すなわちパルメニデスは、クセノファネスに「聞いた」けれども、かれに従わなかったというのである。本当のところパルメニデスは、ピュタゴラス派のひとで、ディオカイタスの子、「しかも貧しいが高貴なひとで、パルメニデスが英雄に対するように死後、このひとのために社殿を建てた」ほどのひとアメイニアスの「仲間」であった。パルメニデスを愛知の生活に「転身させた」のは、クセノファネスではなくてアメイニアスであった。(7) これは読んでみると、ひとつの作り話ではなさそうである。ちょうどメタポンティオンのピュタゴラスの墓のように、後のちまでもパルメニデスの建立した社殿はそこにあったに違いない。そして献呈の刻銘も記されていたに違いない。そのうえストラボンが、パルメニデスとゼノンをピュタゴラス派のひとと記し、ケベスが「パルメニデスやピュタゴラス風の生活方法」を語っていることにも触れられるべきであろう。(8) さらにパルメニデスの詩の冒頭は、或る種の誤解から、真実であるとかれの主張するものへの転向を諷喩的に記述したものであり、それがオルペウス教的啓示の形式で表わされていることは確かである。(9) もし若い頃かれがピュタゴラスの徒であったのであれば、それはまったく当然のことであろうし、かれにかかわる伝承を受け容れることに何の躊躇もいらない。パルメニデスの学説とピュタゴラスの学説との関係については、後になって言及されるであろう。いまのところ、以前のほとんどの哲学者と同様に、パルメニデスが政治に参加したことを注目するに留めよう。つまりかれが自分の母国のために法律を制定した旨、スペウシッポスが記録していた。また別のひとは、パルメニデスが制定した法律を遵守するよう、エレアの行政官が毎年市民に誓わせたことも付言している。[10]

(1) Diog. ix. 21 (R.P. 111. DK. 28A1). エレアの建設については、ヘロドトス『歴史』一巻一六五以下を見よ。それはルカニア地方の沿岸で、ポセイドニア（パエストゥム）の南方にあった。

(2) Diog. ix. 23 (R.P. 111. DK. 28A1). Diels, *Rhein.* Mus. xxxi. p. 34 ならびに Jacoby, pp. 231 *sqq.* 参照。

(3) Plato, ***Parm.*** 127b (R.P. 111d. DK. 28A5). ヴィラモヴィッツはその昔、プラトンには時代錯誤はない、と言った。もっともかれは現在、この報告は「作り話」と見なしている (*Platon,* vol. i. p. 507)。私は同意できない。まず第一に、ゼノンがパルメニデスよりも二十五歳若くて、アポルロドロスの言ったように四十歳ではなかったという、両者の年齢についての正確な証拠はない。第二に、プラトンは、この邂逅を二箇所で言及している (*Theaet.* 182e7 と *Soph.* 217c5. DK. 28A5)。これは『パルメニデス』という標題の対話篇のゆえのたんなる言及とはおもわれない。

(4) 259頁注（1）参照。

(5) Plut. *Per.* 4, 3. 455頁注（2）を見よ。

(6) 上記第二章185頁注（3）を見よ。

(7) Diog. ix. 21 (R.P. 111. DK. 28A1). ディールス (*Hermes,* xxxv. p. 197) と同様に *'Αμεινίᾳ Διοχαίτα* と読む。ソティオンは、『諸系譜』において、パルメニデスをクセノファネスから切り離し、ピュタゴラスの徒と結びつけた (*Dox.* pp. 146, 148, 166)。同じように Proclus *in Parm.* iv. 5 (Cousin. DK. 28A5), *'Ελεᾶται δ' ἄμφω* (パルメニデスとゼノン) *καὶ οὐ τοῦτο μόνον, ἀλλὰ καὶ τοῦ Πυθαγορικοῦ διδασκαλείου μεταλαβόντε, καθάπερ που καὶ Νικόμαχος ἱστόρησεν.* たぶんこれは、ティマイオスに由来している。

(8) Strabo, vi. 1, p. 252 (DK. 28A12. 次注(10)); Ceb. *Tab.* 2 (R.P. 111c). ストラボンの報告が、最も価値がある。というのはそれが、いま失われている歴史家（とくにティマイオス）に基づいているからである。

(9) 前六世紀の諷喩詩についてはほとんど知られていないために、詳部にわたっては定かではない。せめてパルメニデスは、詩の形式を或るそのような出典から拝借したとしか言えない。Diels, "Über die poetischen Vorbilder des Parmenides" (*Berl. Sitzb.* 1896) と *Parmenides Lehrgedicht,* pp. 9 *sqq.* の序文を見よ。

(10) Diog. ix. 23 (R.P. 111. DK. 28A1), Plut. *Adv. Col.* 1226a (DK. 28A12), *Παρμενίδης δὲ τὴν ἑαυτοῦ*

πατρίδα διεκόσμησε νόμοις ἀρίστοις, ὥστε τὰς ἀρχὰς καθ᾿ ἕκαστον ἐνιαυτὸν ἐξορκοῦν τοὺς πολίτας ἐμμενεῖν τοῖς Παρμενίδου νόμοις. Strabo, vi. 1, p. 252 (DK. 28A12), (Ἐλέαν) ἐξ ἧς Παρμενίδης καὶ Ζήνων ἐγένοντο ἄνδρες Πυθαγόρειοι. δοκεῖ δέ μοι καὶ δι᾿ ἐκείνους καὶ ἔτι πρότερον εὐνομηθῆναι. これもまたティマイオスから来ていることをほとんど疑うことはできない。

八五　詩

パルメニデスは、自分の学説を韻律の用語ではじめて詳述した哲学者であった。かれの先駆者であるアナクシマンドロス、アナクシメネス、ヘラクレイトスは散文で書いたのであり、少なくともかつて哲学を韻文で書いたギリシア人としては、まさにパルメニデスとエムペドクレスのこの二人だけであった。それというのもクセノプァネスは、エピカルモスと同様に哲学者ではなかったからである。エムペドクレスは、パルメニデスを模したのであった。たしかにかれは、オルペウス教に影響された。ともあれその行為はひとつの革新であったが、この革新は永くは続かなかったのである。

パルメニデスの断片のほとんどの部分を、シムプリキオスが保存している。幸いにもシムプリキオスは、それらの断片を注釈書のなかに插入した。というのは当時にあっても、原典は珍しかったからである。(1) 私はディールスの配列に従う。

(1) Simpl. *Phys.* 144, 25 (R.P. 117. DK. 28A21). むろんシムプリキオスは、アカデメイアの図書館が自由に使える立場にあった。ディールスは、Ἀλήθεια の約九割と Δόξα の約一割が現存していると推定している。

（一）

わたしを運びとどける　馬車が、　町という町を通って(1)　知者を連れてゆく　あの女神どもの　名高い道にわたしを導いてよりのち、わたしの心行くまで　わたしを　送った。その道を　わたしは　連れてゆかれた。なぜというに　明敏な　馬どもが　わたしの車を　牽きつつ運び、乙女子が　道を　教えたゆえに。車軸受けのなかで　車軸は　灼熱し、呼び子の音《ね》のように　軋んだ。──なぜというに　両側の二つの車輪が、急《せ》き立てられて　回るゆえ。──それは、日輪の子である　乙女子たちが　わたしを　光の方へ　送ろうと急ぎ、手で面《おもて》より　ヴェールを　払いのけ、夜の　住処《すみか》を　後にしたときのこと。夜と昼との　別れ路に　門がある。(2)うえは　楣《まぐさ》、したは　石の敷居が　それを　とり囲んでいる。天空に聳える　門そのものは　巨大な扉で　閉められている。開閉の鍵は、復讐の女神　正義《ディケー》の　もちもの。乙女子たちは　女神に　和やかな言葉で　近づき、締めている閂を　外して　有無を言わず　扉を開けてほしいと言葉巧みに　口説いた。すると　鋲や釘でとめてある　青銅の脇柱を　かわるがわる　支軸のなかで　回して、扉が　開け広げられ　広い入口を　露わにした。乙女子たちは　その門を　一目散に駆け抜け、広い道に　馬や車を導き入れた。女神は　わたしを　懇《ねんごろ》に　迎えた。そして　わたしの右手を　手にとって、つぎのような言葉で　語りかけた。

ようこそ　若者よ。不死の　馭者どもに伴われ、お前を運ぶ　馬車に乗り　わたしらの住いへ　よくぞお越しになった。この道を　お前をして　送ってこさせたのは、悪い回《めぐ》り合わせどころか　公正と正義とである。なぜというに　本当に　人間どもの踏み歩む　道から　ほど遠くにあるゆえ。お前は　ありとあらゆるものを　学ばねばならぬ。円《まろ》やかな　真理の　揺るがぬ心をも、死すべきひとの　真なる確証もない　思惑をも、ともどもに。それでもなお　以下のことどもを　お前は　学ぶだろう。──ありとあらゆるものに　漲りわたりつつ、在る　とおもわれるものを　ひとは　いかに判断せねばならぬかを。(3)（DK. 28A1）

・・・・

しかし　この探究の道から　お前の考えは　締め出しておきなされ。経験を積んだ　習性から　この道程に無思慮な　眼や　鳴り響く耳や　舌を　強《し》いて　働かせよう　としなさるな。むしろ　議論によって(4)　わたしが発言した　物議をかもす　証拠を　判別しなされ。語られうる　ただひとつの　道が残されている。

……(R.P. 113. DK. 28A 7, 8)

（1）この箇所を引用しているセクストスの最もよい写本は、κατὰ πάντ' ἄστη と読んでいる。それでパルメニデスは、つぎの世代のソフィストのように巡歴の哲学者であった。このことから、かれがペリクレスの時のアテナイ人を訪ねたことはごく自然である。

（2）ヘシオドス『テオグニス』七四八行を見よ。

（3）ディールスと同じように、私は δοκιμῶσ' (i.e. δοκιμῶσαι) と読む。εἶναι は、δοκιμῶσαι とかけるべきか δοκοῦντα とかけるべきかについて、私は翻訳文では曖昧なままにしている。

（4）これは、ソクラテスが慣用化した（問答法的な）議論の意味で、λόγος を最初に用いた例である。もちろんソクラテスは、エレア学派からそれを採り入れた。ヘラクレイトスの用法は、まったく異なっている。（192頁（一）注（1）を見よ。）

真理の道

（二）

もしも事物が　遠くにあろうと　この場にあるごとく　お前の　知性で　しかと見詰めなされ。秩序立っていたるところへ　さまざまに　拡がっていなくとも　ひと纏めになっていなくとも　在るものが固く繋がっているのに　在るものを　それから切り離すことは　できまい。(R.P. 118a. DK. 28B4)

（三）

どこから　わたしが始めようと　わたしにとって　すべてひとつのもの。なぜというに、いずれ　そこに再び　帰りくるゆえ。(DK. 28B5)

(四、五)

お出でなされ。わたしは　お前に告げる――お前は話を聞いて　採り入れるがよい。――ただ二つの　探究の道が　考えられる。そのひとつは、在ることと、在らぬことは　ありえぬということ、つまり　説得の道である。なぜというに　真理に添うゆえに。もうひとつは　在らぬことと、在らぬことが必然であるということ、つまり　まったく　だれもが学びえぬ小径である、とわたしは　お前に語る。なぜというに　在らぬものを　お前は　知りえぬし――それは不能なことゆえに――表明もしえぬゆえ。なぜというに、同じものが　考えうるし、在りうるゆえに。(1) (R.P. 144. DK. 28B2, 3)

(1) ツェラーの解釈が、*τὸ γὰρ αὐτὸ νοεῖν ἔστιν τε καὶ εἶναι* についての唯一の可能な解釈である (**denn dasselbe kann gedacht werden und sein**, p. 558, *n.* **1: Eng.** trans. p. 584, *n.* **1**) といまも私は考える。断片四の *εἰσὶ νοῆσαι* (考えられうる) と、ここの *νοεῖν ἔστιν* とを切り離すことはできない。どんな翻訳であっても、*νοεῖν* を文章の主語にすることは承服できない。というのは不定詞だけがそのように用いられることは、けっしてないからである。(若干の文法家は、*δίκαιόν ἐστι τοῦτο ποιεῖν* における主語を *ποιεῖν* ととっているが、これは間違いであって、*δίκαιός εἰμι τοῦτο ποιεῖν* とされるべきである。) 主語として不定詞が用いられるようになるのは、ただ冠詞をとる不定詞が発展してからであった (Monro, *H. Gr.* §§ 233, 234, 242 参照)。不定詞の与格の元来の意味は、とりもなおさず慣用を説明している (*νοεῖν ἔστιν* は「考えるためにある」「考えられうる」、*ἔστιν εἶναι* は「存在のためにある」「存在しうる」)。

語られうるものも　考えられうるものも　在らねばならぬ。なぜというに　在るものが　在りうるからであり、無は　在りえぬからである。(1) わたしは　このことを　お前が思案するよう　命ずる。この第一の　探究の道から　お前を　わたしは　締め出す。さらにその後、無を知っている　死すべき人びとが　二頭をもち彷徨う道からも。なぜというに　救いのなさが　彷徨《さまよ》える心を　奴らの胸中に　導き、ために　聾《つんぼ》で盲《めしい》のごとく　茫然として　引き摺られるゆえに。奴らが、在ることと　在らぬこととは同じであり、同じではない(2)とか、ありとあらゆるものの　道は　逆向きである(3)とか見做すとは　何たる無分別な　群集《やから》よ。(R.P. 115. DK. 28B6)

（1）　この構文は、前断片の注で説明したのと同じである。*τὸ λέγειν τε νοεῖν τ' ἐόν* の語句は「語り、かつ考えることができる」ことを意味している。そしてシムプリキオスは、これを正しく、*εἰ οὖν ὅπερ ἂν τις ἢ εἴπῃ ἢ νοήσῃ τὸ ὂν ἔστι.* (*Phys.* p. 86, 29. Diels) と言い替えている。その場合、*ἔστι γὰρ εἶναι* は、「それは在りうる」ことを表わし、最後の句 *οὐκ ἔστι μηδὲν* (*εἶναι*) は、「無が在るところはない」と解釈されるべきである。

（2）　私は、*οἷς νενόμισται τὸ πέλειν τε καὶ οὐκ εἶναι ταὐτὸν καὶ οὐ ταὐτόν* と解読する。*πέλειν καὶ οὐκ εἶναι* の不定詞の主語は、在るものであり、それに *ἔστιν* や *οὐκ ἔστιν* を補わねばならない。この語句のこういう採りあげ方をすれば、パルメニデスが「非存在」を言う場合、(*τὸ*) *μὴ εἶναι* に代えて (*τὸ*) *οὐκ εἶναι* と言った、と考える必要はなくなる。韻律的な違いを別にしては、*πέλειν* と *εἶναι* とのあいだに違いはない。

（3）　私は *πάντων* を中性と採り、*παλίντροπος κέλευθος* がヘラクレイトスの *ὁδὸς ἄνω κάτω* と同じと理解している。それには、*παλίντονος* (または *παλίντροπος*) *ἁρμονίη* として扱うべきものを含んでいるとは、私にはおもわれない。第三章202頁（四五）注（1）を見よ。

〔七〕

なぜというに　このこと　つまり　在らぬものが　在ることは　けっして証明されぬゆえ。この探究の道から

お前の考えは　締め出しておきなされ。（R.P. 116. DK. 28B7）

（八）

ただひとつの、在る　について語る　道が　残されている。この道には、在るは不生で　不滅なもの　という　きわめて夥しい　徴しがある。なぜというに　それは　完全で[1]　不動で　終末のないゆえ。それはかつて存しなかったし、いつかのとき　存することもないであろう。それが現に　全体として　ひと纏まりに連続して在るゆえ。というのも　いったい　お前は、それのいかなる起こりを　索すのか。いずこより　いかように　それは　生長したのか。それが在らぬものより　生じたと、わたしは　お前に　言わせも考えさせもせぬ。なぜというに　在らぬことは　言うことも　考えることも　できぬゆえ。無から始まったとなれば、いったい　以前よりむしろ後に　生ずるのは　何の必要からなのか。されば　それは、完全に在るか、まったく在らぬかでなければならぬ。在らぬものから　在るものとは別のものが　生じることを　確証の力も　認めぬであろう。それゆえに　正義《ディケー》の女神は、足枷を　弛《ゆる》めず、在るものが　生じたり　滅びたりすることを　許さずして、それを　保持する。それらについての　判決は、つぎのこと　「在るか、在らぬか」に懸かっている。判決は　たしかに、必然のこととて　考えることも　名状することもできぬとして、一方の道を　破棄すべきであると（なぜというに　真理の道　でないゆえ）、他方、別の道は　在るもの、真実であるもの、と　下された。されば　いかにして　在るものが、いつかのとき　在ることになりうるか。いかにして　在るものが　生成しうるか。なぜというに　もし生成したのであれば、それは以前に在らぬし、いつかのとき在ろうとしても　それは現に在らぬゆえ。かくして生成は消し去られ、消滅を　耳にすることもない。（R.P. 117）

それはすべて　似ているゆえに　見わけられぬ。すべてが　連続し合うことを　妨げているため、或るところよりも　別のところにむしろ[2]　より多く　それが　在るのではない。より少なく　在るのでもない。ありとあらゆるものが　在るもので　充満している。なぜというに　在るものは　在るものと接しているゆえ。かててくわえて　それは、巨大な　鎖の束縛で　不動であり、始めもなく　終わることもない。生成と消滅とが　はるかに遠く　追いやられ、真の確証が　それを　捨て去るゆえに。それは同じものとして　同じところに　留まり、己れのなかに　横たわる。かくして　聢と　そこに　留まる。なぜというに　力強い必然が　周辺から閉じ籠めている　限界の　束縛のなかに、それを　保持しているゆえに。ために　無限を　在るに　許さぬ。なぜというに　それは　欠けたものでないゆえに。また　無限であれば　それは　ありとあらゆるものを　必要とするであろうゆえ。[3]　(R.P. 118)

考えられうるものと、そのために　考えが在るのとは　同じ。[4]なぜというに　考えを言い表わす　在るものがなければ、お前は　考えることを　見いだしえぬゆえに。[5]というのも　在ることを別にして　いかなるものも　在りはせぬし、在ることもないであろう。なぜというに　運命《モイラ》が　それを　全体として　動かぬよう束縛しているゆえに。ために　死すべきひとびとが　真理であると信じて　与えた、生成することと消滅すること、在ることと在らぬこと、所を変えること、明るい色を換えることは、ことごとく　呼称にすぎぬ。(R.P. 119)

さらにそのうえ　最終的極限を　もつゆえに、まるい球体の　塊りのごとく、いかなる方角においても　完結して　中心部から　いずこにも等しく　それは　釣り合う。なぜというに、こことあそことで　一方が他方より　大きくも　小さくもありえぬゆえに。それというのも　釣合いに達するのを　妨げるごとき在らぬものは　在りえぬゆえ。また　在るものは　ここで在るよりも多く　あそこで在るより少なく　在ること

はありえぬゆえ。すなわちそれは、ことごとく　犯すべからざるものゆえに。なぜというに　いずこからも
それは自らに等しく、その極限へと　一様に　続いているゆえに。(R.P. 120. DK. 28B8)

(1) 私は、プルタルコス(*Adv. Col.* 1114c)のように ἔστι γὰρ οὐλομελές と読みたい。プロクロス(*in Parm.* 1152, 24)もまた οὐλομελές と読んでいる。ここで μουνογενές を採るシムプリキオスは、別のところで(*Phys.* p.137, 15)、パルメニデスの「一」を ὁλομελές と呼んでいる。偽プルタルコスの『雑録』五の μοῦνον μουνογενές の読みは、混乱があったことをよく物語っている。μ, ν, γ の文字が、『ティマイオス』篇三一B三を記憶していたひとによって、パルメニデスをアカデメイアで写す際、行上に書き込まれた、とだけ考えるべきである。パルメニデスは、ピュタゴラスが世界を「ただ生じたもの」と呼んだにしても、存在をそのようには呼びえなかった。

(2) ここの μᾶλλον について考えられてきたもろもろの困難については、ディールスの注を見よ。もしもこの語が強調されるべきであるなら、かれの解釈は認められるであろう。しかし私は、これはたんに「正反対の表現」の一例のようにおもう。「一」の不可分割性にとって重要であるのは、じつに、或る場所に存在するものが、他の場所に存在するものより少なくあるという場合である。しかしもしかりに一箇所に少なくあるとなれば、その場所に比して他の箇所に多くあることになるであろう。いずれにしろピュタゴラス的な、実在を不連続なものとする「空気」ないしは「空虚」を指していることが明白である。

(3) シムプリキオスは、たしかに μὴ ἐὸν δ' ἂν παντὸς ἐδεῖτο と読んでいる。これは韻律的に不可能である。私は、μὴ を削るバークに従い、ツェラーと同じ解釈をしている。ディールスも同じである。

(4) ἔστι νοεῖν の構文については、260頁注(1)を見よ。

(5) ディールスが、イオニア方言の φατίζειν は ὀνομάζειν と同じであると指摘しているが、それは正しい。意味内容も同様である、と私はおもう。私たちは随意に事物を名づけることもできるが、実在しているものの名称でない名前に対応する思惟はありえない。

思惑の道

ここでわたしは、真理についての　信ずべき発言や　考えを　閉じよう。これからさきは、わたしの言葉の詭《いつわ》りの羅列に　耳を傾け、死すべきひとびとの　思惑を学ばれよ。

死すべきひとびとは、二つの形を　名づけよう　と心に決めた。けれどそのひとつをも　かれらは　名づけるべきでなく、そこにこそ　かれらの迷いがある。かれらは　形が　相反するとして　それらを区別し、相互に　それぞれ　徴をつけた。そのひとつに　かれらは、天空の　焔の、穏やかで　きわめて軽く　いかなる方角にあっても　自らと同じであるが、しかし他のものとは　異なる火を　配している。いまひとつにはこのものとは反対の、暗い夜　つまり稠密で　重い形を。わたしは　お前に　それらの　見かけのような配列全体を　告げる。死すべきものの　いかなる考えも　お前を　けっして　追い越せぬために。（R.P. 121. DK. 28B8）

（九）

さてまた　あらゆるものは、光と夜と　名づけられ、それぞれの力に応じた　名称が、このものや　かのものに付けられているうえは、総じてすべては　光と　目に見えぬ夜とで　同時に　充たされている。両方とも等しいのは、いずれも　片方のみに与るものは　何もないゆえ。（DK. 28B9）

（一〇、一一）

そして　天空の本性と　天空にある　あらゆる徴し、輝く太陽の　浄らかな篝の　眩い働きを、それらがいずこより生じたかを　お前は　知るであろう。同様にまた　円い顔の　月の　回る働きと本性とを　お前は学ぶであろう。そしてまた　わたしどもを取り巻く天界が　いずこより生じたかを、いかにして　必然《アナン》の女神《ケー》が　それを導き　星辰の限界を保つように　束縛したかを、大地と太陽と月と　すべてに共通な天空と天の川と　涯にあるオリュムポスと　星辰の燃える力とが　いかように　生じたかを　お前は　知るであろう。（R.P. 123, 124. DK. 28B10, 11）

（一二）

より狭い　幾条かの帯は、混じり気のない　火で充たされ、これにつづいて　夜で充たされ、これらのどまんなかに　火の部分が　突入する。これらの真中には、ありとあらゆるものの行く手を操る　女神が　いる。なぜというに　この女神は、交わりのため男を女に、逆にまた　女を男に　遣わしつつ、あらゆる苦しい出産と　交合をはじめるゆえに。（R.P. 125. DK. 28B12）

（一三）

あらゆる神々のなかで　まずはじめに　女神は　エロースを　考案した。（R.P. 125. DK. 28B13）

（一四）

大地のまわりを　彷徨いつつ、夜、借りものの光で(1)　輝く。（DK. 28B14）

（1）『イリアス』五巻二一四行の奇妙な同じ言い方に注目せよ。エムペドクレスも同様に述べている（断片四五）。それは、月が反射光線によって照らされていることがはじめて発明されたとき、クセノファネスの心中では、ひとつの洒落であったようにおもわれる。アナクサゴラスが、アテナイ人にこの見方を紹介したかもしれないが（三五）、これらの詩句は、かれがこの見解をはじめてとったのではないことを証明している。

（一五）

太陽の光を　いつも　見詰めながら。（DK. 28B15）

（一六）

なぜというに、いつも　踏み迷う肢体の混合が、その折々に　どうであるかによって、思惟は　人間に　現われるゆえに。なぜというに　思考するものは同じもの、すなわち　それぞれのひとにとっても　すべてのひとにとっても　肢体の本性ゆえに。なぜというに　それらのなかでも　とりわけ多なるものが　思惟であるゆえに。(1)（R.P. 128. DK. 28B16）

（1）パルメニデスの詩の第二部で説明された知識の説のこの断片は、テオプラストスが『感覚論断片』（*Dox.* p. 499; 286頁参照）で伝えていることと関連して採りあげられねばならない。このことから明らかなように、人間の思考の性格は、身体内の明るい要素か暗い要素かが優勢になることに左右される、とかれは述べた。明るい要素が優勢なとき、ひとは賢いのであり、暗い要素が上位を占めるとき、愚かなのである。

（一七）

右側に男の子たち、左側に女の子たち。(1)（DK. 28B17）

（1）これは、パルメニデスの胎生学の一断片である。ディールスの断片一八は、R.P. 127a で引用されたカエリウス・アウレリアヌスの、ラテン語の六脚韻体の翻訳である。

（一九）
人びとの　思惑によると、そのように　これらのものが　生まれきて　現にある。早晩、それらは　生長し、
やがて消滅するであろう。人間どもは、これらの　それぞれのものに　定まった名称を　つけた。（R.P.
129b. DK. 28B19）

八六 「在るもの」

パルメニデスの詩の第一部において、かれが在るものを明らかにすることに、主な関心を寄せているのが分かる。しかし在るということが、厳密には何であるかは、最初の場面ではまったく明らかでない。パルメニデスは、在るものが在る、と言っているにすぎない。これは、ひとが物体と呼んでいるものであって、これに疑念を挟む余地はありえない。たしかにそれは、空間的に拡がったものと見なされている。というのは、ひとつの球体であるとしてまったく素直に言及しているからである（断片八、四三）。さらにアリストテレスは、パルメニデスが感覚的存在以外の何ものも信じなかった、と述べている。[1] パルメニデスは、「存在」についてひとことも、どこでも言っていない。[2] そしてかれより以前の思想家や以後の思想家が自由に用いた「神」という語を、避けているのも注目される。在るものという表現は、結局、宇宙は充実したものであると言うのと同じである。また世界の内部にも、外部にも、空虚のようなものはない、と言うのと同じである。このことから、運動のようなものは存在しえないことになる。ヘラクレイトスのように、「一」に変化の力を授けて、それで世界を説明することができるようにするのとは違って、パルメニデスは、変化が妄想にすぎぬとして追放した。かれが歴然と示したのは、君がもし「一」をまともに採りあげるならば、「一」以外のものを否定しなければならない、ということであった。この問題を先取りした解決は、すべて意味を取り違えていたのである。究極的基体の統一を、稀薄と濃縮の

説で救おうと考えたアナクシメネスは、在るものが場所のなかでもひとところに集中して別のところは少ないと仮定したのであるから、かれは存在しないものの実在を実質的に肯定したことに気づいていなかったのである(断片八、四五)。ピュタゴラス派の解釈は、空虚や空気が世界の外に存在するし、それがそこに侵入して単位を分割することを表わしていた(五三)。それもまた存在しないものの存在を仮定しているのである。ヘラクレイトスの説も満足を与えるものではない。というのは、火が存在し、かつ存在しないのは、矛盾しているからである(断片六)。

最後に引用された詩句のなかで、それとなくヘラクレイトスに触れているということが疑われてきている。もっともそれは不十分な根拠によっている。ツェラーは、ヘラクレイトスがけっして存在と非存在とを同じである(断片六、八の古い翻訳)、と言っていない、と指摘しているが、これはまったく正しい。そしてこれだけしか取り挙げる箇所がないとなれば、この言及は疑ってよいかもしれない。しかし問題になっている観点からすれば、「あらゆるものの道は、逆向きである」という叙述は、ヘラクレイトスの「上り下りの道」(七一)とは別のものと解することはほとんどできない。すでに明らかなようにパルメニデスは、存在と非存在とは同じであるという見方を、かれの攻撃している相手の哲学者のものとはしていない。ただパルメニデスが、在るものと在らないもの、とは同じであり、かつ同じでない、と言っている。(3) それが、この語句の自然な内容である。そしてこれは、ヘラクレイトス説をひじょうに正確に解説しているのである。

(1) Arist. *De caelo*, Γ, 1. 298b21 (DK. 28A25), *ἐκεῖνοι δὲ (οἱ περὶ Μέλισσόν τε καὶ Παρμενίδην) διὰ τὸ μηθὲν μὲν ἄλλο παρὰ τὴν τῶν αἰσθητῶν οὐσίαν ὑπολαμβάνειν εἶναι κτλ.* エウデモスもまた、『自然学』の第1巻(*ap.* Simpl. *Phys.* p.133, 25)でパルメニデスについて、*τὸ μὲν οὖν κοινὸν οὐκ ἂν λέγοι. οὔτε γὰρ ἐζητεῖτό πω τὰ τοιαῦτα, ἀλλ' ὕστερον ἐκ τῶν λόγων προῆλθεν, οὔτε ἐπιδέχοιτο ἂν ἃ τῷ ὄντι ἐπιλέγει. πῶς γὰρ ἔσται τοῦτο "μέσσοθεν ἰσοπαλὲς" καὶ τὰ τοιαῦτα; τῷ δὲ οὐρανῷ* (宇宙) *σχεδὸν πάντες ἐφαρμόσουσιν οἱ τοιοῦτοι λόγοι.* もちろん新プラ

トン主義者は、「一」のなかに *νοητὸς κόσμος* を見、シムプリキオスは、球体を「神秘的な作りもの」と呼んでいる。とくに C. Bäumker, "Die Einheit des Parmenideischen Seiendes" (*Jahrb. f. kl. Phil.*, 1886, pp. 541 *sqq.*) と *Das Problem der Materie*, pp. 50 *sqq.* を見よ。

（2）*τὸ ἐόν* を「存在」Being, das Sein, l'être の語で表わすべきではない。それは、「在るもの」What is, das Seiende, ce qui est である。(*τὸ*) *εἶναι* の方は現われていないし、ほとんど当時生じえなかった。

（3）断片六の注（2）を見よ。

八七　パルメニデスの方法

パルメニデスの詩における著しい斬新さは、議論の方法である。かれは、自分の扱うべきすべての見解に共通した前提条件は何であるか、をまず尋ねている。そしてこれは、存在しないものの存在であることに気づいている。つぎの問題は、これは思惟されるかどうか、ということであり、答えは、思惟されない、ということである。もしもひとが少しでも思惟しようとするならば、何かについて思惟しなければならない。したがって無は存在しない。思惟されるもののみがありうる（断片五）。なぜなら在るものが在るからこそ、思惟が在るからである（断片八、三四）。

この方法を、パルメニデスはきわめて厳格に遂行している。かれは、思惟されえないとひとが認めざるをえないものを思惟している、とひとに言わせようとしているのではないであろう。もしかりに知解できるもののみを認めることに決めると、変化と衰退の世界を示している感覚とじつに真っ向から衝突することになる。感覚にはお気の毒だ、とパルメニデスは言う。それは、物体的な一元論のまぬがれ難い帰結である。そしてそれについてのこの大胆な明言は、その説を永遠に葬り去るべきであった。もしもパルメニデスが、当時蔓延していた見解を論理的に突き詰め、どんなに逆説的であっても、その結論を受け容れる努力を欠いていたならば、人間はたえず稀薄と濃縮、一と多という対立の無限の循環に巻き込まれていたであろう。進展を可能にしたものこそ、パルメニデスの徹底した論法であった。哲学は、いまや一元論的であってもならないし、あるいは物体論的であってもならない。にもかかわらず哲学は、物体論的であることから抜けきることはできなかった。なぜなら、非物体的なものはまだ知られていなかったからである。したがって哲学は、一元論的であることをうち切って、究極的には原子論に行きついた。原子論は、私たちの知るかぎりでは、世界が運動している物体であるという見方の最終的な用語なのである。(1)

(1) ここで採りあげている観点からすると、原子論すら一元論と正しく呼ばれうるかどうか疑わしい。というのは空虚が本当に在ることを表わしているからである。一元論の最近の形態は、物体論的ではない。というのは究極的実在として、物体をエネルギーと置き換えているからである。

六八　成果

パルメニデスは、在るということを認めることからくる一切の帰結を、さらに展開している。在るは、創り出されたものではなく、破壊しえないものでなければならない。在るは無から生じることはできなかった。なぜなら無のようなものはないからである。在るは何かから生じることはできなかった。なぜなら在る以外に余すところはないからである。在るものは、在るもの以外のものが生じる空虚をもつことができない。というのは空虚は無であり、無は思惟されえないし、したがって存在しえないからである。在るものは生成もしないし、将来何かに成るようなものではない。「それは在るのか、それとも在らぬのか。」もしも在るなら、いまただちにある。

このことが空虚の存在の否定であるということは、プラトンもよく知るところであった。かれは、パルメニデスが「万物は一であり、一はそれ自体のなかに動くべき場所をもっていないので静止している」と主張した(1)、と言っている。アリストテレスの場合も同様に明らかである。感覚的なもの以外に存在するものがあるなどとは、だれひとり思いも及ばなかったからこそ、パルメニデスが、一が不動であるという命題をとりあげる気になったことを、アリストテレス描いている。[2]

在るものは在る。そして在るものは、多くも少なくも在るのではない。したがって或る場所と或る場所とは、同じだけ在る。そして宇宙は、連続した不可分な充実体（plenum）である。このことからただちに帰結されるのは、宇宙は動くことができないであろうということである。もしも動くならば、宇宙は空虚へと動かねばならない。それに空虚は存在しないのである。宇宙は、いかなる面をとっても在るものによって、実在するものによって囲まれている。同じ理由で宇宙には、限界がなければならないし、その向こうには何もありえない。宇宙はそれ自体で完結していて、存在していない空虚にまで際限なく拡がる必要はない。したがってまた、それは球形である。宇宙はどの方向にあっても実在の点では同等であり、球形がこの条件を充たす唯一の形である。これ以外のものは、それぞれひとつの方向において違って在るのである。

（1） Plato, *Theaet.* 180e3, *ὡς ἕν τε πάντα ἐστὶ καὶ ἕστηκεν αὐτὸ ἐν αὑτῷ οὐκ ἔχον χώραν ἐν ᾗ κινεῖται.* これは厳密には、メリッソスによって述べられている（断片七、473頁）。しかしプラトンが、それをパルメニデスにも同様に帰そうと意図していたことは明らかである。

（2） Arist. *De caelo*, Γ, 1. 298b21（DK. 28A25）. これは269頁注（1）で引用されており、そこには別の箇所も引用されている。

八九　唯物論の父パルメニデス

要約すると、在るものは、有限で球形の、不動で物体的な充実体であり、それ以外には何ものも存在しない。

多様性と運動の現象、空虚、時間は、見かけ上のものである。このことから明らかに、初期の宇宙論者が探究した究極的基体は、現代では「物自体」といったものになっている。究極的基体は、この性格をけっして二度と失うものではなかった。エムペドクレスの元素、アナクサゴラスのいわゆる「同素質」、レウキッポスやデモクリトスの原子のような、もっと後になって現われるものは、まさにパルメニデス的「存在」である。或るひとが言ったように、パルメニデスは「観念論の父」ではない。反対に、唯物論全体が、実在性についてのかれの見解によっているのである。

九〇　「死すべきもの」の臆見

パルメニデスが詩の第二部で、事物の起源の二元論的所説を、感覚界についての憶測的説明として述べていること、あるいはゴムペルツが言っているように、「かれの述べたのは死すべきものの思惑であった。そしてこの表現は、ほかの人たちの見解にただただたんに言及しているだけではなかった。その見解が、いわゆる哲学上の必然をもった揺るぎない基盤から食み出している分だけ、この表現はまたかれ固有の見解を示していた」(1)ということも、一般に認められているところである。事実、アリストテレスは一箇所において、この種の見解を可としているように見えるが、それにもかかわらずそれは時代錯誤である(2)。それは本当のところアリストテレスの見方ではない。かれは、パルメニデスが「非存在」の実在を、どのような程度にしろ、認めなかったことをよく知っていた。しかし詩の第二部の宇宙論をパルメニデスの宇宙論と呼ぶのは、至極当たり前の言い方であった。アリストテレスに学んだものたちは、これがどのような意味をもっているかを理解していたであろう。ともかくペリパトス学派の伝承は、パルメニデスが詩の第二部において「多くのひと」の臆見を示そうとしているというのであった。これはテオプラストスの問題の捉え方である。アレクサンドロスは、パルメニデス自身がまったくの誤りと見なしたものとしての宇宙論に言及したようにおもわれる(3)。他の見方は、新プラトン主義者、とくにシムプリキオスに由来する。かれは真理の道は叡知界を説明したものであり、思惑の道は感覚界を記述したものと見なした。これは、ゴムペルツが示したカント的平行論と同様に、きわめて大きな時代錯誤である、といまさら言う必要はない(4)。パルメニデスが詳述しているこの所説には少しも真理はないこと、ならびにその所説を「死すべきもの」の思惑としてかれが説いているにすぎないことを、パルメニデス自身、最も多義的な言葉で語っている。これこそテオプラストスをして、その所説を「多くのひと」の思惑として言わしめたものであった。

しかしテオプラストスの説明は、シムプリキオスの説明にとって好ましいにしても、いずれも納得のゆくものではない。「多くのひと」は、パルメニデスも詳述しているように、精巧な二元論を信ずるなどとはとうてい思いもつかぬところにいるのである。そして民衆の世界観がどれほど立派に体系化されうるかをパルメニデスが示したくおもった、と仮定することはきわめて人為的な仮説である。「多くのひと」が自分たちの誤りをほとんど自覚していなかったのは、抱いている臆見が或る形式的体裁を保って表現されているからであって、そういった体裁のもとではたしかに臆見を認めはしなかったであろう。実際にこのことは何にもまして信頼され難い解釈のようである。しかしなお、それに追従するものたちがいる。それで、問題になっている臆見は、語り手が女神であるというただそれだけの理由で、「死すべきものの思惑」と呼ばれるにすぎない、ということを指摘する必要がある。さらにパルメニデスが、探究の二途を禁じていることは注目されるべきである。またすでに明らかなように、「死すべきもの」にはっきりと帰せられるこれらのうちの第二の途は、ヘラクレイトスの学説であるに違いない。その場合、見いだされるべきは、別の途というのが同時代の或る学派の学説であるということである。そしてピュタゴラスの学説を除いて、当時十分に重要性をもった学説を見いだすことは困難であろう。さて詩の第二部に、ピュタゴラス的な思想があることは、あらゆるひとの認めるところである。したがってその宇宙論全体が同じ典拠から来ていることを、反論すべき証拠がない以上想定することができる。パルメニデスが、ここでとり挙げた言葉よりもはるかに多くヘラクレイトスについて述べた様子はない。そこにおいてかれは探究の第二の道を禁ずるという言い方をしているのである。実際、パルメニデスは、考えられうる道はただ二つだけであり、その二途を結びつけようとするヘラクレイトスの試みは無駄であったことを暗に示している。(5)いずれにしても、ピュタゴラスの徒は、当時イタリアにおいて最も厳しい論敵であった。そして態度をはっきりさせてほしいとパルメニデスに望むのは、まさにピュタゴラスの徒に対してである。

しかしなぜパルメニデスが、誤りであるとおもった見方を、六脚韻で著わす価値があると考えねばならなかったかはまったく明らかではない。かれ自身がピュタゴラスの徒であったことや、詩はかれの以前の考えの放棄であることをここで想起することが重要となる。詩の導入部においてパルメニデスは、光明から闇に行っていたことをはっきりと告げている。そのような場合、ひとは一般に、古い見方がどの辺で誤っていたかを示す必要性を感じるものである。女神は、それらの臆見についても「ありとあらゆるものに漲りわたりつつ、在るとおもわれるものをひとはいかに判断せねばならぬか」を学ぶべきであると、かれに告げている。別の箇所ではさらにそれを匂わせている。かれはこれらの臆見を学ぶべきであり、「そうすれば死すべきもののいかなる考えもかれを追い越せぬであろう」(断片八、六一行目)。もしもピュタゴラス派の当時の学説が、口伝だけによって伝えられたものであったことを想起するならば、これが何を表わしているかが判るであろう。パルメニデスは、それに対抗する学派を建設中であったし、かれにとって必要であったのは、異論をもつ学説に門弟どもを通じさせることであった。いずれにしても、相手の学説を知らなければ、はっきりとそれに反論を加えることもできなかったであろうし、パルメニデス自らこれを補わなければならなかった。(6)

（1）*Greek Thinkers*, vol. i. pp. 180 *sqq.*

（2）*Met.* A, 5.986b31 (R.P. 121a. DK. 28A24). アリストテレスの問題の捉え方は、断片八、五四行目の解釈に当然帰せられる。かれはそこで二つの「形」の一方を *τὸ ὄν*、他方を *τὸ μὴ ὄν* を表わしていると解釈している。*De gen. corr.* A, 3.318b6, *ὥσπερ Παρμενίδης λέγει δύο, τὸ ὂν καὶ τὸ μὴ ὂν εἶναι φάσκων.* 参照。この最後にあげた文章は、アリストテレスが *Παρμενίδης* と言う場合、私たちが「パルメニデス」と呼称すべきものをしばしば表わしていることを明白に示している。

（3）Theophr. *Phys. Op.* fr. 6 (*Dox.* p. 482; R.P. 121a. DK.28A7), *κατὰ δόξαν δὲ τῶν πολλῶν εἰς τὸ γένεσιν ἀποδοῦναι τῶν φαινομένων δύο ποιῶν τὰς ἀρχάς.* アレクサンドロスについては、Simpl. *Phys.* p. 38, 24 (DK. 28A19), *εἰ δὲ ψευδεῖς πάντῃ τοὺς λόγους οἴεται ἐκείνους* (*'Αλέξανδρος*) *κτλ.* 参照。

（4）Simpl. *Phys.* p. 39, 10 (R.P. 121b. DK. 28A34). Gomperz, *Greek Thinkers*, vol. i. p. 180.

（5）断片四と六、とくに *αἵπερ ὁδοὶ μοῦναι διζήσιός εἰσι νοῆσαι.* の語句を参照。第三の道、つまりヘラクレイトスの道は、再考の形で加えられているにすぎない。—— *αὐτὰρ ἔπειτ' ἀπὸ τῆς κτλ.*

（6）私は断片一、三二行目をディールスと同じく、*χρῆν δοκιμῶσ' εἶναι* と読む。第二部に容れられている諸見解は、他の人びとのものであり、それが何という意味でも本当のものとして与えられていないという見方は、ディールスが示したものである。ヴィラモヴィッツの反論（*Hermes*, xxxiv. pp. 203 *sqq.*）は、有力とはおもえない。もしもパルメニデスを正しく解釈するならば、かれは「この仮定的な説明が……他のいかなるひとの説明よりも優れている」とはけっして言っていない。パルメニデスの言っているのは、それがすべて間違いであるということである。

九一　二元的宇宙論

パルメニデスの詩の第二部は、同時代のピュタゴラス派の宇宙論の概略を描いたものである、という見方を厳密に証明することはたしかにできないが、しかしきわめて予想されうることである。前五世紀末までのピュタゴラス派の思想の歴史全体は、たしかに推測的である。しかしもしパルメニデスのなかに、そのひと独自の世界観と完全に繋がらない思想が見いだされ、そして後期のピュタゴラス派の思想のなかに、同じ思想がはっきりと見いだせるならば、後期のピュタゴラスの徒が先駆者からこうした見解を引き出し、またその徒が結社の最初の基盤を形づくったと考えるのが最も自然である。そのような見解が古いイオニアの宇宙論のもつ或る特色を展開したものであることが見いだせるならば、このことは確かなことになるであろう。ピュタゴラスはサモスから来た。そして私たちの見ることのできるかぎりでは、ピュタゴラスが独創性を主として発揮したのは、かれの宇宙観においてではなかった。すでに指摘されたことであるが（五三）、宇宙が呼吸するという考えは、アナクシメネスに由来している。それにアナクシマンドロスの影響のあることが見いだされても驚くに当たらない。さてもしもこうした主題についてアリストテレスが何を述べているかという点に限っても、申し立てをすることは困難である。しかしかれの叙述は、いつもながら慎重に尋問される要がある。まず何よりも、アリストテレスは、パルメニデスの二つの要素が熱と冷であった、と言っている[1]。この点において、パルメニデスが言及している火がもちろん熱である以上、ことごとく反対の性質をもつ一方の「形」は、当然冷でなければならないというアリストテレスの考えは、諸断片によっていっそう正しいとされる。その場合、そこにミレトス人の伝統的な「対立者」がある。しかしながら熱と冷とは火と土と同じであるというアリストテレスの考えは、テオプラストスの追随するところとなったけれども、誤りである[2]。詩を目にしたシムプリキオスは（八五）、火や土に言及してからすぐさま「いなむしろ光と闇」とつけ加えている[3]。これは暗示的である。最後に、濃縮した要素と「在らぬもの」[4]、つまり、詩の第一部の実在しないものとのアリストテレスによる同一視は、そのものが土であるという見方となかなか一致しない。他方、もしも二つのうち第二の「形」、つまり「名づけるべきでない」そのひとつが、ピュタゴラス派のいう空気、または空虚であると考えるならば、それと「非存在」とをアリストテレスが同一視したことに対するこよない説明となる。それから濃縮した要素と現にある大地とを同一視するのは間違いと考えるのが正しいとおもわれる。それがどのようにして生まれたかを、後ほど明らかにすることができるであろう。[5] 熱は動力因であり、冷は質料因、すなわち受動的原因である、というテオプラストスの言及は、[6] もちろん史実と見なされるべきではない。

シムプリキオスは、目にしたパルメニデスの詩を拠り所に、火と土とを光と闇とに代えることで、アリストテレスを訂正しているのであり、シムプリキオスの主張はまた、かれの引用した諸断片によって十分に確かめられるのであって、このことはすでに明らかになっている。パルメニデスそのひとは、ひとつの「形」を光、焔、火と呼び、もうひとつの「形」を夜と呼んでいる。そこでこれらが、ピュタゴラス派のいう限りあるものと限りないものと同じと見なされるかどうかを考察すべきである。宇宙が呼吸するという考えが、ピュタゴラス的思想の最初の形態のなかにあったと考えるのに都合のよい理由は、すでに明らかにされた(五三)。そしてこの「限りない気息」と、無限なものとしてよく表わされる闇とを同一視することには、何らの支障もありえない。「空気」つまり湿りは、つねに暗い要素と見なされた。[7] そして漠然とした闇に限定を与えるものは、たしかに光であり火である。このことは、ヒッパソスが優れた役割をその要素に与えたことをたぶんよく物語っているのである。[8] そこで、後で(第七章)考えるべきであるが、限りあるものと限りないもののあいだのピュタゴラス流の区別は、この素朴な形をとってはじめて現われたと結論してもおそらくよいであろう。他方、多くの人びとが批判しているように、もしも闇を限りあるもの、光を限りないものと同一視するならば、克服しえない困難にたち向かうことになるであろう。

(1) *Met.* A, 5. 986b34 (DK. 28A6), *θερμὸν καὶ ψυχρόν*; *Phys.* A, 5. 188a20 (DK. 28B8); *De gen. corr.* A, 3. 318b6 (DK. 68A42); B, 3. 330b14 (DK. 28A35).

(2) *Phys.* A, 5. 188a21, *ταῦτα δὲ* (*θερμὸν καὶ ψυχρὸν*) *προσαγορεύει πῦρ καὶ γῆν*; *Met.* A, 5. 986b34, *οἷον πῦρ καὶ γῆν λέγων.* また Theophr. *Phys. Op.* fr.6 (*Dox.* p. 482; R.P. 121a. DK. 28A7) 参照。

（3） *Phys.* p. 25, 15 (DK. 28A34), *ὡς Παρμενίδης ἐν τοῖς πρὸς δόξαν πῦρ καὶ γῆν (ἢ μᾶλλον φῶς καὶ σκότος).* Plut. *Adv. Col.* 1114b (DK. 28B10), *τὸ λαμπρὸν καὶ σκοτεινόν.* もすでにそのように述べている。

（4） *Met.* A, 5. 986b35, *τούτων δὲ κατὰ μὲν τὸ ὂν τὸ θερμὸν τάττει, θάτερον δὲ κατὰ τὸ μὴ ὄν.* 276頁注（2）を見よ。

（5） 第七章一四七を見よ。

（6） Theophr. *Phys. Op.* fr. 6（*Dox.* p. 482; R.P. 121a）は学説誌家の拠り所となっている。

（7） 〔Plut.〕 *Strom.* fr. 5（*Dox.* p. 581. DK. 28A22), *λέγει δὲ τὴν γῆν τοῦ πυκνοῦ καταρρυέντος ἀέρος γεγονέναι* において、濃縮された要素と「空気」とを同一視していることに注目せよ。これは、紛れもなくアナクシメネスである。この「空気」と「湿りと闇」とを同一視するものとしては、第一章二七と第五章一〇七とを参照。さらにプラトンは、ひとりのピュタゴラスの徒に、後者のこの同一視を語らせているが、このことはさらに採りあげるべきである（*Tim.* 52d)。

（8） 157頁を見よ。

九二　諸天体

いまや、詩の第二部において詳述された全体的な宇宙観を見なければならない。断片は僅少であり、学説誌的伝承記録を解釈することは厄介である。しかし現存するものだけで、ここでもピュタゴラス的な立場があることを示すに十分である。アエティオスは言っている。

「パルメニデスは、つぎのように主張した。すなわち交互に交わり、(1) 交互に包み込んでいる帯がある。一方は稀薄なもの、他方は濃厚なものによって作られている。しかしこれらのあいだには、光と闇とで作られた別の混合された帯がある。それらすべてを取り囲んでいるものは、壁のように堅く、その下には火の帯がある。

すべての帯の中央にあるものも堅く、火の帯によって交互に囲まれている。混じり合った帯のなかで中央の円形は、すべての帯に対して運動や生成の原因である。かれはそれを、「舵取りや鍵持ちの女神」「運命の主《ディケー》」「必然《アナンケー》」と呼んでいる。」Aet. ii. 7, 1 (R.P. 126. DK. 28A37).

(1) ここで *ἐπαλλήλους* は、銀河が黄道帯を横切っているように、「交互に交わっている」ことを表わしていると考えるのが、最もふさわしいようである。*ἐπάλληλος* は *παράλληλος* に対立している。

九三　ステプァナイ

ところでこれらの「帯」を球と見なすのは、まったくの間違いである。ステプァナイ (*στέφαναι*) の語は、「縁《ふち》」や「鍔《つば》」のようなものを意味しうるが、(1) その語が球について用いられるべきだなどと考えることはできない。あらゆる冠を取り囲む堅い円形が、球と見なされるべきであるともおもわれない。「壁のように」という表現は、その場合ひどく不適当であろう。(2) こうしてみると、アナクシマンドロスの「環」のようなものに相対している感がある。またピュタゴラスがアナクシマンドロスから所説を採り入れたことは、はなはだありそうなことである。ピュタゴラスの徒がこうした方法で天体を考察したことについて、証拠もないわけではない。全体的な性格からしてたしかにピュタゴラス的であるプラトンにおけるエルの神話のなかで聞かれるのは、球ではなくて、重箱のように互いにくっついた同心円的な弾み車の「縁《ふち》」についてである。(3)『ティマイオス』篇において記されているのは球などではなく、或る角度をもって互いに交わる帯または紐帯である。(4) 最後に、ピュタゴラス的影響のもとに作詞されたとおもわれるホメロスの『軍神アレスの賛歌』において、惑星の軌道について用いられた言葉はアントゥクス (*ἄντυξ*) であり、これは「縁《ふち》」を表わしているに違いない。(5)

エウドクソスが「現象救済のために」(*σῴζειν τὰ φαινόμενα*) 仮定をたてた幾何学的構成を、アリストテレスが実在するものに適用するまで、天球説を採用したひとがあるという証拠はじつのところなにもない(6)。この当時にあって、球でなければ簡単に説明できないものを説明しようとしても、もろもろの球は役立たなかったであろう。

つぎに、これらの「帯」が相互に取り囲み、相互に交わっていることや、その帯が稀薄な要素や濃厚な要素から作られていることが語られている。またそれらのあいだには、光と闇で作られた「混合された帯」があることも知らされている。そこでまずはじめに、光と闇は、稀薄なものと濃厚なものと一寸違わず同じものであることが認められるべきである。ここでは、なにか食い違っているようにみえる。これらの報告は、断片一二よりも何か別のものに基づいているのではないかという点で疑われるかもしれない。確かに断片一二は、火の帯のあいだに、内に光の部分をもった夜の帯があることを表わしていると解釈されるであろう。そのことはたぶん正しい。しかしこの箇所は、狭い輪形が夜の広い輪形で取り囲まれており、それぞれはその中央に突進する火の部分をもっていることを述べていると理解するのが、どちらかといえば自然であると私はおもう。この箇所の最後の言葉は、狭い環が混じり気のない火で充満されているという叙述の、たんなる繰り返しであろうし(7)、私たちはアナクシマンドロスの「環」をきわめて正確に叙述すべきである。

(1) ディールスが指摘しているように、ホメロスにおける *στεφάνη* は、髪につけた黄金の帯（Σ597）や、帽子の鍔（H12）に用いられている。この語は、二つの同心円のあいだに含まれる形状について、専門用語として用いられたことも付言されるであろう（Proclus, ***in Eucl. I.*** p. 163, 12）。つねにその語は、環状のものを表現している。

(2) *τεῖχος* は、都市の防壁や要塞であり、エウリピデスが都市の防壁を表わすのに *στεφάνη* を用いていること（***Hec.*** 910）が想起されるべきである。「たしかにパルメニデスの全体は球であった」というヒースの言は、見当違いである。ここではパルメニデス固有の見解を扱う資料はない。

(3) ***Rep.*** x. 616d5, *καθάπερ οἱ κάδοι οἱ εἰς ἀλλήλους ἁρμόττοντες*; e1, *κύκλους ἄνωθεν τὰ χείλη φαίνοντας*

(*σφονδύλους*).

（4） *Tim.* 36b6, *ταύτην οὖν τὴν σύστασιν πᾶσαν διπλῆν κατὰ μῆκος σχίσας, μέσην πρὸς μέσην ἑκατέραν ἀλλήλαις οἷον χεῖ*（文字 X）*προσβαλὼν κατέκαμψεν εἰς ἓν κύκλῳ.*

（5） *Hymn to Ares*, 6;

πυραυγέα κύκλον ἑλίσσων
αἰθέρος ἑπταπόροις ἐνὶ τείρεσιν, ἔνθα σε πῶλοι
ζαφλεγέες τριτάτης ὑπὲρ ἄντυγος αἰὲν ἔχουσι.

そこでプロクロスは、本質的にピュタゴラス的見方を暗に匂わせて、惑星である金星について言っている (h. iv. 17)。

εἴτε καὶ ἑπτὰ κύκλων ὑπὲρ ἄντυγας αἰθέρα ναίεις.

（6） エウドクソスの同心円の球については、Heath, pp. 193 *sqq.* を見よ。

（7） そのような繰り返し（*παλινδρομία*）は、あらゆるギリシア語文体の特徴であるが、終止符で終わるところでの繰り返しは、冒頭の文へ新たに繋がっている。ここでの新しい繋がりは *ἔσται* の語のなかにある。私はこの解釈を強制しないが、ディールスの解釈よりはるかに簡明であるようにおもわれる。ディールスは、「夜」を *στερεόν* と同じとする以上、「夜」を「土」と同じと解すべきである。

九四　女神

パルメニデスは、「これらの真中には、ありとあらゆるものの行く手を操る女神がいる」と言っている。アエティオスは、これを「混じりあった帯」の真中を意味していると説明している。またシムプリキオスは、それはあらゆる帯の中央、すなわち宇宙の中央を意味している、と述べている。[1] それらのどちらも、パルメニデスそのひとの言葉に含まれている以上の内容を表わしていたというのは適切でない。これらの語は、どのようにも採れるのである。シムプリキオスは、用いた言葉から明らかなように、この女神はピュタゴラス学派のいうヘスティア、つまり中央の火と同じと見なした。一方テオプラストスは、パルメニデスが大地は円いとし、宇宙の中心にあると述べたことを承知して言及しているから、そのような見方はできなかった。(2) この原文では、あらゆる帯の中央にあるのは堅い、とされている。実際、テオプラストスによって与えられた資料は、女神と中央の火とが同じとはしてない。あらゆる帯の中央にあるものは堅いということも、その下にはまた火の帯があるとも、私たちは言い切れない。(3) また堅い球体をした大地の中央に女神を設置することも適切とはおもわれない。

さらにアエティオスによると、この女神はアナンケーや「運命の主」と呼ばれる、と言われている。(4) すでに明らかなように、女神が「ありとあらゆるものの行く手を操る」、すなわち女神が天の帯の運動を制御するのである。シムプリキオスは、不幸にして生《なま》の言葉を引用しないで、女神は或るときには光より見えない世界へ魂を送り、或るときには見えない世界より光へ魂を送る、と述べている。(5) エルの神話において女神が行なったことを、さらに正確に記述することは困難であり、そこでも再度、ピュタゴラス的な基盤によっているようにおもわれる。さらに注目すべきは、断片一〇において、アナンケーがどのように天体を捉え、そして星の決まった進路をかたく保つために天体をどのように束縛したかが読みとれるということ、ならびに断片一二において、女神はあらゆる結婚や出産の創始者であると言われていることである。最後に、断片一三おいて、女神はあらゆる神々のなかではじめにエロースを創ったことが知られる。それでエムペドクレスにおいては、生誕の周期に神々を降下させ、肉体を具えさせるのはアナンケーの古代の神託、または掟であることが確認されるであろう。(6)

もしもエルの神話において、アナンケーがどこにいるかが確信できるならば、この女神が宇宙において占めている場所はもっと確かとなるであろう。しかしこの難問題を提出するまでもなく、テオプラストスに従えば、女神が天と地のあいだの中間帯に位置していることを、確信をもって主張することができるであろう。「混合された帯」を信じようと信じまいと、どちらにしてもこの点では相違はない。というのも、女神は混合された帯の真中にいた、というアエティオスの記述は、まさしく女神が天と地のあいだにいたことを暗に示しているからである。ところで、キケロのいささか混淆した文章では、女神はひとつの帯と同一視されているし、[7] 環や帯の説全体は、おそらく天の川によって示唆されたものであろう。したがって天の川を太陽の帯と月の帯とのあいだにある帯として考えねばならないであろう。このことは、断片一一において天の川が述べられるときの顕著な方法ときわめてよく符合しているのである。その他の細部にわたっては積極的であり過ぎない方がよい。もっとも、宵の明星と明けの明星とが同じであることを発見したのは、或るひとによればピュタゴラスであり、或るひとによればパルメニデスであったことを指摘するのは興味のもてる点である。[8]

こうしたこととは一切別に、たしかにパルメニデスは、他の神々がどのように生まれ、どのように滅びたかを、またオルペウス教的であるとして知られている考えや、かなりピュタゴラス的であったような考えをも記していた。それには、エムペドクレスのところで触れるであろう。プラトンの『シュムポシオン』篇において、アガトンは、神々によって犯された古い暴力行為を語るものとして、パルメニデスとヘシオドスとをいっしょにしている。[9] もしもパルメニデスが、ピュタゴラス派の神についての説を詳述したとするならば、この箇所はまさに期待通りの箇所である。しかし神についての説は、臆見の道について述べてきたどんな説に沿っても説明されることは望み薄のようである。[10] そのような事柄は、神学的な考察に属しているし、「多くのひとの」の臆見に属していない。民衆の世界観がたとえ適当に形を整えているにしても、本当に暗示しているのは何であるかをパルメニデスが示そうとしてこれらの物語を作りあげたとはとうてい考えることはできない。詩の重要な箇所は明らかにいったい何なのかを、どういう所説が説明するであろうか。いまこれを尋ねるべきと私はおもう。

（1） Simpl. *Phys.* p. 34, 14 (R.P. 125b. DK. 28B12).

（2） Diog. ix. 21 (DK. 28A1), *πρῶτος δ' αὐτὸς τὴν γῆν ἀπέφηνε σφαιροειδῆ καὶ ἐν μέσῳ κεῖσθαι.* また viii. 48 (DK. 28A44. ピュタゴラスについて), *ἀλλὰ μὴν καὶ τὸν οὐρανὸν πρῶτον ὀνομάσαι κόσμον καὶ τὴν γῆν στρογγύλην* (cf. Plato, *Phaed.* 97d), ὡς δὲ Θεόφραστος, Παρμενίδην. 参照。これは、球形の大地の説をピュタゴラスのものであるとして、それを正当化しているようである（160頁参照）。

（3）ディールスが ***Parmenides Lehrgedicht***, p. 104 で与え、また **R.P.** 162*a* で採りあげた ***περὶ δ πάλιν πυρώδης*** の解釈を、いまは実質的に取り消されているものとして私は論じない。ディールスの **Vorsokratiker** (18A37 * DK. 28A37 を見よ。）の最近版においては、***καὶ τὸ μεσαίτατον πασῶν*** (sc. *τῶν στεφανῶν*) ***στερεόν, ⟨ὑφ' ᾧ⟩ πάλιν πυρώδης*** (sc. *στεφάνη*) と読んでいる。これは明らかに矛盾である。

（4）**R.P.** 126. では、フュルレボルンの ***κληδοῦχον*** という巧妙な校訂が、***κληροῦχον*** に代えて暗黙のうちに採用されている。これは、アエティオス（またはテオプラストス）が序論（断片一、一四）において、鍵をもつ女神について考えていたという見解に基づいている。エルの神話の ***κλῆροι*** が、本当の説明を示しているように私は現におもう。

（5）Simpl. *Phys.* p. 39, 19 (DK. 28B13), ***καὶ τὰς ψυχὰς πέμπειν ποτὲ μὲν ἐκ τοῦ ἐμφανοῦς εἰς τὸ ἀειδές*** (i. e. *ἀιδές*), ***ποτὲ δὲ ἀνάπαλίν φησιν.*** この箇所と、人びとが太陽から生じた（*ἰλύος* の校訂に代えて、写本通り *ἡλίου* と読む）、というディオゲネス、九巻二二（R.P. 127）の報告とをおそらく結びつけねばならない。

（6）エムペドクレス、断片一一五。

（7）Cicero, ***De nat. d.*** i. 11, 28; "Nam Parmenides quidem commenticium quiddam coronae simile efficit (*στεφάνην* appellat), continente ardore lucis orbem, qui cingat caelum, quem appellat deum." この文と、アエティオス二巻二〇、八（DK. 28A41), ***τὸν ἥλιον καὶ τὴν σελήνην ἐκ τοῦ γαλαξίου κύκλου ἀποκριθῆναι*** とを結びつけることができるであろう。

（8）Diog. ix. 23 (DK. 28A1), ***καὶ δοκεῖ*** (*Παρμενίδης*) ***πρῶτος πεφωρακέναι τὸν αὐτὸν εἶναι Ἕσπερον καὶ Φωσφόρον, ὥς φησι Φαβωρῖνος ἐν πέμπτῳ Ἀπομνημονευμάτων· οἱ δὲ Πυθαγόραν.*** また viii.14 (DK. 14, 12 ピュタゴラスについて), ***πρῶτόν τε Ἕσπερον καὶ Φωσφόρον τὸν αὐτὸν εἰπεῖν, ὥς φησι Παρμενίδης.*** 参照。それでディールスは現にすべて写本通り読んでいる。（通用している *οἱ δέ φασι Παρμενίδην* は、カサウボンによっている。）パルメニデスが自らの詩のなかでこうした叙述をはっきりさせたと考えることは不必要である。エムペドクレスの断片一二九におけるように、明白な暗示はあったであろう。その場合、パルメニデスの ***Δόξα*** はピュタゴラス的であったという見方を

はっきりと認めるべきである。アキュレスが言っているように、もしレーギオンの詩人イビュコスが、予期してこの発見を語ったのであれば、すでに明らかなように、レーギオンがしばらくのあいだピュタゴラス派の主な所在地となっていたという事実で説明されるであろう。

(9) Plato, *Symp.* 195c1. これらの *παλαιὰ πράγματα* は、*ἐκτομαί* と *δεσμοί* とを含んで、*πολλὰ καὶ βίαια* であることが暗示されている。これについてのエピクロス的批判が、部分的ではあるが Philodemos, *De pietate*, p. 68, Gomperz と Cicero, *De nat. d.* i. 28 (*Dox.* p. 534; R.P. 126b) に保存されている。

(10) これらの所説については、九〇を見よ。

九五　生理学

パルメニデスは、同時代人の諸見解を記すにあたって、断片から明らかなように、生理学的な事柄について多くを言わざるをえなかった。人間は、ほかのあらゆるものと同じく、熱いものと冷たいものから成り立っていたし、死は熱いものがなくなることで惹き起こされた。出産についての奇妙な見解も若干述べられていた。まずはじめに男は右側から、女は左から生まれた。女性は熱いものを多くもち、男性は冷たいものを多くもっていた。これと反対の見方をエムペドクレスに見いだすであろう。[1] 思惟の性格を決定するのは、人間のなかにある熱いものと冷たいものとの釣合いである。それで熱いものが取り除かれた死骸でさえも、冷たくて暗いものの感覚が残っているのである。[2] 知識のこうした断片は、断片自体から捉える場合多くを語らない。しかし諸断片は、興味ある方法で、医術史と結びつき、その先行するひとつの学派が、ピュタゴラス教団と密接に繋がっていた事実を指摘している。ピュタゴラスより以前の時代でさえも、クロトンは周知のように医家で有名であった。[3] またピュタゴラスとパルメニデスとの中間の時代に、クロトンに住んでいたきわめて著名な医術誌家の名前も知られている。そしてそのひとについて伝えられている二三の事実は、パルメニデスの記した生理学的見解を、孤立した好奇心と見なすのではなく、目標と見なすことを可能にしているのである。つまり、対立物の均衡として健康を説明する医学理論のなかで、最も影響力がある理論の誕生と生長を追跡しうるための、目標である。

（1）すべてこういった点については、Arist. *De part. an.* B, 2.648a28 (DK. 28A52), *De gen. an.* Δ, 1.765b19. を含む **R.P. 127*a*** を見よ。

（2）Theophr. *De sens.* 3,4 (R.P. 129).

（3）132頁注（8）を見よ。

九六　クロトンのアルクマイオン

クロトンのアルクマイオン[1]は、ピュタゴラスの晩年の頃青年であった、とアリストテレスは告げている。後の時代の誌家たちが述べているように、アリストテレスは、アルクマイオンがピュタゴラスの徒であった、と実際言ってはいない。もっとも、対立しているものの説をアルクマイオンが、ピュタゴラスの徒から採り入れたか、ピュタゴラスの徒がかれから採り入れたかのどちらかであるとおもわれる、と指摘している[2]。いずれにしてもアルクマイオンは、かれの著作の僅少な断片のひとつによって証されるように、教団と密接に繋がっていた。断片は、つぎのような言葉ではじまっている。「ペイリトスの子で、クロトンのひとアルクマイオンは、ブロティノスとレオンとバテュルロスにつぎのように言った。目に見えぬものについてと死すべきものについて、神々は確実性をもっている。しかし人間が……と推断するかぎり……[3]」この引用文は、不幸にしてこの繋がりのない表現で終わっているが、しかしそこから二つのことが教えられる。まず第一に、アルクマイオンは、ギリシアの最も優れた医術誌家を特徴づけるあの慎ましさをもっていた。第二に、かれはピュタゴラス教団の主領たちに、作品を捧げたことである[4]。

アルクマイオンの重要性は、かれが経験的心理学の創始者であるという事実に、じつは存在しているのである[5]。

かれは脳を共通な感覚中枢と見なした。エムペドクレスやアリストテレスやストア学派は、心臓が感覚の中枢器官であるという、はるかに原初的な見解にたち帰ったけれども、ヒッポクラテスとプラトンは、アルクマイオンの見方を採用した。アルクマイオンが、解剖学的手段によってこの発明をしたことを疑う理由はない。かれが解剖を試みたという学者もいる。そして、神経はまだ現にあるようなものとして認められていなかったけれども、或る「通路」(πόροι)があって、損傷をうけると感覚を脳へ伝達することが妨げられるということは知られていた。[6] 感覚と思惟のあいだのどこにかれが一線を画したかを知る術《すべ》をもたないけれども、かれもまた感覚と思惟とのあいだに区別をおいた。特殊な感覚機能についてのかれの説には、ひじょうに大きく関心を惹くものがある。すでにアルクマイオンのなかに、ギリシアの視覚説の全体的な特徴、つまり、視覚は眼から生ずる発光であるとする見解と、瞳のなかで反射する映像に視覚を帰す見解とを結びつけようとする試みが見いだされる。かれは空気を空虚と呼んで、まったくピュタゴラス的特色をもっていたけれども、聴覚にとって空気が重要であることを知っていた。その他の感覚についての情報はもっと少ないが、かれが主題を組織的に扱ったことを十分示している。[7]

アルクマイオンの天文学は、かれがピュタゴラスの徒ときわめて近い関係にあったにしては、ひどく未熟のようにおもわれる。かれは太陽についてのアナクシメネスの説や、蝕についてのヘラクレイトスの説明を採り入れた、と言われている。[8] しかしもしもパルメニデスの詩の第二部がピュタゴラスの見解を表わすとするのが正しいとなれば、そうした事柄でかれがミレトス人とはそれほどかけ離れていなかったことは明らかである。天体についてのかれの説も、まだ「気象学的」域を出ていない。惑星が、日々の回転運動とは反対方向に軌道運動をしているという見方をアルクマイオンが信じたことは、大いに特筆されるところである。かれはピュタゴラスからこの見方を学んだであろうが、それはアナクシマンドロスの学説にあるとしてここで言及した諸困難から当然示唆されたであろう。[9] このことは、魂が不死なものに似ているために不死であり、そして天体のようにつねに運動している、というかれの言葉と疑いもなく密接に繋がっている。[10] プラトンがピュタゴラス派のティマイオスに、天体や惑星が回転運動していると同じく、魂は内部で回転運動をしていると言わせているが、実のところアルクマイオンがこの奇妙な見方をした張本人であるようにおもわれる。これはまた、人間が初めを終わりに繋ぐことができないから死ぬ、という別の報告を説明しているようでもある。[11] 天体の軌道は、つねに完全な円を描いているが、人間の頭のなかにある円は、それ自体を完成しえないであろう。

「イソノミアー」（同権）としてのアルクマイオンの健康説は、アナクシマンドロスのような初期の探究者とかれとを最も明白に直結する説であるし、また哲学のその後の発展に最大の影響を与えた説である。かれははじめに、「人間的なものはほとんど対《つい》である」ということを看てとって、それによって人間は熱いものと冷たいもの、湿ったものと乾いたもの、その他対立するものから成り立っていることを示した。[12] 病気は、これらの一方側の「独裁」であった。――アナクシマンドロスが「不正」と呼んだのと同じことである。一方、健康は同等な法律をもった自由な政治体の組織であった。[13] これは、医術についてのシケリア学派の主な教説であった。結局、ピュタゴラス思想の発展への影響を考えるべきであろう。「通路」の説とともに、それは後の学問にとって最大の重要性をもっている。

（1） アルクマイオンについては、J. Wachtler, *De Alcmaeone Crotoniata* (Leipzig, 1896) をとくに見よ。

（2） Arist. *Met.* A, 5. 986a27 (R.P. 66. DK. 24A3). a三〇においてディールスは、推察をめぐらして *ἐγένετο τὴν ἡλικίαν* ⟨*νέος*⟩ *ἐπὶ γέροντι Πυθαγόρᾳ* と読んでいる。Iambl. V. *Pyth.* 104 参照。そこではアルクマイオンは、*συγχρονίσαντες καὶ μαθητεύσαντες τῷ Πυθαγόρᾳ πρεσβύτῃ νέοι.* のなかで述べられている。

（3） *'Αλκμαίων Κροτωνιήτης τάδε ἔλεξε Πειρίθου υἱὸς Βροτίνῳ καὶ Λέοντι καὶ Βαθύλλῳ· περὶ τῶν ἀφανέων, περὶ* τῶν θνητῶν, σαφήνειαν μὲν θεοὶ ἔχοντι, ὡς δὲ ἀνθρώπους τεκμαίρεσθαι καὶ τὰ ἑξῆς（fr.1, Diels, *Vors.* 14B1. DK. 24B1）. これが月並なドーリス方言で書かれていない事実は、本物である強い証拠である。

（4）プロティノス（またはプロンティノス）は、ピュタゴラスの義理の子とか、義父とかさまざまに描かれている。レオンは、イヤムブリコスの目録（Diels, *Vors.* 45A）では、メタポンティオンのひとである。そしてバテュルスは、おそらくそこでやはり述べられているポセイドニアのバテュラオスであろう。

（5）この主題についての初期の歴史にことごとく影響しているものは、ベア教授の *Greek Theories of Elementary Cognition* において、すっかり採りあげられ、論じられている。細部すべてについては、私は読者にこの書を照会しなければならない。

（6）Theophr. *De sens.* 26（DK. 24A5, Beare, p. 252, *n.*1）. アルクマイオンの解剖についての原典は、カルキディウスだけであるが、かれはそうした関係の情報を、もっと古い典拠から採った。πόροι や、損傷からの推論は、テオプラストスによって証言が与えられている。

（7）細部については、Beare, pp. 11 *sqq.*（視覚）、pp. 93 *sqq.*（聴覚）、pp. 131 *sqq.*（嗅覚）、pp. 180 *sqq.*（触覚）、pp. 160 *sqq.*（味覚）において見いだされるであろう。

（8）Aet. ii. 22, 4（DK. 24A4）, πλατὺν εἶναι τὸν ἥλιον; 29, 3（DK. 24A4）, κατὰ τὴν τοῦ σκαφοειδοῦς στροφὴν καὶ τὰς περικλίσεις（ἐκλείπειν τὴν σελήνην）.

（9）Aet. ii. 16, 2（DK. 24A4）,（τῶν μαθηματικῶν τινες）τοὺς πλανήτας τοῖς ἀπλανέσιν ἀπὸ δυσμῶν ἐπ' ἀνατολὰς ἀντιφέρεσθαι. τούτῳ δὲ συνομολογεῖ καὶ Ἀλκμαίων. アナクシマンドロスの学説における困難については、104頁以下を見よ。

（10）Arist. *De an.* A, 2. 405a30（R.P. 66c. DK. 24A12）.

（11）Arist. *Probl.* 17, 3. 916a33（DK. 24B2）, τοὺς ἀνθρώπους φησὶν Ἀλκμαίων διὰ τοῦτο ἀπόλλυσθαι, ὅτι οὐ δύνανται τὴν ἀρχὴν τῷ τέλει προσάψαι.

（12）Arist. *Met.* A, 5. 986a27（R.P. 66. DK. 28A24）.

（13）Aet. v. 30, 1（DK. 24B4）, Ἀλκμαίων τῆς μὲν ὑγιείας εἶναι συνεκτικὴν τὴν ἰσονομίαν τῶν δυνάμεων, ὑγροῦ, ξηροῦ, ψυχροῦ, θερμοῦ, πικροῦ, γλυκέος, καὶ τῶν λοιπῶν, τὴν δ' ἐν αὐτοῖς μοναρχίαν νόσου ποιητικήν· φθοροποιὸν γὰρ ἑκατέρου μοναρχίαν.

第五章　アクラガスのエムペドクレス

九七　多元論

万物が一であるという確信は、初期のイオニア人に共通していた。しかし現にパルメニデスは、もしもこの一なるものが実際に在るならば、それが違った形をとりうるという考えを捨てねばならないことを示しているのである。変化や多様性の世界を附与する感覚は、偽りである。そうした論法は、袋小路に陥るほかないようにおもわれた。そこでこの時以来、哲学に携わる思想家はすべて一元論的仮定を放棄する方向に進んだことに私たちは気づくのである。いまだその仮定を固執する人びとは、批判的態度を採り、新しい見方に対してひたすらパルメニデス説の擁護にのみつとめた。ほかの人びとは、誇張した表現でヘラクレイトスの学説を教え、また或るものは初期のミレトスの人びとの学説を継続して詳述した。しかし主役をつとめるひとはすべて多元論者である。物体論的な仮定は、一元論的構造の重みに耐えかねることを証していたのである。

九八　エムペドクレスの年代

エムペドクレスは、シケリアのアクラガスの一市民であった。かれは、哲学史において重要な役割を演じているドーリス人系の国に生まれたただひとりの市民であった。[1] 最も優れた記録によると、かれの父の名はメトンであった。[2] エムペドクレスとも呼ばれたかれの祖父は、第七一オリュムピア祭期（前四九六―九五年）に、オリュムピアでの競馬に勝ったことがあった。[3] そしてアポルロドロスは、第八四オリュムピア祭期第一年目（前四四四—四三年）を、エムペドクレスそのひとの最盛期と決めた。これはトゥリオイの建設の時期である。またディオゲネスにおける引用文から明らかなように、五世紀の伝記誌家レーギオンのグラウコスは、[4] エムペドクレスがトゥリオイの建設後間もなくこの新都市を訪問した、と言った。しかしその時かれがちょうど四十歳であった、と考えるべきではない。それはアポルロドロスの常套的な仮定である。しかしかれの年代は相当後になると考える理由がある。[5] エムペドクレスがトゥリオイへ行ったのは、アクラガスを追放されてからであったというのが本当らしい。そしてその事件が起こったときは、すでに四十歳以上であったかもしれない。したがって判っていることといえば、かれの祖父が前四九六年にはまだ生存していたということと、エムペドクレスそのひとは、テロンの死んだ四七二年以後も生きていて、四四四年よりも後に死んだということにつきる。

（1） しかし序論二（19頁）を見よ。
（2） Aet. i. 3, 20 (R.P. 164. DK. 31A33), Apollodoros *ap.* Diog. viii. 52 (R.P. 162. DK. 31A1). エムペドクレスの生涯の細部は、J. Bidez, *La Biographie d'Empédocle*（Gand, 1894）によって、注意深く原典批判がなされながら論じられている。
（3） この点については、アポルロドロスの典拠（Diog. viii. 51, 52; R.P. 162）がある。かれは、エラトステネスの『オリュムピア競技の勝利者』に従っているし、エラトステネスはアリストテレスに従っている。ヘラクレイデスは、*Περὶ νόσων* において（296頁注（6）を見よ）、年長のエムペドクレスを「馬の飼育人」として語った（R.P. 162a）。またティマイオスは、第十五巻でかれに言及した。サテュロスは、かれとその孫とを取り違えていた。
（4） グラウコスは、*Περὶ τῶν ἀρχαίων ποιητῶν καὶ μουσικῶν* を書いたし、デモクリトスと同時代人であったと言われている（Diog. ix. 38, DK. 14, 6）。アリストテレスやヘラクレイデスによると、エムペドクレスは六十歳で死んだこともアポルロドロスは言っている（Diog. ix. 38）。しかし *ἔτι δ' Ἡρακλείδης* の語は、スツルツの校訂であり、写本は *ἔτι δ' Ἡρακλείτου* であることは注目されるべきである。そしてディオゲネスは、ヘラクレイトスは六十年生きた、とたしかに言った（ix. 3. DK. 22A1）。一方、アリストテレスの叙述が *Περὶ ποιητῶν* に由来しているならば、いったいかれが何ゆえをもってヘラクレイトスに言及せねばならなかったか明らかではない。ヘラクレイデスは、エムペドクレスの伝記にとって重要な出典のひとつであった。名称は、しばしば混同されている。

（5） Diels, "Empedokles und Gorgias," 2 (*Berl. Sitzb.*, 1884) を見よ。テオプラストスは、エムペドクレスが、「アナクサゴラスよりそれほどくだらないとき」すなわち前五百年からそれほどくだらないときに生まれている旨を述べている（*Dox.* p. 477, 17. DK. 31A7. 一〇 を見よ）。かれはパルメニデスよりもたしかに後であったので、このことは、プラトンに従って、アポルロドロスが決めているよりもパルメニデスを十五歳ほど年上と決める新しい根拠である（八四を見よ）。一般に注目されるべきは、トゥリオイの出来事の年代が多くの場合アポルロドロスを誤らせていることである。トゥリオイに係わっているひとはほとんどすべて、前四八四年に生まれた、と言われている。

九九　政治家としてのエムペドクレス

エムペドクレスは、テロンの死を惹起した政治上の諸事件では、たしかに重要な役割を演じた。シケリアの歴史家ティマイオスは、この事件を余すところなく扱ったようにおもわれるし、若干の話を伝えている。この話はおよそ百五十年後に取りあげられた明らかに真正の伝承記録である。しかしあらゆる民間伝承のように、いささか混乱がある。目に見えるような出来事は記憶されるが、話の本質的な部分は脱落するものである。なお批評家がティマイオスを「陰口屋」[1]と呼称しているが、この「陰口家」がエムペドクレスの時代のひとからすれば曽孫にあたる人びとによってエムペドクレスがどのように描かれたかを示しているお蔭で、かれの歴史的な重要性を独自に量ることを可能にしてくれている。[2] 逸話という逸話は、エムペドクレスの民主的な信念の強さを示そうとしているようである。とくにかれは、千人集会――たぶん何か寡頭政治的会合や集まり――を解散させたといわれている。[3] かれが王位を申し出られたのも、この所為であったかもしれない。アリストテレスは、かれがこの申し出を断わった、と言っている。(4) ともかくエムペドクレスが何を為したかについて何もはっきりと知ってはいないけれども、当時のアクラガスにおいての、優れた民主制の指導者であったことは明らかである。

(1) かれはスゥイダスにおいて *γραοσυλλέκτρια* と呼ばれている。*s.v.*

(2) たとえばティマイオス (*ap.* Diog. viii. 64) は、かつてエムペドクレスが招かれてひとりの執政官と夕食を共にしたことを語った。夕食はこともなく進んでいたが、酒はいっこうに運ばれて来なかった。ほかの仲間は何も言わなかったが、エムペドクレスは憤慨し、それを出すように言いつけた。しかし主人は、評議会の守衛官を待っているのだと言った。その役人が来席すると、役人は宴席の座長に指命された。もちろん主人の差し金であった。それでそのひとは、僭主の成りたてのような様子を振るいはじめたのである。客人に向けて酒を飲むか、さもなければ客人の頭に葡萄酒を注ぐかどちらかをせよと命じた。エムペドクレスは何も言わなかったが、翌日、主人と役人を法廷に訴えて、両名を死刑にさせてしまった。——かれを夕食に招いた男と、宴席の座長とを！　この話は、恐怖時代の非国民に対する告発を思い出させる。

(3) Diog. viii. 66 (DK. 31A1), *ὕστερον δ' ὁ Ἐμπεδοκλῆς καὶ τὸ τῶν χιλίων ἄθροισμα κατέλυσε συνεστῶς ἐπὶ ἔτη τρία.* *ἄθροισμα* はほとんど合法的な集会ではないし、*συνίστασθαι* は共謀を意味している。

(4) Diog. viii. 63 (DK. 31A1). アリストテレスは、おそらく『ソフィステス』において、このことに言及したであろう。Diog. viii. 57 (DK. 31A1) 参照。

100　宗教の指導者としてのエムペドクレス

しかしエムペドクレスについてよく知られた性格には、もうひとつの面がある。ティマイオスは、それがかれの政治観と相容れることが困難であることに気づいた。エムペドクレスは、自分は神であることや、市民の仲間から尊敬されるに値することを公言した。実のところエムペドクレスは、たんなる政治家ではなかったのである。かれの周辺には多くの「魔法使い」がいた。サテュロスによると、(1) ゴルギアスは、師エムペドクレスが妖術を行なっている最中、臨席していた、と明言した。『浄め』の断片から、このことが何を意味しているかを理解することができる。エムペドクレスは、浄化や禁欲によって「輪回」から無事に脱出することを求める新しい宗教を説くひとであった。オルペウス教は、テロンの時代にアクラガスの町を跋扈していたようである。そしてエムペドクレスの詩と、ピンダロスがその王子に捧げたオルペウス風の賦とのあいだに、言葉のうえではあるが、若干の一致さえある。(2) 他方、断片一三四がアポロンのことを言ったものである、というアムモニオスの叙述を疑う理由はない。(3) そしてもしそうであるならば、それは密儀的な教義についてのイオニア的表現をエムペドクレスが使ったことを示している。それはピュタゴラスの場合にすでに見てきた通りである（三九）。さらにティマイオスは、エムペドクレスが「剽窃」したために、ピュタゴラス教団から追放されたという話をすでに知っていた。(4) そして大体において断片一二九は、ピュタゴラスに言及したものであるらしい。(5) その場合、結社の頭目が正統と考えなかったピュタゴラス思想のひとつの形式を、エムペドクレスが説いたというのが最も本当らしい。かれにまつわって実際起こったという不思議は、その詩のなかに暗示的に拡がっているにすぎないようにおもわれる。(6)

（1） Diog. viii. 59 (R.P. 162. DK. 31A1). サテュロスはおそらくアルキダマスに従った。アルキダマスの著 *φυσικός* は、ゴルギアスが主な語り手である対話篇であった、とディールスは述べている (*Emp. u. Gorg.* p. 358)。
（2） Bidez, p. 115, *n.* 1. を見よ。
（3） 所定の箇所の注を見よ。
（4） Diog. viii. 54 (R.P. 162. DK. 31A1).
（5） 所定箇所の注を見よ。
（6） たとえばティマイオスは、エムペドクレスが樹木に驢馬の革袋をぶらさげ、北風の力を弱めて風を捕えた様子を語った (*ap.* Diog. viii. 60. DK. 31A1)。断片一一一においては、エムペドクレスの教えたような学識は、門弟どもが風を制御することを可能にする、と言っている。また三十日間、呼吸が止まり、鼓動も打たない女性を蘇生させた様子も伝えられている。断片一一一では、エムペドクレスが自分の教えによってハデスから死者を連れ戻すことができるであろう、とパウサニアスに言っている。ἄπνους の物語は、ポントス生まれのヘラクレイデスの著 Περὶ νόσων で詳細に与えられた。そしてエムペドクレスがそれをパウサニアスと関係させた、とディオゲネスは言っている。こうした逸話が作り上げられた方法を、このことはそれとなく示している。ヘラクレイトスについての、きわめて類似した逸話、189頁注（7）参照。

一〇一　修辞学と医学

アリストテレスは、エムペドクレスが修辞学を編み出したひとである、と言った。(1) そしてガレノスは、エムペドクレスが医学のイタリア学派の創設者であり、コスやクニドスの学派と同じ水準にした、としている。(2) これら両方の報告は、かれの政治的活動や学問的活動との関連において考察されねばならない。おそらくゴルギアスは、かれの弟子であったし、エムペドクレスが幾たびか為さねばならなかった演説は、美辞麗句をその特徴としていたであろう。この美辞麗句をゴルギアスが、後の時代にアテナイ人に齎らし、その美辞麗句が芸術的な散文の思想を生んだのである。(3) しかしながら医学の発展に対してかれの与えた影響がはるかに重要であったのは、ただ医学自体に影響を与えただけでなく、医学を通して、学問的思考の全体的傾向に影響を与えたからである。エムペドクレスを継ぐものは誰ひとりいなかった、と言われている。(4) この評価は、厳密に哲学に限定してみても本当である。しかしかれの築いた医学派は、プラトンの時代まで存続していたし、プラトンにもかなりの影響を与えたし、アリストテレスに至ってはなおいっそう多くの影響を与えたのである。(5) 医学派の基本的な学説は、熱と冷・湿と乾と、四元素とを同一視するものであった。またその派は、人間が身体のすべての通路を通して呼吸していることや、呼吸の働きは血液の運動と密接に繋がっている、と主張した。脳ではなく、心臓が意識の器官と見なされた。(6) エムペドクレスの後継者の教えた医学の、外面的な特徴は、まだ後継者が魔術的な本性の考えに捕われていたということである。これに対するコス学派のひとりが行なった抗議は、現に残されている。そのひとは、

後継者を「信仰家と自称する魔術使い、浄めるひと、香具師、藪医者」として言及している。(7)

（1） Diog. viii. 57 (R.P. 162g. DK. 31A1).

（2） Galen, *Meth. Med.* i. 1 (X5K. DK. 31A3), ἤριζον δ' αὐτοῖς（コスやクニドスの学派）……καὶ οἱ ἐκ τῆς Ἰταλίας ἰατροί, Φιλιστίων τε καὶ Ἐμπεδοκλῆς καὶ Παυσανίας καὶ οἱ τούτων ἑταῖροι. フィリスティオンは、プラトンと同時代のひとで友人であった。パウサニアスは門弟であって、エムペドクレスが詩を捧げた。

（3） Diels, "Empedokles und Gorgias"（*Berl. Sitzb.*, 1884, pp. 343 *sqq.*）を見よ。ゴルギアスがエムペドクレスの門弟であったと述べている最古の典拠は、ディオゲネス第八巻五八（R.P. 162. DK. 38A1）に記されたサテュロスである。しかしサテュロスの情報源は、アルキダマスのようにおもわれる。アルキダマスは、ゴルギアスの門弟であった。プラトンの『メノン』篇（76c 4-8）においては、流出や通路についてのエムペドクレス説はゴルギアスに帰せられている。

（4） Diels (*Berl. Sitzb.*, 1884, p. 343).

（5） M. Wellmann, *Fragmentsammlung der griechischen Ärzte*, vol. i (Berlin, 1901). ヴェルマンによると（『ティマイオス』篇においての）プラトンと、カリュストスのディオクレスとの両方とも、フィリスティオンに準拠している。医学史に絶えず目を向けていないならば、この点から哲学史をさらに理解することは不可能である。

（6） 四元素については、Anon. Lond. xx. 25（メノンの *Iatrika*）, Φιλιστίων δ' οἴεται ἐκ δ' ἰδεῶν συνεστάναι ἡμᾶς, τοῦτ' ἔστιν ἐκ δ' στοιχείων· πυρός, ἀέρος, ὕδατος, γῆς. εἶναι δὲ καὶ ἑκάστου δυνάμεις, τοῦ μὲν πυρὸς τὸ θερμόν, τοῦ δὲ ἀέρος τὸ ψυχρόν, τοῦ δὲ ὕδατος τὸ ὑγρόν, τῆς δὲ γῆς τὸ ξηρόν. 参照。呼吸の説については、Wellmann, pp. 82 *sqq.*; 意識の座としての心臓については、*ib.* pp. 15 *sqq.* を見よ。

（7） Hippokr. Περὶ ἱερῆς νόσου, c1, μάγοι τε καὶ καθάρται καὶ ἀγύρται καὶ ἀλαζόνες. 全章が読まれるべきである。Wellmann, p. 29 *n.* 参照。

一〇二　先駆者との繋がり

エムペドクレスの伝記のなかでは、自然についてのかれの所説については何も述べられていない。そのことをそれとなく示しているものといえば、かれの学んだ人たちについての若干の報告ぐらいのものである。知る機会に恵まれていたアルキダマスは、エムペドクレスはパルメニデスのもとでゼノンといっしょに学んだ、とした。テオプラストスもまた、かれをパルメニデスの後を継いだ模倣者とした。しかしエムペドクレスがピュタゴラスに「聞いた」という別の証言は正しいはずはない。紛れもなくアルキダマスは、「ピュタゴラスの徒たち」と言った。(1)

若干の誌家は、エムペドクレスの学説の或る部分、とりわけ通路と流出の説（一八）は、レウキッポスの影響によると主張したのである。(2) しかしアルクマイオンは、「通路」を感覚との関係において語ったことや（九六）、エムペドクレスがアルクマイオンからおそらくその説を採用したことも知られている。さらにこのことは、アルクマイオンや後期のイオニアの哲学者に共通する或る別の生理学的見解の歴史に対応しているのである。一応そうした観点は、エムペドクレスの築いた医学派を通ってイオニアに達した、と解することができる。(3)

（1） Diog. viii. 54-56 (R.P. 162. DK. 31A1).

（2） Diels, *Verhandl. d.* 35 *Philologenversamml.* pp. 104 *sqq.*, Zeller, p. 767. レウキッポスがエムペドクレスに影響を与えたことが証明されうるならば、これからのいくつかの章の主な課題にとって致命的なことになるであろう。私が示したいのは、後期のピュタゴラス派の学説がレウキッポスに影響を与えたことである（第九章一七一）。そしてその学説はさらにエムペドクレスによって影響を受けたことである（第七章一四七）。

（3） アルクマイオンにおける *πόροι* については、Arist. *De gen. an.* B, 6. 744a8 (DK. 24A10); Theophr. *De sens.* 26 (DK. 24A5) を参照。エムペドクレスからイオニアの自然学者に、アルクマイオンの胎生学などについての見解が伝承された方法については、K. Fredrich, *Hippokratische Untersuchungen*, pp. 126 *sqq.* 参照。

一〇三　エムペドクレスの死

エムペドクレスは、自分が神とおもわれるために、エトナ山の噴火口に身を投じた、と言われている。これはおそらく、かれが夜、天に昇った、(1)という後継者たちが確立した話を悪意をもって改造したものであろう。(2)どちらの話も簡単に認容されたに違いない。なぜなら地方の伝承では少しもなかったからである。エムペドクレスはシケリアではなく、ペロポネソス半島か、おそらくトゥリオイで亡くなった。かれがアテナイを訪ねたことも、けっして可笑しくない。(3)プラトンは、ソクラテスが若いときエムペドクレスの見解に馴染んだように表現しているし、老クリティアスは、かれの特色のある所説のひとつを採り入れた。(4)

（1）**R.P. 162 h.** これはポントスのヘラクレイデスによって、*ἄπνους* についての物語の終わりにおいて語られた話であった。

（2）**R.P.** *ib.* この話は、つねに悪意をもった狙いで語られている。

（3）ティマイオスは、共通な話を詳細に反論した（Diog. viii. 71 *sqq.*; R.P. *ib.* DK. 28A1）。かれの強調したのは、エムペドクレスはオリュムピアに行って詩をギリシア人に暗唱させてからは、シケリアにけっして戻らなかったということである。もちろんトゥリオイの植民計画は、オリュムピアで討議されたであろう。周知のように、ギリシア人はペロポネソスなどからそれに加わったのである。どうもエムペドクレスは、このこととの繋がりにおいておそらくアテナイにやって来た。

（4）私の編集した『ファイドン』篇九六B4の注を見よ。クリティアスについては、Arist. *De anima*, 405b6 を見よ。ここのクリティアスは、プラトンの『ティマイオス』篇に出ているクリティアスであり、かれはたしかに三十人政治家のひとりであるクリティアスではなく、その祖父にあたる。『ティマイオス』篇のクリティアスは、ひじょうな老人であり、幼少の頃に起きた出来事をじつによく覚えているが、ほかのときに起こったことは忘れている（*Tim.* 26b）。老クリティアスは、ソロンの詩が、子供の頃、斬新であった、とも言っている（*ib.* 21b）。かれがどうしてかつて寡頭政治家である、と考えられたか理解することは難しい。もっともディールス、ヴィラモヴィッツ、E・マイアーは、同一人物であるとすることに難点を感じていなかったようである。アナクレオン（Diels, *Vors.*^{3} ii. p. 81B1. DK. 88B1）と詩によって敬意を交わしたのは、明らかに祖父であったに違いない。三十人政治家のクリティアスは、老人になるまで生きていなかった。

一〇四　著作

諷刺家クセノプァネスを考慮に入れないならば、エムペドクレスは、学説を韻文で表わした第二の哲学者であった。かれはギリシア人のなかではその点の最後の哲学者でもあった。というのはピュタゴラス学派の偽造された詩は、無視されてよいからである。ルクレティウスがこの点で、エムペドクレスを真似たのは、ちょうどエムペドクレスがパルメニデスを真似たのと同じであった。むろん、詩的な表現は、翻訳者にとって厄介なものとなっている。しかしエムペドクレスの韻文から哲学的な核心を抽出することは、ヘラクレイトスの散文からよりも難しいとばかりはいえない。

一〇五　残存している著作

初期のギリシア哲学者の残存している著作に比して、エムペドクレスの著作で残っているものは豊富である。ディオゲネスの写本やスゥイダスの写本を信用するならば、アレクサンドリアの司書は、『自然について』と『浄め』という詩をいっしょにして五千行と見積もっていたのである。そのうち約二千行が『自然について』に属していた。(1) ディールスは、約三百五十行と宇宙論的詩からの部分的な詩とを呈示している。すなわち全体の五分の一にも足りない。こうした恵まれた場合でさえ、ひじょうに夥しい数のものが失われていることを念頭に置くことが肝要である。アレクサンドリアの学者がエムペドクレスのものであるとしたその他の詩は、おそらくかれのものではないであろう。(2)

残された作品をディールスの配列と同じように呈示する。

（1） Diog. viii. 77 (R.P. 162. DK. 31A1); Souidas *s.v.* (DK. 31A2), *Ἐμπεδοκλῆς· καὶ ἔγραψε δι' ἐπῶν Περὶ φύσεως τῶν ὄντων βιβλία β', καὶ ἔστιν ἔπη ὡς δισχίλια.* しかし *Καθαρμοί* が三千行に及ぶことはほとんどありそうにないとおもわれる。そこでディールスは、ディオゲネスにおける *πεντακισχίλια* に代えて *πάντα τρισχίλια* と読むことを提案している。Diels, "Über die Gedichte des Empedokles." (*Berl. Sitzb.*, 1898, pp. 396 *sqq.*) を見よ。

（2） ローデスのヒエロニュモスは、エムペドクレスが著わした四三篇の悲劇に出会った、と述べた (Diog. viii. 58. DK. 31A1)。Stein, pp. 5 *sqq.* を見よ。かれがまた挙げているペルシア戦役についての詩 (Diog. viii. 57) は、アリストテレスの『問題集』九二九b十六のテクスト中の改竄から生じたようにおもわれる。ベッカーはその箇所を *ἐν τοῖς Περσικοῖς* と読んでいる。しかし同じ文章は、『気象学』Δ巻四、三八二a一では *ἐν τοῖς φυσικοῖς* に現われていると言われている。もっともその箇所について、E写本では *Περσικοῖς* となっている。

（一）

賢明な　アンキトスの子　パウサニアスよ、聞くがよい。(DK. 31B1)

（二）

なぜというに　ひとの肢体に　散らばっている　官能は　狭隘で、そこに乱入して、思惟を鈍らせる　惨禍
は数多い。命のない[1]　ほんの束の間の　生命のみを　見詰め、迅速な死の　定まったひとは、煙のごとく
高くたちのぼり　飛び去る。めいめいは　あちこちと彷徨いつつ　巡り会ったもののみを信じ、全体を見つ
けている　とただただ誇る。それほどに　これらのものは　人間にとってほとんど　見られもせぬし　聞か
れもせぬし　心で捉えられもせぬ。しかしお前は、道を外れて　ここに来たからには、死すべき知恵の　達
しうるもののみを　学ばねばならぬ。(DK. 31B2)

（1）セクストスの写本では *ζωῆσι βίου*. ディールスは *ζωῆς ἰδίου* と読む。私はいまもスキァリガーの *ζωῆς ἀβίου* を採る。fr. 15, *τὸ δὴ βίοτον καλέουσι* 参照。

（三）

お前の　無言の　胸のうちに　保つように……。(DK. 31B5)

（四）

しかし神々よ、そのような人びとの　狂信を　わたしの舌から　取り除かれよ。わたしの　口を浄め、口より　清らかな　流れを　導き入れられよ。そしてお前、だれもが思いを寄せる　色白い　腕《かいな》の　乙女子　ムウサよ、たまゆらの命の子らに　似つかわしいことを　わたしが聞けるよう　乞い願う。敬虔の女神の国より　手綱のおもいのまま　馬車を駆りたてて　わたしに送られよ。またお前は、死すべきものの　捧げる光栄と誉れの　花環を　あえて取りあげ、掟にそった　正しいものを越えて　傲慢に　語るからといって、それでもって　知恵の　高座に　坐してはなりませぬ。されば　おのおののものが　明らかになるための　手立てという手立てを　考えられよ。聞くことより以上に　見ることを　信じなさるな。あるいは　舌が　明示するもの以上に[1]　鳴り響く耳に　重きを置きなさるな。思惟へのための　通路のある　他の肢体の　いずれの部分にも信を置くことを　拒まず、それぞれのものが　明らかになる道によって　考えなされ。(DK. 31B3)

（1）味覚であって、喋ることではない。

（五）

しかし　かの優れたものどもを　信じようとしないのは、もっぱら　低劣な心の　なせる仕草。しかし　わたしの　言葉が　お前の　胸の内で　篩い分けられたとき(1)、わがムウサの　確かな教えが　命じるように学ばれよ。(DK. 31B4)

(1) もしも λόγοιο を「談論」「議論」と採るならば、クレメンスの διατμηθέντος の読みは、おそらく成りたつであろう(διαιρεῖν 参照)。ディールスは διασσηθέντος を推定して、「かれらの話は、お前の胸の篩を通されたとき」と表わしている。

（六）

まず　万物の　四つの根を　聞け。輝くゼウスと　生命を齎らすヘラと　アイドネウスと　涙で　死すべきものの　泉を潤すネスティスとを(1)。(R.P. 164. DK. 31B6)

(1) 四つの「元素」は、神話の神の名で導入されている。それについては、347頁注（4）を見よ。

（七）

創られぬ……(DK. 31B7)

（八）

そして　わたしは　お前に　別のことを　告げよう。一切の死滅するものの　いずれにも　実質はないし(1)、そこには　致命的な　死の終末もない。ただ　混合と、混合されたものの交換とがあるのみ。実質とは、ひ

とによって　このものに付けられた　名前にすぎぬ。(R.P. 165. DK. 31B8)

(1)　プルタルコス (*Adv. Col.* 1112a) は、ここの *φύσις* が、死に対立するもので示されるように、「生誕」を表わす、と言っており、(私をも含めて) 解釈者はすべて、いままでプルタルコスに追随してきた。一方、断片は明確に *θνητά* を取りあげているのであって、死すべきものには死はない、とエムペドクレスは言うことはできなかった。*θνητά* は、まさに四元素から組み合わされた滅ぶべきものである (断片三五、一一参照)。そして要するに、*θνητά* は絶えず生成し消滅しているのである。したがって、ラブジョイ教授によって指摘されたように (*Philosophical Review*, xviii. 371 *sqq.*)、*θανάτοιο τελευτή* を *θάνατος* と等しいものと見なすことは不可能であり、それは「死の終末」を一様に表わしているようである。ところでアリストテレスは、*φύσις* のさまざまな語義を注意深く区別する箇所 (*Met.* Δ, 4. 1015a1) で、まさにこの詩句を、*ἡ τῶν ὄντων οὐσία* の意味の例証として引用している (さらに付録を見よ)。私は *ἐπὶ τοῖσδ᾽* を *ἐπὶ τοῖς θνητοῖς* と同じと理解している。そして私は、この断片の意味を、肉や骨などのような一時的な結合体、つまり組み合ったものには、固有な *φύσις* がないということのように解している。ただ四つの「不死な」元素だけが、滅びない *φύσις* をもっているのである。この解釈は、アポルロニアのディオゲネスが、「諸元素」の究極的な実在性を否定する際の言い方で確証される。ディオゲネスは、*εἰ τούτων τι ἦν ἕτερον τοῦ ἑτέρου, ἕτερον ὂν τῇ ἰδίᾳ φύσει.* (断片二)、すなわちかれは、諸元素は *θνητά* であると言っている。

(九)

しかし「光」と「空気」が　(来あわせて)　人間の形に、あるいは野生の獣の、あるいは植物の、あるい
は鳥の種族の　形に　その元素が　混ぜあわされるとき、それが生まれる　とひとは　(言い)、それがひと
たび　分離されると　ひとは　(誤って)　惨めな死　と呼んでいる。わたし自身も　慣わしに従い　そう
呼んでいる。[1] (DK. 31B9)

(1)　この断片は「諸元素」を扱い、その例として *φῶς* と *αἰθήρ* (火と空気) がとりあげられている、と私は理解してい

る。これらは、断片八の *θνητά* のように、生や死を受けるものではなく、この用語をこのものに採り入れたのは、*φύσις* の語を、生や死を受ける死滅すべき組み合わせに適用したのと、同じような因習によるのである。この原文は、プルタルコスにおいて破損していて、二三の脱語があるが、普通の原文再現は、伝統的な形式とは余りにもかけ離れている。私はつぎの文を呈示する。それは少なくとも、単独の文字の変換を必要としないですむ。

οἱ δ', ὅτε μὲν κατὰ φῶτα μιγὲν φῶς αἰθέρι ⟨κύρσῃ⟩,
ἢ κατὰ θηρῶν ἀγροτέρων γένος ἢ κατὰ θάμνων
ἠὲ κατ' οἰωνῶν, τότε μὲν τὸ ν⟨έμουσι⟩ γενέσθαι·
εὖτε δ' ἀποκρινθῶσι τάδ' αὖ, δυσδαίμονα πότμον
ἣ θέμις ⟨οὐ⟩ καλέουσι, νόμῳ δ' ἐπίφημι καὶ αὐτός.

私は四行目の *τάδε* は、「諸元素」（たとえば火と空気）について言ったものと解している。その組み合わせが生まれたり死んだりするように、「諸元素」が生まれたり死んだりするとは、当然言えない。生きものの生命は、火や空気に依存していることから、火や空気をとくに述べたのがこの断片であると私は解している。土や水は、それ自体独自に、けっして生命体を作りはしないであろう。

（一〇）

報復をする死。（DK. 31B10）

（一一、一二）

愚かなものどもよ。――なぜというに　奴らには　遠くに及ぶ　思慮がないゆえ。以前になかったものが
生成するとか、何かが滅んだり　完全に破滅しうる　と奴らは　心に描く。なぜというに　存在しないもの
より　何かが　生ずることは　ありえぬし、在るものが　完全に破滅することも　ありえぬし、耳にもせぬ

ゆえ。なぜというに　ひとが　それを　いずこに置こうとも、つねにそこに　在るであろうゆえ。(R.P. 165a. DK. 31B11, 12)

（一三）

そして　万物のなかに　空虚も　過分な充実も　ない。(DK. 31B13)

（一四）

万物のなかに　空虚は　ない。してみると　いったい　何が　どこからそれに　加わるというのか。(DK. 31B14)

（一五）

賢いひとは　左様なことを　心のなかで　推し量りえぬであろう。すなわち　死すべきひとが　生と呼ぶ、その命あるかぎり、そのときかぎり　奴らが　存在し、惨めな目にも　仕合わせな目にも　あうにはあうが、しかし　死すべきひとが、形づくられる前と　分解された後とには　何ものでも　ないことを。(R.P. 165a. DK. 31B15)

（一六）

なぜというに　これら（「争い」と「愛」）は　以前にあったように　これからもあるであろう。おもうに、無限の時間は、これら両者を失って　虚空にされはせぬであろう。(R.P. 166c. DK. 31B16)

（一七）

二重の話を　わたしは　お前に　語ろう。すなわち　或るときは　多くのものから　成長して　ただひとつのものとなり、或るときは　逆に　解体されて　ひとつのものから　多くのものとなる。死すべきものの生成は二重、消滅も二重。ありとあらゆるものの　結合は、或る種族を生み、また滅ぼす。或る種族が　解体されつつ　育てられて　ふたたび　飛び散る。そしてかかるものは　あちらこちらと　たえずところを換えることを　止めはせぬ。或るときは　ありとあらゆるものが　「愛」によって　ひとつに結ばれ、或るときは逆に　「争い」の妬みで　それぞれは　ばらばらに　離れる。かように　生来　多くのものより　ひとつのものが　生じてき、ふたたび　ひとつのものが　分離して　多くのものが　生じてくるかぎり、それらは生成しており、それらにとって　永遠につづく　生はありはせぬ。しかしそれらが　ところを換えることを止めぬかぎり、それらにとって　存在の円環を　巡りつつ　つねに　不動のままである。

・・・・・

しかし　わたしの語ることに　耳を傾けられよ。学習が　お前の知解を　増すゆえに。なぜというに　話の限界を語りつつ　前にも　わたしが話したように　二重に　わたしは語ろう。或るときは　多くのものよりただひとつのものが　生長してきて、また或るときは　逆に　ひとつのものより　多くのものが　分離した。つまり　火と　水と　土と　空気の限りない高さとが。それより別に離れて、それぞれに　重さの等しい呪うべき　「争い」と、そしてそれらのただなかに　長さと広さの等しい　「愛」とが。お前の心で　「愛」を　観られよ。驚愕の　眼《まなこ》で　坐ってはならぬ。死すべきものの　肢体に　植え込まれたもの　と見なされているのも　「愛」。友愛の念を抱かすのも、睦まじい　仕事を　為し遂げさすのも　「愛」。奴らは　それを

愉悦や　アプロディテ　と名づけて　呼ぶ。それらのあいだを(1)「愛」が巡るのを、死すべきひとは気づきはせぬ。しかし　お前は　わたしの説く　詐らざる筋道を　聞き入れられよ。なぜというに　これらのものはすべて　等しく　齢も同じでありながら、それぞれ　異なる特権と　それぞれ　固有の性質をもち、時が　巡りくると、交互に　優位にたつゆえに。そして　これらと別には　何も生じはせぬし　滅びもせぬ。なぜというに　もしたえず　滅びつづけたのであれば、いまなにひとつ　存在せぬゆえ。いったい　何が　これら全体を　増大させ、いずこより　それが　到来した　というのか。いずこも　これらのものを　欠かぬとなれば、どうして　滅びうるというのか。ただ在るのは　これらのみ。しかし　相互に走り抜けつつ、ときとところで(2)　あれになり　これになる。つねに　これらは　同じもの。(R.P. 166. DK. 31B17)

（1）μετὰ τοῖσιν と読む。しかし私は、クナッツの μετὰ θεοῖσιν（元素のあいだに）という古字学的な賞讃すべき校訂が考慮に値すると、いまも考えている。

（2）ディールスと同じく ἄλλοτε を採る。

（一八）

「愛」。(DK. 31B17)

（一九）

付いて離れぬ　「愛」。(DK. 31B19)

（二〇）

これ（「愛」と「争い」との抗争）は、死すべきものの　肢体の　塊りにおいて　明らかなこと。或るときには　肉体の部分である　四肢のことごとくは、盛りある時期に　命が綻び　「愛」によって　ひとつに結ばれる。或るときにはまた　残酷な　「争い」のため　切り離されて、それらは　ひとつひとつ　命の海の　砕け散る波頭によって　彷徨う。それは　植物や　水棲の　魚において、陸《おか》に巣くう　獣や　羽搏く海鳥においても　同じこと。(R.P. 173d. DK. 31B20)

（二一）

さて、さきにあげた　それらの形状に　もしも何か　欠けるものが　あるとなれば、さきの　わたしの議論に　確証を与えるつぎのものを　篤と　見られよ。いずこでも輝く、熱い太陽を　見られよ。熱と　輝く光に浴するかぎりの　不死なもの　すべてを　見られよ(1)。いずこにあっても　暗く　冷たい雨を　見られよ。大地から　密に詰まった　固いものが、流れでる。それらが争っているとき、すべては　形を異にして　ばらばらとなる。しかし　愛において　それらは　寄り合い、互いに求めあう。なぜというに　これらのものから、かつてあったし、現にあり、これからもあるであろう　あらゆるもの――樹々も　男と女も　獣も　鳥も　水棲の魚も、さてまた長命を生き、最も誉れ高い　神々も　生まれ出たゆえに。(R.P. 166i)

なぜというに　ただ在るのは、これらのみ。しかし　相互に　走り抜けつつ、それらは　異なった形をもつゆえに。――それほどまでに　混合が　それらを　変える。(R.P. 166g. DK. 31B21)

（1）ディールスとともに、ἄμβροτα δ' ὅσσ' ἴδει と読む。* ἴδος の語については、断片六二、五と七三、二参照。これは月などを表現したものである。これらは、固くなった空気からなり、火の半球から光を受けている。一三を見よ。

* DK.[7] では *ἄμβροτα δ' ὅσσ' εἴδει*

（二二）

なぜというに　これらすべてのもの――太陽と　大地と　空と　海とは、死すべきもののなかにあって、はるかに遠く　引き離されているかぎりの　これら　固有の　すべての部分と　ひとつに　睦む。混合に適する　ありとあらゆるものも　そのように　アプロディテの　愛によって　お互い同志　似通い　結び合う。しかし　生まれたはじめより　混合や　刻まれた形を　相互に　ひどく異にしているものは、最も敵対しあい、結び合う　習いを　いっこうに　もたぬし、争いの　指図をうけて　たいそう　悲しがる。「争い」がそれらを　生み出したゆえに。(DK. 31B22)

（二三）

画家どもが　神への供物を　彩色するときのように、知恵によって　その技を　上手に　教わったものであれば、そのものどもが　色とりどりの　顔料を　手にとると、ころよい　調和を保ちつつ、或る色は多く、或る色は少なく　混ぜ合わせ、それらの色から　ありとあらゆるものの　似像を　作りだす。樹々も　男と女も　獣も　鳥も　水棲の魚も、さてまた　長命を生き　最も誉れ高い　神々をも　作りつつ。そのように、無数に　現われてきた　死すべきすべてのものの　源が　他にあるという誤信が、お前の心を　征してはならぬ。[1]このことを　はっきりと　知られよ。お前が　女神より[2]　話を聞いたからには。(DK. 31B23)

(1) ブラース (*Jahrb. f. kl. Phil.*, 1883, p. 19) やディールスと同じく、

οὕτω μή σ᾽ ἀπάτη φρένα καινύτω κτλ.

と読む。ヘシュキオスの καινύτω· νικάτω 参照。これは、実際、シムプリキオスの写本が示しているものであり、ヘシュキオスは、エムペドクレスを多く注釈をしている。

(2)「女神」は、もちろんムウサである。断片五参照。

(二四)

頂きから　頂きへと　足を運びながら、物語の　ただひと筋の　道を　仕舞いまで　歩み止めないように……
(DK. 31B24)

(二五)

正しいことは　二度　繰り返して言われてもよい。(DK. 31B25)

(二六)

周期が　巡りくると、これらのものが　交互に　優位にたつ。そして　相互のなかに　消えてゆき、また命ぜられた　順番で　増大する。(R.P. 166c)
なぜというに　ただあるのは、これらのみゆえ。しかし　相互に　走り抜けつつ、人間や、或る種の　獣となる。或るときは「愛」によって　ひとつの秩序に　結ばれ、或るときは逆に「争い」の妬みで　それぞれは　ばらばらに　離れる。それらがもういちど　ひとつに結びつき、完全に　征されるまで。かように
生来　多くのものより　ひとつのものが　生じてき、ふたたび　ひとつのものが　分離して　多くのものが

生じてくるかぎり、それらは生成しており、それらにとって　永遠につづく　生はありはせぬ。しかしそれらが　ところを換えることを　止めぬかぎり、それらにとって　存在の円環を　巡りつつ　つねに　不動のままである。(DK. 31B26)

(二七)

(球体のなかでは) 太陽の　迅い肢体も、毛むじゃらな　力のある大地も、海も、区別されぬ。それほどまでに　固く、調和の女神の　手厚い　庇護のもと、球体でまるい　神は　結びついていた。周りの　孤独を享受しつつ。(1) (R.P. 167. DK. 31B27)

(1) μονίῃ の語が正しいとすれば、「休息」を表わしえないで、ただ孤独を表わしている。シムプリキオスは περιηθέι としているけれども、περιηγέι を変える理由はない。

(二七 a)

その肢体においては、不和も　見苦しい戦いも　ありはせぬ。(DK. 31B27a)

(二八)

しかしそれは、いずこの側でも　等しく、終わるところは　まったく　なく、球体で　まるく、周りの　孤独を　享楽する。(DK. 31B28)

(二九)

二本の　枝が、その背から　生えはせぬし、足も　迅い膠も　生殖の器官も　それはもちはせぬ。しかし
それ自体　球体で、いずこの側でも　等しかった。（DK. 31B29）

（三〇、三一）

しかし「争い」が、神の肢体のなかで　大きく育ち、力強い　誓いによって　決められていた　交替の時が　満ちて、その特権を求めて　飛びだすとき……　なぜというに　神の肢体は　すべて　順次震えていたゆえに。（R.P. 167. DK. 31B30, 31）

（三二）

関節は、ふたつのものを　結ぶ。（DK. 31B32）

（三三）

まるで無花果の　汁が、白い乳を　凝結させ、縛るごとくに……（DK. 31B33）

（三四）

麦の粗ら粉を　水で　捏ね固めて(1)……（DK. 31B34）

（1）男性形 κολλήσας は、主語が Φιλότης ではありえないことを示している。そしてカルステンは、ここではエㇺペドクレスがパン屋の直喩を用いていると考えたが、たしかに正しい。人間の技術から例証をとるのは、エㇺペドクレス流である。

（三五、三六）

しかし　わたしの話から　新しい話を　引き出しつつ、昔、辿った　歌の小径へ　わたしは　たち戻ることになろう。「争い」が、渦の　最も底の　深みにまで　落ち込み、「愛」が　その環の中心に　達したとき、ありとあらゆるこのものは、そこに　いっしょに　寄り集まって　ひとつになる。それは一気にではなく、思いおもいに　いたるところから　ばらばらに　集まる。それが混ざり合うと、「争い」*は　最果てへと遠ざかりはじめた。しかしまだ　多くのものが、混ざり合ったものと　交互に　混ざり合わぬまま　残った。すなわち　それは、「争い」が　上部にあって、留めていたかぎりのものである。なぜというに　これらのものから離れて　「争い」は　円周の　最果てまで　完全に退かず、或るものは　まだ　内部に留まり、或るものは　あらゆるものの　肢体から　出て行ったゆえに。しかし　「争い」が　たえず　外へ出てゆくにつれ、その分だけ　咎めようのない「愛」の　柔和で　不死な流れが　入り込み、かつて　不死であったものは、直ちに　死すべきもの　となり、かつて　混ざり合っていなかったものは　混ざり合った。それぞれが　互いに　径を　変えつつ。それらが　混ざり合うにつれて、死すべきものの　無限な　種族は、あらゆる姿を　与えられ、方々に　散らばった。見た目に　驚くほどに。(1)(R.P. 169. DK. 31B35, 36)

・・・・・

（1）この断片から、ἀθάνατα（諸元素）が「混ざり合わないもの」と、また θνητά（組み合って滅ぶべきもの）が「混ざり合ったもの」と、どのように一致しているかを、私ははっきりと知るのである。

＊　今日では「死すべきものの無数の種族が生まれてきた」の意に読むのが普通。

（三七）

大地は　おのれの　軀を　増大し、空気は　空気の　嵩を　増す。(DK. 31B37)

(三八)

さあ　それでは、わたしは　お前に　まず　太陽の　始まりを[1]　語ろう。そして　わたしたちが　現に　目にする　すべてのものが、発現する源、つまり大地や　波うつ海、湿った蒸気、周囲をめぐって　ありとあらゆるものを　堅く結びつけるティタンの空気を。(R.P. 170a. DK. 31B38)

(1) クレメンスの写本によると、*ἥλιον ἀρχήν* となっている。*ἡλίου ἀρχήν* の読みは、たんなる間に合わせ策にすぎない。ディールスは、*ἥλικά τ' ἀρχήν*「年も同じ最初のもの（諸元素）」と読んでいる。

(三九)

大地の深さや　広大な空気が　もし無限であるとなれば、全体の　ほんの少ししか　垣間見たことのないはずなのに、死すべき　多くのものの　舌から、むなしく　ほとばしる　愚かしい　言葉が……。[1] (R.P. 103b. DK. 31B39)

(1) アリストテレスは、これらの詩行を『天体論』B巻一三、二九四a二一で引用し、クセノファネスのものとしている。第二章182頁注（4）を見よ。

(四〇)

矢のように　鋭く射る　太陽と、柔和な月。(DK. 31B40)

（四一）

しかし　（太陽の光は）　ひとまとめに集まり、巨大な　天を　回る。（DK. 31B41）

（四二）

太陽が　月の上を　行くとき、月は　太陽の光を　遮る。(1)　そして　蒼い　月の　広さと同じだけ、それだけ大地に　影を落とす。（DK. 31B42）

（1）ディールスの校訂 ἀπεστέγασεν……ἔστ' ἂν ἴῃ. を訳す。

（四三）

太陽の光は、月の　広く巨大な　円に　ぶち当たると、ただちに　跳ね返り、空に届くまで　走る。（DK 31B43）

（四四）

煩わされぬ　顔をして、それは　オリュムポスへ　照り返す。（R.P. 170c. DK. 31B44）

（四五、四六）

円い　借りものの　光は、大地のまわりを　回る。まるで　車の轂《こしき》が、はるかかなたの　（目的地）　のまわりを　回るように。(1)（DK. 31B45, 46）

（1）266頁注（1）を見よ。

（四七）
なぜというに　それは　むこう側の　主、太陽の　聖なる　円を　見詰めているゆえに。（DK. 31B47）

（四八）
光の　前に　やってきて　夜を作るのは　大地。（DK. 31B48）

（四九）
孤独で　盲《めしい》の　夜の……。（DK. 31B49）

（五〇）
イリスは　海より　風と　大雨を　もたらす。（DK. 31B50）

（五一）
（火は）　すみやかに　上にのぼり……。（DK. 31B51）

（五二）
多くの　火が　地下で　燃えている。（R.P. 171a. DK. 31B52）

（五三）

なぜというに　それ（空気）は　そのとき　そのように　走りつづけていたゆえに。いくどとなく　逆向きになったけれども。（R.P. 171a. DK. 31B53）

（五四）

しかし　空気は　長い根で　大地に　沈む。（R.P. 171a. DK. 31B54）

（五五）

海、大地の汗。（DK. 31B55）

（五六）

塩は、太陽光線に　押しつけられて　固まった。（DK. 31B56）

（五七）

多くの　頭が、頸なしで　その（大地）のうえに　生え、肩のない　腕は　裸のまま　彷徨った。眼は、額なしで　徘徊した。（R.P. 173a. DK. 31B57）

（五八）

孤独な　肢体は、いっしょになろうとして　彷徨った。（DK. 31B58）

（五九）

しかし　神が　神と　さらに大いに　混ざり合ったとき、これらのものは　たまたま　それぞれが　出会うと　そのまま　一緒になり、それらに加えて　ほかの多くのものが　間断なく　生じた。（DK. 31B59）

（六〇）

無数の手をもつ　ひょろひょろ歩きの　生きもの。（DK. 31B60）

（六一）

顔と胸とが　違った側を向いた　多くの生きものが　生まれた。あるものは　人間の顔をした　牛の子が、また逆に　あるものは　雄牛の頭をした　人間の子が　生まれた。そして　女の性《さが》と　男の性とが　混ざりあった　生きものは、子を産まぬ(1)　局部を　備えていた。（R.P. 173b. DK. 31B61）

（1）ディールスとともに στείροις と読む。＊クランツは σκιεροῖς。

（六二）

さあ　いまこそ、男たちと　涙に濡れた　女どもの、夜に生まれた　新芽を　火が　分離して、どのように生んだかを　聞きなされ。なぜというに　わたしの話は　的外れでもないし、無知に囚われてもいないゆえ。まず　全体の　性《さが》をもつ　姿が、水や火の(1)　両方の部分を　分かちもって　大地から　生まれてきた。火はおのれに似たものに　近づいてほしいものと、これらのものを　送り出した。しかも　肢体の　愛らしい容

姿も　声も　男たちに　具わった　局部も　示さぬままに。(R.P. 173c. DK. 31B62)

(1) εἴδεος (i.e. ἴδεος) と読む。これは、シムプリキオスの写本での読みである。310頁注（1）参照。

（六三）

……しかし（子供の）肢体の実質は、一部が　男の体のなかに、また一部が　女の体のなかに　引き裂かれている。(DK. 31B63)

（六四）

ところで　眼にすることで　想い起こさせつつ、欲望すら　そのひとに到来する。(DK. 31B64)

（六五）

そして　それは　浄らかな　局部に　注ぎ込まれた。冷たさに　出会うと　それから　女が生まれた。(DK. 31B65)

（六六）

アプロディテの　裂け目の　牧場《まきば》。(DK. 31B66)

（六七）

なぜというに　子宮は、より温かい部分で　男を生む。ゆえに　男は　色黒く、はるかに逞しく　毛深い。

（DK. 31B67）

（六八）

八か月と　十日目に　それは　白い　腐敗物となる。[1]（DK. 31B68）

（1）エムペドクレスが、乳を腐敗した血液とみなしたことは、アリストテレスによって語られている（*De gen. an.* Δ,8. 777a7）。*πύον* は pus（膿）を表わしている。*πυός*「初乳《あらちち》」には、語呂合わせがあるかもしれないが、この語は長母音をもっている。

（六九）

二度分娩の。[1]（DK. 31B66）

（1）七か月目と九か月目で分娩する女性たちについて述べられたもの。

（七〇）

羊膜。[1]（DK. 31B70）

（1）胎児の周りの皮膜について。

（七一）

しかし　もし　これらのこと、水と　土と　空気と　火とが　混ざり合って、アプロディテによって　結びつけられ　現にあるかぎりの、これら　死すべきもの　すべての　容姿や　色彩が、いかにして生じたかに

ついて　お前の　自信が　ぐらつくならば……。(DK. 31B71)

(七二)

亭亭とした樹々も　海に棲む魚も　いかにして……。(DK. 31B72)

(七三)

そのとき　キュプリスが、大地を　水で　湿らせてより、熱を　与えることに　専念し、[1]　それを　固めるために　素早い火へ　投じたように……。(R.P. 171. DK. 31B73)

(1) ディールスと同じく *ἴδεα ποιπνύουσα* と読む。＊ *Vorsokr.*[7] では *εἴδεα ποιπνύουσα*。

(七四)

多産な　魚の、歌えない　種族を　導きながら。(DK. 31B74)

(七五)

内側で　濃密、外側で　稀薄であるかぎりの　すべてのものは、キュプリスの　手もとで　これほどの　軟弱さを　受けとりながら……。(DK. 31B75)

(七六)

海に棲む　重い背中の　殻をもつものどもや　爪貝や　石の　甲羅をもつ　亀どものなかに、お前は　これ

を　見るにちがいない。それらのなかに　お前は、大地の部分が　皮膚の　最表層に　住んでいるのを　見るにちがいない。(DK. 31B76)

（七七―七八）

常緑で　果実の絶えぬ　樹々に、一年じゅう　夥しい　果実を稔らせるのは　水分である。(1) (DK. 31B77, 78)

（1）　これは、明らかにここでの ἀήρ の意味であろう。

（七九）

オリーブの　亭亭とした　樹々が、そのようにして　まず　卵を生む。…… (DK. 31B79)

（八〇）

このゆえに　柘榴は　奥手、林檎は　多汁。(DK. 31B80)

（八一）

葡萄酒は、樹のなかで　酵してから、樹皮より出る　水　である。(DK. 31B81)

（八二）

髪の毛、木の葉、鳥の　重なりあった羽毛、逞しい　四肢に　生える　鱗は、同じもの。(DK. 31B82)

（八三）

しかし　針鼠の　毛は、鋭く尖っており、背中で　逆立って　いる。（DK. 31B83)

（八四）

ところで　ひとが　嵐の夜をとおして　外に出かけよう　と思うと、灯火《ともしび》を　しつらえ、燃え盛る　火の焔を　つけ、いかなる　風をも　避《よ》けるよう　角板《つのいた》を　それに固定すると、角板は　吹きつける　一陣の　風をも　散らしはするが、光は　ことのほか　微細であるゆえに、角板を　突き抜け、疲れを知らぬ　光線によって　敷居を　跨いで　照らす。[1]　まさにそのように　そのとき　彼女（「愛」）は、太古よりの　火を　捉え、まるい　瞳を　皮膜や　薄い布地のなかに　閉じこめた。＊　それらには　巧妙な　孔が　貫通していた。それらは　瞳のまわりの　深い水を　避《よ》けはしたが、火が　ことのほか　微細であるゆえに、そこを　通りぬけた。（R.P. 177b. DK. 31B84)

（1）Beare, p. 16, *n.* 1 を見よ。そこではプラトンの『ティマイオス』篇四五B四（*τοῦ πυρὸς ὅσον τὸ μὲν κάειν οὐκ ἔσχεν, τὸ δὲ παρέχειν φῶς ἥμερον*）が、適切に引用されている。

＊　ここの訳にフリーマンの反論がある。

（八五）

しかし　（眼の）　温和な　焔は、大地の　僅少な部分しか　もちあわせなかった。（DK. 31B85)

（八六）

これらのものから　女神アプロディテは　疲労の素振りも見せぬ　眼を　形づくった。(DK. 31B86)

(八七)

アプロディテは　愛の　紲《きずな》で　それらを　いっしょに　固めた。(DK. 31B87)

(八八)

ひとつの　視像は、両眼より　作られる。(DK. 31B88)

(八九)

生成してきたかぎりの　すべてのものより　流れ出ていることを　知れ。(R.P. 166h. DK. 31B89)

(九〇)

そのように　甘いものは　甘いものを　捉え、辛いものは　辛いものへ　ひた走り、酸っぱいものは　酸っぱいものへと　赴き、熱いものは　熱いものと　重なった。(DK. 31B90)

(九一)

水は　葡萄酒と　よく親和するが、油とは(馴染もう)とせぬ。(R.P. 166h. DK. 31B91)

(九二)

銅は　錫と　混ざる。(DK. 31B92)

(九三)

緋色の　染料の粉は、灰色の　布地と　混ざり合う。(1) (DK. 31B93)

(1) この断片については、Clara E. Millerd, *On the Interpretation of Empedocles*, p. 38, *n*. 3 を見よ。

(九四)

そして　川底の　黒い色は、影から　生まれる。同じことは、虚ろな　洞窟においても　見られる。(DK. 31B94)

(九五)

それら(眼)は　まず　キュプリスの　手もとで　いっしょに　育ったときより……。(DK. 31B95)

(九六)

優しい大地は、胸幅広い　坩堝のなかで　八つの部分から　輝くネスティスの　二つの部分と　ヘパイストスの　四つの部分とを　受けとった。調和が　接着剤となって、ことごとく　ぴったりと　神々しいまでに合わされて　白い骨が　生まれた。(R.P. 175. DK. 31B96)

(九七)

脊椎（は　毀れた。）（DK. 31B97）

（九八）

ところで　大地は　「愛《キュプリス》」の　完璧な港に　錨を下ろし、これらのもの、ヘファイストスと　水と　輝く空
気と　ほとんど　等しい割合で　結びついた。大地が　ほんのわずか　多いときも、それらのものが多くて、
大地が　ほんの少しの　ときもあった。これらのものより　血液は生じ、いろいろな形の　肉も生じた。（R.P. 175c. DK. 31B98）

（九九）

鈴……（耳の）肉の　新芽。[1]（DK. 31B99）

（1）断片九九については、Beare, p. 96, *n.* 1 を見よ。

（一〇〇）

ありとあらゆるものは、つぎのように[1]　息を吸い込み、ふたたび　それを　吐き出している。すべてのもの
には、身体の表面に　血液のない　肉の　管が　拡がっている。そして　皮膚の　最も表面は、これら管の
口のところに　多くの孔が　密に詰まって　すっかり貫通されている。ために　血液がなかに保たれている
一方、空気が　自由に　通り抜けうるように　通路が　切り開かれている。そこで　薄い血液が　ここから
後退するときはいつでも、泡立つ空気が　逆巻く怒濤となって　突入してくる。血液が戻ってくると、空気
が　ふたたび　吐き出される。それはまさに　乙女子が　光輝く　青銅の　水時計を　弄ぶときのように。

乙女子が　見目よい手を、管の孔に　押し当てたまま、銀色をした水の　繊細な体のなかに　浸すまさにそ
のとき、水は　器のなかに　浸入して来ないで、内側から　空気の嵩が[2]、密に詰まった　孔を　圧迫し、乙
女子が　押し込めていた　空気の　流れを　開くまで、水を　外に　閉め出している。しかし　それから
空気が　逃げだすと、それと等しいだけの　水が　浸入してくる。ちょうど　同じように、青銅の　器の
深さを　水が満たし、狭い入口の　通路が、ひとの手によって　塞がれているときに、外部の空気は　なか
に入ろうとつとめて、不快な　響を立てる頸の　戸口のところで、水を押し戻し、乙女子が　手を離すまで
は、その表面を　押えている。そのときには　前とは　まったく反対に、風が　浸入してきて、それと等し
いだけの　水が　流れでる。[3]まさしく　このように　四肢に通う　薄い血液が、内部に　後退するとき、空
気の　流れは、はげしい　うねりとなって　一気呵成に　突入してくる。しかし　血液が　戻ってくると、
空気は　ふたたび　同じ分量だけ　吐き出される。(DK. 31B100)

(1)　この箇所をアリストテレスが引用し(*De respir*, 473b9)、*ῥινός* の代わりに *ῥίς* の属格として *ῥινῶν* を採りあげるという、奇妙な誤りを冒している。クレプシュドラ(水時計)について最もよく知られている箇所は、『問題集』九一四b九以下である(そこでは、*ἄλλου*. b12 に代えて *αὐλοῦ* と読んでいる)。これは尖端で細くなった頸(*αὐλός*)や、底に孔(*τρήματα, τρυπήματα*)で貫かれた一種の濾過器(*ἠθμός*)のある金属製の器であった。『問題集』で採りあげられた箇所は、現象に対するこの説を、アナクサゴラスのものとしている。かれもまた実験を利用したことが、いずれ明らかになるであろう(三一)。

(2)　アリストテレスについての古写本は、空気が断片の別の四つの詩行において *αἰθήρ* と呼ばれているけれども(五、七、一八、二四行)、ここでは *ἀέρος* としている。これは、エㇺペドクレスが他の箇所で避けている意味合いをもって、*ἀήρ* を用いる必要があったというよりも、この一行の詩句においてアリストテレスが誤ったものと考える方が楽である(347頁注(1))。この疑惑の正しさは、*ἠέρος* に代えて *ἀέρος* の形を用いていることで明らかである。したがって、スタインが *αἰθέρος* と読んだのは正しいと私はおもう。

(3)　これは、『問題集』九一四b二六において記された実験のようにおもわれる。ἐὰν γάρ τις αὐτῆς (τῆς κλεψύδρας) αὐτὴν τὴν κωδίαν ἐμπλήσας ὕδατος, ἐπιλαβὼν τὸν αὐλόν, καταστρέψῃ ἐπὶ τὸν αὐλόν, οὐ φέρεται τὸ ὕδωρ διὰ τοῦ αὐλοῦ ἐπὶ στόμα. ἀνοιχθέντος δὲ τοῦ στόματος, οὐκ εὐθὺς ἐκρεῖ κατὰ τὸν αὐλόν, ἀλλὰ μικροτέρῳ ὕστερον, ὡς οὐκ ὂν ἐπὶ τῷ στόματι τοῦ αὐλοῦ, ἀλλ' ὕστερον διὰ τούτου φερόμενον ἀνοιχθέντος. 形容詞である δυσηχέος は、九一五a七に引用されている ἐρυγμός、すなわち「噯気《おくび》を出す」と照応して説明するのが最もよい。この現象は、誰しも水を入れた瓶で起こすことができる。もしも形容詞がこうした現象を表わさないとすれば、ἰσθμοῖο に代えて ἠθμοῖο と読みたくなるであろう。実際に、それは僅かな古写本で読んでいる。

(一〇一)

(犬は)　獣の　肢体の　残骸と、　柔らかな草に　残している　足からの　臭いとを、　鼻孔で　追跡する。[1]

(DK. 31B101)

(1)　断片一〇一については、Beare, p. 135, *n.* 2 を見よ。

(一〇二)

このように　すべてのものは　呼吸と臭いとを　分かちもった。(DK. 31B102)

(一〇三、一〇四)

このように　すべてのものは　運命の　意志によって　思慮してきている。そして　最も稀薄なものが　落ちながら　いっしょになった　かぎりにおいて……。(DK. 31B103, 104)

（一〇五）

（心臓は）反対方向に　流れる　血液の海に　棲み、そこには　ことのほか　ひとが　思惟　と呼んでいるものが　ある。なぜというに　心臓のまわりの　血液は、ひとの思惟であるゆえ。（R.P. 178a. DK. 31B105）

（一〇六）

なぜというに　人間の　知恵は、現にそなわっているものに応じて　生長するゆえに。（R.P. 177. DK. 31B106）

（一〇七）

なぜというに　ありとあらゆるものは　これらのものから　形作られ、いっしょに適合され、ひとは　これらによって　思慮し、快や苦を感じるゆえに。（R.P. 178. DK. 31B107）

（一〇八）

ところで　ひとが　生長して　質《たち》も違ってくればくるほど、（夢のなかで）違った考えが　ひとの心に　つねに　現われる。(1)（R.P. 177a. DK. 31B108）

（1）これが夢に言及しているということは、シムプリキオス『霊魂論注釈』二〇二、三〇から知られる。

（一〇九）

なぜというに　わたしたちは　土によって　土を見、水によって　水を見、空気によって　輝く空気を見、火によって　破滅する火を見、愛によって　「愛」を見、悲しむべき憎しみによって　「憎しみ」を見るゆえ

に。(R.P. 176. DK. 31B109)

（一一〇）

なぜというに　もしも　お前が　堅固な心に　支えられて、善意と　清純な　心くばりによって　これらのものを　観るならば、生涯を通じて　お前は　これらのことごとくを　豊かに　もつであろう。さらに　お前は　それらのものから　別の多くのものを　取得するであろう。なぜというに　これらのものはおのれ独りの力で、ひとそれぞれの　本性が　宿る　お前の心のなかに　生長するゆえに。しかし　ひとの世の　習いどおり　数えきれない　悲しい　事柄が　ひとの　気遣いを　鈍らすように、別種のものを　もしも　お前が　追い求めるならば、時が巡りくると　すぐさま　これらのものは　お前を　見捨てるであろう。なぜというに　これらのものが　おのれ自身の　巣立った種族のもとへ　いまひとたび　立ち帰ることを　望んでいるゆえ。すなわち　ありとあらゆるものが、思慮と　思惟の一部とに　あずかっているゆえに。このことを　篤と知られよ。(DK. 31B110)

（一一一）

そして　お前は、病と　老齢とを防ぐ　あらゆる薬を　学ぶであろう。なぜというに　わたしは　お前ひとりのために　これらすべてを　遂行するゆえに。大地を掃き、野原を　荒廃させる、疲れを知らぬ風の　激しさを　お前は　鎮めるであろう。そして　お前が　望むときには、ふたたび　仕返しに　この疾風を　送り込んでくるであろう。お前は　陰鬱な　雨のあと　人びとのため　時期を得た　旱《ひでり》を　おこし、また　夏の旱を　転じて　お前は、空から　降り注いで　樹々を育てる　流れを　おこすであろう。お前は、死んだ

ひとの　命をも　黄泉の国より　連れ戻すであろう。(DK. 31B111)

浄め

(一一二)

友人どもよ、アクラガスの　黄色の岩を　見おろせる　大いなる町に　住み、美しい仕事に　勤しむ人びとよ。異国人にとって　誇り高い　港、悪に　不馴れな人たちよ、安かれ。わたしは、けっして　死すべきものとしてではなく、不死な　神として　お前どものあいだを　往き交う。わたしにふさわしい　とひとにおもわれるほど　すべてのひとより　崇められ、紐飾りと　花の冠とを　頭にいただいて。わたしが　この男たちや　女たちと　連れだって　繁栄する　町々へ　入るときはいつでも、わたしは　崇められる。かのものたちは　利を得る道は　何処か　と尋ねつつ、無数の群れとなって　わたしの　後を追う。或るものは予言を　欲し、或るものは　辛い長い日々　いろいろな病の　重い劇痛に　苛まれているゆえに、治療の言葉を　わたしより　聞くことを願う。(R.P. 162f. DK. 31B112)

(一一三)

しかし　わたしが　破滅しやすい　死すべき人びとを　凌ぐとはいえ、あたかも　重大なことであるかのように、なぜわたしが　このことを　くどくど述べるのか。(DK. 31B113)

(一一四)

友人どもよ、わたしは　知っている。真実は　わたしの語る　言葉のなかに　あるということを。しかしそれは　人びとにとって　ひどく　厄介なことであり、その人たちの　心に　信念が　襲いかかることは　妬まれることである。（DK. 31B114）

（一一五）

必然の女神の　お告げが　ここにある。とこしえで、幅広い　誓いによって　固く封印された　神々の　太古の　掟が。[1] 長い命を　分け与えられた　ダイモンども　或るものは、罪を犯して　血液で　その手を穢し、[2] あるいは　争いに従って　偽りの誓いをするとき、一万期の　三倍ものあいだ　至福されたものたちの　棲家より　彷徨い出ねばならぬ。その期間中、死すべきものの　さまざまな姿をとって生まれ、労多い命の道を　他のものに変えつつ。なぜというに　力ある空気が　かれを　海に押しやり、海は　乾いた大地に　かれを　吐き出す。一方は　他方より　かれを受けとり、あらゆるものは　かれを憎む。わたしも　いまはそうしたものの　ひとり、神のもとより追放され、彷徨うもの。なぜというに　非情な　争いを　信じたがゆえに。（R.P. 181. DK. 31B115）

（1）必然の女神は、オルペウス的な人格である。エムペドクレスの門弟のゴルギアスは、θεῶν βουλεύμασιν καὶ ἀνάγκης ψηφίσμασιν（*Hel.* 6）と言っている。

（2）私は三行目の φόνῳ を残す（ディールスも同じ）。四行目の最初の語は、失われている。ディールスは、Νείκεϊ と表わしているが、これはおそらく正しい。また ὁμαρτήσας と同じものとして ἁμαρτήσας を採っている。私はそれに応じて訳出している。

（一一六）

恩寵の女神は　忍び難い必然の女神を　忌む。(DK. 31B116)

（一一七）

なぜというに　わたしは　かつていちど　少年であり、少女であり、灌木であり、鳥であり、もの言わぬ
海の魚であったゆえに。(R.P. 182. DK. 31B117)

（一一八）

見知らぬ　土地を　見て、わたしは　涙にくれ　歎いた。(R.P. 182. DK. 31B118)

（一一九）

何という誉れから、何という　大きな仕合わせから、わたしは　この地上の　死すべきもののあいだを　彷
徨う　羽目になったことか。(DK. 31B119)

（一二〇）

わたしたちは　覆いのある　洞窟のもとに　やってきた。[1] (DK. 31B120)

(1) ポルプュリオス (*De antro Nymph.* 8) によれば、これらの言葉は、魂をこの世界に導く「能力をもつものたち」
(*ψυχοπομποὶ δυνάμεις*) によって言われている。「洞窟」は、最初からプラトン的ではなく、オルペウス教的である。

（一二一）

……喜びのない　土地、そこに　「殺害」や「激怒」、そのほかさらに　「凶運」の群れがある。乾き切る
「疫病」と「腐敗」と「洪水」が、暗闇のなかを　「災厄《アテー》」の　牧場いちめんに　彷徨う。（DK. 31B121）

（一二二、一二三）

そこに　いた。(1)　クトニエーと　慧眼の　ヘリオペー、血に染まった　争い《デーリス》と　温和なかんばせの　ハルモニ
エーと　カッリストーと　アイスクレー、速さ《トオーサ》と　遅さ《デーナイエー》、愛らしい　真実《ネーメルテース》と　黒髪の不確実《アサペイア》。生誕《ピソー》と　衰退《ピチメネー》、
眠り《エウナイエー》と　目覚め《エゲルシス》、運動《キーノー》と　不動《アステンピエース》、王冠を戴いた尊大《メギストー》と　貧弱《ポリエー》、沈黙《ソーペー》と　音声《オンパイエー》とが。（R.P. 182a. DK. 31B
122, 123）

（1）この箇所は、『イリアス』十八巻、三九行以下におけるニュムプェの目録をもとに模倣されている。クトニエーは、す
でにプェレキュデスに現われている（Diog. i. 119. DK. 7B1）。

（一二四）

ああ　なんと哀れな、死すべきものの　卑しい　種族よ。不仕合わせなものよ。そのような　争いや　嘆息
より　お前が　生まれてきたとは。（DK. 31B124）

（一二五）

生きているものより　その姿を変え、それを　かれは　死なせた。（DK. 31B125）

（一二六）

（女神は）　肉の　珍しい　衣服《キトーン》を　それらに纏わせて。(1)　（DK. 31B126）

（1）私は *ἀλλόγνωτι* をそのまま残している。もっとも釈明するにはいささか厄介ではある。グノーシス派の比喩的表現におけるオルペウス的キトーンの歴史については、Bernays, *Theophr. Schr. n.* 9 を見よ。それは、神がアダムのために作った皮膚の上着と同じであった。シェクスピアの「泥にまみれ、衰弱した衣服」もまた参照のこと。

（一二七）

野獣のなかでも　それらは(1)　山を棲家とし、地上で　眠る獅子となり、美しい　葉をもった　樹々のなかでは　月桂樹となる。（R.P. 181b. DK. 31B127）

（1）これは、最も優れた *μετοίκησις* である。（Ael. *Nat. an.* xii. 7）

（一二八）

かのものどもにとって(1)　神として　アレースも　キュドイモスもいないし、王ゼウスも　クロノスも　ポセイドーンもいないで、女王キュプリスが　いた。……　かのものどもは　女王に　聖なる　贈物やまた描かれた像や(2)　薫りよく作られた　香油と、さらに　混じりけのない　没薬や　芳香ただよう　乳香を　供えて宥めた。そして　褐色の　蜜を　献じようと、地面に　注いだ。ところで　祭壇は　雄牛の　純血に　塗《まみ》れることは　なかった。もっともこのことは　人びとのあいだで　最大の冒瀆であった。生命を　奪いとり、美しい　肢体を　食らうことは。（R.P. 184. DK. 31B128）

（1）黄金時代の住人。

（2）ポルプュリオスの古写本は、*γραπτοῖς τε ζῴοισι* である。（R.P. に採用された）ベルナイズの校訂には、私は納得しない。オリュムピアで、エムペドクレスによって捧げられた血のない犠牲について、ファヴォリノスの語る話（*ap.* Diog. viii. 53. DK. 31A1）を理由に、私はあえて *μακτοῖς* を提案する。

（一二九）

かのものどものなかに　類《たぐ》い稀な　知識をもった　ひとりの男が　いた。さまざまな　賢い　仕事に　習熟
していて、知恵の　最大の富を　克ちえていた　男であった。なぜというに、かれが　全精神をあげて　働
かすときはいつでも、ひとの十、いな二十回もの　生涯における　ありとあらゆる存在するものの　どれも
これも　易易と　見てとったゆえに。(1)（DK. 31B129）

（1）これらの行数は、すでにティマイオスによって、ピュタゴラスのこととされていた（Diog. viii. 54. DK. 31A1）。或るものは、この詩句をパルメニデスに帰したと言われていることから（Diog. *ib.*）、名前は何も付されていなかったことは明らかである。

（一三〇）

すべてのものは　ひとに馴れ、穏やかであった。獣も　鳥も　いずこでも　友情に　燃えていた。（R.P. 184 a. DK. 31B130）

（一三一）

命短いもののために、不死なムウサよ、わたしの　努力に　いちどでも　厭わず　御身が　思いを馳せるの
であれば、カッリオペイアよ、至福な　神々について　わたしが　純な言葉を　発することのできるように、

御身への　祈りに答えて、　いまや　ふたたび　わたしのそばに　現われよ。(R.P 179. DK 31B131)

(一三二)

幸いである、神のような　知恵の富を手に入れたひとは。不幸である、心のなかに　神々についての　暗い考えを　もったひとは。(R.P. 179. DK. 31B132)

(一三三)

神を　わたしたちの　眼の届く範囲に　近づけることもできぬし、手で　掴むこともできぬ。これによって説得の　最も広い　道が　ひとの心のなかへ　通じるのに。(DK. 31B133)

(一三四)

なぜというに　それは　肢体に　人間の頭を　備えていないし、肩から　二本の枝が　突き出てはいないし、足もなく、速い　膝もなく、毛の生えた　局部もない。しかし　それは　聖《きよ》くて　名状しがたい　心であるにすぎず、その素速い　思いで　全世界を　通り抜ける。(R.P. 180. DK. 31B134)

(一三五)

(これは　或るものに適法しないが、或るものに　適法する。)しかし　ありとあらゆるものの　法は、広く支配する　空気と　天空の　無限の光とを通して　どこまでも　伸びている。(R.P. 183. DK. 31B135)

（一三六）

お前たちは　不快な音を響かせる　殺害を　止めようとしないのか。お前たち　相互に　心の　不注意で貪り食っているのを　見ないのか。(R.P. 184b. DK. 31B136)

（一三七）

父親は　姿を変えた　息子を　とりあげ、祈りを　捧げつつ　それを殺す。のぼせ上がった　愚かものよ。生贄になるものどもは　駈け寄って憐れみを　冀《こいねが》う。しかし、叫び声の聞こえぬ　父親は、おのれの部屋でそのものどもを　虐殺し、邪悪な　食事を　しつらえる。同じように　また　息子は　父親を、子供は　母親を捕え、それらの　生命《いのち》を　引き裂いて、肉親の　肉を喰らう。(R.P. 184b. DK. 31B137)

（一三八）

青銅の　器で　それらの　生命を　汲みつくす。(1) (DK. 31B138)

(1) 断片一三八と一四三については、Arist. *Poet.* 21. 1457b13 についてのヴァーレンと、*Hermes,* xv. p. 173 におけるディールスを見よ。

（一三九）

ああ　悲しいかな、かつて　わたしの唇で　貪り喰らうといった　悪業を企てる前に、どうして　無情な死の日が　わたしを　滅ぼさなかったのか。(R.P. 184b. DK. 31B139)

（一四〇）
月桂樹の　葉を　なべて　断たれよ。（DK. 31B140）

（一四一）
哀れなひと　まったく哀れなひとよ。お前の　手を　豆から　遠ざけられよ。（DK. 31B141）

（一四二）
神楯《アイギス》をもつゼウスの　屋根のある　御殿は、かのひとを　けっして　喜ばしはせぬし、……の館も　……
はせぬ。（DK. 31B142）

（一四三）
頑丈な　青銅の　器に、五つの泉から　水を分かち、手を　洗われよ。（R.P. 184c. DK. 31B143）

（一四四）
邪悪を　断たれよ。（R.P. 184c. DK. 31B144）

（一四五）
それゆえにこそ　お前たちは　悲しむべき　邪悪のために　心をとり乱しつつ、惨めな　苦しみから　心を
解き放ちはせぬであろう。（DK. 31B145）

（一四六、一四七）

しかし　ついに　かのものたちは　死すべきひとのなかに　予言者や　詩人、医者、君主として　現われる。そしてそこから　かのものたちは、誉れ高い　神々に　身を高める、そして　ほかの神々と　同じ家に　住み、同じ食卓を　分かちあい、ひとの悲しみから　解き放され、宿命の憂いもなく、滅びもせぬ。（R.P. 181c. DK. 31B146, 147）

（一四八）

ひとを　包みこむ　大地……（DK. 31B148）

一〇六　エムペドクレスとパルメニデス

エムペドクレスは、かれの詩のいちばん最初のところで、全体を見つけたことを公言した人びとについて、激しい口調で語っている（断片二）。かれは、これを「狂信」とさえ呼んでいる（断片四）。まさしくエムペドクレスは、パルメニデスのことを思い浮かべている。しかしエムペドクレス自身の立場は、懐疑的ではない。ただかれは、「明らかになるための手立てという手立てで」（断片四）思い浮かべた個々の事象を理解しようとしないで、無造作に宇宙全体の論を構成しようとするのは間違いと主張しているのである。このことは、パルメニデスのように感覚の助けを認めないでいてはならないことを表わしている。しかしやがて明らかになるように、エムペドクレスもまた一切を説明しうる学説を作りあげているが、その学説はもはや一元論的学説ではない。

この学説は、パルメニデスとヘラクレイトスとのあいだの中間を試みるものであった、とよく言われる。しかしそのなかに、ヘラクレイトス説の何らかの形跡を見つけることは容易なことではないし、もっと正確に言えばそれはエレアの思想と感覚とのあいだの中間にあることを目ざしたものである。エムペドクレスは、ほとんど同じような言葉で、単独の実在性や、「在るもの」(断片一一―一五)の不滅性についてのエレア的議論を繰り返している。そして「球体」についてのエムペドクレスの考えは、パルメニデスの実在性についての記述から引き出されているようにおもわれる。(1) 誤りの多い感覚界の根底にあるものは、物体的で、球体の、連続して、永遠で、不動の充実体である、とパルメニデスは主張した。そしてエムペドクレスが出発した点は、この点である。パルメニデスの球体をとりあげて、いかにしてその充実体からこの世界へ辿りうるか、に言及したようにおもわれる。どのようにして不動の充実体に、運動を導入しうるであろうか。ところでパルメニデスは、球体そのものの運動はすべて否定しなければならなかったけれども、球体内部の運動の可能性まで否定する必要はなかった。しかしそれを認容したところで、いかなることを説明するにも用をなさなかったであろう。球の或る部分が運動するとなれば、移動する物体の空間はすぐに別の物体で占められるべきである。なぜなら空虚空間は存在しないからである。しかし厳密には、置換しても、それと同じような物体となるであろう。なぜなら「在る」ものは、一切ひとつであるからである。運動から生じることも、厳密には静止から生じることと同じであろう。つまりそれは何の変化をも明らかにするものでないからである。しかし、球体においての完全な等質性をこのように仮定することが、実際に必要であろうか。明らかに必要ではない。実在がひとつであるに違いない、ということは不合理な過去の意見であるにすぎない。それにもかかわらず、感覚の与える存在の無数の形態を、究極的な実在性と見なすことはできない。諸形態は、それ自体のプュシスをもたないし、またつねに消滅している(断片八)。そこで解決する唯一の仕方は、実在の究極的形態の数を限定してみることである。その場合、「在るもの」についてパルメニデスが述べているすべてを、その形態のそれぞれに当て嵌めてもよいし、当面している実在の一時的な形態を、その混合や分離によって説明してもよい。後の時代の用語を援用すると、「元素」(στοιχεῖα)であるが、(2) この概念が見いだされると、すぐに形にはまった様式が伴う。特定の事物に関係するかぎり、私たちの感覚に自明なように、事物が生成したり消滅したりするのは本当である。しかしもしも事物を構成する究極的元素に注目するならば、パルメニデスと同じく、「在るもの」は造られないし、壊れもしないものである、と言われるであろう(断片一七)。諸元素が不死であるのは、ちょうどミレトス人の単一のプュシスが「不老で不死」であったのと同じである。

(1) パルメニデスの断片八とともに、エムペドクレスの断片二七、二八を参照。

(2) στοιχεῖον の語の歴史については、Diels, *Elementum* を見よ。エウデモスは、プラトンがそれを用いた最初のひとであったが、プラトンはおそらくピュタゴラスの徒から採用した、と言った(*ap.* Simpl. *Phys.* p. 7,13)。原初の用語は、μορφή や ἰδέα であった。

一〇七　「四つの根」

エムペドクレスが想定した、あらゆるものの「四つの根」(断片六)――火、空気、地、水――は、伝統的なそれぞれの「対立物」――熱と冷、湿と乾――を、完全にパルメニデス的な語意においての実在するものとすることによって到達されたとおもわれる。しかし注意すべきは、かれが空気をアエール(ἀήρ)と呼ばないでアイテール(αἰθήρ)と呼んでいることである。(1) これはおそらく、それ以前の用語がこれまでに表わしていたことと混同しないようにという理由からであったに違いない。事実、大気は紛れもなく物体的実体であり、空虚空間とも、稀薄な霧とも同じではない、という発見をかれがした。水は、液化した空気ではなくて、まったく別のものである。(2) これが正しいことを、エムペドクレスはクレプシュドラによって証明した。かれが呼吸や血液の運動の説明にこの発見を適用したという韻文が、現に残っている（断片一〇〇）。アリストテレスは、水時計において空気を遮断したり、葡萄酒を入れる皮袋を捻じ曲げたりして、空虚空間は存在しないことを示そうとした人びとを嘲笑している。アリストテレスの言によると、空気は物であることをその人びとは証明しているにすぎない。(3) しかしそれは、エムペドクレスが証明しようとしたことに間違いはないし、それは科学史における最も重要なひとつの発見であった。エムペドクレスのアイテールを「空気」の語で翻訳することは便利ではあろう。しかしその場合、アエールの語にも同じ語を与えないよう注意しなければならない。アナクサゴラスが、大気についてアイテールの語を最初に用いたひとであったようにおもわれる。

エムペドクレスもまた、「四つの根」を或る神々の名前に準えて呼んでいる――「輝くゼウスと、生命を齎らすヘラと、アイドネウスと、ネスティスと」（断片六）。もっとも、これらの名称をどのように元素に割り当てるべきかについて、いささか腑におちない点もある。ネスティスは、シケリアの水の女神であったといわれているし、女神についてのこの記述は、女神が「水」を表わすことを示している。しかしほかの三つの神については、見解に食い違いがある。しかしこうしたことに手間取る必要はない。(4) エムペドクレスが諸元素を神々と呼んだことに気づいたからといって、いまさら驚くに当たらない。というのは、初期の思想家はすべて、究極的基体と見なしたところのものは何であれ、このような方法で語ったからである。ただ想起しなければならないのは、言葉がその宗教的意味で用いられていないということである。エムペドクレスは、元素に祈ることも、犠牲を捧げることもしなかった。

エムペドクレスは、「あらゆるものの根」を永遠と見なした。いかなるものも無から生じることも、消滅して無に帰すこともできない（断片一二）。在るものは在り、生成、消滅するための場所はない（断片八）。さらにかれが、それらのものは変化しないことを教えた、とアリストテレスは述べている。(5) エムペドクレスは「それらがつねに似ている」と言うことで、これを表現した。さらに四元素が、すべて「等しい」という表現は、アリストテレスには奇妙に思われたが、(6) しかしエムペドクレスの時代にはきわめて判りよいことであった。とりわけ四元素は、究極的なものである。あらゆる物体は、分割されれば結局元素に至るであろう。しかしエムペドクレスは、「火」やその他のものを代わる代わる構成しているひとつの元素があると言わないで（もっともそうは言わなかった）、これらのことをさらにうまく説明することはできなかったであろう。(7)

「四つの根」は、諸元素を余すところなく枚挙したものとして与えられている（断片二三末）。というのは「四つの根」は、世界が感覚に与えたあらゆる性質を説明しているからである。すでに認めたことであるが、エムペドクレスを創設者としている医学派が、「対立物」、つまりその学説の論理的基礎を形成する(8)熱と冷、湿と乾と、この四元素とを同一視したことに気づく場合、この論が、実在についての以前の見方にどのように係わっているかは一目瞭然である。性質についての概念がまだ確立していなかったことを念頭に置かなければならない。アナクシマンドロスは、まさしく「対立物」を事物と見なした。しかしパルメニデスの時代より前には、或るものがひとつのものである、と言ってみても、その含蓄するものがどれほどのものであるかを、誰ひとり完全には悟っていなかった。この点にまで私たちはやっと辿り着いた。まだ性質についてはさっぱり分かっていない。しかしひとつのものが在ると言うことによって何が意味されているかについて、はっきりと理解されている。

アリストテレスは、二度にわたって、(9) エムペドクレスが四元素を想定しているけれども、火と残りのすべてとを対立させ、元素を二つにして扱っている、と述べている。アリストテレスは、誰であれ独自にエムペドクレスの詩からこのことを確かめることができる、と付言している。元素についての一般論の範囲では、そういった種類のどんなことも見ることは不可能である。しかし宇宙の起源に溯るときには（一二）、火が先導的な役割を演じることが見いだされるであろう。これはアリストテレスが言おうとした点に違いない。また生物学において（一四一二六)、火が特別な機能を果たすことは事実であるが、他の三元素は、多かれ少なかれ同じように機能を果たしている。しかし火が他の元素よりも秀でていないこと、つまりすべてが等しいことを念頭に置かねばならない。

(1) 断片一七の一八行において、ディールスはセクストスやシムプリキオスとともに ἠέρος ἄπλετον ὕψος と読む。しかしプルタルコスは *αἰθέρος* を採っている。明らかにこれは、元素を枚挙するときに、*αἰθέρος* を ἠέρος に訛らされているのであって、その逆ではないようである。断片三八の三行においては、元素を枚挙していないが、ὑγρὸς ἀήρ (すなわち湿った下位の空気)は、伝統的な方法において Τιτὰν αἰθήρ (輝く青空) とは別である。断片七八においては、明らかに湿気と関係している。断片一〇〇、一三行については、329頁注(2)を見よ。これらの文章は、エムペドクレスが、大気の意味で ἀήρ について語っているようにおもわれる唯一の文章である。

(2) 第一章二七参照。

(3) Arist. *Phys.* Δ, 6. 213a22 (R.P. 159. DK. 58B30). ただアリストテレスは、この箇所においてアナクサゴラスの名前をあげて言及している。しかし複数形で述べている。クレプシュドラの実験は、エムペドクレスによって用いられたことが、断片一〇〇から知られる。

(4) 古代においてホメロスの寓意的解釈家どもは、ヘラを大地、アイドネウスを空気とした。この見方は、ポセイドニオスからアエティオスへと伝わった。それはつぎのような次第であった。ホメロスの寓意的解釈家は、エムペドクレスの学問に興味を示さなかったし、かれの αἰθήρ が、ホメロスの ἀήρ とはまったく異なったものであったことを知らなかったのである。ところで、これは暗い元素であり、夜はそれの一形態である。それでそれはアイドネウスと当然一致することになったであろう。さらにエムペドクレスは、ヘラを φερέσβιος と呼んでいる。それは、ヘシオドスやホメロス的賛歌においての大地の呼び名である。ヘラと空気とを一致させたもうひとつの見方は、プラトンの『クラテュロス』篇の説であり、アイドネウスと大地とを一致させた。さらにホメロスの寓意的解釈家は、ゼウスと火とを一致させた、この解釈家は αἰθήρ の語を用いて、疑いもなくそういう見方に引き入れられたのである。さていずれ明らかになるように、αἰθήρ は確かにアナクサゴラスにおいては火を意味しているが、エムペドクレスにおいてはまさしく空気を意味している。その場合、エムペドクレスの輝く空気はゼウスであった、とクナッツが主張しているのは正しいであろう("Empedoclea" in *Schedae Philologicae Hermanno Usenero oblatae*, 1891, pp. 1 *sqq.*)。これは、アイドネウスに火を表わそうとしたものである。故郷の火山や温泉を心に抱いているシケリアの詩人にとって、こうした一致にまさって本来的なものは何もありえなかった。エㇺペドクレス自身は、大地の下で燃えている火に言及している（断片五二）。もしもそうであれば、ホメロスの寓意的解釈家とともに、ヘラが大地である、とここでは見なすべきであろう。たしかに *φερέσβιος Ἥρα* は、「母なる大地」というほかはありえない。呼び名は、大地や穀類についてただ用いられているようである。

（5） Arist. *De gen. corr.* B, 1. 329b1.

（6） *Ibid.* B, 6. 333a16.

（7） *Ibid.* A, 8. 325b19 (R.P. 164e. DK. 31B159). これを後代の註家が完全には理解しなかったので、エㇺペドクレスに *στοιχεῖα πρὸ τῶν στοιχείων* の説を帰している（Aet. i. 13, 1; 17, 3. DK. 31A43）。ピュタゴラスの徒とプラトンの批判は、元素の想定を立てたが、アリストテレスにはほとんど理解できなかった。後継者にはなおさら理解できなかった。プラトンが表わしたように（*Tim.* 48b8）、元素は「音節ですらなかった」し、まして「字母」（*στοιχεῖα*）ですらなかった。そのためにアリストテレスは、それらを *τὰ καλούμενα στοιχεῖα* と呼んでいる（Diels, *Elementum*, p. 25）。

（8） プィリスティオンは、このような方法をとった。298頁注（6）を見よ。

（9） Arist. *Met.* A, 4. 985a31 (DK. 31A37); *De gen. corr.* B, 3. 330b19 (R.P. 164e. DK. 31A36).

一〇六　「争い」と「愛」

エレア思想を批判するかぎり、運動を説明する必要があった。[1] すでに明らかなように、エㇺペドクレスは、「四つの根」の最初の状態から出発している。それが混合されたものであり、等質で連続した塊りでない以上、「四つの根」はパルメニデスの球体とは別ものである。変化と運動を可能にするものこそ、これである。しかし球体とは別に、ピュタゴラスの「空気」のように、内部に侵入して元素を分離することのできるものがないとなれば、何ものもそれから生じることはできないであろう。したがってエㇺペドクレスは、そのような実体の存在を仮定したのである。そしてそれに「争い」の名を与えた。しかしこれは、球体内のあらゆる元素を完全に分離するという結果を生むことになり、そうなればこれ以上何もおそらく生起しえないであろう。元素をふたたび集合さす必要が別にあった。このことをエムペドクレスは、「愛」のなかに見いだしたのである。かれは、人間の身体に植え込まれていて、結びつこうとする同じ衝動が「愛」であると見なした（断片一七、二二行以下）。事実、エムペドクレスは生理学的な観点からそれを見詰めているのであり、その観点は、医学派の創設者としては当然のことであった。ひとが体で知っている「愛」とまさに同じ「愛」が、諸元素のあいだにあるということを、可死的なものは一切示したことはなかった、とかれは言うのである。

エムペドクレスの「愛」と「争い」は、非物体的な力ではない。実際、「愛」と「争い」は能動的であるが、しかしまた物体的である。当時にあっては、このことは避け難いことであった。非物体的ないかなるものも考えられてはいなかった。当然のことながら、アリストテレスは、この性格を動力因と見なしたために困惑している。アリストテレスは、「エムペドクレスの『愛』は、いっしょに集める点で動力因、混合されるものの一部であるという点で質料因である」と言っている。(2) そしてテオプラストスは同じ考えを表明して、エムペドクレスは或るときは「愛」と「争い」に対して動かす力を与え、或るときは他の四つのものと同水準にそれらを置いた、と言っている。(3) 「愛」と「争い」が空間的で物体的なものとして考えられていることを疑う余地は、断片には残されていない。六つのものはすべて「等しい」と言われている。「愛」は、他のものに対して「長さと広さが等しい」と言われ、「争い」はそれぞれに等しい重さとして記されているのである（断片一七）。

「愛」の機能は、ひとつにすることである。「争い」の機能は、再びそれを壊すことである。しかしアリストテレスは、別の意味で、分割するのは「愛」であり、結びつけるのは「争い」であることを正しく指摘している。球体が「争い」によって壊されるときに、たとえば内に含んでいる火は、結局、すべて集まってひとつになる。そしてさらに、元素が「愛」によって再びひとつにされるとき、それぞれの塊りは分割されるのである。他の箇所でアリストテレスは、「争い」が破壊の原因として考えられ、事実、球体を壊すが、それはそうすることで本当に他のものを生み出している、と言っている[4]。よってエムペドクレスの「愛」と、宇宙形成上の重要な役割が帰された「同類が同類を誘引すること」とのあいだを、注意深く区別しなければならないことになる。誘引作用は、他のものから区別される元素ではない。それは、それぞれの元素の固有な性質に基づいているし、「争い」は球体を分けるとき効果を発揮することができるにすぎない。反対に「愛」は、同類でないものを誘引するのである。

(1)「序論」へ参照。
(2) Arist. *Met.* Λ, 10. 1075b3.
(3) Theophr. *Phys. Op.* fr. 3 (*Dox.* p. 477; R.P. 166b. DK. 31A7).
(4) *Met.* A, 4. 985a21; Γ, 4. 1000a24;b9 (R.P. 166i).

一〇九　混合と分離

しかし「争い」が諸元素を分離したときに、何が元素の運動の方向を決定するのであるか。エムペドクレスは、それぞれが或る一定の方向に「走りつづけた」という以上の説明を何も与えていないようにおもわれる（断片五三）。プラトンは、そういうことができるような場所はないという根拠のもとに、『法律』篇において、個々にわたって非難している[1]。アリストテレスもまた、エムペドクレスが重要性を帰しながら、その偶然性について説明を与えないために、かれを非難している。エムペドクレスの触れている必然性については、さらにいっこうに説明されていない[2]。「争い」は、必然性や「力強い誓い」（断片三〇）のために、或る決まったときに球体に侵入している。しかしそれについては、これ以上何も判らない。

元素の運動を記述するときエムペドクレスが用いた表現は、元素が「相互に走り抜ける」（断片一七、三四行）というのである。アリストテレスは、一般にエムペドクレスは「孔の釣合い」によって混合を説明した、と述べている。(3) そして、この説明は「同類が同類を誘引すること」の真の説明である。類似物体の「通路」は、もちろんほとんど大きさも同じであるし、したがってこれらの物体は、やすやすと混合されうる。他方、細かな物体は混合されないまま、粗大な物体を「通り抜ける」であろう。また粗大な物体は、細かな物体の孔にまったく入ることはできないであろう。これはじつは、アリストテレスが言っているように、原子論のようなものを暗示している。しかしエムペドクレスそのひとが、そのことを知っていたという証拠はない。アリストテレスによって提示されたもうひとつの問題は、はるかにいっそう有益である。かれは尋ねる、通路は空虚であるのか、充実しているのか、と。もし空虚であるならば、空虚の否定とはいったいどういうことになるのか。もし充実しているのであれば、いやしくもどうして通路を仮定する必要があるのか。(4) エムペドクレスは、これらの問題に答えるのは難しいことに気づいていたであろう。

(1) Plato, ***Laws***, x. 889b. これはエムペドクレスにだけ言及したものではないが、表記の仕方は、プラトンが主にかれを念頭に入れていることを示している。
(2) Arist. *De gen. corr.* B, 6. 334a1 (DK. 31B53); *Phys.* Θ, 1. 252a5 (R.P. 166k. DK. 31A38).
(3) Arist. *De gen. corr.* A, 8. 324b34 (R.P. 166h. DK. 67A7).
(4) *Ibid.* A, 8. 326b6.

二〇　四時期

以上述べられたことから、円周期における四時期が区別されなければならないことは明らかであろう。第一に、「愛」が一切の元素をいっしょに混合している球体の時である。第二に、「愛」が去り、「争い」が到来するという時期があり、したがってそのとき元素は、或る部分では分離され、或る部分では組み合わされる。第三に、元素の完全な分離がなされ、そのとき「愛」は圏外にあって、「争い」が同類が同類を誘引する作用をおおいに発揮する。最後に、「愛」が元素を再びいっしょに集め、「争い」の去るときである。これによって球体へと戻され、円周期が再出発する。さて、この現にある世界は、これらの第二と第四期においてのみ存在しうる。いまは第四期である、と一般に考えられているようである。[1] 私は、争いが支配権を獲得する第二期であることを示したい。

(1) これはツェラーの見解であるが (pp. 785 *sqq.*)、しかしかれは、外的な証言、とりわけアリストテレスの証言からすればまったく別の見解が可となることを認めている。かれの難点は断片についてであり、もしもこれらの断片がアリストテレスの叙述に応じて解釈されうることを示すことができるとなれば、問題は解決されるであろう。

二一　私たちの宇宙、「争い」の業

エムペドクレスは、滅ぶもの（θνητά）の宇宙が、第二と第四の両方の時期に生じることを厳密に述べている（断片一七）。かれが、これらの宇宙のどれがこの世であるかを決めなかったとは考えられない。アリストテレスは、この宇宙では「争い」が増大しているという考えを、はっきりと抱いている。一箇所においてアリストテレスは、エムペドクレスが「宇宙は以前の『愛』の支配していた時期と、現に『争い』の支配する時期と同じような状態にある、と主張している」[1] と述べている。他の箇所においてかれは、エムペドクレスが「愛」の時期に事物が生成することを省いている、と述べている。その理由は、元素が分離しているこの宇宙を、分離の状態にあるものから生じていると表現することは不自然であるからである。[2] この言葉は、「争い」が増大することをエムペドクレスが想定したことを表わしうるにすぎない。それとも換言すれば、エムペドクレスが発展の過程を、分離状態から事物が結合するとしてではなく、球体の分離として表現したことを表わしうるにすぎない。[3] もしもエムペドクレスの執着している問題は、この宇宙がパルメニデスの球体から生まれたということであったと考え、そう考えることが正しいとすれば、このことは予想に違わぬことになる。そしてまた宇宙が良くなるよりも、むしろ悪くなるようなものとして表わすことは、そのような思索傾向に順応している。その場合、学説の細部が、この一般的な見方を裏づけているかどうかのみが考えられねばならない。

(1) Arist. *De gen. corr.* B, 6. 334a6 (DK. 31A42), *τὸν κόσμον ὁμοίως ἔχειν φησὶν ἐπί τε τοῦ νείκους νῦν καὶ πρότερον ἐπὶ τῆς φιλίας.* ミッラード女史 (*Interpretation of Empedocles*, p. 45) は、Theophrastos, *De sensu* § 20, *συμβαίνει δὲ καὶ ἐπὶ τῆς Φιλίας ὅλως μὴ εἶναι αἴσθησιν ἢ ἧττον διὰ τὸ συγκρίνεσθαι τότε καὶ μὴ ἀπορρεῖν.* を付け加えている。ここでの *ἐπὶ τῆς Φιλίας* と *τότε* は、*ἐπὶ τοῦ Νείκους* と *νῦν* との対句を暗に示している。

(2) Arist. *De caelo*, Γ, 2. 301a14 (DK. 31A42), *ἐκ διεστώτων δὲ καὶ κινουμένων οὐκ εὔλογον ποιεῖν τὴν γένεσιν. διὸ καὶ Ἐμπεδοκλῆς παραλείπει τὴν ἐπὶ τῆς φιλότητος· οὐ γὰρ ἂν ἠδύνατο συστῆσαι τὸν οὐρανὸν ἐκ κεχωρισμένων μὲν κατασκευάζων, σύγκρισιν δὲ ποιῶν διὰ τὴν φιλότητα· ἐκ διακεκριμένων γὰρ συνέστηκεν ὁ κόσμος τῶν στοιχείων* (「この宇宙は、分離状態における諸元素からなる」), *ὥστ' ἀναγκαῖον γενέσθαι ἐξ ἑνὸς καὶ συγκεκριμένων.*

(3) エムペドクレスが「愛」の支配の宇宙について何も言わなかったわけではない。というのは、断片一七においてかれは明らかに両宇宙のことに触れているからである。かれは一般的な言い方で両宇宙を述べながら、細部において「争い」の支配の宇宙を処理していると考えればよいであろう。

二三　「争い」による宇宙形成

「万有の四つの根」がいっしょに混ざり合っている球体から論ずるとなると、ちょうど元素が神であると呼ばれているように、諸断片において球体が神と呼ばれていること、ならびにアリストテレスがいちどならず同じ方法で、それに言及していることに気づくのである。[1]「愛」そのものはこの混合の一部であり、[2]一方、「争い」は、それ以前の学説において無限なものが宇宙を包括するように、あらゆる面でそれを囲み、包んでいるということ

て分量上等しい。

を念頭に置かねばならない。しかし「争い」は、無限なものではなくて、それぞれの四つの根や、「愛」に対して分量上等しい。

決まったときに「争い」が球体に入り、「愛」が出てゆきはじめる（断片三〇と三一）。断片自体、このことを多少はっきりさせている。しかしアエティオスと、プルタルコスの『雑録』とは、テオプラストスがこの点について語った内容をひじょうに正しく伝承し、そのなかに保存している。

「エムペドクレスは、空気がまず分離し、つぎに火が分離すると言っている。つぎに土が出、そこから土が回転の勢いによってひどく圧迫され、水が迸りでた。水から、霧が蒸発された。天体は空気から作られたし、太陽は火から作られた。一方、地上のものは、ほかの元素が圧縮されてできた。」 Aet. ii. 6. 3 (*Dox.* p. 334; R.P. 170. DK. 31A46).

「エムペドクレスによると、空気は元素の最初の混合から分離されたとき、周辺に拡散された。空気のあとに、火が外周へ飛び出し、新たな場所を見いだせないと、空気を囲む固体のもとへ駆け上った。[3] ところで大地の周りを回転する二つの半球があり、ひとつはすっかり火で構成され、もうひとつは空気とわずかな火が混ざり合って構成されている。あとの方をかれは夜と考えた。それらの運動の起こりを、そこに蓄積しているためにひとつの半球において火が有勢となる事実から、かれは引き出した。」 Ps.-Plut. *Strom.* fr. 10 (*Dox.* p. 582; R.P. 170a. DK. 31A30).

そこで「争い」が最初に分散させる元素は、空気であり、それは宇宙の最外周部の位置にあった（断片三八参照）。しかし空気が、「円形をなして」宇宙を包んでいるという記述、をあまり厳格にとりあげるべきではない。エ

ㇺペドクレスが、天体を卵形と見なしたことは明らかである。(4) ここにオルペウス教的な思想の残滓が認められるであろう。ともかく空気の外周部は、固まるか凍るかする。それで結晶の円天井が、宇宙の限界と解されるのである。空気を固まらせ、氷に変えるのが火であったことは注目される。一般に火は、固まらせる力をもっていた。(5) 火が上層部につき進むことから、空気の部分は、凍った空によって形作られた凹形の球体の上半部に移った。それからこの空気は、火のわずかな部分といっしょになって、下方へ沈んでいった。こういった方法で、二つの半球が作られた。すなわちひとつの半球は、全体が火からなっており、昼間の半球である。もうひとつの半球は、わずかな火と空気とからなる、夜の半球である。

上半球に火が蓄積すると、諸天体の均衡を妨げ、それらを回転させる。そしてこの回転は、昼と夜との交替を惹起するだけでなく、その急速度のために、諸天体と大地とをそれぞれの位置に保っているのである。アリストテレスが述べているように、このことは、一杯の水が紐の尖端にとりつけられて回転する例によって証された。(6) この実験による証明は、きわめてエㇺペドクレス風である。もっともこの証明は、「遠心力」とはまったく無関係であって、急速な運動が、落下しようとするのを防ぐことができることを示そうとしているにすぎない。

（1） Arist. ***De gen. corr.*** B, 6. 333b21 (R.P. 168e. DK. 31A40); ***Met.*** B, 4. 1000a28 (R.P. 166i). また Simpl. ***Phys.*** p. 1124, 1 (R.P. 167b. DK. 31B29) 参照。アリストテレスは他の箇所で、それを「ひとつのもの」として述べている。***De gen. corr.*** A, 1. 315a7 (R.P. 168e); ***Met.*** B, 4. 1000a29 (R.P. 166i); A, 4. 985a28 (R.P. *ib.* DK. 31A37) 参照。このことは、いささかアリストテレス的「展開」を表わしている。エㇺペドクレスが言っているように、一切が「ひとつに」集まると言うことと、一切が「ひとつのものに」集まると言うこととは同じではない。あとの表現は、あらゆるものが球体内で同一性を失っており、よってアリストテレスの「質料」のようなものになることを表わしている。すでに指摘されたように（348頁注（7））、アリストテレスにとって不変な諸元素の概念を捉えることは難しい。しかし諸元素は、分離するときと同じように、球体内にあっても、依然としてエㇺペドクレスにとっての「在るもの」であるということを疑う余地はない。アリストテレスもまた、球体は混合しているものであることをよく承知している。第一章一五で論じられたアナクシマンドロスの「一なるもの」についての難題と比較せよ。

(2) このことは、アリストテレスの叙述を説明している。すなわち「愛」は、ヘラクレイトスの火、アナクシメネスの空気、タレスの水と同じような意味で、ひとつのものの基体であった、ということをアリストテレスは、いちどは肯定的に（*Met.* B, 1. 996a7)、いまいちどはきわめて懐疑的に（*Met.* B, 4. 1001a12) 述べている。元素はすべて「愛」において併合されており、その同一性をそれで失っている、とアリストテレスは考えている。この場合にかれは、自らいう「質料」を「愛」のなかに認めているのである。

(3) *τοῦ περὶ τὸν ἀέρα πάγου* の句については、*Περὶ διαίτης*, i. 10, 1, *πρὸς τὸν περιέχοντα πάγον.* 参照。*Et. M. s.v. βηλός……τὸν ἀνωτάτω πάγον καὶ περιέχοντα τὸν πάντα ἀέρα.*

(4) Aet. ii. 31, 4 (*Dox.* p. 363. DK. 31A50).

(5) Aet. ii. 11, 2 (R.P. 170c. DK. 31A51).

(6) Arist. *De caelo*, B, 1. 284a24 (DK. 31, Nach.); 13. 295a16 (R.P. 170b. DK. 31A67). Plato, *Phaed.* 99b6, *διὸ ὁ μέν τις δίνην περιτιθεὶς τῇ γῇ ὑπὸ τοῦ οὐρανοῦ μένειν δὴ ποιεῖ τὴν γῆν. κύκλῳ τοῦ κυάθου φερομένου πολλάκις κάτω τοῦ χαλκοῦ γινόμενον ὅμως οὐ φέρεται κάτω* であるところの *τὸ ἐν τοῖς κυάθοις ὕδωρ* の実験は、断片一〇〇におけるクレプシュドラの実験を思い出させる。要点は、*δίνη* の *φορά* が、その急速度のために *οἰκεία ῥοπή* を凌駕することである。

二三　太陽、月、星、大地

昼と夜とが、太陽と無関係に説明されてきていることに気づかれるであろう。昼は、火からなる昼間の半球の光であり、夜は、大地の投じた影であって、そのとき火の半球はその反対側にある（断片四八）。それでは太陽とは何であるか。プルタルコスの『雑録』[1]は、再び答えを与えている、「太陽は本性上火ではなくて、水からくる反射のような火の反射である」と。プルタルコス自身、自作の登場人物に言わせている、「天体の光の反射による以上、太陽は土の所産であり、さらにまた『乱れぬ顔をして、それはオリュムポスへ照り返す』と言っているゆえに、お前たちはエㇺペドクレスを笑う(2)」と。アエティオスは言っている(3)、「エㇺペドクレスは、二つの太陽がある、と主張した。ひとつは原型であって、宇宙の一方の半球にある火であり、つねに自らの反射に対面した位置にある半球をすっかり満たしている。いまひとつは、眼に見える太陽であり、火の混ざった空気で満たされた片方の半球においての反射であって、円い大地の、結晶状の太陽への反射によって生じ、火の半球の運動によって引き回されている。つまり手短に言うと、大地にある火の反射が、太陽である」と。

これらの文章、とくに最後のものは、けっして明瞭ではない(4)。太陽と呼ばれる反射は、火の半球に対立する半球にはありえない。というのは、それが夜の半球であるからである。むしろ大地が、火の半球の光を、閃光としてひとつに集中して、火の半球そのものへ照り返す、と言うべきである。したがって太陽と呼んでいる現象の大きさは、大地と同じということになる。おそらくこのような見解の起源をつぎのように説明してもよいであろう。ちょうどその頃、月が反射光によって輝いていることが見いだされた。そこには、新しい理論が本当に許容する以上の、より広い範囲にそれを適用しようという傾向がつねにある。前五世紀のはじめにおいて、人びとはどこにあっても、反射光があることを認めていた。或るピュタゴラスの徒は、それと似通った見解を主張した（一五〇）。

これは、エㇺペドクレスが、光の速さは感覚できないほど早いけれども、通過するには或る時間がかかる、と述べたことと、おそらく関係していたであろう(5)。

「月は、火によって切り離された空気から成り立っていた。それは霰《あられ》のように固まっていた。そして太陽から光をとった。」換言すると、それは凍った空気の円盤であり、天体を囲む固まった空と同じ本体からなっている。ディオゲネスは、月は太陽よりも小さい、とエㇺペドクレスが述べたと言っており、アエティオスは、月は大地

から距離にして半分のところにあるにすぎない、と述べている。(6)

エムペドクレスは、恒星、さらに惑星さえ反射光によって説明しなかった。それらの星は、火からできており、空気がはじめ含まれていたが、最初の分離のときに、火が上部へつき進んだために、大地の下の方へおし出されたのである。恒星は凍った空気に触れられたが、惑星は自由に運動していた。(7)

エムペドクレスは、月蝕についての本当の理論に精通していた（断片四二）。これは、月の光についての理論とともに、この時代の大きな発見であった。かれはまた、夜は大地の円錐形の影であり、或る種の蒸発ではないことも知っていた（断片四八）。

風は、火の半球と空気の半球との対立した運動から説明された。雨は空気の圧力によって惹き起こされ、空気は内含する水を通路から水滴状で押し出した。稲妻は、まったく同じような方法で、雲から押し出された火であった。(8)

大地はまず水と混ざり合っていたが、しかし回転の速さのために圧力が増してくると、水を噴出させたのである。それゆえに海水は「大地の汗」であり、この語句に対してアリストテレスは、たんなる詩的比喩として反対している。海水の辛さは、これとの類比で説明された。(9) 大地が渦（δίνη）の回転を分かち合うということは、当然のこととおもわれる。

（1）〔Plut.〕*Strom.* fr. 10（*Dox.* p. 582, 11; R.P. 170c. DK. 31A30）.

（2）Plut. *De Pyth. or.* 400b（R.P. 170c. DK. 31B44）. 私はディールスとともに古写本の περὶ γῆν をとる。

（3）Aet. ii. 20, 13（*Dox.* p. 350. DK. 31A56）, Ἐμπεδοκλῆς δύο ἡλίους· τὸν μὲν ἀρχέτυπον, πῦρ ὂν ἐν τῷ ἑτέρῳ ἡμισφαιρίῳ τοῦ κόσμου, πεπληρωκὸς τὸ ἡμισφαίριον, αἰεὶ κατ' ἀντικρὺ τῇ ἀνταυγείᾳ ἑαυτοῦ τεταγμένον· τὸν δὲ φαινόμενον, ἀνταύγειαν ἐν τῷ ἑτέρῳ ἡμισφαιρίῳ τῷ τοῦ ἀέρος τοῦ θερμομιγοῦς πεπληρωμένῳ, ἀπὸ κυκλοτεροῦς τῆς γῆς κατ' ἀνάκλασιν γιγνομένην εἰς τὸν ἥλιον τὸν κρυσταλλοειδῆ, συμπεριελκομένην δὲ τῇ κινήσει τοῦ πυρίνου. ὡς δὲ βραχέος εἰρῆσθαι συντεμόντα, ἀνταύγειαν εἶναι τοῦ περὶ τὴν γῆν πυρὸς τὸν ἥλιον.

（4）混乱は、テオプラストスの多少理屈ぽい批判から生じた、と私は強く考える（442頁注（5）を見よ）。この論が「二つの太陽」を暗に示していると指摘することは、そのひとらしいといえよう。

（5）Arist. *De sensu*, 6. 446a28 (DK. 31A57); *De an.* B, 7. 418b20 (DK. 31A57).

（6）〔Plut.〕*Strom.* fr. 10 (*Dox.* p. 582, 12; R.P. 170c. DK. 31A30); Diog. viii. 77 (DK. 31B117); Aet. ii. 31, 1 (DK. 31A61). *Dox.* p. 63 参照。

（7）Aet. ii. 13, 2 と 11 (*Dox.* pp. 341 *sqq.* DK. 31A53, 54).

（8）Aet. iii. 3, 7 (DK. 31A63); アレクサンドロスの注釈とともに Arist. *Meteor.* B, 9. 369b12 (DK. 31A63).

（9）Arist. *Meteor.* B, 3. 357a24 (DK. 31A25); Aet. iii. 16, 3 (R.P. 170b. DK. 31A66). また Arist. *Meteor.* B, 1. 353b11 における明白な言及を参照のこと。

二四　有機的な結びつき

エムペドクレスは、異なった比率で混ざり合った四元素が、骨・肉などのような、滅びゆくものをどのようにして生み出したかを示そうとした。むろんこれらは、「愛」の働きである。しかし現世の属している時期について、さきに採りあげた考えとこれは少しも矛盾していない。「愛」はいつの日か存在するにしても、この宇宙からけっして追放されていないのである。現にいまなお、元素の結合体を形成さすことは可能である。しかし「争い」が、つねに増加しつづけるというまさにそのことから、結合体はすべて壊れやすい。比率（λόγος）がここで果たす重要な役割は、まさしくピュタゴラスの影響である。

有機的に結びつきが可能なのは、大地にいまだ水があり、火さえもあるという事実があるからである（断片五二）。エトナの火山はいうまでもなく、シケリアの温かい湧き水は、これの左証である。エムペドクレスは、この場合温泉場の熱を引き合いに、この湧き水を、かれ独自の喩えによって説明したようにおもわれる[1]。かれの直喩は、ほとんどすべて人間の発明や工作を引き合いに出しているのである。

（1）Seneca, *Q. Nat.* iii. 24 (DK. 31A68), "facere solemus dracones et miliaria et complures formas in quibus aere tenui fistulas struimus per declive circumdatas, ut saepe eundem ignem ambiens aqua per tantum fluat spatii quantum efficiendo calori sat est. frigida itaque intrat, effluit calida. idem sub terra Empedocles existimat fieri."

二五　植物

植物や動物は、四元素から成りたっていて、「愛」や「争い」に影響されていた。樹木や植物を扱っているのは、断片七七―八一である。そしてこの断片は、或るアリストテレス学派の報告や学説記録と同じく、その学説がどのようなものであったかをかなり立証している。アエティオスの本文は、この箇所でひじょうに乱れている。しかしたぶんつぎのように翻訳されるであろう。

「最初の生物である樹々は、太陽が拡げられる以前に、そして昼と夜とが区別される以前に、大地から生まれた、とエムペドクレスは言っている。樹々が釣り合って混合しているため、男と女との比率を含んでいる。樹々は大地にある熱のために、生長して伸びる。その結果、ちょうど胎児が子宮の部分であるように、樹々は大地の部分である。果実は、植物のなかにある水と火とを排泄したものである。水分の不足している樹々は、夏季の熱が蒸発さすと木の葉を落とす。水分が多いと、たとえば月桂樹、オリーヴの木、棗椰子の場合のように、常緑のままである。味が異なるのは、大地に含まれている部分が違っているからであり、また植物が違った部分を大地から吸い上げるからである。ちょうど葡萄の樹のように。というのは、良質の葡萄酒を作るのは、樹の違いではなくて、それを養う土壌の違いだからである。」Aet. v. 26, 4 (R.P. 172. DK. 31A70).

アリストテレスは、植物のなかに含まれた土や火の、相反する本性的な運動のために、上と下とへの、植物の二重の成長を説明しているとして、エムペドクレスを非難している。(1) というのはむろん、「本性的運動」を、同類が同類を誘引することで置き換えねばならなくなるからである(一〇九)。テオプラストスは、同じようなことをいくども述べている。(2) その場合、植物の生長とは、「争い」が元素を分離する際にたまたま生ずることである、と見なすべきである。大地の下に留まっている若干の火は(断片五二)、上昇する過程でなお湿気を帯びている土と会うが、またその火は「それ自体と同じ仲間に達する」まで下方へ「走りつづけて」、この宇宙にまだ残っている「愛」の影響のもとに、土と結びつき、一時的な結合体を形成するのである。これをひとは樹木とか植物とかと呼んでいる。

偽アリストテレスの『植物について』の冒頭において、(3) エムペドクレスは、欲望、感覚、快と苦を感じる能力を植物に付し、また植物のなかでは両性が結びついていることを的確に見てとった、と述べられている。このことは、アエティオスによって述べられ、そして偽アリストテレスの論文において論じられているのである。いまのところあのビュザンティンの翻訳が、アラビア語訳からラテン語に訳されたものによっていることを信用するならば、(4) その理由を暗示させるものがある。そこではつまり、植物は、事実「宇宙の不完全な状態に(5)」生まれ、そのとき「争い」は、両性を分かつほどには勢力をもちあわせていなかった。同様なことは、動物の最初の種族にも当て嵌まるが、このことはやがて明らかになるであろう。エムペドクレスが、植物の発生について現実の過程を少しも観察しないで、植物が自発的に「卵を生む」(断片七九)と、つまり果実のことをこのように言ったにすぎないとするのは、腑に落ちないことである。

（1） Arist. *De an.* B, 4. 415b28. (DK. 31A70).
（2） Theophr. *De causis plantarum*, i. 12, 5 (DK. 31A70).
（3） 〔Arist.〕 *De plantis*, A, 1. 815a15. (DK. A70).
（4） 英国人アルフリッドは、ヘンリ三世治下で、アラビア語訳をラテン語に翻訳した。それは、ルネッサンス時代にイタリアに住んでいたひとりのギリシア人によって、この翻訳から再びギリシア語に訳された。
（5） A, 2. 817b35 (DK. 31A70), "mundo……diminuto et non perfecto in complemento suo" (Alfred).

二六　動物の進化

動物の進化を扱っている断片（五七―六二）は、可死的なものの二重の生成と二重の消滅とが存在している、という叙述（断片一七）を参考にして理解されるべきである。四つの時代は、アエティオスの文節において、正確に区別されているし、(1) その二つの時代を宇宙の歴史の第二期に、また二つの時代を第四期に帰す理由を明らかにすることになるであろう。

第一の時代は、動物のさまざまな部分が別々に生じる時代である。それは、頸のない頭や、肩のない腕、額のない眼のある時代である（断片五七）。明らかにこれは、宇宙の歴史の第四期と呼んでいるものの、最初の時代であるに違いない。その時代に、「愛」が到来して、「争い」が去る。アリストテレスは、それを厳密に「愛」の時代としている。すでに明らかなように、かれはその時期を、「愛」が増してくる時期として表わしている。(2) その後、散在しているこれらのものを、「愛」が集めた、というアリストテレスの発言は、これと相応じている。(3)

第二の時代は、散在している四肢が結び合わされる時代である。まずそれらは、可能なかぎりの方法によって結び合わされた（断片五九）。人間の顔をした雄牛、対の顔と対の胸をもった生物、あらゆる形をした奇形動物がいた（断片六一）。それらの中で生きるのに適したものが存続し、その他のものは滅びた。したがって動物の進化

は、このように「愛」の時代に起こったのである。(4)

第三の時代は、ひとつに纏まった球体が、「争い」によって破壊される時代である。したがってそれは、現にあるこの宇宙に進化する最初の時代である。この時代は、性別や種別の一切ない「全体の性質をもった形態」から始まる。(5) それは土や水からなり、火が火と同じようなものに達しようとする上昇運動によって生まれる。

第四の時代は、性や種類が分かれてしまっていて、新しい動物はもはや元素から生じないで、生殖によって生まれる。

進化のこうした両過程において、エムペドクレスは、最も適合したものが生存するという考えに取り憑かれた。アリストテレスは、これを厳しく批判している。アリストテレスは言う、「あらゆる事物は、もしも何かの目的のために生じたのであれば、それがそうなったであろうように、偶発的にそういう事態になったのである。或るものは、それに適した仕組みを偶発的に有しているので、生き長らえているが、しかしそうでないものは滅び、また滅びつづける。ちょうどエムペドクレスが、人間の顔をした雄牛について言っているように(6)」と。アリストテレスによると、こうしたことは、余りにも偶然に任せすぎている。ひとつの奇妙な実例が保存されている。脊椎動物について、初期の無脊椎動物が曲げようとして、曲げているうちに脊骨を毀した、と言って説明された。これは格好な異変であったし、そのまま生きつづけた。(7) それは明らかに「争い」の時代のものであり、人間の頭をした雄牛のように、「愛」の時代のものではないことが注目されるべきである。最も適合したものが存続するのは、両時代における進化の法則であった。

（1） Aet. v. 19, 5 (R.P. 173. DK. 31A72).

（2） Arist. *De caelo*, Γ, 2. 300b29 (R.P. 173a. DK. 31B57). また *De gen. an.* A, 18. 722b19 参照。この箇所において、断片五七は、*καθάπερ Ἐμπεδοκλῆς γεννᾷ ἐπὶ τῆς Φιλότητος.* の語句ではじまっている。それでシムプリキオスの『天体論注釈』(p. 587, 18. DK. 31B58) は、*μουνομελῆ ἔτι τὰ γυῖα ἀπὸ τῆς τοῦ Νείκους διακρίσεως ὄντα ἐ-*

πλανâτο. と言っている。

(3) Arist. *De an.* Γ, 6. 430a30 (R.P. 173a).

(4) これは、シムプリキオスの『天体論注釈』(p. 587, 20. DK. 31B59) が巧みに表わしている。それは *ὅτε τοῦ Νείκους ἐπεκράτει λοιπὸν ἡ Φιλότης……ἐπὶ τῆς Φιλότητος οὖν ὁ Ἐμπεδοκλῆς ἐκεῖνα εἶπεν, οὐχ ὡς ἐπικρατούσης ἤδη τῆς Φιλότητος, ἀλλ' ὡς μελλούσης ἐπικρατεῖν.* である。『自然学注釈』(p. 371, 33. DK. 31B61) において、人間の顔をした雄牛は、*κατὰ τὴν τῆς Φιλίας ἀρχὴν* であった、とシムプリキオスは言っている。

(5) Plato, *Symp.* 189e 参照。

(6) Arist. *Phys.* B, 8. 198b29 (R.P. 173a. DK. 31B61).

(7) Ibid. *De part. an.* A, 1. 640a19 (DK. 31B97).

二七　生理学

性の区別は、「争い」が齎らす分化の結果であった。エムペドクレスは、暖かい元素が男性にあっては優勢であり、男性は子宮の比較的暖かい部分に宿った（断片六五）、と主張して、パルメニデスの第二部（九五）において与えられた所説とは異にしていた。胎児は、男性の精液の一部と、女性の精液の一部から作られた（断片六三）。それはまさしく、新しく生まれたものの身体の実質が、男性と女性とのあいだで分けられている事柄にほかならなかった。つまり男女が見合うことでいっしょになったとき、欲望を起こすのである（断片六四）。男性の精液と女性の精液とにおける通路が、一定の釣合いをもっていることは、生殖にとっては必要であり、エムペドクレスは、騾馬が不妊なのは釣合いがないためと説明した。子供たちは、生んでくれた両親に似ている。しかしまた体形や姿が影響して、子孫の風采を変えることも示されていた。双児や三つ児は、精液が多過ぎたり、分割していることが原因であった。(1)

エムペドクレスは、胎児は皮膜に包まれており、三十六日目から形となりはじめ、四十九日目に完成する、と主張した。心臓が最初にでき、爪などが最後にできた。呼吸は生まれてはじめて始まったのであり、その時胎児の周りの羊水が出てゆく。誕生するのは、九か月か七か月目である。というのは日が最初九か月つづき、後になって七か月つづいていたからである。乳は、八か月目の十日目に生じる（断片六八）(2)。

死は、身体における火と土との「争い」のため、最後に分離することであった。火と土とはそれぞれ、終始「自らと同じ類いに達する」ように努めつづけていた。眠りは、或る程度まで火の元素が、一時的に分離することであった(3)。動物は、死ぬとき元素へ分解され、元素は新しい結合体のなかに入るか、「自らと同じ類いのもの」と永遠に結びつくかする。不死な魂についての問題は、ここではいっさい生じえないのである。

生きているときでさえ、ちょうど同類が同類を誘引する作用が、植物の上下方向への生長時に起こったように、動物においても働いているのが見られるであろう。髪は、木の葉と同じものである（断片八二）。概して言えば、動物の火の部分は上へ、土の部分は下へ向かう。もっとも或る種の貝類の場合に見られるような例外はある（断片七六）。その場合には、土の部分は上にある。ただこういった例外が可能であるのは、宇宙内に多くの「愛」がまだ残っているからである。違った種類の動物の習性においても、類似のものが類似のものを誘引するのが見られる。内に多くの火をもっているものは、空に飛びあがる。土が優勢なものは、つねに煉瓦のうえに坐っている犬が大地に向かっているように(4)、大地に向かう。水棲動物は、水の優勢な動物である。しかしひじょうに火的であって、そして体を冷やすために水に向かう魚には(5)、これは適用されない。

エムペドクレスは、呼吸には多大の関心を払った。そしてそれについてのかれの説明は、まとまった長文で残されている（断片一〇〇）。かれの主張するところによると、ひとは、呼吸器官を通してだけではなく、皮膚にあるあらゆる通路を通して呼吸している。息を交互に吐いたり吸ったりするのは、血液が心臓から身体の表面へ運動し、またその逆の運動をするからであった。このことは、クレプシュドラを使って説明されたのである。むろん、動物の栄養摂取や生長は、同類の同類への誘引から説明されるべきである。身体のそれぞれの部分には、適切な食物が適合する通路がある。快と苦とは、類似の元素、つまり通路に適合する栄養のありなしから生じた。涙と汗は、血液を凝固させる混乱のゆえに生じた。いわばそれらは、血の乳漿であった。(6)

(1) Aet. v. 10, 1; 11, 1; 12, 2 (DK. 31A81); 14, 2 (DK. 31A82). また Fredrich, *Hippokratische Untersuchungen*, pp. 126 *sqq.* 参照。
(2) Aet. v. 15, 3 (DK. 31A74); 21, 1 (*Dox.* p. 190, DK. 31A83).
(3) Aet. v. 25, 4 (*Dox.* p. 437. DK. 31A85).
(4) Aet. v. 19, 5 (*Dox.* p. 431. DK. 31A72). また *Eth. Eud.* H, 1. 1235a11 (DK. 31A20a). 参照。
(5) Arist. *De respir.* 14. 477a32 (DK. 31A73); Theophr. *De causis plant.* i. 21 (DK. 31A73).
(6) 栄養摂取 Aet. v. 27, 1 (DK. 31A77), 快と苦 Aet. iv. 9, 15; v. 28, 1 (DK. 31A95); 涙と汗 Aet. v. 22, 1 (DK. 31A98).

二八　感覚

エムペドクレスが称えた感覚説については、テオプラストスの原文がそのまま残っている。

「エムペドクレスは、すべての感覚について同じように言っているし、それぞれの感覚の通路に適している「流出」によって感覚する、と言っている。またそのために、或る感覚は、別の感覚の対象を判別することができない。なぜなら感覚できる対象にとってはそれらの或る通路は、あまりにも広く、或る通路は、あまりにも狭すぎるからである。その結果、あとの場合は接触しないまま真直ぐに通り抜けるか、少しも入ることがで

きないかのどちらかになる。」(R.P. 177b. DK. 31A86 (7))

「かれは、視覚とはどのようなものであるか、を説明しようとしている。眼の内部は火からなり、そのまわりに土と空気とがあって、[1] 火は稀薄であるから、ちょうど灯火の光のように、それらを通して出て行く、とかれは言っている(断片八四)。火と水の通路は、交互に配列されている。火の通路のために明るい対象を知覚し、水の通路のために暗い対象を知覚するのである。つまり対象の種類の違いは、通路の種類の違いに適合しているからであり、色は流出によって視覚に齎らされる。」(R.P. *ib.* DK. 31A86 (7))

「しかし眼は、同じようには少しも構成されていない。或るものは同じ元素からなり、或るものは対立した元素からなっている。或るものは中央に火をもち、或るものは外部に火をもっている。そのために或る動物は昼間によく見え、或る動物は夜間によく見える。火を少なくもっているものは、昼間によく見える。なぜなら内部の火は、外部の火によって同じになるまで送り込まれるからである。反対のもの(すなわち水)が少ないものは、夜間によく見える。なぜならその不足分が補われるからである。しかし逆の場合、それぞれは逆のように振舞う。火が支配しているそれらの眼は、昼間は霞んで見えないであろう。それは、さらに火が増加して、水の通路を塞いで占めるためである。かれの言うところによると、水が支配している眼は、夜間、それと同じようなことが生じる。というのは、火が水によって妨げられるからである。そして水が空気によって分離されるまで、このことは続く。つまり一方は、他方を矯正するものだからである。最もよく適合し、最も優れた視覚は、等しい比率で両方のものからなるものである。大体以上のことを、実際視覚についてかれは語っている。」(DK. 31A86 (8))

「聴覚は、声によって動かされた空気が、耳の内部で音を立てるとき、外部の音によって生じる、とかれは言う。というのは聴覚は、耳の内部で音を立てる一種の鐘のようなものであるからである。これをかれは、

『肉の枝』と呼んでいる。空気が動きはじめると、堅い部分を打ち、音を立てる。[2] 嗅覚は、呼吸から生まれる、とかれは言う。そのために息が最も激しく運動する場合、最も激しく匂うし、多くの匂いは、稀薄で軽い物体から流れ出る。[3] 触覚や味覚については、それらがどのようにして、何によって生じるかを規定していない。もっともかれは、感覚が通路に適合することによって生じるという、何にでも適合する説明を与えてはいる。快は、元素やその混合が類似しているものによって生じるが、苦は、その反対のものによって生じる。」(R.P. *ib.* DK. 31A86 (9))

「そしてかれは、思慮と無知について似たような説明を与えている。思慮は、類似のものから生じ、無知は類似していないものから生じる。よって思慮は、感覚と同じものであるか、感覚に似通ったものであることを示している。というのも私たちは、それぞれのものを、それぞれのものそのものによってどのように知るかを枚挙してのちに、かれはつぎのように付言している。『なぜというに、ありとあらゆるものは、これらのものから形作られ、いっしょに適合され、ひとはこれによって思慮し、快や苦を感じるゆえに』(断片一〇七)。したがって私たちは、主として血液でもって最もよく考えるのである。というのは、身体のあらゆる部分のなかでは、あらゆる元素が血液のなかにまったく完全に混合されているからである。」(R.P. *ib.* 178. DK. 31A81 (10))

「それで、混合が等しいか、あるいはそれにほとんど近いようなものはすべて、また元素間が極端に大きく隔たっていないし、極端に小さくも大きくもないようなものはすべて、最も賢くて、最も正確な知覚をもっている。そしてそれに続く人びとは、比率に応じて賢明である。反対の状態にある人びとは、最も愚かなものである。元素が間隙をもって分離され、稀薄であるようなものは遅鈍で、厄介ものである。元素が密に接し合い、微細な部分に毀されているものは、衝動的である。そのようなものは、多くの事柄を試みても血液の動きが速いために、僅かしかなし遂げない。身体の或る部分において、調和のとれて混合されているものは、そのかぎりにおいて賢明である。したがって或るものは雄弁家であり、或るものは腕のよい技術家である。後者は手に秀れた混合をもち、前者は舌に秀れた混合をもっている。その他の特殊な能力の場合も同様である。」(R.P. *ib.* DK. 31A 81 (11))

ところで感覚は、外部の元素と、ひとの内部にある同じ元素との遭遇のせいである。このことは、感官の通路が、あらゆる事物の絶えず出てくる「流出物」にとって、大き過ぎも小さ過ぎもしないときに生じる(断片八九)。匂いは、呼吸で説明された。息は、匂いとともに、通路に適合した微小物体を引き入れる。エムペドクレスは、このことを鼻風邪を引いた人びとで例証した。(4) そのような人びとが、匂いを嗅ぐことができないのは、呼吸をするのが困難であるからである。断片一〇一から、犬の嗅覚がこの論を支えるものとして言及されていることが知られる。エムペドクレスは、匂いについて詳細な説明を与えなかったようにおもわれるし、触覚に少しも言及しなかった。(5) 聴覚は、耳の内部の軟骨を打ち、鐘のようにそれを振動させて音を立てる空気の運動によって説明された。(6)

視覚についての所論は、もっと複雑である。(7) そしてプラトンが、ティマイオスにその論の多くを採りあげさせているように、きわめてそれは哲学史上重要なものである。アルクマイオンによって考えられたように(九六)、(8) 眼は火と水とからなると考えられた。灯火の焔は、角板で風から守られているように(断片八四)、眼球の虹彩のなかの火は、ひじょうに細かな通路をもった皮膜によって、瞳のなかにそれを包み込んでいる水から守られている。その結果、火が出てゆくことのできるあいだは、水が入ることはできない。視覚が生じるのは、眼の内側にあって、対象に向かって進んでゆく火によってである。

エムペドクレスが「流出するもの」と呼んだような、流出物が事物から眼にうまく辿り着くことも、かれは知っていた。というのは色は、「通路に適合して、感覚される形（すなわち「事物」）から流出するもの」としてかれが定義しているからである。[9] これら視覚についての二通りの説明が、どのように相容れるものであったか、あるいはまたどの程度プラトンの『ティマイオス』篇の学説をエムペドクレスのものと見なしてよいか、まったく判然としないのである。引用されている叙述は、それにひじょうに似たものを暗に示しているようにおもわれる。[10]

テオプラストスは、エムペドクレスが、思惟と感覚とのあいだに何の区別もしなかった、と述べている。これはすでに、アリストテレスが注目したことである。[11] 感覚の本来の在りかは、血液であったし、そこには四元素が最も一様に混合されていて、とくに血液は心臓の近くにある（断片一〇五）。[12] しかしこのことと、身体の別の部分もまた感覚するという考えと相容れないのである。事実、エムペドクレスは、あらゆるものは思惟にあずかっている、と述べた（断片一〇三）。しかし血液は、はるかに微細に混合しているために、とりわけ敏感であった。[13] このことから当然エムペドクレスは、パルメニデスが詩の第二部ですでに主張した見方（断片一六）、つまりひとの知恵は、状態が変わるのに応じて変わる、という見方を採りあげるに至ったのである（断片一〇六）。

（1） これは、「水蒸気」であって、元素としての空気、つまり *αἰθήρ* でもない（一〇七）。それは、後に述べられる「水」と同じである。したがってカルステンやディールスとともに、*πῦρ* の後に *καὶ ὕδωρ* を挿入する必要はない。
（2） Beare, p. 96, *n*. 1.
（3） *Ibid*. p. 133.
（4） Aet. iv. 17, 2（*Dox*. p. 407. DK. 31A94）. Beare, p. 133.
（5） Beare, pp. 161–3, 180–81.
（6） *Ibid*. pp. 95 *sqq*.
（7） *Ibid*. pp. 14 *sqq*.
（8） Theophr. *De sens*. 26（DK. 24A5）.

(9)　プラトンの『メノン』篇七六D四においては、ゴルギアスから定義が引用されている。古写本はすべて ἀπορροαὶ σχημάτων であるが、ヴェニス本Tは余白に γρ. χρημάτων としてある。これは、古い伝承であろう。「事物」についてのイオニア方言は、χρήματα である。Diels, ***Empedokles und Gorgias***, p. 439 を見よ。
(10)　Beare, ***Elementary Cognition***, p. 18.
(11)　Arist. ***De an.*** Γ, 3. 427a21 (DK. 31B106).
(12)　R.P. 178a. これは、シケリア学派特有の所説であった。この学派からアリストテレスやストア学派に、その説は伝わったのである。他方、プラトンやヒッポクラテスは、脳が意識の在りかとしたアルクマイオンの見解を採った。後の時代になって、プラトンの友人でシュラクサイ出身のフィリスティオンは、血液とともに循環している ψυχικὸν πνεῦμα(「動物霊」)にとって替えた。
(13)　Beare, p. 253.

二九　神学と信仰

エムペドクレスの理論的な神学というと、クセノファネスが想い出されるし、エムペドクレスの実践的な宗教上の教えというと、ピュタゴラスやオルペウス教徒が想い出される。或る「神々」は元素からなる、と詩の最初の方で言われている。したがって神々は、「永く生きる」けれども、消えて行かねばならない、とも言われている(断片二一)。元素も球体も神々と呼ばれるが、これは言葉の意味合いがまったく違っている。元素は消滅しないのである。

もし『浄め』の宗教的な教えに眼を向けるならば、あらゆるものが輪廻説通りに巡っていることに気づくであろう。これについての全般的な意味は、さきに十分触れられた(四二)。エムペドクレスの独特な点は、細部を与えていることである。必然の女神の掟によると、罪を犯した「ダイモンども」は、一万期の三倍ものあいだ、天にある自分の棲家から無理矢理に彷徨い出されている(断片一一五)。そのもの自体、流浪の神であり、わめき立てる「争い」を信じたために、高いところから落ちてきている。四元素は、そのものを或るものから別のものへと嫌って投げかえすのであるから、そのものは人間や植物であるだけでなく、魚でさえある。原罪の汚辱から自らを浄めるただひとつの方法は、浄めによって、宗教的神聖を修得するか、動物の肉を断つかである。なぜなら動物は、ひとと血縁のあるものであり（断片一三七）、それを食うことは裏切りものであるからである。すべてこうしたなかに、宇宙論との或る接点が存在している。実際、「強い誓い」（断片一一五。断片三〇参照）、四元素、原罪の源としての憎しみ、黄金時代における女王であるキュプリスが知られている（断片一二八）。しかしこれらの点は、根本的なものではない。そしてエムペドクレスの宇宙論的体系には、不死の魂のはいりこむ余地はまったくない。『浄め』は、この魂を前提としている。この期間を通して、もしも宗教的信仰を人びとが持っているとすれば、その信仰と、人びとの宇宙論的見方とのあいだに、越えられぬ溝があるようにおもわれる。ここで述べられた僅かな接点のために、エムペドクレスそのひとはたぶんこの事態が判らなかったのである。

第六章　クラゾメナイのアナクサゴラス

一〇　年代

アナクサゴラスの年代について、アポルロドロスが述べているのはすべて、ファレロンのデメトリオスの文献によっているようである。すなわちアナクサゴラスは、カルリアス、またはカルリアデスの治下（前四八〇～七九年）に、アテナイにおいて二十歳で「哲学を学びはじめた」と、デメトリオスは『執政官録』において言っている(1)。この年代は、アナクサゴラスの裁判の時を、かれが哲学をはじめた年としたことにおそらく由来したであろう。デメトリオスは、現存はしていないがもろもろの原典から、それを学ぶ機会をいくらでももっていた。アナクサゴラスは、第七〇オリュムピア祭期（前五〇〇―四九六年）に生まれた、とアポルロドロスは推定し、そして第八八オリュムピア祭期の第一年目（前四二八―二七年）に七十二歳で死んだ、と付言している(2)。アナクサゴラスがペリクレスより後まで生きなかったし、プラトンが生まれた年には死んでいた、ということを至極当たり前とアポルロドロスは考えた(3)。さらに、出典は明らかではないが、アナクサゴラスが三十年間、アテナイに住んでいた、というおそらくデメトリオスによったとおもわれる記述がある。もしもそれが正しいとすれば、かれがその地に住んでいたときは、約前四八〇年から四五〇年ということになる。

これらの年代が、ひじょうに正確な年代に近いものであることは疑いえない。アリストテレスは、前四九〇年以前におそらく生まれたエムペドクレス（六八）よりも、アナクサゴラスが年長であった、と述べている(4)。またテオプラストスは、エムペドクレスが「アナクサゴラスよりもそれほど下らないときに」生まれた、と言った。(5) またデモクリトスは、アナクサゴラスの老年において自分は青年であった、と述べた。デモクリトスは、前四六〇年頃に生まれたに違いない。(6)

(1) Diog. ii. 7 (R.P. 148. DK. 59A1). この執政官の名称の違いについては、Jacoby, p. 244, *n*. 1 を見よ。また全般的に年代決定については、*Classical Quarterly*, xi. 81 *sqq*. のA・E・テイラーの論文を見よ。かれの論証は正しいとおもわれる。
(2) 計算を合わすために、スキャリガーの意見に従って ὀγδοηκοστῆς と読まねばならない。
(3) アポルロドロスの報告については、Jacoby, pp. 244 *sqq*. を見よ。
(4) Arist. *Met*. A, 3. 984a11 (R.P. 150a. DK. 59A43).
(5) *Phys. Op*. fr. 3 (*Dox*. p. 477), *ap*. Simpl. *Phys*. p. 25, 19 (R.P. 162e. DK. 59A8).
(6) Diog. ix. 41 (R.P. 187. DK. 59A5). デモクリトスの年代については、第九章一七一を見よ。

三　青年時代

アナクサゴラスは、クラゾメナイの出身であった。テオプラストスは、かれの父の名がヘゲシブウロスであった、と言っている。(1) 伝説によると、アナクサゴラスは、資産を疎かにして学問に専念したという。(2) たしかに少なくとも四世紀にあって、すでにかれは「観想的生活」を導く典型的な人物と見なされていた。(3) むろんアナクサゴラスが世俗の財物を蔑視した話は、ずっと後になって、歴史小説家の恰好の題材となり、ありふれた格言で脚色されたのである。ここでは、これらのことには立ち入らない。

アナクサゴラスの幼年期に起こったひとつの出来事が記録されている。すなわち巨大な隕石が、前四六八—六七年にアイゴスポタモスに落下した。(4) 現存の文献は、かれが予言したとしているが、それはまことに不合理である。しかしこのためにかれが、初期の宇宙論からきわめて著しい離反をするに至り、またアテナイで咎められたまさにあの見方を採りあげるに至った、と考えられる理由はやがて明らかになるであろう。いろいろな出来事のなかにあってもとりわけ石の落下は、当時きわめて大きな印象を与えたのであり、プリニウスやプルタルコスの時代においても、それは旅行者の眼に触れられたのである。[5]

（1） ***Phys. Op.*** fr. 4 (*Dox.* p. 478. DK. 59A41). 学説誌家たちによって繰り返されている。

（2） Plato. ***Hipp. ma.*** 283a (DK. 59A13), *τοὐναντίον γὰρ Ἀναξαγόρᾳ φασὶ συμβῆναι ἢ ὑμῖν· καταλειφθέντων γὰρ αὐτῷ πολλῶν χρημάτων καταμελῆσαι καὶ ἀπολέσαι πάντα· οὕτως αὐτὸν ἀνόητα σοφίζεσθαι.* また Plut. *Per.* 16 参照。

（3） Arist. ***Eth. Nic.*** K, 9. 1179a13 (DK. 59A30). また ***Eth. Eud.*** A, 4. 1215b6 (DK. 59A30) と 15, 1216a10 を参照。

（4） Diog, ii. 10 (R.P. 149a. DK. 59A1). Pliny, ***N.H.*** ii. 149 (DK. 59A11) は、第七八オリュムピア祭期の二年目として年代を与え、エウセビオスは、第七八オリュムピア祭期の三年目としている。しかし ***Marm. Par.*** 57 (DK. 59A11), *ἀφ' οὗ ἐν Αἰγὸς ποταμοῖς ὁ λίθος ἔπεσε……ἔτη ΗΗΠ, ἄρχοντος Ἀθήνησι Θεαγενίδου.* 参照。つまり前四六八―六七年である。ディオゲネスの二巻十一の原文は、乱れている。提案された復元については、Jacoby, p. 244, *n.* 2 と Diels, ***Vors.*** 46A1 (DK. 59A1) とを見よ。

（5） **Pliny, *loc. cit.*, "qui lapis etiam nunc ostenditur magnitudine vehis colore adusto."** また Plut. ***Lys.*** 12 (**DK. 65A12**), *καὶ δείκνυται……ἔτι νῦν.* 参照。

三　イオニア学派との関係

学説誌家は、アナクサゴラスがアナクシメネスの弟子である、と言っている。[1] ほとんどこれは正しくない。つまりアナクシメネスは、アナクサゴラスが生まれる以前におそらく死んでいた。しかしアナクサゴラスの名が、『諸系譜』において、アナクシメネスに続いているという事実から、この叙述が由来したとも言い切れない。テオプラストスそのひとの一断片のなかに、アナクサゴラスが「アナクシメネスの哲学の仲間」であった、と述べている原典がある。(2) さて、もし序論（四）において説明された学問上の「学派」を表わすと見るならば、この表現はきわめて独自な意味をもっていることになるであろう。それは、古代のイオニア学派が、前四九四年のミレトス崩壊後も存続していて、アジアの別の都市において繁栄し続けたことを意味している。さらにそれは、学派の三番目を代表する偉人の後に、傑出したひとりのひとも生まれなかったこと、また「アナクシメネスの哲学」が、社会の指導的立場に実際いるひとによっても、いまだ教えられていたことを意味している。

そこでこの点について、哲学の、前五世紀の前半を通じての発展について、続く二、三の章で立ち入ることになる結論を、簡単に示してよいであろう。やがて明らかになるように、古いイオニア学派は、優れた人びとを教育する能力をまだもっていたにしても、いまやその人びとを引き留める力はなかった。アナクサゴラスは、固有の道を進んだ。メリッソスとレウキッポスは、感化を受けた源を立証するために、古い見方をまだ十分に留めていたけれども、エレアの論理の影響がきわめて強かったために、アナクシメネスの学説に満足することはできなかった。ディオゲネスのような二流の人物にとっては、正統的な学説を擁護する必要があったし、一方、サモス出身のヒッポンのような三流の人物には、タレスの粗野な説に立ち返っているのである。前もって描いたこの大要の細部は、これから先に進むにつれて、もっと明確になるであろう。いまのところは、古代のイオニア哲学は、ちょうどオルペウスやピュタゴラスの宗教的思想が、前章において背景となっていたように、ここでの話に対しての一種の背景となっているという事実に、読者の注意をただ喚起する必要がある。

(1) Cicero, *De nat. d.* i. 26 (DK. 59A48. フィロデモスの後に), "Anaxagoras qui accepit ab Anaximene disciplinam" (*i. e.* *διήκουσε*); Diog. i. 13 (R.P. 4. DK. 73B6) と ii. 6 (DK. 59A1); Strabo, xiv. p. 645 (DK. 59A7), *Κλαζομένιος δ' ἦν ἀνὴρ ἐπιφανὴς Ἀναξαγόρας ὁ φυσικός, Ἀναξιμένους ὁμιλητής*; Euseb. *P.E.* p. 504 (DK. 59A7); [Galen] *Hist. Phil.* 3 (DK. 59A7); Augustine, *De civ. Dei*, viii. 2.

（2） *Phys. Op.* fr. 4 (*Dox.* p. 478. DK. 59A41), *'Αναξαγόρας μὲν γὰρ 'Ηγησιβούλου Κλαζομένιος κοινωνήσας τῆς 'Αναξιμένους φιλοσοφίας κτλ.* ツェラーは、第五版において（p. 973, *n.* 2)、テキストにおいて示されている見解を採りあげ、レウキッポスについての *κοινωνήσας Παρμενίδῃ τῆς φιλοσοφίας* という表現とひじょうに似ていることから、この見解を確かなものとしている。第九章一七二を見よ。

一二三　アテナイにおけるアナクサゴラス

アナクサゴラスは、アテナイに住居を構えた最初の哲学者であった。サラミスの海戦の年にかれがどうしてそこにやって来たかを伝えるものはない。しかしかれは、ペルシアに服従していた。というのは、クラゾメナイは、イオニアの反乱が抑圧されて後、零落していたからである。かれがペルシア軍にいたことも、どうも本当らしい(1)。アナクサゴラスは、ペリクレスの師であったと言われる。プラトンの証言によってその事実を疑うべくもない。『ファイドロス』篇において(2)、プラトンはソクラテスに語らせている、「技術のなかで重要であるものはすべて、天上にあるものを扱う自然についての学問を細部にわたって語り、かつ論じる必要がある。というのはそれは、どんな方向にあっても高潔さとやり抜く気迫とがやってくる源であるとおもわれるからである。ペリクレスもまた、かれのよい資性に加えて、さらにこれを自分のものにした。かれは、学者であったアナクサゴラスに出遇ったとおもわれる。そして天上についての論説がつめこまれ、アナクサゴラスが多くを論じた知性と思惟の本当の性質についての知識に達してから、かれは、言論の技術について、かれに最もふさわしいものをすべからく引きだした」と。これは明らかにペリクレスが、アナクサゴラスと交わってのちに、卓越した政治家となったことを表わしている。さらにまたイソクラテスは、ペリクレスがアナクサゴラスとダモンという二人の「知者《ソフィスト》」の弟子であった、と言っている(3)。ダモンの教えたのが、ペリクレスの幼年期であったことは疑うべくもない(4)。おそらくアナクサゴラスの場合も同様である。

もっと厄介な問題は、エウリピデスとアナクサゴラスとについてとり挙げられた関係である。それについての最も古い権威者は、プトレマイオス・フィラデルフォス（約前二八〇年）の宮廷に住んでいた詩人で司書であったアイトリアのアレクサンドロスである。かれは、エウリピデスを「勇気あるアナクサゴラスの看護者」と言った。(5) 学究生活の喜びについての著名な断片は、他の宇宙論者とともにアナクサゴラスにも触れているし、実際はるかに素朴な型の一思想家であったことを当然のこととして示している。(6) 他方、アナクサゴラスは一気に自分の学説を展開させたのではなく、アナクシメネスの学説を教えることがきっかけであったということが本当らしい。そのほかアナクサゴラスの中心的な思想を厳密に説明し、かつ、ほかの誰びとのものともすることのできないひとつの断片がある。(7)

（1）そのことが説明しているのは、アナクサゴラスの裁判においておそらく提起された「ペルシアに荷担したこと」についての告訴である（三四）。またアポルロドロス（とおそらくファレロンのデメトリオス）が、*κατὰ τὴν Ξέρξου διάβασιν* のときのアナクサゴラスが二十歳であったと語っており、もちろんそれはヘルレスポントス海峡の横断を意味しているし、もしその場合アナクサゴラスがクセルクセスといっしょでなかったとすれば、ほとんど関係がないことになるであろう。これらのことは重要である。たしかにその当時、若いひとりのクラゾメナイ人がアテナイへ行ったのは何ゆえであるかを知ることは難しい。

（2）270a (R.P. 148c. DK. 59A15).

（3）Isokrates, *Περὶ ἀντιδόσεως*, 235 (DK. 59A15), *Περικλῆς δὲ δυοῖν* (*σοφισταῖν*) *ἐγένετο μαθητής, Ἀναξαγόρου τε τοῦ Κλαζομενίου καὶ Δάμωνος*.

（4）ダモン（またはダモニデス）は、前四六〇年頃、政治的活動をしたに違いない（Meyer, *Gesch. des Altert.* iii. 567; Wilamowitz, *Aristoteles und Athen*, i. 134）。それでおそらくかれは、前五百年頃生まれたことになる。マイヤーによると、かれは前四四三年より前に、陶片追放にあった。ダモニデスの子ダモンの名のある一片の陶片が発見されている（Brückner, *Arch. Anz.*, 1914, p. 95）。かれが四四五年に陶片追放され、四三五年に戻ってきたと考えるならば、その後にソクラテスとの関係が生じたことは、至極自然である。プラトンは、かれを個人的にはほとんど知りえなかった。こうした点の全般については、*Neue Jahrb.* xxxv. p. 205 *sqq.* のローゼンベルクの論文を見よ。

（5） Gell. xv. 20 (DK. 59A20), "Alexander autem Aetolus hos de Euripide versus composuit"; ὁ δ' Ἀναξαγόρου τρόφιμος χαιοῦ（ヴァルケネエールは ἀρχαίου に代えて用いる）κτλ.

（6） 序論30頁注（3）を見よ。

（7） **R.P. 150b.**

一二四　裁判

もしもファレロンのデメトリオスの年代記を採用するならば、明らかにアナクサゴラスの裁判は、ペリクレスの政治生活の初めの頃のことであろう。[1] それは、サテュロスによって保存されていた伝承である。サテュロスは、原告はメレシアスの息子ツキュディデスであったこと、ならびに罪名は不敬罪とペルシアに荷担した罪であったと、述べている。[2] ツキュディデスが、前四四三年に陶片追放されているので、アナクサゴラスの裁判が、前四五〇年頃起こった可能性が強くなり、それはペリクレスのもうひとりの師、ダモンの陶片追放と密接に繋がってくるようである。[3] もしもそうであるなら、プラトンがソクラテスとアナクサゴラスとをけっして出会わしていない理由は、たちどころに理解されるであろう。アナクサゴラスは、ソクラテスが或る年齢に達して、自然の探究に関心を抱くようになる以前に、アルケラオスに自分の学派を譲っていたのである。[4] しかし不敬罪が何に基づいていたかは、プラトンから知られる。それは、アナクサゴラスが、太陽を灼熱した石、月を土であると教えたということであった。[5] たしかにかれが、こうした見解を主張した点には、いずれ触れることになるであろう（一二三）。その他の点についての説明としては、アナクサゴラスがペリクレスの尽力で、牢獄から逃れ、追放されたということが最も真実に近いとおもわれる。[6] 周知のようにそのようなことは、アテナイで可能であった。

育んでくれた国を追われると、アナクサゴラスは、当然イオニアへ戻った。その地では、かれの気の向くままに教えることは、少なくとも許されていたであろうか。れはミレトスの植民地ラムプサコスに定住した。そこにかれが学校を建てた、と考える十分な理由はいずれ判るであろう。とすれば、アナクサゴラスは死ぬ前しばらくのあいだラムプサコスに住んでいたに違いない。(7) ラムプサコスの人びとは、市場にアナクサゴラスを偲び、「知《ヌウ》性《ス》」と「真理」に捧げる祭壇を立てた。かれの命日は、学童たちのための休日として長いあいだ続いたが、これはかれの遺志であった。(8)

(1) アナクサゴラスの裁判は、ペロポネソッス戦争の直前の時期と、一般に言われている。というのもエプォロスが、そのことを明らかにしているからである (Diod. xii. 38 (DK. 59A17) によって復原されている)。同様な説明を、プルタルコスも述べている (V. *Per.* 32. DK. 59A17)。しかしエプォロスの年代記録の独断的な性格は、十分明らかとなっており、そこから何も推断することはできない。クレオンを原告としたソティオンもまた、裁判の年代を遅いときに想定したに違いない。

(2) Diog. ii. 12 (DK. 59A1), *Σάτυρος δ' ἐν τοῖς Βίοις ὑπὸ Θουκυδίδου φησὶν εἰσαχθῆναι τὴν δίκην, ἀντιπολιτευομένου τῷ Περικλεῖ· καὶ οὐ μόνον ἀσεβείας ἀλλὰ καὶ μηδισμοῦ· καὶ ἀπόντα καταδικασθῆναι θανάτῳ.*

(3) これは、アナクサゴラスがアテナイに三十年間生活した、という報告と完全に一致するであろう (373頁)。ダモンの陶片追放については、378頁注 (4) を見よ。

(4) 『パイドン』篇 (九七B八以下) の著名な箇所は、ソクラテスがまだ若かったときアナクサゴラスがアテナイを去ったことをはっきりと表わしている。ソクラテスは、アナクサゴラスの説を (アルケラオスからか) 間接的に耳にし、すぐさまアナクサゴラスの本を手に入れて読んでいる。もしアナクサゴラスがアテナイにまだいたとすれば、ソクラテスがかれを探し出して質問をすることはいとも簡単なことであったに違いない。そしてプラトンの対話篇にとって、取って置きの主題となったであろう。プラトンがソクラテスとパルメニデスやゼノンとを会わせながら、アナクサゴラスに会わせていないという事実は、明らかに意味深重である。

（5） *Apol.* 26d (DK. 59A35).
（6） Plut. *Nic.* 23 (R.P. 148c. DK. 59A18). また *Per.* 32 (R.P. 148. DK. 59A17) 参照。
（7） 第一〇章一九におけるアルケラオスの説明を見よ。
（8） アナクサゴラスに敬意を払ったことについての最古の文献はアルキダマスである。かれは、ゴルギアスの門弟で、その時代においてもまだ尊敬しつづけられていた、と言った。Arist. *Rhet.* B, 23. 1398b15 (DK. 59A23).

一二五　著作

ディオゲネスは、一巻しか残さなかった哲学者たちの表にアナクサゴラスを入れている。そしてディオゲネスは、それについて一般に認められる批評、すなわちそれは「高尚で触りのよい文体で」[1]書かれていたという批評をとどめている。この証言に反論する重大な証拠はない。もっともこの証言は、結局のところアレクサンドリアの司書たちから来ているのである。[2] アナクサゴラスが、背景画法に採り入れられる遠近法についての論文を認《したた》めたという話は、きわめてありえないことである。[3] またかれが円積法を扱う著作を書いたという報告は、プルタルコスの表現を誤解したものである。[4] 『ソクラテスの弁明』におけるさきに取り挙げた箇所から、アナクサゴラスの著作をアテナイで一ドラクマで買うことができたことが知られる。また著作がかなり長いものであったことは、プラトンがソクラテスに続けて語らせている方法から推察されるであろう。[5] 六世紀にシムプリキオスは、アカデメイアの図書館において、一写本に疑いもなく接したのである。今日、残存しているすべての断片は、シムプリキオスに負っている。もっとも二三のひじょうに疑わしい例外はある。かれの引用文は、全般的な原理を扱っている第一巻に、不幸にして限られているようである。ために細部をどのように扱ったかは、多少不明のままである。

（1） Diog. i. 16 (DK. 59A37); ii. 6 (R.P. 5;153. DK. 59A1).
（2） シアウバッハ (*An. Claz. Fragm.* p. 57) は、偽アリストテレスの『植物について』八一七a二七から τὸ πρὸς

λεχίνεον という標題の作品を捏造した。しかしアルフリッドのラテン語の翻訳は、ギリシア語文の原本であるが、ただ et ideo dicit lechineon となっている。これはまたラテン語訳の出所となったアラビア語の原文を誤って解したためのようにおもわれる。Meyer, *Gesch. d. Bot.* i. 60. 参照。

（3）Vitruvius, vii. pr. 11（DK. 59A39）. 或る偽作家が、著名な名前を使って作品を飾ろうとし、エウリピデスを教えたといわれる哲学者のことを急に思いついたものであろう。

（4）Plut. *De exilio*, 607f（DK. 59A38）. 語句がただ示しているのは、アナクサゴラスが、牢獄の床の上で円積法に関係のある図形をいつも描いていたということである。

（5）*Apol.* 26d-e（DK. 59A35）. βιβλία の表現は、おそらく一巻以上のものから著作がなっていたことを示している。

一二六　断片

ここにディールスのテクストと配列に沿って断片を示そう。

（一）

すべてのものは、いっしょであって、数においても、小ささの点においても無限であった。というのは、小ささも無限であったからである。そしてすべてのものが、いっしょであったときは、微小のために見られることはできなかった。というのは、空気とアイテールとが、両方とも無限であって、すべてのものを圧倒していたからである。すなわち全体のなかにあって、これらは量においても大きさにおいても、最大であるからである。[1]（R.P. 151. DK. 59B1）

（1）シムプリキオスは、これは第一巻の冒頭にあった、と述べている。ディオゲネスの二巻六（R.P. 153. DK. 59A1）に引用されている文章は、アナクサゴラスの断片ではなく、πάντα ῥεῖ がヘラクレイトスのものとされるように、要約したものである（第三章225頁）。

（二）

空気とアイテールとは、宇宙をとり巻くものから分離されており、とり巻いているものは、量において無限である。（R.P. *ib.* DK. 59B2）

（三）

小さなものについては、最小というものはなく、つねにより小さなものが存在する。なぜなら、在るものは、分割されることによって、無くなるということはありえないからである。[1] しかしまた、大きさについても、それよりも大きなものがつねにある。そして大きなものは、小さなものと数において等しい。それぞれのものは、自らと比べて大きくもあり小さくもある。（R.P. 159a. DK. 59B3）

（1）ツェラーの *τομῇ* は、古写本の *τὸ μὴ* の校訂としては、いまもって納得させるもののようにおもわれる。ディールスは、古写本を認めている。

（四）

そしてこれらのものがそうである以上、結合しているもののなかに、多種多様なものが、またあらゆる種類の形と色と味のある、ありとあらゆるものの種子が含まれていると考えねばならない（R.P. *ib.*）。そして人間も他の生命をもつ動物も、それから合成されている。これらの人びとは、私たちのもとにあるのと同じように、いっしょに住みつかれた都市と、耕された畑とをもっている。また人びとは、私たちのもとにあるのと同じように、太陽と月と星とをもっている。その大地は、その人たちが最も便利なものを集め、住いで用いているさまざまなものを、その人たちのために生み出す、ということも考えねばならない（R.P. 160b）。ところで分離について私は、ものの分離はひとり私たちにおいてのみではなく、他にもまたありうることを示そうとして、そのように多くのことを語ったのである。

しかしすべてのものは、分離する前は結合していたし、いかなる色も明らかではなかった。なぜなら、すべてのものの、すなわち湿ったもの、乾いたもの、熱いもの、冷たいもの、明るいもの、暗いもの、そのなかにある多くの土、そして互いに似ていない無数の種子の、集合があったからである。というのは他のいかなるものの場合でも、一方が一方に似ていないからである。これらのものがそうである以上、すべてのものが全体のなかにある、と考えねばならない。（R.P. 151. DK. 59B4）(1)

（1）シムプリキオスが、連続した断片として三回も引用していること、ならびに、この断片をばらばらにしてよいものではないことを、すでに初版で私は指摘しておいた。ディールスは、現にひとつの文章としてそれを著わしている。

（五）

そしてこれらのものが、そのように決められてきている以上、すべてがより多くもより少なくもないということを知らねばならない。なぜならこれらのものが、すべてのものよりも多くあることは不可能であるからであり、あらゆるものはつねに等しい。（R.P. 151. DK. 59B5）

（六）

また大きなものの部分も、小さなものの部分も、数は等しい。そしてこのような理由からも、すべてのものは、すべてのもののなかにあることになるであろう。それが離れてあることも不可能であり、いな、すべてのものは、すべてのものの部分をもっている。最小のものが存在するということはできないゆえ、それらは分離されることもできないし、自分だけで存在することもできない。いな、それは最初いっしょであったように、いまもすべていっしょでなければならない。そしてすべてのもののなかに、多くのものが含まれ、そして分離されているもののうち、より大きなものと、より小さなものとの数は等しい。(DK. 59B6)

(七)

……したがって分離されているものの数を、言葉においても行ないにおいても知ることができない。(DK. 59B7)

(八)

ひとつの宇宙に存在するものは、互いに分離されないし、手斧で分割されない。冷たいものから熱いものを も、熱いものから冷たいものをも。(R.P. 155e. DK. 59B8)

(九)

これらのものが、力と速さによって回転し、分離されるように……。そして速さは、力を生み出す。またその速さは、人びとのあいだに現に存在するいかなるものの速さにも似ていないで、あらゆる仕方での絶えまない速さである。(DK. 59B9)

(一〇)

髪が髪でないものから、肉が肉でないものから、どのようにして生じるか。(R.P. 155, *f*, *n*. 1. DK. 59B10)

(一一)

すべてのもののなかに、ヌウスを除くすべてのものの部分がある。しかしヌウスが存在するようなものも、なかにはある。(R.P. 160b. DK. 59B11)

(一二)

その他すべてのものは、すべてのものの部分を分有している一方、ヌウスは無限で、自律的で、どんなものも混じりあっていないで、唯一で、自分だけで存立している。というのはもしもヌウスが、自分だけで存立していないで、他のものと混合しているとすれば、何かと混合している以上、すべてのものを分有することになるからである。なぜならすでに私が言ったように、すべてのもののなかにすべてのものの部分があるからである。そしてそれと混じり合っているものが、それを妨げるであろう。その結果、それは現にただひとつ自分だけで存立しているのと同じ仕方では、いかなるものをも制御することができないであろう。というのは、それはすべてのもののなかで最も微小で、最も純粋なものであり、すべてのものの知識と最大の力をもっているからである。そしてヌウスは、生命をもつより大きなものも、より小さなものもすべてを制御するのである。そしてヌウスは、回転全体を制御した。それで最初に回転をはじめたのである。またはじめは、小さな始点から回転をはじめた。しかし回転は、より大きな範囲に拡がり、さらにより大きな範囲に拡がるであろう。そしてヌウスは、混合されたもの、分離されたもの、区別されたものすべてをすっかり知った。またヌウスは、存在しようとしていたもの、存在していたが、現に存在しないもの、現に存在するもの、将来存在するもの一切を秩序づけた。さらに星、太陽、月、分離された空気とアイテールが現に回転している運動をも。そしてこの回転自体、分離を惹き起こし、濃密なものから稀薄なものが、冷たいものから熱いものが、暗いものから明るいものが、湿ったものから乾いたものが分離される。そして多くのもののなかに、多くの部分がある。しかしヌウスを除けば、いかなるものも一方から他方がけっして分離されないし、区別されない。そしてヌウスはすべて、より大きなものとも、より小さなものとも同じである。ところがそれ以外のものは、他のものと同じではなく、それぞれのものは、内に最も多くのものをもっているものが、最も際立つのであり、また際立っていたのである。(R.P. 155. DK. 59B12)

（一三）

そしてヌウスが動かしはじめると、動かされたすべてのものから分離が起こった。そしてヌウスが動かしただけのものは、すべて分離された。そしてそれらが動かされ、分離されるうちに、回転はさらに多くを分離させた。(DK. 59B13)

（一四）

つねに存在しているヌウスは、他のすべてのものが、囲まれている塊りのなかに、またそれと結びつけられてきたもののなかや、それから分離されたもののなかに存在している、そのところに実際いまもいる。(1)（DK 59B14)

（1）シムプリキオスは、断片一四をつぎのようにしている (p. 157,5); *ὁ δὲ νοῦς ὅσα ἐστί τε κάρτα καὶ νῦν ἔστιν.* ディールスは現に、*ὁ δὲ νοῦς, ὅς ἀ⟨εί⟩ ἐστι, τὸ κάρτα καὶ νῦν ἐστιν.* と読んでいる。*ἀεὶ……καὶ νῦν* の対応は、この

校訂の正しさを強く証している。

（一五）

濃厚なもの、湿ったもの、冷たいもの、暗いものは、大地が現にあるところにすべて集まってきた。一方、稀薄なもの、熱いもの、乾いたもの、（明るいもの）は、アイテールの遥か遠いところへ出て行った。(1)（R.P. 156. DK. 59B15）

（1） 断片一五の原文については、R.P. 156a を見よ。私は、ヒュポリュトスを根拠に *καὶ τὸ λαμπρόν* を付け加えたショルンに従っている。

（一六）

土は、それらのものが分離されるうちに、それらのものから固められる。というのは雲霧から水が分離され、水から土が分離されるからである。冷たさで土から石が固められ、これらは水よりもっと外へ飛び出す。（R.P. 156. DK. 59B16）

（一七）

ギリシア人は、生成と消滅の語を間違った使い方で語っている。というのはいかなるものも生成しないし消滅しないで、存在しているものが混合したり分離したりしているからである。それでギリシア人が、生成を混合、消滅を分離と呼ぶならば正しいであろう。（R.P. 150. DK. 59B17）

（一八）

月に光を与えるのは、太陽である。（DK. 59B18）

（一九）

虹は、雲における太陽の反射、と私たちは呼んでいる。ところでそれは、嵐の前触れである。というのは雲の囲りを流れている水は、風を起こし、雨を降らすからである。（DK. 59B19）

（二〇）

人びとは、天狼星（?・）の上昇で収穫をはじめる。その沈むことで畠を耕しはじめる。それは、四十昼夜のあいだ隠れている。（DK. 59B20）

（二一）

感覚の弱さのゆえに、私たちは真理を判別することができない。（DK. 59B21）

（二一a）

現われているものは、眼に見えないものの視覚である。（DK. 59B21a）

（二一b）

（私たちは、下等動物を使うことができる。）なぜなら私たちは、自分自身の経験や記憶や知恵や技術を用いるからである。（DK. 59B21b）

（二二）

「鳥の乳」と呼ばれるものは、卵の白身である。（DK. 59B22）

三七　アナクサゴラスとその先駆者

アナクサゴラスの学説は、エムペドクレスの学説と同じように、物体的実体は不変であるというエレア思想と、生成と消滅の現象はいたるところに出現している世界があるということとを調和させようとした。パルメニデスの結論を自由に受け入れ、そして言い換えている。全体に付加されうるものは、何もない。なぜならあらゆるものよりも、より多くあることは不可能であり、すべてはつねに等しいからである（断片五）。消滅するものは何もない。人びとが、通常、生成と消滅と呼んでいることは、実際には混合と分離である（断片一七）。

アナクサゴラスが、自分より若い同僚エムペドクレスから混合の論を引き出したということは、いろいろな点でありうることである。そしてエムペドクレスの韻文は、アナクサゴラスの論文よりも、先に公にされていたであろう。[1] いずれにしても明らかなように、エムペドクレスの見解は、五世紀の半ば以前に、アテナイで知られていた。対立するもの――熱と冷、湿と乾――が物であると主張することによって、いかにしてエムペドクレスが現象界を救済したかはすでに明らかである。物のそれぞれは、パルメニデス的な意味において実在している。アナクサゴラスは、これを不適切なものと見なした。あらゆるものは、あらゆるものへと変化しているのであって、[2] 世界を成立させているものは、そういった方法で、「手斧で分割」されない（断片八）。それとは反対に、正確な表現では、「すべてのもののなかに、すべての部分がある」（断片一一）ということであるに違いない。

（1）　しかしこれは、アリストテレスの『形而上学』A巻三章九八四a一一（R.P. 150a. DK. 59A43）における τοῖς ἔργοις ὕστερος の語の意である、と私はいま考えていない。少なくともテオプラストスは、その語をそのようには採ってはいなかった。すなわちかれは、プラトンについて語っている文章（*Dox.* 484, 19）に似せているからである。プラトンについてかれは *Τούτοις ἐπιγενόμενος Πλάτων τῇ μὲν δόξῃ καὶ τῇ δυνάμει πρότερος, τοῖς δὲ χρόνοις ὕστερος.* と言っている。かれは、アリストテレスの文句を、「業績の点で劣っている」と解したようにおもわれる。

（2） Arist. *Phys.* A, 4. 187b1 (R.P. 155a).

一二八 「すべてのなかにあるすべて」

この点についてアナクサゴラスが明かそうとした論証の一部分は、アエティオスが混乱した形ではあるが保存している。ディールスは、ナティアンツの聖グレゴリウスについてのスコリアから、いくつかの原本にある言葉を見いだしている。アナクサゴラスは言う、「私たちは豊穣の神デメテールの稔らせるものを食べ、水を飲むとき、単一の栄養を受けとっている。しかし髪は髪でないものから、肉は肉でないものから、どのようにして生じるか」（断片一〇）[1]。これは、初期のミレトス人が訊ねたはずの疑問とまさしく同じ種の疑問であり、生理学的関心が、いまや気象学的関心に、はっきりと取って替わってきているにすぎない。論の似たような一連の筋道は、アポルロニアのディオゲネス（断片二）のなかに見いだせるであろう。

すべてのもののなかに、すべてのものの部分がある、という叙述は、宇宙が形成される以前の、ものの原初の混合に言及しているにすぎないのだと理解されるべきではない（断片一）。いなむしろ、いまでさえ「すべてのものは、いっしょである」。しかしすべてのものは、小さいにせよ大きいにせよ「部分」の数が等しい（断片六）。微小量の物質は、少数の部分のひとつが無くなっても、さらに少数の部分を含みうるにすぎない。しかしパルメニデス的な意味で、何ものかが在るとすれば、ただ分割によって、その存在がなくなることは不可能である（断片三)。なぜなら最小のものは存在しないし、最大のものも存在しないからである。しかしものは、大きくても小さくても、「諸部分」、すなわちあらゆるものの部分と同じ数を含んでいる。

(1) Aet. i. 3, 5 (*Dox.* p. 279. DK. 59A46). R.P. 155f と *n.* 1 を見よ。私はウゼナーとともに *καρπὸν* と読む。

一二九　諸部分

あらゆるものが、ものの部分を含んでいるという場合の、この「もの」とは何であるか。たとえば小麦が、肉や血や骨などの小さな部分を含んでいる、とアナクサゴラスが述べたかのように、かれの説を表わすのがかつて普通であった。しかし現に見てきたように、ものが無限に分割できること(断片三)、ならびに最大の部分のなかに多くの「部分」があるように、最小の部分のなかに多くの「部分」がある(断片六)。それは、古い見解にとって致命的である。ひとがどれほど分割してみたところで、「純粋な」ものにけっして辿りつけない。それでそのようなものは微小であっても、単一の性質をもった部分としてはありえないのである。

この困難さを解決できるのは、ただひとつの方法においてのみである。[1] 断片八においては、「手斧で互いに分割されない」ものとして挙げられた例は、熱いものと冷たいものである。別の箇所(断片四と一五)では、伝統的な他の「対立したもの」から述べられている。もしも第一の原理が無数であるとすれば、その原理はデモクリトスと同じように、類において同一であるか、対立するものであるかのいずれかであろう、とアリストテレスは言っている。[2] シムプリキオスは、ポルプュリオスとテミスティオスとに続いて、対立するものであるという見方をアナクサゴラスのものとしており、[3] またアリストテレスそのひとも、アナクサゴラスのいう対立するものは、第一の原理と呼ばれても、「同素質」と呼ばれてもよいものであることを暗に示している。[4]

その場合、あらゆるものが部分を含んでいるということは、それらが対立していることであって、ものの形態が異なっているのではない。あらゆる部分は、大小にかかわらず、これらの対立している性質のいずれをも含んでいる。熱いものは、また或る範囲では冷たいのである。アナクサゴラスは、雪でさえも黒い、と言った(5)。すなわち白い雪も、相反する性質をもった部分を含んでいるからである。このことと、ヘラクレイトスの見方とが連関していることを指摘するだけで十分である(6)(〈〇〉)。

（1） **Tannery**, *Science hellène*, pp. 283 *sqq.* を見よ。タンヌリの解釈は、それについての叙述に修正が必要であるにしても、実質的には正しいと、私はいまも考えている。たしかに熱・冷・乾・湿を、「もの」（*χρήματα*）と考えることは難しい。しかし性質（*ποιότης*）の概念が規定されたときでさえも、こうした考え方は存続したことを想起しなければならない。ガレノス（*De nat. fac.* i. 2, 4）は、その点について、それは不変な諸性質である、とはっきりと言明している。かれは、*οἱ δέ τινες εἶναι μὲν ἐν αὐτῇ* (*τῇ ὑποκειμένῃ οὐσίᾳ*) *βούλονται τὰς ποιότητας, ἀμεταβλήτους δὲ καὶ ἀτρέπτους ἐξ αἰῶνος, καὶ τὰς φαινομένας ταύτας ἀλλοιώσεις τῇ διακρίσει τε καὶ συγκρίσει γίγνεσθαί φασιν ὡς Ἀναξαγόρας.* と言う。

（2） Arist. *Phys.* A, 2. 184b21 (DK. 68A135), *ἢ οὕτως ὥσπερ Δημόκριτος, τὸ γένος ἕν, σχήματι δὲ ἢ εἴδει διαφερούσας, ἢ καὶ ἐναντίας.*

（3） *Phys.* p. 44, 1.　シムプリキオスはつづけて *θερμότητας……καὶ ψυχρότητας ξηρότητάς τε καὶ ὑγρότητας μανότητάς τε καὶ πυκνότητας καὶ τὰς ἄλλας κατὰ ποιότητα ἐναντιότητας.* と言っている。しかしかれは、アレクサンドロスがこの解釈を斥け、*διαφερούσας ἢ καὶ ἐναντίας* をデモクリトスのものとしたように、いっしょに纏めて捉えた、と述べている。

（4） *Phys.* A, 4. 187a25 (DK. 59A52), *τὸν μὲν* (*Ἀναξαγόραν*) *ἄπειρα ποιεῖν τά τε ὁμοιομερῆ καὶ τἀναντία.* アリストテレスが *ἐναντία* に先んじて *ὕλη* があるとしているかぎり、アリストテレスそのひとの説は、これとはただ異なっている。

（5） Sext. *Pyrrh.* i. 33 (R.P. 161b. DK. 59A97).

（6） 私が *Περὶ διαίτης*, i. 3-4（第三章230頁注（2）を見よ）の著者と見なした折衷的なヘラクレイトス派が、すでにこの関係に注目していた。ἔχει δὲ ἀπ' ἀλλήλων τὸ μὲν πῦρ ἀπὸ τοῦ ὕδατος τὸ ὑγρόν· ἔνι γὰρ ἐν πυρὶ ὑγρότης· τὸ δὲ ὕδωρ ἀπὸ τοῦ πυρὸς τὸ ξηρόν· ἔνι γὰρ καὶ ἐν ὕδατι ξηρόν. の語句参照。

三〇　種子

アナクサゴラス説と、エムペドクレス説とのあいだの違いはこうである。すなわちエムペドクレスは、この宇宙を構成しているさまざまなもの、とくに肉、骨などのような物体の部分をもしも分割するならば、やがて四つの「根」、すなわち元素に辿り着くであろうし、したがってそれは究極的実在である、と教えた。しかしアナクサゴラスは、これらのいずれのものを分割しても——それらは無限に分割可能である——、対立したあらゆるものの部分を含まないほど微小な部分にけっして到達しない、と言った。他方、あらゆるものは、あらゆるものに侵入することができる。というのは、アナクサゴラスが「種子」と呼んでいるような、もののそれぞれの形を具えた「種子」は、異なった割合においてであるにせよ、あらゆるもの、すなわち対立するあらゆるものの部分を、まさに含んでいるからである。もしも「元素」の語を少しでも使うべきであるとすれば、この種子こそは、アナクサゴラスの学説においての元素である。

アリストテレスは、このことを表現するのに、アナクサゴラスがホモイオメレー（ὁμοιομερῆ）をストイケイア（στοιχεῖα）と見なした、と言っている(1)。すでに明らかなように、ストイケイアの語は、アナクサゴラスよりもはるかに後の時代の語である。そしてホモイオメレーは、「種子」に代わってアリストテレスが用いた名称にすぎない、と考えるのは自然である。アリストテレス自身の学説においては、ホモイオメレーを構成している元素（ストイケイア）と、同素質で構成されている器官（ὄργανα）との中間にホモイオメレーがある。心臓は、分割されて心臓になることはないが、肉の部分は肉である。そうであるとすれば、アリストテレスの報告は、かれの固有の観点からすればまったく理解できるものであるにしても、アナクサゴラスがあの独自の方法で見解を述べたと考えるわけにはゆかない。ここで推断が許されるとすれば、結局、アナクサゴラスがエムペドクレスの「根」に代えて用いた「種子」は、分離の状態にあっても、対立するものではなくて、それぞれがそれのすべての部分を含むものである、とアナクサゴラスが述べたのである。もしもアナクサゴラスが、「同素質」の語を用いたとすれば、シムプリキオスがその語を含んだ断片をひとつも引用していないことは、まことに奇妙なことになるであろう。

二つの学説のあいだの違いは、また別の観点から考えられるかもしれない。アナクサゴラスは、自説のうえからエムペドクレスの元素を最初のものと見なすことに満足しなかった。そういう見方には、とりわけ大地の場合に明確な反論を示した。かれは、まったく別の方法で元素を説明したのである。あらゆるものは、そのなかにあらゆるものの部分をもっているにしても、事物としての様相を示すのは、事物のなかに最も多くあるものによってである（断片一二末）。その場合、空気は冷を最も多くもち、火は熱を最も多くもち、さらに火のなかに冷の部分があり、空気のなかに熱の部分があるという見方をも採りあげていると言えるであろう(2)。エムペドクレスが諸元素と考えた大きな嵩は、実際、種々の形の「種子」の、巨大な集合体である。そのおのおのは、じつのところパンスペルミア（*πανσπερμία*）である(3)。

(1)　Arist. *De gen. corr.* A, 1. 314a18 (DK. 59A46), *ὁ μὲν γὰρ* (Anaxagoras) *τὰ ὁμοιομερῆ στοιχεῖα τίθησιν, οἷον ὀστοῦν καὶ σάρκα καὶ μυελόν, καὶ τῶν ἄλλων ὧν ἑκάστῳ συνώνυμον τὸ μέρος ἐστίν.* もちろんこのことは、テオプラストスや学説誌家によって繰り返し述べられた。しかしアエティオスは、アナクサゴラス自身がこの語を用いたと考えて、その語にまったく思わしくない意味を付していることに注目すべきである。かれは、*ὁμοιομέρειαι* が *τροφή* の微小部分が身体の微小部分に似ていることから、そのように呼ばれた、と言っている（*Dox.* 279a21; R.P. 155f）。ルクレティウス、一巻八三〇行以下（R.P. 150a. DK. 59A44）は、このことと似た説明をしており、エピクロスに出所がある。明らかにそれは、アリストテレスの言っていることと矛盾している。

（2）　392頁参照。

（3）　Arist. *De gen. corr.* A, 1. 314a29（DK. 67A35）. *πανσπερμία* の語は、デモクリトスによって用いられた（Arist. *De an.* A, 2. 404a8; R.P. 200. DK. 67A28）。その語は、*Περὶ διαίτης*（*loc. cit.*）にも現われている。アナクサゴラスが *σπέρματα* の語を用いている以上、かれ自身その語を用いたと考えるのは、ごく自然のようにおもわれる。アリストテレスの『形而上学』A巻三章九八四 a 一一（R.P. 150a. DK. 59A43）における、水や火を *ὁμοιομερῆ* のなかに明らかに含めていることは、多くの厄介な問題を惹き起こしてきている。ボーニッツは、*καθάπερ ὕδωρ ἢ πῦρ* の語句を、「火や水がエムペドクレスの学説のなかで果たしていることを私たちがちょうど見てきたように」の意味と解している。ともかく *καθάπερ* は、*οὕτω* と密接に繋がっている。一般的な意味は、アナクサゴラスが、*στοιχεῖα* でまさしくあるものを、*ὁμοιομερῆ* に当て嵌めているということである。*πῦρ* の後のコンマを削り、*φησι* の後に置くのがよいであろう。というのは *συγκρίσει καὶ διακρίσει μόνον* は、*οὕτω*……*καθάπερ* を説明したものであるからである。続く文章において、私はツェラー（*Arch.* ii. 261）とともに、*ἄλλως* に代えて *ἁπλῶς* と読む。また Arist. *De caelo*, Γ, 3. 302b1（R.P. 150a. DK. 59A43）を見よ。ここでは事態は、ひじょうにはっきりと表わされている。

三　「すべてのものは、いっしょである」

以上のことから帰結されるのは、「すべてのものが、いっしょである」ときに、そしてまた事物のさまざまな種子が、無限に微小なもののなかにいっしょに混合されているときに（断片一）、呈示された現われが、これまで究極的基体として見なされてきた基体の、ひとつのものを現わしている、ということである。正確には、それは「空気やアイテール」の現われを呈したのである。というのは、たとえば熱いものと冷たいものといったものに属している諸性質（もろもろのもの）は、宇宙にあるそれ以外のすべてを量においても凌いでいるし、あらゆるものは、内部に最も多くあるものを明らかに現わしているからである（断片一二末）。ついでそこでは、アナクサゴラス自身、アナクシメネスを攻撃している。宇宙が形成される以前の、ものの最初の状態については、両者ともまったく同意見である。ただアナクサゴラスにおいては、原初の集まりは、もはや究極的基体ではなくて、無限に小さな部分に分けられていた無数の種子の混合である。

この集まりは、アナクシメネスの空気のように無限であった。そしてその周りを包むものが何もない以上、それは自立している。(1) さらにそれが含んでいるあらゆるものの「種子」は、数において無限である（断片一）。しかし無数の種子が、うちに冷、湿、濃厚、闇の部分の優勢なものや、熱、乾、稀薄、光の部分を多くもつものに分けられるように、原初の集まりは、無限の空気と、無限の火との混合であったと言ってもよいであろう。もちろん空気の種子は、火のなかで優位を占める「もの」の「部分」を含んでおり、火の種子はその逆である。しかしすべてのものは、それがうちに最も多く含んでいるものを現わしている、と見なされている。最後に、パルメニデスの議論から必須のものとなったこの説に、さらに混合のなかに空虚はない、ということが付け加えられる。しかしアナクサゴラスが、エレア学派の純弁証的な証明に、この実験的な証明を与えたことは特筆に値する。かれは、エムペドクレスがなしたように（断片一〇〇）、クレプシュドラの実験をし、そして膨張した皮袋によって空気の物体的性質を示したのである。(2)

（1） Arist. *Phys.* Γ, 5. 205b1（R.P. 154a. DK. 59A50）.

（2） *Phys.* Z, 6. 213a22（R.P. 159. DK. 58B30）.『問題集』九一四b九以下（DK. 59A69）におけるクレプシュドラの実験について、十分な検討がされている。この箇所は、エムペドクレスの断片一〇〇を説明する際に、すでに採りあげている。329頁注（1）を見よ。

一三一　ヌウス

アナクサゴラスは、エムペドクレスのように、混合のなかに運動を惹き起こす或る外的な原因を求めた。パルメニデスの示した物体は、ミレトス人が考えたように、けっして自ら運動はしないであろう。アナクサゴラスは、運動の原因をヌウスの名で呼んだ。このひとは、「これまでのいい加減に語った人びとと比べると、真面目なひとのような様子があった」[1]と、アリストテレスに言わせたものこそ、その点であった。そしてアナクサゴラスは、しばしば霊的なものを哲学に導入したことになっている。しかしながら、そうした見方を高く買うより先に、『プァイドン』篇で、アナクサゴラスが所説を構築した方法についてソクラテスが表明した失望は、考えを戸惑わせてしまうであろう。プラトンはソクラテスに言わせている[2]、「世界を秩序づけたのは知性であり、それはあらゆるものの原因であった、と言っているのを、かれが言ったようにアナクサゴラスの書物から、或るひとがかつて読んで私に聞かせてくれた。私は、この原因のことを喜んで聞いたのである。そしてアナクサゴラスはじつに正しい、と考えた。……しかし私の期待がきわめて大きかったにかかわらず、私が読み進んで、そのひとは少しも知性を用いていないことに気づいたとき、期待はすっかり失せてしまった。かれはもろもろの事物に秩序を与えるのに、いかなる原因となる力も知性に帰さないで、空気やアイテールや水やその他の奇妙なものを原因としていた」と。もちろんアリストテレスは、この箇所を念頭に置いて言っている[3]、「アナクサゴラスは、宇宙形成を説明するために、知性を急場を救う神（**deus ex machina**）として用いている。そして事物がなぜ必然的にそうであるかの説明に窮するときは、いつでも知性をもち出してくる。しかし他の場合には、知性とは別のものを原因としている」と。これらの発言がよく表わしているのは、アナクサゴラスのヌウスが、エムペドクレスの「愛」と「争い」と同じ程度のものであるということである。そしてアナクサゴラスが、ヌウスについて語らざるをえなかった点に眼をやるとき、このことはっきりしてくるであろう。

まずヌウスは混じり合っていないし（断片一二）、他のもののように、すべてのものの部分を含んでいない。これは、非物体的な知性のことであるのは言をまたない。つまりいかなるひとも、それが熱いとも、寒いとも考えていないのである。ヌウスが混じり合っていないために、あらゆるものを「制御する」こと、つまりアナクサゴラスの言葉では、事物を動かすことになる。[4] ヘラクレイトスにあっては火が、エムペドクレスにあっては「争い」が、そのようなものと言われている。さらに、ヌウスはすべてのもののなかで「最も微細で」ある。その結果、それはどこにでも浸透できる。そして言うまでもなく非物体的なものは、物体的なものよりも「微細で」ある。じつにヌウスは、また「すべてのものを知っている」のである。しかしおそらくヘラクレイトスの火もそうであった。[5] そしてたしかにディオゲネスの空気も、そうであったに違いない。[6] 事実、ツェラーは、アナクサゴラスは非物体的なものについて述べようとした、と主張している。しかしアナクサゴラスがそれに成功しなかったことを認めている。[7] そのことは、歴史的に重要である。ヌウスは、たしかに空間を占めるものとして頭に描かれている。というのは、ヌウスはより大きなものとも、より小さなものとも同じである、という言葉が存在しているからである（断片一二）。

本当のところは、アナクサゴラスがエムペドクレスの「愛」と「争い」とに替えてヌウスを用いたということであろう。というのは、アナクサゴラスが、あらゆるものを「知る」実体についてのイオニアの古説を残そうとしたからであり、またあらゆるものを「動かす」実体についての新説と、古説とを一致させようとしたからである。魂よりもむしろ知性についてアナクサゴラスが触れないでいられなくしたのは、純粋な宇宙論的な事象とは区別される、生理学的事象への興味がおそらく増大したからであった。ギリシア語として「知る」の言葉は、「動かす」の言葉が示していない、生命体との密接な繋がりを示している。しかしとにかくアナクサゴラスの独創性は、実体説よりもヌウス説に、はるかに多くの比重がかかっている。

（1） Arist. *Met.* A, 3. 984b15 (R.P.152. DK. 59A58).

（2） Plato, ***Phaed.*** 97b8 (R.P. 155d. DK. 59A47).

（3）　Arist. *Met.* A, 4. 985a18 (R.P. 155d. DK. 59A43).

（4）　*Phys.* Θ, 5. 256b24 (DK. 59A56), *διὸ καὶ Ἀναξαγόρας ὀρθῶς λέγει, τὸν νοῦν ἀπαθῆ φάσκων καὶ ἀμιγῆ εἶναι, ἐπειδήπερ κινήσεως ἀρχὴν αὐτὸν ποιεῖ εἶναι· οὕτω γὰρ ἂν μόνως κινοίη ἀκίνητος ὢν καὶ κρατοίη ἀμιγὴς ὤν.* これは、*κρατεῖν* を表わすために引用されているにすぎない。もちろん *ἀκίνητος ὤν* の語句は、史実に即したものであることを示してはいないし、『霊魂論』Γ巻四章四二九 a 一八 (DK. 59A100) における解釈は、はるかに史実から遠去かっている。アポルロニアのディオゲネス（断片五）は、*ὑπὸ τούτου πάντα κυβερνᾶσθαι* (ミレトスの古語)を *πάντων κρατεῖν* と繋いでいる。

（5）　もしも断片一の古写本の読み *εἰδέναι* を残す場合である。ともかく *τὸ σοφόν* の名前は、含蓄が深い。

（6）　断片三、五を見よ。

（7）　Zeller, p. 993.

三　宇宙形成

宇宙形成が始まるのは、「すべてのものがいっしょである」混合体の部分へ、ヌウスが伝える回転運動によってである（断片一三）。そしてこの回転運動は、徐々により広い空間へと拡がってゆく。その速さ（断片九）のために、稀薄なものと濃厚なもの、冷たいものと熱いもの、暗いものと明るいもの、湿ったものと乾いたものが分離する（断片一五）。この分離のために二つの大きな集まりが生じ、ひとつの集まりは稀薄なもの、熱いもの、明るいもの、乾いたものからなる、いわゆる「アイテール」と、いまひとつの集まりは、それに対立する性質が優勢な、いわゆる「空気」である（断片一）。これらのなかで、アイテールすなわち火は[1]、空気が中央を占めているときは、外部にある（断片一五）。

つぎの段階では、空気が雲霧、水、土、石へ分解する（断片一六）。この点でアナクサゴラスは、アナクシメネ

私たちは大地から遠く隔たっているために、星の熱さを感じない。さらにまた、より冷たい領域を星が占めているので、星は太陽と同じようには熱くない。月は太陽の下にあって、私たちの世界に近い。(*ib.* 7)
太陽は、ペロポネソス半島よりも大きさにおいて凌いでいる。月は固有の光をもたないで、太陽から受けている。星の運行軌道は、大地の下にある。(*ib.* 8)
月は、太陽の光を大地が遮ることで蝕する。ときにはまた、前にやってくる、月の下にあるものによって蝕する。太陽を遮る新月のときに、太陽は蝕する。太陽と月とは、空気の反撥のために、その軌道を折り返す。月も冷たさに勝てないから、しばしば折り返すのである。(*ib.* 9)
アナクサゴラスは、太陽や月の蝕や輝きについて、はじめて明確にしたひとであった。そしてかれは、月が土から成り立ち、そこには平野や峡谷がある、と言った。銀河は、太陽によって照らされない星々の、光の反射である。流れ星は、全天の運動のために飛び出したいわば火花である。(*ib.* 10)
風が生じるのは、太陽によって空気が、稀薄化されたときであり、またものが燃え、全天へと急いで離れてゆくときである。雷鳴と稲妻は、雲を打つ熱から生じる。(*ib.* 11)
地震は、上部の空気が大地の下の空気に落ち込むことで起きる。というのは空気の運動は、そのうえに浮かんでいる大地を揺り動かすからである。(*ib.* 12)」

アナクサゴラスはアナクシメネスの学派に属していた、とテオプラストスが言ったことを以上はすべて確証している。空気中に浮かんでいる平らな大地、月の下になった暗い物体、至点の説明、空気の抵抗によって月が「折り返すこと」の説明、風の説明と、雷鳴と稲妻の説明は、すべてミレトス学派からきている。月光や蝕の原因についても、当然アテナイでは、アナクサゴラスがそうした発見をしたとおもわれたであろう。他方、平板な大地を考えるものが、そうした発見をしたというのは、どうもありそうにないことのようである。本当のところ、発見はピュタゴラス派によるという十分な証拠がある。(5)

(1) *Ref.* i. 8, 3 (*Dox.* p. 562. DK. 59A42).

(2) これは、空虚をエレア的に否定することに基づいて、古い見方へ言い添えたものである。

(3) 原文は、この箇所で乱れているが、一般的な意味は、アエティオス、三巻一六、二 (DK. 59A90) から採ることができる。

(4) 古写本の読みは、*ἐν τοῖς ἄρκτοις* であるが、ディールスはそれに代えて、フレドリヒの *ἐν τοῖς ἀνταρκτικοῖς* を採っている。私は、アエティオス (iv. 1, 3. DK. 59A91) の *ἐν τῇ Αἰθιοπίᾳ* を翻訳する方が、はるかに無難であると考えている。この見方は、ヘロドトス (ii. 22. DK. 59A91) が述べている。セネカ (*N.Q.* iv. 2, 17. DK. 59A91) は、アイスキュロス (*Suppl.* 559, fr. 300, Nauck)、ソプォクレス (fr. 797)、エウリピデス (*Hel.* 3, fr. 228) がこの見方を採っていることを指摘している。このひとたちは、そうした見解を当然アナクサゴラスから受け入れたであろう。

(5) 266頁注(1)を見よ。

一三六　生物学

「すべてのもののなかに、ヌウスを除くすべてのものの部分がある。しかしヌウスが存在するようなものも、なかにはある」(断片一一)。アナクサゴラスは、この言葉のなかに、生命をもつものと生命をもたないものとのあいだに区別を置いた。生命をもったものが、より大きかろうとより小さかろうと、そのすべてを「制御している」、つまり動かしているのは、同じヌウスである、と述べている(断片一二)。生物体のなかにあるヌウスは、すべてのものにあっても同じであり(断片一二)、このことに付随するのは、動物界や植物界において視る、知性のさまざまな程度の違いが、まったく身体の仕組みに基づいているということである。ヌウスは同じものであっても、或る身体においては、別の身体においてよりも、はるかに適した状態にあった。人間は動物のなかでも最も賢明なものであったが、それは優れた種類のヌウスをもっているためではなく、人間が手をもっているからであった。[1] このことは、以前にこの問題について繰り広げられた考えと相呼応している。パルメニデスは、第二部（断片一六）において、すでに人間の思惟は、四肢の構成に基づくとしている。

あらゆるヌウスが同じである以上、植物を動物と見なしていることに気づいても驚きはしない。もしも偽アリストテレスの『植物について』[2] をいちおう信じようものなら、アナクサゴラスは、植物が生長したり落葉したりすることとの関連において快を感じ苦痛を感じるに違いない、と論じた。プルタルコスは、アナクサゴラスが植物を「大地に固定された動物」と呼んだ、と言っている。[3]

植物も動物も、まず第一に、パンスペルミアから生じた。植物は、空気中に含まれているその種子が、雨水によってもたらされたときに生じ、[4] また動物も似たような方法で生じた。[5] アナクシマンドロスのように、アナクサゴラスは、動物は最初、湿った元素のなかに生じた、と主張したのである。[6]

（1） Arist. *De part. an.* Δ, 10. 687a7 (R.P. 160b. DK. 59A102).
（2） [Arist.] *De plant.* A, 1. 815a15 (R.P. 160. DK. 59A117).
（3） Plut. *Q.N.* 1 (R.P. 160. DK. 59A116), *ζῷον......ἔγγειον*.
（4） Theophr. *Hist. Plant.* iii. 1,4 (R.P.160. DK. 59A117)
（5） Irenaeus, *Adv. Haer.* ii. 14,2 (R.P. 160a. DK. 59A113).
（6） Hipp. *Ref.* i. 8,12 (*Dox.* p. 563. DK.59A42).

一三七　感覚

こうした乏しい報告のなかに、エムペドクレスに対する論争的な態度の跡が見られるようにおもわれる。同じことは、アナクサゴラスの採りあげた感覚説について伝えられているもののなかに、とりわけ、感覚は反対のも

である。(2)

のからなる、という見方のなかに見られるであろう。(1) これについてテオプラストスが与えた説明は、つぎのよう

「しかしアナクサゴラスは、感覚は対立するものによって起こる、と述べている。というのは似たものは、似たものから作用を受けることがないからである。かれは、それぞれの感覚について、別個にとりあげようとしている。すなわち視覚は、瞳における映像によっている。しかしいかなる像も、同じ色合をしたものに映じないで、異なった色合をしたものにだけ映じる。多くの動物の場合には、事物は昼間、瞳には違った色合を現わしてはいるが、若干の動物にあっては、夜間にもそのようである。したがってそのとき若干の動物は、視力が鋭い。しかし一般的に言えば、夜間のほうが、昼間よりも眼にとって同じ色合となっている。そして像は、昼間に瞳に映じる。というのは光が映像の付随原因であるからであるし、優勢な色合が、その一方の劣勢な色合につねに映ずるからである。(3)（*De sensu*, 27）

触覚や味覚が、対象を識別するのも同じ仕方においてである。対象になるものと同じ程度に熱いものや冷たいものは、接したからといって対象を熱くもしないし、冷たくもしない。そして同じように、甘いものや辛いものを、それ自体を通しては識別することはない。むしろ熱いものによって冷たいものを、塩水によって真水を、辛いものによって甘いものを、そのおのおのの不足のために識別するのである。というのはそれらすべてが、現に私たちのなかに存在しているからである。また嗅覚も聴覚も同じようである。匂いは呼吸を伴い、聞くのは脳へ音が伝わることによっている。というのはこれをとり巻いている骨は、窪んでおり、そのうえに音が落ち込むからである。(4)（*ib.* 28）

またあらゆる感覚は、苦痛を伴っている。この見方は、最初の仮定からきているとおもわれる。すなわち似

ていないものはすべて、感官との接触によって苦しみを生むからである。そしてこの苦しみは、感覚が長く続く場合や過剰となる場合に生じることが明らかである。すなわち明るい色や、過剰な音は、苦痛を惹き起こす。そして同じものに長く留まることはできない。ところでより大きな動物は、より多くの感覚力をもっている。一般に感覚は、感官の大きさに準じている。大きくて清らかで明るい眼をした動物は、ひじょうに離れていても大きな対象を見るし、小さな眼をした動物は、その逆である。(5)

また聴覚においても同様である。(*ib.* 29) 大きな動物は、大きな音や離れた音を聞くことができる。一方わずかな音は、感覚されない。小さな動物は、小さな音と、近くにある音を感覚する。(6) 嗅覚の場合も同じである。稀薄な空気は、はるかによく匂う。というのは空気が暖められて稀薄になると、匂うからである。大きな動物は、稀薄な空気とともに濃縮された空気とを吸い込むが、小さな動物は稀薄な空気だけを吸い込む。したがって大きな動物は、はるかによく感覚するのである。すなわち嗅覚は、遠くにあるときよりも、近くにあるときの方が、はるかに強く、それを拡散さすときは弱い。しかし言ってみれば、大きな動物は稀薄な匂いを感覚しないし、小さな動物は濃縮された匂いを感覚しない。(7) (*ib.* 30)」

この説は、エムペドクレスの説を若干の点でおし進めている。感覚を対立するものによる刺激に依存させ、それと苦痛とを結びつけるのは、アナクサゴラスのじつにうまい考えであった。近代の多くの学説は、類似した思想に基づいているのである。

アナクサゴラスが、感覚によって事物の真理を捉えることはできないと見なしたことは、セクストスの保存している断片によって示される。しかしそれにもかかわらず、かれを懐疑論者と見なしてはならない。「事物は、人びとがそうあると考えるようにある」というアリストテレスが保存していた言葉は、(8) その証拠としては取るに足るものではない。それは格言を集めたものから来ていて、アナクサゴラス自身の論文から来たものではない。かれは「感覚の弱さゆえに、私たちは真理を判断することができない」（断片二一）と言ったのである。しかしこれは、あらゆるもののなかにある、あらゆるものの「部分」は見られないことを表わしている。たとえば、白さのなかにある黒の部分のように。ひとの感覚に現われるのは、優勢な部分だけである。アナクサゴラスはまた、現われているものは眼に見えないものを見る能力をひとに付与している、と言った（断片二一a）。これは、懐疑論にまったく反するものである。

（1）Beare, p. 37.
（2）Theophr. *De sensu*, 27 *sqq.* (*Dox.* p. 507. DK. 59A92).
（3）Beare, p. 38.
（4）*Ibid.* p. 208.
（5）*Ibid.* p. 209.
（6）*Ibid.* p. 103.
（7）*Ibid.* p. 137.
（8）Arist. *Met.* Δ, 5. 1009b25 (R.P. 161a).

第七章　ピュタゴラスの徒

一三八　ピュタゴラス学派

ピュタゴラスの徒は、アカイア人の町において覇権を失ってからは、レーギオンに集結した。しかしその地に築いた学派は、長くは続かなかった。ただアルキュタスだけは、イタリアに留まっていたのである。ピィロラオスと、クロトンの虐殺から逃れた若い青年リュシスは、すでにやっとのことでテーバイに辿り着いていた。(1) ピィロラオスが五世紀末にかけてそこにいたことや、リュシスがその後、エパメイノンダスの教師であったことは、プラトンを通して知られる。(2) しかし若干のピュタゴラスの徒は、後にイタリアに帰ることができた。ピィロラオスが帰ったことも確かである。そしてかれは、ソクラテスが処刑された前三九九年以前に、テーバイを去ったことをプラトンは暗に示している。四世紀には、学派の主な所在地は、タラスのドーリス人の町である。そしてピュタゴラスの徒が、率先してシュラクサイのディオニュシオスに刃向かったことも認められるのである。アルキュタスが活動したのは、まさにこの時代である。かれはプラトンの友人であり、すんでのところで哲人王の理想を実現するところであった。何年間もかれは、タラスを支配した。アリストクセノスは、かれが戦場で敗れたことはなかった、と言っている。(3) かれはまた数理力学の考案者であった。同じ頃、ピュタゴラス思想は、東方に根を下ろしていた。リュシスはテーバイに留まり、そこでシュムミアスとケベスはピィロラオスに学んだ。一方、レーギオンに残ったピュタゴラス派の一党は、プィレイウスに定住した。アリストクセノス個人は、この学派の後の時代のひとと知り合い、トラキアから来たカルキディケ出身のクセノプィロスの名をあげている。ほかにプィレイウスのひとパントン、エケクラテス、ディオクレス、ポリュムナストスの名をあげている。アリストクラテスの言によると、これらのひとはすべてプィロラオスとエウリュトスの弟子であった。(4) またテーバイのシムミアスとケベス、それにプィレイウスのエケクラテスが、またソクラテスの仲間であったことは、プラトンから知られるのである。(5) クセノプィロスは、アリストクセノスの師であったし、百五歳の年齢まで健やかにアテナイで生活していた。(6)

（1） Iambl. V. *Pyth.* 251（DK. 52, 1; 53, 1). こうしたこと全体についての決定的な権威は、ティマイオスである。古写本の *'Ἀρχύτου* を、（ディールスがベックマンについで読んでいるように）*'Ἀρχίππου* と変えて読む必要はない。ここでは後の世代を扱っているのであって、この文章は、*οἱ δὲ λοιποὶ τῶν Πυθαγορείων.* すなわちアルキッポスやリュシスとは別の人たち、の語ではじまっている。これらのひとは、前の節文で扱われている。

（2） プィロラオスについては、Plato, *Phaed.* 61d7;e7（DK. 44B15）を、リュシスについては、Iambl. V. *Pyth.* 250（R.P. 59b. DK. 46.1）におけるアリストクセノスを見よ。

（3） Diog. viii. 79–83（R.P. 61. DK. 47A1). アリストクセノスそのひとは、タラスから来た。（アリストクセノスの語る）ダモンとプィンティアスの話は、この時代のものである。

（4） Diog. viii. 46（R.P. 62. DK. 44A4).

（5）『プァイドン』篇の全 mise en scène（演出）は、このことを仮定としている。そしてプラトンが事柄を間違って述べた、とすることはまったく信じられない。シムミアスもケベスも、プラトンより僅かであるが若かったし、もしも二人が事実そうでなかったとすれば、ソクラテスの弟子としてあえてかれらを登場さすことは、プラトンにはほとんどできなかったであろう。クセノプォン（*Mem.* i. 2. 48）も、ソクラテスの真正の弟子のなかに、シムミアスとケベスとを含めている。また別の箇所（iii. 11. 7）で、クセノプォンは、二人ともソクラテスに惹きつけられてテーバイからやって来、かれのそばをけっして離れなかった旨を語っている。

（6） Aristoxenos *ap.* Val. Max. viii. 13, ext. 3 (DK. 52, 2) と『スゥイダス』のその項を見よ。

一三九　ピィロラオス

しかしピュタゴラス学派のこの世代は、本当はずっと後の時代に属していた。いまここでは、ピィロラオスを採りあげねばならない。かれの教説について、外的な典拠から知られる事実は、数にして少ない。事実、学説誌家は、惑星系の詳細な学説をかれのものとしているが、アリストテレスがそのことに言及するときには、けっしてかれの名に触れていないのである。アリストテレスは、それを「ピュタゴラスの徒」の説、あるいは「或るピュタゴラスの徒」の説としている。(1) しかし、プラトンの『プァイドン』篇や『ゴルギアス』篇の、ピュタゴラス的な部分が、主としてピィロラオスから来ていると考えることは、自然のようである。ひとが自分の命を縮めることがなぜ不法であるかをシュミアスやケベスが、ピィロラオスから学ばなかったのは驚きであると、プラトンは、ソクラテスに言わせている。(2) そして、テーバイにおけるピュタゴラスの徒は、「哲学者」の語を、この命の荷重から解放する方法を見いだそうとしているひとの意味で用いたことが、そこに暗に示されているようにおもわれる。(3) ピィロラオスは、身体（σῶμα）を魂の墓（σῆμα）と語ったらしい。(4) その場合、かれは古いピュタゴラス的な宗教論を、或る形式で教えたのであり、またかれが解放の手立てとして、とくに知識を強調したと見るのは正しいようにおもわれる。これがプラトンから得た印象であり、プラトンこそは、現存する最高の典拠である。

さらにピィロラオスが、「数」について著わしたことも知られている。というのは、ピュタゴラス学派のその主題についての論説に、かれが説明を加え、かれのその説明にスペウシッポスが追随したからである。(5) ピィロラオスが専念したのは、算術に対してであったらしい。またかれの幾何学が、ずっと前の章で述べた原初的な形態をもったものであったことは、ほとんど疑うことはできない。エウリュトスは、ピィロラオスの門弟であり、すでに明らかなように(四七)、エウリュトスの見解はまだひじょうに洗練されていなかった。

またピィロラオスが、医学について著わしたこと(6)、ならびにたしかにシケリア学派の所説に影響されながら、ピュタゴラス学派の立脚点からそれに反対したことも知られている。とりわけかれは、ひとの身体が熱いものによってのみ構成されており、冷たいものには少しも与らない、と言った。冷たいものが入ってくるのは、ただ生誕後であった。このことと、古いピュタゴラス学派の所説とが結び付いたことは明らかである。大宇宙にある火が引き込まれ、宇宙を包んでいる冷たく暗い気息を限定するのとまったく同じように(五三)、ひとの身体は外部から冷たい気息を吸い込むのである。ピィロラオスは、胆汁、血液、粘液を病気の原因とした。この説に応ずるには、シケリア学派が主張したような、粘液は冷たいということを否定しなければならなかった。その語源は、それが熱いことを立証している。後期のピュタゴラス思想の、きわめて著しいいくつかの発展を惹き起こしたものこそ、たぶんシケリア学派の医学に没頭したためであったことが、やがて明らかになるであろう。

(1) 一五〇—一五三を見よ。
(2) Plato, *Phaed.* 61d6 (DK. 44B15).
(3) このことは、『パイドン』篇六四Bにおけるシムミアスの所言から来ているようにおもわれる。もしも φιλόσοφος, φιλοσοφεῖν, φιλοσοφία の語が、五世紀の通常のテーバイ人にとって何にしても馴染みの薄いものであったならば、この箇所全体が力のないものになるであろう。さてポントスのヘラクレイデスは、ピュタゴラスがこの語を案出したとしており、その語をシキオン、またはピィレイウスの僭主レオンとの会話のなかで説明したとしている。Diog. i. 12 (R.P. 3), viii. 8 (DK.14, 3); Cic. *Tusc.* 3, 8 参照。またアリストテレスの『弁論術』B巻二三章一三九八b一八、*Θήβῃσιν ἅμα οἱ προστάται φιλόσοφοι ἐγένοντο καὶ εὐδαιμόνησεν ἡ πόλις.* に引用されたアルキダマスの所言を参照のこと。

（4）はっきりした理由で私は、プィロラオスの断片一四（Diels=23 Mullach, R.P. 89）とのこの繋がりを重要視しない。しかしここに与えられている所説全体は、『ゴルギアス』篇四九三A五（R.P. 89b. DK. 44B14）の *μυθολογῶν κομψὸς ἀνήρ* のせいであるということもありそうなことである。いずれにしてもプィロラオスは、*τετρημένος πίθος* の著者であることは確かであり、それは同じような概観を暗示している。ところでかれは、*ἴσως Σικελός τις ἢ Ἰταλικός* と呼ばれている。これは、かれがイタリア人であったことを表わしている。というのは *Σικελός τις* がティモクレオンの *Σικελὸς κομψὸς ἀνὴρ ποτὶ τὰν ματέρ' ἔφα* のことを言っているに過ぎないからである。ソクラテスが、こうした見解を学びえたイタリア人について、プィロラオスやその仲間のひとりのほかには少しも知られていない。

（5）第二章150頁注（2）を見よ。

（6）アンニュムウス・ロンディネンシスに含まれたメノンの『イアトリカ』の抜萃が出版されるまで、このことはまったく知られなかったということは、伝承のなかに欠けた章があることをよく示している（序論48頁）。*Hermes*, xxviii. pp. 417 *sqq.* のディールスの論文を見よ。

一四〇　プラトンとピュタゴラス学派

プィロラオスは、いつもひじょうに違った描かれ方をしており、コペルニクスの先駆者とさえ称されているけれども、私の見るかぎりでは、史実としてのプィロラオスは以上のようであった。このことを理解するには、文学的な剽窃の話に注目しなければならない。

プラトンのなかに、プィロラオスに言及した箇所が一、二あることはすでに触れたが、[1]その箇所はほとんど、プィロラオスがピュタゴラス学派の学問の発展に重要な役割を演じたことを示している。これについての、現存する最も入念な説明は、ロクロイのひとティマイオスの口を通して、プラトンが言い表わしている。もっともティマイオスについては、プラトンが語ろうとしている以上のことは知られないのである。少なくとも明らかなことは、ソクラテスがまだ最盛期にあったとき、かれがアテナイを訪問したとおもわれることであり、[2]とくにかれがプィロラオスと同時代のひとであったことである。実際よく知られている同時代人のものである諸発見の花を、プラトンがティマイオスに持たせたであろうということは、何か不自然であるようにおもわれる。しかしプラトンには、多くの敵や中傷者があったし、アリストクセノスもそのひとりであった。『国家』篇の大半は、プロタゴラスの作品のなかに見いだされる、という尋常でない叙述をアリストクセノスがしたことが知られている。(3) そしてプラトンが、「ピュタゴラスの三巻の書」をプィロラオスから買い、それから写しとったのが『ティマイオス』篇であるという話の出所は、アリストクセノスであるようにおもわれる。これによると、「三巻の書」はプィロラオスの所有する書籍のなかに入っていたことになる。そしてかれが極貧になり下がっていたので、ディオンはかれからか、親戚からか、プラトンの求めに応じて百ムナで買うことができた。(4) ともかくこの話が、すでに三世紀には流布していたことは確かである。というのはプィレイウスの風刺詩作家ティモンが、プラトンに対してつぎのように言っている。「そしてお前プラトンよ、お前は　弟子どもの望みを　捉えなかった。お前は　多くの銀片と　わずかな書物とを　とり替えた。それから『ティマイオス』篇を　書くことを学んだ」(5) と。カッリマコスの弟子ヘルミッポスは、プラトン自身がプィロラオスの親戚から、四十アレクサンドリア・ムナでこの本を買い、それから『ティマイオス』篇を写しとった、と「或る誌家」が述べたことに触れている。一方、アリスタルコス派のサテュロスは、プラトンがそれをディオンを通して百ムナで買った、と言っている。(6) これらの説明のなかに、この本がプィロラオスそのひとの手になるものであったことを仄めかすものは何もない。むしろそれは、プラトンが買ったのはピュタゴラスの著作か、いずれにしてもピュタゴラスの教説の真正の記録かであったことを示している。後の時代には、『ティマイオス・ロクルス』の名前で通ってきた、『世界霊魂』という題目の偽作のことであると一般に考えられていた。(7) しかしこの書は、四世紀よりも前には存在しえなかったということは、いまや立証されている。そのうえそれは、明らかにプラトンの『ティマイオス』篇に準拠したものであり、プラトンが剽窃したという話を支援して書かれたものである。しかしながらそれが三巻であった、という最も重要な必要条件を満たしていない。つねにこのことは、その話の本質にかかわる特色である(8)。

いまとりあげている誌家のだれひとりとして、この著名な「三巻の書」を見たと公言しているものはいない(9)。しかしずっと後の時代になって、それを明らかに示しているとする少なくとも二巻があった。ディールスは、*Παιδευτικόν, πολιτικόν, φυσικόν* と題する三部門からなる論文が、どのようにイオニア方言で書かれ、ピュタゴラスに帰せられるかを示している。それは、多くをアリストクセノスの *Πυθαγορικαὶ ἀποφάσεις* に依っていたが、その年代は明確でない(10)。前一世紀には、マグネシアのひとデメトリオスが、ピィロラオスによって公表された著作の、序の言葉を引用している(11)。しかしそれは、ドーリス方言である。デメトリオスは、実際、ピィロラオス自身がこの著作を書いた、とは言っていないのである。もっともその著作は、ストバイオスやその後の誌家のなかでピィロラオスの名のもとに残されている多くの抜萃の出所とまさしく同じものである。もしそれをピィロラオスによるとするならば、そのことは元の話とはまったく一致しない。しかしどうしてピィロラオスの名がそれに付されるようになったかは、容易に判ることである。ピュタゴラスの名のもとに存続していた別の巻は、じつはリュシスによったものであった、と言われている(12)。ベークは、ピィロラオスのものとされる著作も、おそらく三巻からなり、プロクロスが『バッカイ』(13)、つまりヘロドトスの『ムウサイ』を思い出させる空想的なアレクサンドリアの表題でそれを引用したことを示している。ストバイオスにおける二つの抜萃は、それに負っている。はっきりと言わねばならないのは、話全体がひじょうに疑わしいということである。

(1) 410頁注(2)と413頁注(4)とを見よ。

(2) このことは、かれが年上で老年であるクリティアス(300頁注(4))や、ひどく若いヘルモクラテスと対談したように表わされている事柄からすぐにわかることである。

(3) Diog. iii. 37 (DK. 80B5). 同様な言いがかりについては、Zeller, *Plato*, p. 429, *n.* 7 参照。ディールスがこの話をアリストクセノスに帰したのは、明らかに正当である。

(4) Iambl. V. *Pyth.* 199 (DK. 14, 17). (*Arch.* iii. p. 461, *n.* 26)

(5) Timon, fr. 54 (Diels), *ap.* Gell. iii. 17 (R.P. 60a. DK. 44A8).

(6) ヘルミッポスやサテュロスについては、Diog. iii. 9 (DK. 44A8); viii. 84, 85 (DK. 44A1) を見よ。

(7) Iamb. *in Nicom.* p. 105, 11; Proclus, *in Tim.* p. 1. Diehl. もそのようである。

(8) それらは、*τὰ θρυλούμενα τρία βιβλία* (Iambl. V. *Pyth.* 199, DK. 14, 17), *τὰ διαβόητα τρία βιβλία* (Diog. viii. 15, DK. 14, 13) である。

(9) バイウォーターが言っているように (*J. Phil.* i. p. 29)、この著作の歴史とは、「読んでみると、一冊の本の歴史というよりか、想像力に富む詩家の心のまえに浮かんでいる文学の ignis fatuus (狐火) の歴史のようである」。

(10) ディールス、「偽造されたピュタゴラスの書」(*Arch.* iii. pp. 451 *sqq.*)

(11) Diog. viii. 85 (R.P. 63b. DK. 44A1). ディールスは、*πρῶτον ἐκδοῦναι τῶν Πυθαγορικῶν ⟨βιβλία καὶ ἐπιγράψαι Περὶ⟩ Φύσεως.* と読んでいる。

(12) Diog. viii. 7 (DK. 46, 3).

(13) Proclus, *in Eucl.* p. 22, 15 (Friedlein). また Boeckh, *Philolaos*, pp. 36 *sqq.* 参照。ベークは、三つのバッカイの刻まれた一群に言及し、それをイーノー、アガウェー、アウトノエーと考えている。

四　「ピィロラオスの断片」

ベークは、ピィロラオスの名のもとに残されている断片がすべて真正のものである、と論じた。しかし現在だれひとりそこまで言い切るものはいない。魂についての長文の抜萃を、その抜萃以外のものは真正であると主張している人びとでさえ見捨てているのである。[1] この主張が尤もらしいと言うことはできない。ベークは、著作が昔はただひとつだけにかぎらなかった、と考える根拠は何もないと見てとった。そして、残りの全部を真正ととるか、すべてを紛らわしいものとして認めないかのどちらかでなければならない、という結論を導いた。(2) しかし多くの学者がいまだ大部分の断片を真正と主張している以上、それらをすべて無視することはできない。諸学者の所説に基づく論法は、本当のところこの点においての循環論法を示しているのである。しかし断片に対して、これから述べるような二つの厳しい反論がある。

まず第一に、ピィロラオスがドーリス方言で著作したことは本当であるかどうかを尋ねなければならない。ペロポネッソス戦争の時代までは、イオニア方言が科学や哲学に対しての方言であって、初期のピュタゴラスの徒が、別の方言を用いたと考える理由はない。(3) ピュタゴラスそのひとはイオニア人であったし、その当時かれが教団を築いたアカイア人の国においてドーリス方言を用いたというのは、本当らしくない。(4) クロトンのアルクマイオンは、イオニア方言で著作したとおもわれる。(5) ピィロラオスや、それからアルキュタスが故国の方言を用いた最初のピュタゴラスの徒であった、とディールスは言っている。(6) しかしピィロラオスが、ひとつの本拠地をもっていたとは、とうてい言うことはできないであろう。そしてテーバイに亡命したひとりのアカイア人が、なぜドーリス方言で書かねばならなかったかを了解することは困難である。(7) アルキュタスもタラスのラコニア方言で書かないで、「共通ドーリス方言」と称されるものによって書いている。またアルキュタスは、ピィロラオスよりもはるかに後代のひとであって、そこには大きな違いがある。ピィロラオスの時代ないしはもっと後の時代には、学問的な目的のためにイオニア方言が、ドーリス人の国の市民によってまだ用いられていた。シュラクサイの歴史家アンティオコスは、イオニア方言で書き、ドーリス人のコスやクニドスの医術誌家もそれによって書いた。或るひとがリュシスのものとしているピュタゴラスの捏造された著作も、イオニア方言であった。そしてアンドロキュデスに帰せられた『アクウスマタ』についての著作も、そうであった。(8) それは、アレクサンドリア時代においてさえ、イオニア方言がピュタゴラス派の著作にとって固有な方言である、と信じられていたことを示している。

第二に、ひとつの断片が五つの基本的な固体に言及しており、そのうちの四つは、エムペドクレスの元素と一致していることは疑いえない。(9) さてプラトンは、『国家』篇で、対話が行なわれたとおもわれる頃には、求積法は十分に研究されていなかった旨を述べている。(10) そして、「プラトンの図形」と呼ばれる五つの図形が、アカデメイアで発見されたということは立証されてきている。エウクレイデスに対する注釈書において、ピュタゴラスの徒だけは、立方体、角錐体（四面体）、十二面体を知っており、一方テアイテトスが、八面体、二十面体を見いだした、と言われている。(11) このことは、「ピィロラオスの断片」を疑わしいと見なすことを十分に正当化してくれるのである。なおのこと、これらの断片の出典となった著作を、アリストテレスが見ていたとはおもわれない。(12)

（1） この箇所は、R.P. 68 (DK. 44B21) に与えられている。この断片と他の断片についての十分な検討については、I. Bywater, "On the Fragments attributed to Philolaus the Pythagorean" (*J. Phil.* i. pp. 21 *sqq.*) を見よ。

（2） Boeckh, *Philolaos*, p. 38. ディールス（*Vors.* p. 246）は、三巻本 *Περὶ φύσεως* (*ib.* p. 239) と『バッカイ』とを区別している。しかしかれが、ピィロラオスからの「三巻の書」と後者とを同じとし、しかも真正のものと見なしている以上、これは議論に深刻な影響を与えない。

（3） *Arch.* iii. pp. 460 *sqq.* におけるディールスの論文を見よ。

（4） アカイア方言については、O. Hoffmann in Collitz and Bechtel, *Dialekt-Inschriften*, vol. ii. p. 151 を見よ。どのように徐々にドーリス方言がカルキスの都市に浸透してきたかは、前四六八―六七年よりも後の、レーギオン生まれのミキュトスの碑文にある混じり合った方言から明らかであろう (*Dial.-Inschr.* iii. 2, p. 498)。クロトンのアカイア方言が、生活に密着していなかったと考える理由は何もない。その地では、ドーリス人に対して強い偏見があったことは、ヘロドトスから知ることができる。

（5） 不十分な断片であるが、ひとつのドーリス（またはアカイアか？）の語の形態 ἔχοντι（断片一）を含んでいるが、アルクマイオンは自ら *Κροτωνιήτης* と称している。これはひじょうに意味深長である。というのは *Κροτωνιάτας* は、ドーリスの形態であると同時に、アカイアの形態でもあるからである。

（6） ***Arch.*** **iii. p. 460.**

（7） フィロラオスは、メノンの *'Ιατρικά* からの抜萃のなかで、はっきりとクロトン生まれと呼ばれている（Diog. viii. 84. DK. 44A1 参照）。実のところ、アリストクセノスは、フィロラオスとエウリュトスとをタラスのひとと呼んでいるが（Diog. viii. 46. DK. 14, 10）、しかしこれは、かれがテーバイを去ってのちタラスに定住したことを表わしているにすぎない。こうした違いがあるのは、移住した哲学者の場合は普通である。エウリュトスもまた、クロトンのひとやメタポントスのひとと呼ばれている（Iambl. V. *Pyth.* 148, 266. DK. 45, 1）。またレウキッポスについての485頁注（1）と、ヒッポンについての511頁注（1）参照。

（8） アンドロキュデスについては、Diels, **Vors.** p. 281（DK. 58C6, *Anm.*）を見よ。ディールスが指摘したように（***Arch.*** **iii. p. 461**）、ルキュアのひとでさえも、ピュタゴラスにイオニア方言を話させるために、文体上の十分な配慮をしている。

（9） 断片一二＝二〇M（R.P. 79. DK. 44B12）参照。私はこれをストバイオスの古写本にある通りに読む。しかし明らかに後に付け加えられたところや重複の箇所を括弧に入れると、*καὶ τὰ ἐν τᾷ σφαίρᾳ σώματα πέντε ἐντί* [*τὰ ἐν τᾷ σφαίρᾳ*], *πῦρ, ὕδωρ καὶ γᾶ καὶ ἀήρ, καὶ ὁ τᾶς σφαίρας ὁλκὰς πεμπτόν.* ともかくディールスのように、*τὰ μὲν τᾶς σφαίρας σώματα* と読むのは正しくない。四つの元素と、決まった四つの固体とを同一視することについては、一四七参照。第五番目の十二面体の記述については、一四八参照。

（10） Plato, *Rep.* 528b（DK. 47A1）.

（11） ハイベルク編の Euclid, vol. v. p. 654, 1, *ἐν τούτῳ τῷ βιβλίῳ, τουτέστι τῷ ιγ', γράφεται τὰ λεγόμενα Πλάτωνος ε̄ σχήματα, ἃ αὐτοῦ μὲν οὐκ ἔστιν, τρία δὲ τῶν προειρημένων ε̄ σχημάτων τῶν Πυθαγορείων ἐστίν, ὅ τε κύβος καὶ ἡ πυραμὶς καὶ τὸ δωδεκάεδρον, Θεαιτήτου δὲ τό τε ὀκτάεδρον καὶ τὸ εἰκοσάεδρον.* ニュウボルドが指摘しているように（*Arch.* xix. p. 204）、十二面体を刻むのが、八面体や二十面体を刻むよりも難しくないということは、これに対する反論ではない。先に採りあげた（間違いなくエウデモスからの）明確な証言を、先天的に予想されるという

理由から、拒否することは正しくない。実際のところ、ルーブルなどにある注目に値する古代の、ケルト人やエトルリア人の十二面体がある（G.Loria, *Scienze esatte*, p. 39)。またピュタゴラス思想と、すでに触れられた北方人とのあいだの繋がりという観点で、この事実は意味深いものがある。

（12）ピィロラオスは、アリストテレスの著作集においてただ一度引用されている。つまり『エウデモス倫理学』B巻八章一二二五a三三（DK. 44B16), *ἀλλ' ὥσπερ Φιλόλαος ἔφη εἶναί τινας λόγους κρείττους ἡμῶν.* のなかにおいてであり、これは格言のようである。かれの名前は、その他のところでは述べられていない。そのことからアリストテレスが、ピュタゴラス思想を詳述したピィロラオスの一作品を見たことがあったかどうかを推し量ることはできないであろう。かれは、プラトンの『パイドン』篇から、ピィロラオスの重要性を知ったに違いないし、ピィロラオスの著作が実在していたとすれば、たしかにアリストテレスはそれを入手したであろう。タンヌリが、現存する断片の音楽理論をピィロラオスのものとすれば、余りにも進歩していると主張したことを、ここに付け加えられるべきであろう。かれの論ずるところによれば、プラトンやアルキュタスよりも、おそらくそれははるかに後のものである（*Rev. de Phil.* xxviii. pp. 233 *sqq.*)。かれのそのような点についての見解は、当然のことながら最も大きな重要性をもっている。

一四二　問題

そこで別の証拠を探さねばならない。以上のことから、それは、ピュタゴラス思想に賛意を表したことが知られるプラトンに、とりわけ由来することが明らかであろう。アリストテレスは、ピュタゴラスの徒の考え方に賛成しないで、それを理解するのに苦汁を舐めたのである。その理由は、その考え方がプラトンやその後継者の哲学において大きな役割を演じたからであり、プラトンが二つの教説の関係を自分自身にも弟子たちにも、できるだけ明らかにしなければならなかったからであった。そしてここで必要なことは、アリストテレスがプラトンの気分で語るところのものを解釈することであり、それからこのように解釈して到達する教説が、それに先行する学説とどのように係わっているかを考察することである。疑いもなくそれは、微妙な仕事である。しかし数学や医学の初期の歴史における最近の諸発見によって、それはもっと確実なものとされてきている。

ツェラーは、後の時代の学説解明のなかに入り込んでいるプラトン的要素を除去することによって、根底を顕わにしている。その要素には、二種類がある。まず第一の種類に、有限と無限、一と不定の二との一致のようなアカデメイア本来のきまった形式がある。[1] そして第二の種類に、神と質料とのあいだの対立のような、それら両者間の対立を表明する新プラトン的教義がある。[2] その形式についての教義を、ピュタゴラスの徒のものであるとするものは誰もいないいま、ツェラーの論議を繰り返す必要はない。

このことは問題を単純化するが、ひじょうに厄介なことである。アリストテレスによれば、ピュタゴラスの徒は、ものは数である、と言った。もっともそれは、「ピィロラオス」の断片にある教義ではない。ピュタゴラスの徒によると、ものは数をもっており、数によってものが知られうるのである。一方、ものの本質は、知られないものである。[3] ピュタゴラスそのひとが、ものは数である、と言ったと考える理由は、すでに明らかにされた(五三)。そしてピュタゴラスの徒が、きまった形式を使って表わしているものに疑うべきものはない。なぜならアリストテレスは、ピュタゴラスの徒がそれを宇宙論的意味で用いた、と言っているからである。ピュタゴラスの徒に従うと、宇宙は数から成っていた。ちょうど他のひとが、宇宙は「四つの根」や「無数の種子」からなっている、と語ったのと同じ意味においてである。このことを神秘主義と簡単に片づけることは、適当ではないであろう。五世紀のピュタゴラスの徒は、学問的なひとたちであったし、きわめて明快なことを表わしていたに違いない。かの徒は、ものは数である、の言葉を何か非自然的な意味で用いたが、その表現にはいかなる困難もないとまさしくいうべきであろう。ピュタゴラスの徒は、師匠の実際の言葉（αὐτὸς ἔφα）に、大きな尊敬の念を抱いていた。しかしそのような尊敬の念は、とかくひとり勝手な解釈を伴うものである。それで、アリストテレスが数について述べていることから見てゆこう。

(1) アリストテレスは、厳密には「一と見なされる無限のものに代わって二をたて、無限なものを大と小とからなるとしているのは、プラトンにとって固有な点である」(*Met.* A, 6. 987b25) と言っている。

(2) Zeller, p. 369 *sqq.* (英訳本、p. 397 *sqq.*)

(3) 「ピロラオス」の学説については、断片一 (R.P. 64) 参照。また不可知なものが ἐστὼ τῶν πραγμάτων であることについては、断片三 (R.P. 67. DK. 44B6) を見よ。それは、類似していて後の時代の ὕλη と間違われやすい。アリストテレスは、うまくその類似を記している。かれはいつも ὕλη の先取りを警戒している。

一四三　アリストテレスと数

まずはじめに、アリストテレスは、ピュタゴラス思想が他の人たちの場合のように宇宙論的学説であろうと企てたことを確信している。アリストテレスは、「いわゆるピュタゴラスの徒は、第一原理や元素を感覚的なものから切り離さなかったために、他の自然学者に比してはるかに明らかでない第一原理と元素を用いた。けれどもかれらの討議して研究しているすべては、ただ自然についてだけであった。かれらは天体の起源を記述し、その部分やそこに生起すること、ならびにそれが行なうすべてを観察している」[1]と述べている。ピュタゴラスの徒は、「存在は感覚によって捉えられるものであり、いわゆる天体にとり囲まれているなかに含まれている、と主張する自然学者たちと明らかに同じと考えて」[2]、自分たちの第一原理を、これらの事柄に完全に適用している。もっとも「かれらの言っている第一原理や原因は、感覚的なものよりもはるかに高い秩序をもった存在を説明するのに、十分に役立つものである」[3]。

アリストテレスがはっきりと言明しているのは、数の元素がものの元素であり、したがってものは数である、という学説であるということである。[4] かれは、これらの「もの」が感覚的なものであること[5]、ならびに事実、数は物体であり[6]、その物体から宇宙が構成されている、ということを同様に肯定している。[7] 数からのこの宇宙構成

は、その昔実際に踏んだ行程であり、ピュタゴラスの徒は、それを細部にわたって記述している。(8)

さらに数は、感覚的なものから切り離されないけれども、数理的数であることも考えられた。(9) 他方、数は、ものに述語されるだけでなく、数そのものが独立した存在であった。「かれらは、有限なものと無限なものと一なるものとは、火や水やそういった類いのもののように、或る別の実体であることを主張しなかった。しかし無限なものそれ自体と一なるものそれ自体とは、それらが述語されるものの実有であるし、そのために数は、あらゆるものの実有である、と言ったのである。(10)」したがってアリストテレスそのひとの言葉によると、数はたんに形相であるだけではなくて質料、つまりものの原因である。(11)

最後に、アリストテレスは、ピュタゴラスの徒とプラトンとの一致点が、数に固有の独立した存在を与えていることにあったと述べている。一方、プラトンはピュタゴラスの徒とは違って、この存在は感覚的なものの存在とはかけ離れていると述べた。(12) これらの叙述を、詳細に考察してみよう。

(1) Arist. *Met.* A, 8. 989b29 (R.P. 92a. DK. 58B22).

(2) *Met. ib.* 990a3, *ὁμολογοῦντες τοῖς ἄλλοις φυσιολόγοις ὅτι τό γ' ὄν τοῦτ' ἐστὶν ὅσον αἰσθητόν ἐστι καὶ περιείληφεν ὁ καλούμενος οὐρανός.*

(3) *Met. ib.* 990a5, *τὰς δ' αἰτίας καὶ τὰς ἀρχάς, ὥσπερ εἴπομεν, ἱκανὰς λέγουσιν ἐπαναβῆναι καὶ ἐπὶ τὰ ἀνωτέρω τῶν ὄντων, καὶ μᾶλλον ἢ τοῖς περὶ φύσεως λόγοις ἁρμοττούσας.*

(4) *Met.* A, 5. 989a1, *τὰ τῶν ἀριθμῶν στοιχεῖα τῶν ὄντων στοιχεῖα πάντων ὑπέλαβον εἶναι*; N,3. 1090a22 (DK. 58B22), *εἶναι μὲν ἀριθμοὺς ἐποίησαν τὰ ὄντα, οὐ χωριστοὺς δέ, ἀλλ' ἐξ ἀριθμῶν τὰ ὄντα.*

(5) *Met.* M, 6. 1080b2, *ὡς ἐκ τῶν ἀριθμῶν ἐνυπαρχόντων ὄντα τὰ αἰσθητά*; *ib.* 1080b17 (DK. 58B9), *ἐκ τούτου (τοῦ μαθηματικοῦ ἀριθμοῦ) τὰς αἰσθητὰς οὐσίας συνεστάναι φασίν.*

(6) *Met.* M, 8. 1083b11 (DK. 58B10), *τὰ σώματα ἐξ ἀριθμῶν εἶναι συγκείμενα*; *ib.* b17, *ἐκεῖνοι δὲ τὸν ἀριθμὸν*

τὰ ὄντα λέγουσιν· τὰ γοῦν θεωρήματα προσάπτουσι τοῖς σώμασιν ὡς ἐξ ἐκείνων ὄντων τῶν ἀριθμῶν; N,3. 1090a32, *κατὰ μέντοι τὸ ποιεῖν ἐξ ἀριθμῶν τὰ φυσικὰ σώματα, ἐκ μὴ ἐχόντων βάρος μηδὲ κουφότητα ἔχοντα κουφότητα καὶ βάρος.*

（7） *Met.* A, 5. 986a2, *τὸν ὅλον οὐρανὸν ἁρμονίαν εἶναι καὶ ἀριθμόν*; A, 8. 990a21, *τὸν ἀριθμὸν τοῦτον ἐξ οὗ συνέστηκεν ὁ κόσμος*; M, 6. 1080b18（DK. 58B9）, *τὸν γὰρ ὅλον οὐρανὸν κατασκευάζουσιν ἐξ ἀριθμῶν*; *De caelo*, Γ, 1. 300a15（DK. 58B28）, *τοῖς ἐξ ἀριθμῶν συνιστᾶσι τὸν οὐρανόν· ἔνιοι γὰρ τὴν φύσιν ἐξ ἀριθμῶν συνιστᾶσιν, ὥσπερ τῶν Πυθαγορείων τινές.*

（8） *Met.* N, 3. 1091a18（DK. 58B26）, *κοσμοποιοῦσι καὶ φυσικῶς βούλονται λέγειν.*

（9） *Met.* M, 6. 1080b16; N, 3. 1090a20（DK. 58B22）.

（10） *Met.* A, 5. 987a15.

（11） *Met. ib.* 986a15（R.P. 66. DK. 58B5）.

（12） *Met.* A, 6. 987b27, *ὁ μὲν*（*Πλάτων*）*τοὺς ἀριθμοὺς παρὰ τὰ αἰσθητά, οἱ δ'*（*οἱ Πυθαγόρειοι*）*ἀριθμοὺς εἶναί φασιν αὐτὰ τὰ αἰσθητά.*

一四四　数の元素

アリストテレスは、数にかんするいくらかの「元素」（στοιχεῖα）について述べている。それはまたものの元素でもあった。もしもそれが何を意味しているかを見いだすことができるならば、それは明らかに問題を解く鍵である。もともと「数の元素」は、奇数と偶数であるが、そのことはこの場合、余り役に立たないようにおもわれる。しかし奇数と偶数とが、有限と無限とに一致していたことは知られている。そしてそれが、ピュタゴラス派の宇宙論の原初的原理と見なされる理由は、すでに明らかにされている（五三）。アリストテレスは、偶数が奇数によってもののなかに包まれ、限定されると、偶数はものに無限性を与える、と述べている。(1) そして注釈家たちは一致して、偶数が何らかの仕方で無限分割の原因であることを、このことは意味していると解釈している。しかしこれがどうして可能であるかを示そうとすると、行き詰まるのである。シムプリキオスは、おそらくアレクサンドロスに従って、偶数を無限とかれらが呼ぶ趣旨の、つぎのような理由を説明している。「すなわち、あらゆる偶数は等しい部分に分割されるからであり、等しい部分に分割されるものは、二分割という点では無限であるからである。というのは等しい部分や半分への分割は、無限に（ad infinitum）続くからである。しかし奇数が加えられると、それは限定をする。つまり等しい部分への分割を妨げるからである。」(2) さて、偶数が無限に半分されうるという見方を、明らかにピュタゴラスの徒に帰してはならない。かれらは、偶数の六も十も一回だけ半分されうることを知っていたに違いない。この説明は、むしろアリストクセノスの一断片に見いだされるはずである。そこでは「偶数は等分されるものではあるが、奇数は不等な部分に分割されるもので、中項をもっている」(3)と言われている。さらにストバイオスに引用され、究極にはポセイドニオスにまで溯る文章によっても、このことは説明されているのである。すなわち「奇数が二つの等しい部分に分割されるとき、一が中間に残される。しかし偶数が二つの等しい部分に分割されると、空虚な場が残され、それは支配もせぬし数でもない。それは欠けるものであり、不完全であることを示している。」(4) ふたたびプルタルコスは言う、「数の分割において、偶数が何らかの方向に分割されるとき、それ自体のなかにあるように……場所を残す。しかし同じことが奇数になされると、つねに分割からとり残される中項がある」(5)と。明らかにこれらの文章は、すべて同じことを言っているのであり、それは「項」、またはすでに承知している点（四七）とは別のものであることは不可能である。分割は、これらのあいだでなさねばならない。なぜならもし分割が不可能な単位に出会うとなれば、それはただちに行き止まりになるからである。

（1） *Met.* A, 5. 986a17 (R.P. 66. DK. 59A47); *Phys.* Γ, 4. 203a10 (R.P. 66a. DK. 58B28).

（2）Smpl. *Phys.* p. 455, 20（R.P. 66a. DK. 58B28）. 私がこの論題の説明に際して用いた文章は，W.A. Heidel, "*Πέρας* and *ἄπειρον* in the Pythagorean Philosophy."（*Arch.* xiv. pp. 384 *sqq.*）の影響を受けている。私の解釈の一般的な原理は，かれの場合と同じである。ただし私は，この箇所と数を表わす図形とを関係づけて，*ἡ γὰρ εἰς ἴσα καὶ ἡμίση διαίρεσις ἐπ' ἄπειρον* の語句を「シムプリキオスが付した説明」と考えずにすんだとおもっている。

（3）Aristoxenos, fr. 81, *ap.* Stob. i. p. 20, 1, *ἐκ τῶν Ἀριστοξένου Περὶ ἀριθμητικῆς……τῶν δὲ ἀριθμῶν ἄρτιοι μέν εἰσιν οἱ εἰς ἴσα διαιρούμενοι, περισσοὶ δὲ οἱ εἰς ἄνισα καὶ μέσον ἔχοντες.*

（4）〔Plut.〕*ap.* Stob. i. p. 22, 19, *καὶ μὴν εἰς δύο διαιρουμένων ἴσα τοῦ μὲν περισσοῦ μονὰς ἐν μέσῳ περίεστι τοῦ δὲ ἀρτίου κενὴ λείπεται χώρα καὶ ἀδέσποτος καὶ ἀνάριθμος, ὡς ἂν ἐνδεοῦς καὶ ἀτελοῦς ὄντος.*

（5）Plut. *De E apud Delphos*, 388a, *ταῖς γὰρ εἰς ἴσα τομαῖς τῶν ἀριθμῶν, ὁ μὲν ἄρτιος πάντῃ διϊστάμενος ὑπολείπει τινὰ δεκτικὴν ἀρχὴν οἷον ἐν ἑαυτῷ καὶ χώραν, ἐν δὲ τῷ περιττῷ ταὐτὸ παθόντι μέσον ἀεὶ περίεστι τῆς νεμήσεως γόνιμον.* 私が訳出に際して省略した言葉は，さらに奇数と偶数と，男と女との一致に言及している。ハイデルの引用した文章が付け加わっているかもしれない。たとえば，ニコマコスの言っている（p. 13, 10, Hōche），*ἔστι δὲ ἄρτιον μὲν ὃ οἷόν τε εἰς δύο ἴσα διαιρεθῆναι μονάδος μέσον μὴ παρεμπιπτούσης, περιττὸν δὲ τὸ μὴ δυνάμενον εἰς δύο ἴσα μερισθῆναι διὰ τὴν προειρημένην τῆς μονάδος μεσιτείαν.* 参照。かれは，この定義は *ἐκ τῆς δημώδους ὑπολήψεως.* であることを，ひじょうに深い意味をもって付け加えている。

一四五　空間的な数

さて，ピュタゴラスが無限なものの語で，何か空間的な拡がりのあるものを表わしたことは疑いえない。というのもかれが，空気とか夜とか空虚とかを無限なものと同じとしたからである。そこでかれの後継者も，無限なものを拡がりのあるもの，と考えたことはいまさら驚くに値しない。アリストテレスもたしかに，無限なものをそのように考えた。もしも無限なもの自体が存在しているものであり，ただたんに他の存在しているものに述語されるだけのものではないとすれば，その場合，ちょうど空気の部分が空気であるように，どのその部分も無限でなければならない、とアリストテレスは論じている。(1) 同じことは、ピュタゴラスの無限なものが、天体外にあるというアリストテレスの報告にも、暗に示されている。(2) さらに時代が下がると、様子が違ってくる。ピィロラオスとその後継者たちは、無限なものを空気と見なすことはできなかった。というのは、いずれ明らかになるように、その人たちは、エムペドクレスのあの「元素」についての学説を採用し、別の仕方で無限なものを説明したからである。そのひとりクゥトスは、稀薄と濃厚とが空虚を含んでいる、と論じた。つまり空虚がなければ、宇宙は溢れてしまうことになるであろう。(3) しかし、クゥトスが、原子論者よりも早い時期のひとであるか否かは知られない。ピュタゴラスの徒は、無限なものの語で **res extensa**（延長物体）を表現したといえばよいであろう。

無限なものが空間的である以上、有限なものも空間的であるはずで、点、線、面が有限なものの形態と考えられていたことは予想してよいことである。それは、ずっと後の時代の学説であった。しかし、ピュタゴラス思想の特性とは、まさしく点が有限なものと見なされないで、有限なものと無限なものとが最初に生み出したものと見なされたことである。そして点は、零に代わる算術上の単位であった。その場合、この見解によると、点は一次元、線は二次元、面は三次元、立体は四次元である。(4) 換言すると、ピュタゴラスの点は、大きさをもち、線は幅、面は厚さをもっている。簡単に言うと、全学説は、「位置をもった」単位（*μονὰς θέσιν ἔχουσα*）としての点の定義に向けられている。(5) 点が宇宙構成を可能にしているとおもわれたのは、まさにそのような元素からであった。

(1) Arist. *Phys.* Γ, 4. 204a20 *sqq.* とりわけ a26, *ἀλλὰ μὴν ὥσπερ ἀέρος ἀὴρ μέρος, οὕτω καὶ ἄπειρον ἀπείρου, εἴ γε οὐσία ἐστὶ καὶ ἀρχή.*

(2) 第二章三を見よ。

（3）　Ar. *Phys.* Δ, 9. 216b25, *κυμανεῖ τὸ ὅλον.*

（4）　*Theologumena arithmetica*, p. 61 (Diels, *Vors.* 32A13. DK. 44A13), *τὸ μὴν γὰρ ᾱ στιγμή, τὰ δὲ β̄ γραμμή, τὰ δὲ γ̄ τρίγωνον, τὰ δὲ δ̄ πυραμίς.* に残されている抜萃におけるスペウシッポスを参照。ここでスペウシッポスが、フィロラオスに従っていることは判っている。Arist. *Met.* Z, 11. 1036b12 (DK. 58B25), *καὶ ἀνάγουσι πάντα εἰς τοὺς ἀριθμούς, καὶ γραμμῆς τὸν λόγον τὸν τῶν δύο εἶναί φασιν.* このことは、プロクロスの『エウクレイデスの幾何学原本第一巻注釈』においてはっきり述べられている。すなわち *τὸ μὲν σημεῖον ἀνάλογον τίθενται μονάδι, τὴν δὲ γραμμὴν δυάδι, τὴν δὲ ἐπιφάνειαν τῇ τριάδι καὶ τὸ στερεὸν τῇ τετράδι. καίτοι γε ὡς διαστατὰ λαμβάνοντες μοναδικὴν μὲν εὑρήσομεν τὴν γραμμήν, δυαδικὴν δὲ τὴν ἐπιφάνειαν, τριαδικὸν δὲ τὸ στερεόν.* (p. 97, 19).

（5）　点と単位との一致については、アリストテレスの『自然学』E巻三章二二七a二七が言及している。

一四六　大きさとしての数

点、線、面を考えるこの方法は、対称的な型に配列した点で数を表わす仕方と密接に繋がっている。この型がピュタゴラスの徒のものである理由は、今まで明らかにした（四七）。幾何学はすでに目覚ましく進展してきていたが、量を単位の総計としてみる古い見方は、是正されてきていなかった。それで点は、零に代わって一と同じと見なされた。ピュタゴラスの数を空間的なものと見なすのは、教説がもともと幾何学的であるよりもむしろ算術的であったという事実を知らないことに他ならない、というツェラーの議論への、それが答えである。私たちの解釈は、その事実を十分に説明しているし、本当に学説全体の特色をそのことにあるとしているのである。アリストテレスは、ピュタゴラスの点が大きさをもっている、とはっきりと述べている。「この人たちは、全宇宙を数から構成しているが、かれらは単位が大きさをもつと考えている。大きさのある最初の単位が、どのように生じたかについてかれらは説明していない(1)」とアリストテレスは言っている。ツェラーは、これはアリストテレスの推測にすぎない、と主張している。(2) そして点が大きさをもつことをことさら言い表わすに及ばないとピュタゴラスの徒がおもった、という意味であるとすれば、ツェラーの主張は正しいであろう。しかしながらピュタゴラスの徒が、点をオンコイ（ὄγκοι）と呼んだ可能性がある。(3)

さらにツェラーは、ピュタゴラスの宇宙論において、数が空間的であることを認め、そして実際にそれを強調しているが、学説の別の箇所についての難題を惹き起こしている。そのほかに、魂や正義や好機のようなものがあり、それらは数であるといわれるが、点、線、面で構成されると考えることはできない。(4) さて、アリストテレスが文中においてピュタゴラスの徒を批判している狙いこそは、まさにこのことであると私にはおもわれる。アリストテレスの言によると、かれらは、宇宙の或る一部において思惑が優勢であるが、そのほんの少し上下は、不正や分離や混合がある、と述べた。そのおのおのは、かれらによると数であった。しかし天体のまさにこの同じ領域において、大きさをもつものが見いだされるのであり、そのものはまた数でもあった。正義が大きさをもたないのであれば、どうしてこのことは可能であろうか。(5) まさにこれが表わしていることは、ピュタゴラスの徒が、これらの多少空想的な類推と、宇宙の幾何学的な構成とのあいだの関係をうまく明確に説明することができなかったことである。

（1） Arist. *Met.* M, 6. 1080b18 *sqq.* (DK. 58B9); 1083b8 *sqq.* (DK. 58B10); *De caelo*, Γ, 1. 300a16 (R.P. 76a. DK. 58B38).

（2） Zeller, p. 381.

（3） ゼノンは、ピュタゴラスの徒に対して向けられた、運動についての第四の論証において、点に *ὄγκοι* の語を用いた（一六三）。アエティオス、一巻三、一九（R.P. 76b. DK. 51,2）は、シュラクサイのエクファントスが、単位が物体的であると言ったピュダゴコスの徒の最初のひとであった、と述べている。プラトンの『パルメニデス』篇一六四Dやガレノスの『哲学史』一八（*Dox.* p. 610. DK. 1A1), *Ἡρακλείδης δὲ ὁ Ποντικὸς καὶ Ἀσκληπιάδης ὁ Βιθυνὸς ἀνάρμους ὄγκους τὰς ἀρχὰς ὑποτίθενται τῶν ὅλων.* における *ὄγκοι* の使用も参照。

（4）　Zeller, p. 381.

（5）　Arist. *Met.* A, 8. 990a22（R.P. 81e）. 私の解釈つきの読みはつぎのようである。すなわち「というのはかれらによると、思惑や好機が宇宙の或るきまった部分のなかにあり、それのほんのわずか上や下に、不正と分離と混合があるから、——その証拠としてそれらはそれぞれ数である、とかれらは主張する——そしてまた、宇宙のその部分のなかに多くの合成された大きさ（すなわち有限と無限との合成されたもの）があることが実状（ボーニッツのように *συμβαίνῃ* と読む）であるから——それというのも（数の）これらの性質が、それぞれの領域に置かれているからである）——（かれらがこれら二つのことを主張しているから）これらのもの（思惑など）のそれぞれが存在していると解さねばならないその数が、いったい宇宙における数（すなわち宇宙論的数）と同じであるかどうかという問題がもちあがる」と。これらは拡がりのある数で、有限なものと無限なものという数の、要素、あるいはアリストテレスがここで言う、奇数と偶数といった「数の性質」から成り立っている（*συνίστανται*）ことを疑うことはできない。「天体」を表わしているというツェラーの見方は、これに近いが、その指摘は余りにも狭すぎる。それは、問題になっている天体の数（*πλῆθος*）でもないし、その大きさ（*μέγεθος*）でもない。この箇所の別の見方については、Zeller, p. 391, *n.* 1 を見よ。

一四七　数と元素

さらに細部に進むと、初期のピュタゴラス思想の形態と、この時代のピュタゴラス思想とを区別するものは、「元素」についての新しい論に積極的に思想自体を当て嵌めようとしている点であることが知られるであろう。これは、多元論者との繫がりにおいて、学説の重要点をもっと採りあげるべきだということにほかならない。ピュタゴラスの徒が南イタリアに帰ったときに、待ちかまえていたのは、かれらに独自な学説を部分的に再構成すべきだという広く行きわたった見方であったであろう。エムペドクレスが哲学的な結社を築いたことは知られないが、この地の医学派にたしかに影響を与えている。そしてピィロラオスが医学史において、重要な役割を演じたことは、現によく知られているのである。(1) このことは、その昔にいったい何が不鮮明とおもわれたかを解く手懸かりを与えている。伝承によると、ピュタゴラスの徒は、元素を幾何学的図形で組み立てて、説明した。この説を、プラトンの『ティマイオス』篇において達した、はるかに発展した形で、ひとはそれぞれ学ぶことができる。(2) かれらは、イタリアにおける医学研究の指導者としての位置に留まっているかぎり、元素に対して説明を加えざるをえなかったであろう。

しかし元素についてのピュタゴラス的な構造が、プラトンの『ティマイオス』篇に見いだせるものと正確に同じであったということを当然のこととしてはならない。すでに明らかなように、ピュタゴラスの徒だけが三つの正多面体、つまり正六面体、角錐(四面体)や十二面体を知っていたと考える好都合な根拠はある。(3) さてプラトンは、ティマイオスをして火や土から着手させており、(4) 元素を構成するに際してかれは八面体や二十面体が変形すると容易に角錐になるという方法で推し進めている。一方、正六面体や十二面体は変化されえない。このことから空気や水はたちどころに火になるが、土はそうはならないということになる。(5) 十二面体は、別の意図のためにあるのであって、このことはやがて考察するであろう。この点は、ピュタゴラスの学説と正確に一致していたであろう。なぜならそれは、パルメニデスの詩の第二部において輪郭が描かれた、そのような二元論に余地を残すことになるからである。ヒッパソスが、火を第一原理としたことは知られているし、『ティマイオス』篇から、空気や水を火の形としてどのように表わすことができるかも明らかである。しかし他の元素とは土であって、初期ピュタゴラス思想のなかにあったと考えてよいような空気ではない。それは、エムペドクレスが大気を発見したことや、かれの一般的な元素論からの当然の結果であろう。アリストテレスが、パルメニデスによって述べられた二つの「形態」を、火と土と同じとしたことは、先に私たちが説明しないままにせざるをえなかった、わけのわからない事柄をも明らかにするであろう。(6)

(1) これらはすべて、メノンの *Ἰατρικά* からの抜萃が公にされたために、日の目をみたのである。このことについては413頁注(6)を見よ。

(2) アエティオス、二巻六、五(R.P. 80. DK. 4A15)において、この説はピュタゴラスに帰せられている。しかし時代錯誤である。すなわち「元素」に言及するのは、エムペドクレスよりも後でなければならないからである。アキレスは、同じ出典からの抜萃文において、*οἱ Πυθαγόρειοι* と言っているが、これは疑いもなくテオプラストスが優れた出典であることを示している。

(3) 418頁を見よ。

(4) **Plato, *Tim.* 31b5.**

(5) **Plato, *Tim.* 54c4.** プラトンは、『ティマイオス』篇四八B五において、元素の構造について *οὐδείς πω γένεσιν αὐτῶν μεμήνυκεν* と述べ、それはティマイオスが主張しているように、所説のなかに或る新奇なものがあることを示しているのであって、この点も看取られるべきである。もしもこの文章を**一四一**で述べた点に照らして読むならば、プラトンが、テアイテトスの発見の場合と同じく、ピュタゴラスの学説を、ティマイオスに展開させている、と考えることになるであろう。

(6) 第四章　277頁を見よ。

一四八　十二面体

しかしこの学説で最も興味のある点は、十二面体をどのように用いたかということである。伝えられるところによると、それは「宇宙の球形」と同じとされたり、フィロラオスの断片にある「球形をした殼」と同じとされた。[1] 断片の真正についてどのように考えようとも、これが真正のピュタゴラス的表現であるということを疑う理由はない。そしてそれは、中心火に適用された「竜骨」の語と、密接に関連させて採りあげられるべきである。[2] 宇宙の構造は船の建造に比せられたし、これについての考えは他にも残っている。[3] 十二面体について伝えられている事柄を解く鍵は、プラトンによって与えられている。正多面体説が完全に確立していない以前に著わされたとおもわれる『ファイドン』篇において、「真の大地」は、上から見られるかぎり、「十二片の革で作られた球のように彩られて」いる、と判読される。(4)『ティマイオス』篇においては、同じことがつぎのような言葉で言及されている。すなわち「さらにまだひとつの、第五番目の構造が残っているので、神は宇宙を彩るにあたって宇宙のためにそれを用いた」(5)と。要するに他の正多面体よりも、十二面体は球体により近いのである。球を作るときによく用いる十二片の革は、すべて正五角形である。そしてもし材料が革のように柔軟性がないとすれば、球にならないで十二面体になるであろう。以上のことは、テアイテトスよりも以前に、十二面体がよく知られていたことを証している。そして十二面体は、天体という球形の大型船を建造する「肋材」を形成すると見なされた、と推断してもよいであろう。

ピュタゴラスの学説における十二面体の重要性を、伝承は興味ある方法で確かなものとしている。一説によると、ヒッパソスは「十二の五角形から作られている球形」を明かすために、海で溺れて死んだといわれている。(6)ピュタゴラスの徒が、星形、つまりペンタルプァを自分たちの象徴として適用していた事実から、十二面体のピュタゴラス的構造を、不完全ながら推論することができる。周知のように、後代の魔術においてこの形が用いられている。そしてなおパラセルソスは、それを健康の象徴として採用したが、これはたしかにピュタゴラスの徒がペンタルプァと呼んでいるものである。(7)

（1） Aet. ii. 6,5 (R.P. 80. DK. 44A15);「フィロラオス」の断片一二 (=20M.; R.P. 79. DK. 44B12)。*ὁλκάς* については、*Rhein. Mus.* 1904, pp. 145 *sqq.* のグンデルマンの論文を見よ。プラトンの『政治家』篇のピュタゴラス派の神話において、宇宙は船に見たてられており、船の神は *κυβερνήτης* (272e *sqq.*) である。*πόντος τῆς ἀνομοιότητος* (273d) は、まさに *ἄπειρον* なものである。

（2） Aet. ii. 4, 15 (DK. 44A17), ὅπερ τρόπεως δίκην προϋπεβάλετο τῇ τοῦ παντὸς ⟨σφαίρᾳ⟩ ὁ δημιουργὸς θεός.

（3） プラトンの『国家』篇六一六C三の ὑποζώματα 参照。ὕλη は、一般に船を建造するときの「肋材」を意味していて（その際、薪を意味しない）、それで後の時代の哲学におけるこの語の術語としての用法を説明するには、こういった方向で探索すべきである、と私は提案する。Plato, *Phileb.* 54c1, γενέσεως……ἕνεκα……πᾶσαν ὕλην παρατίθεσθαι πᾶσιν 参照。この箇所は、πότερα πλοίων ναυπηγίαν ἕνεκα φῂς γίγνεσθαι μᾶλλον ἢ πλοῖα ἕνεκα ναυπηγίας; (*ib.* b2) の質問に答えた部分である。*Tim.* 69a6, οἷα τέκτοσιν ἡμῖν ὕλη παράκειται.

（4） プラトン『パイドン』篇一一〇B六の ὥσπερ αἱ δωδεκάσκυτοι σφαῖραι の句の意味は、プルタルコスの『プラトンの問題』一〇〇三bの καὶ γὰρ μάλιστα τῷ πλήθει τῶν στοιχείων ἀμβλύτητι δὲ τῶν γωνιῶν τὴν εὐθύτητα διαφυγὸν εὐκαμπές ἐστι [τὸ δωδεκάεδρον], καὶ τῇ περιτάσει ὥσπερ αἱ δωδεκάσκυτοι σφαῖραι κυκλοτερὲς γίγνεται καὶ περιληπτικόν. によって、まったく正確に説明されている。

（5） Plato, *Tim.* 55c4. この箇所も、最後の箇所も、いずれも十二宮に関連しえない。十二宮は、十二角形で記されるが、十二面体では記されない。天体が、星座のある十二の五角形の領分に分けられている、というのがここで表わされている内容である。こうした方法についての歴史としては、*Arch.* xix. pp. 198 *sqq.* のニュウボルドの論文を見よ。

（6） Iambl. *V. Pyth.* 247 (DK. 18, 4). 第二章153頁注（3）参照。

（7） Gow, *Short History of Greek Mathematics*, p. 151. ならびにそこに引用されている箇所、さらに Schol. Luc. p. 234, 21, Rabe, τὸ πεντάγραμμον] ὅτι τὸ ἐν τῇ συνηθείᾳ λεγόμενον πεντάλφα σύμβολον ἦν πρὸς ἀλλήλους Πυθαγορείων ἀναγνωριστικὸν καὶ τούτῳ ἐν ταῖς ἐπιστολαῖς ἐχρῶντο. を見よ。ピュタゴラスの徒は、いわゆる「黄金分割」という、ひとつの線分を外中比に分割する、エウクレイデス、四、一一で与えられた方法を、ひじょうによく知っていたようである。

一四九　魂、「調和」

魂が「調和」であり、いなもっと正確に言うと和音であるという見方は、四元素の論と緊密につながっているのである。それはピュタゴラス思想の最初の形態にはありえなかった。というのはプラトンの『ファイドン』篇に示されているように、魂が身体から離れて存在するという考えと、まったく矛盾しているからである。それは、「たまたまそこにある魂が、たまたまある身体のなかに入り込むことができる」[1]という考えとは、まるきり反対のことである。他方『ファイドン』篇では、テーバイでフィロラオスに学んだシュミアスやケベスがこれを採りあげ、またフィロラオスやエウリュトスの門弟であったフィレイウスのひとエケクラテスも採用した、と言われている。[2]プラトンの与えた教説に対する説明は、それの起こりが医学上のことであるという見方とまったくよく符合している。シュミアスは言う、「いわば私たちの身体は、熱・冷・乾・湿、そういった類いのものによって、緊張され保持されており、私たちの魂とは、それらのものが互いにうまく、適正に混合されるときに生じるところの、それらの混合であり調和である、と見なすのである。そこでもしも魂が一種の調和であるとするならば、明らかに私たちの身体が、病気やその他の害悪のために、適正から逸脱して、過度に弛緩されたり緊張されたりするときには、魂はたちどころに消滅してしまわねばならない」[3]と。これは明らかにアルクマイオン説(九六)の適用であり、シケリア学派の見解と一致している。五世紀末のピュタゴラス思想が、エムペドクレスによって導入された新しい原理への、旧説の適用であったということは十分に立証されている。

さらにつぎの点も見られるべきである。もしも魂が、ピュタゴラス的意味において和音と見なされるならば、認められる三つの音程、すなわち四度音程、五度音程、八度音程《オクターブ》を魂が含んでいることを予想すべきであろうし、このことは、プラトンの『国家』篇から知られるような、魂の三部分説が、真にピュタゴラス的なものであった、とポセイドニオスが言っている正当性をきわめて確かなものとしているという点である。それはプラトン自身の魂についての見方とまったく矛盾しているが、しかしいま述べられたこととは見事に一致している。[4]

(1) Arist. *De an.* A, 3. 407b20 (R.P. 86c. DK. 58B39),

（2）Plato, ***Phaed.*** 85e *sqq.* またエケクラテスについては、*ib.* 88d.

（3）Plato, ***Phaed.*** 86b7-c5.

（4）J. L. Stocks, ***Plato and the Tripartite Soul***（***Mind N.S.***, No. 94, 1915, pp. 207 *sqq.*）を見よ。プラトン自身、『国家』篇四四三D五 *συναρμόσαντα τρία ὄντα, ὥσπερ ὅρους τρεῖς ἁρμονίας ἀτεχνῶς, νεάτης τε καὶ ὑπάτης καὶ μέσης, καὶ εἰ ἄλλα ἄττα μεταξὺ τυγχάνει ὄντα*（可動的な調べ）のなかにおいて繋がりを指摘している。さて *θυμικόν* は *λογικόν* と *ἄλογον* との中間にあるというアリスティデス・クインティリアヌス（ii. 2）の発言は、ペリクレスの師（378頁注（4））である音楽家ダモン（Deiters, ***De Aristidis Quint. fontibus***, 1870）から来ていると考えてよい理由がある。そしてプラトンの描くソクラテスは、ダモンを音楽についての専門家として言及しているが、しかしダモンは、プラトンのひじょうに若いときに死んでいたはずである。さらにポセイドニオス（ap. Galen, ***De Hipp. et Plat.*** pp. 425 と 478）は、魂の三部分説をピュタゴラスのものとしている。すなわち、*αὐτοῦ μὲν τοῦ Πυθαγόρου συγγράμματος οὐδενὸς εἰς ἡμᾶς διασῳζομένου, τεκμαιρόμενος δὲ ἐξ ὧν ἔνιοι τῶν μαθητῶν αὐτοῦ γεγράφασιν.*

一五〇　中心火

アリストテレスが「ピュタゴラスの徒」に帰し、アエティオスがフィロラオスに帰している惑星についての学説は、きわめて注目に値する。(1) 大地は、宇宙の中心部にもはや存在しない。その場所は、中心火によって占められており、その中心火は太陽と同じではないのである。この火の周りに、十の天体が回転している。まずアンティクトーン、つまり「対地」、そのつぎに大地がある。したがって大地は、一惑星となっている。大地のつぎに月、つづいて太陽、惑星、恒星の天界の順になっている。ひとには中心火とアンティクトーンは見えない。というのは、私たちの生活している大地の側は、それらとはつねに向きを違えているからである。このことは、月からの類推で説明されるはずである。つまり月はつねに私たちへ同じ面を向けているので、月の別の面に住んでいるひとは、けっして大地を見ないであろう。むろん、こうした観点からすれば、以上のことは、これらの天体が中心火の周りを回転すると同時に、その天体の軸を回転していること、(2)ならびに対地が、大地の回転と同時に中心火の周りを回転しており、それでつねに対地が反対側にあるということを暗示している。(3)

この学説をフィロラオスが称えたという、アエティオスの言及を受け容れることは容易ではない。アリストテレスが、その説とフィロラオスとを結びつけて述べている箇所はどこにもない。『ファイドン』篇におけるソクラテスも、大地についてと、大地とはまったく反対側の、宇宙における位置について述べているが、ピュロラオスの弟子シムミアスは、異議なくそれを採り入れている。しかしながらそれは、疑いもなくピュタゴラス派の説であり、アテナイに流布していたイオニアの見方を著しく前進させているのである。大地には空気の支えや、大地をその所に保つようなものは不要であるということを新奇なこととして、ソクラテスが述べていることも明白である。アナクサゴラスでさえも、そのような考えから自由ではありえなかったし、デモクリトスでもなお、平板な大地の論とともにそれを主張した。『ファイドン』篇から自然に推論されるのは、たしかに、宇宙の中央部に均衡によって保たれた球形の大地についての論が、フィロラオスそのひとの論であるということである。もしそうであるなら、中心火の論はずっと後の時代のものということになるであろう。

中心火の周りを大地が回転するという説は、太陽光線についてエムペドクレスの与えた説明から事実生じたとも確かなようにおもわれる。アエティオスは、この二つの事柄を密接に結びつけているのであって、エムペドクレスが二つの太陽を考えたが、「フィロラオス」は二つの太陽、あるいは三つの太陽さえも考えた、と言っている。アエティオスのこの言葉は不明瞭であるが、その言葉からテオプラストスが両説を類似したものと見なしたと主張してもよいようにおもわれる。(5)エムペドクレスが、昼と夜との交替について、二つの矛盾した説を与えたことは見てきた(一二三)。そして難題の解決は、中心火からの反射光が太陽を照らすとすることであったようである。月光と月蝕の原因とについての新しい諸発見を太陽にまで適用しなければならないとなると、そのような所説は、事実当然の結果であろう。

中心火は、「宇宙の炉床」「家」、ゼウスの「望楼」「神々の母」といったような、多く神話的な名称で呼ばれた。(6) そうすることはこの学派の流儀であったが、しかしそうかといってそのことから私たちが学問的な仮説を扱っているというこの事実に目をつぶってはならない。中心の光が最も巧みに現象を「救済」することができることや、したがって大地が他の惑星のように回転する球であるに違いないということを認めるのは肝要なことであった。(7) 実際、中心火と太陽との一致は、比較的些細なことのように言いがちである。いずれにしても、この説はサモスのアリスタルコスが太陽中心の仮説に辿り着くことを可能にした、思考の列車を発車させたことは確かなことのようである。(8) そしてそれは、アリストテレスを大地中心説に立ち帰らせるものであったし、大地中心説はコペルニクスが新たに真理を発見するきっかけとなった。コペルニクスが、ピュタゴラスの徒のことを解読したところから出発したことについて、かれ自身の言葉が残っている。(9)

しかしこの説は、解決した数とほとんど変わらないだけの、多くの難題をいま述べられたような形で惹き起こしたのである。それにこの説自体、長くは続かなかった。批判者は、大地の見かけの回転が、無視しうるには余りにも大きな視差を生んでいる以上、それは「現象救済」に失敗していると反論したこと、またピュタゴラスの徒には視差は無視しうると考えるだけの理由があったことが、アリストテレスから明らかである。アリストテレスはいずれの側の議論にも明快な説明をしていないが、しかし大地は現にある以上に、たぶんもっと小さいと考えられていたことが指摘されている。太陽の軌道が、大地について現に知られている直径よりも、多少大きな直径をもっていると考えられたとする理由はない。(10)

大地の大きさについて、もっと真実に近い見方は、昼夜の交替が大地の軸を中心とした回転によることや、その場合、大地はふたたび中心にあると見なすことができることを、当然暗示したであろう。アリストテレスがこうした見方をしたひとを知っていたようには見えないが、しかしテオプラストスは、それをシュラクサイのヒケタスとエクファントスに帰している。両名については、その他にほとんど知られていない。[11] 明らかにかれらは、恒星の天界を静止したものと見なした。もしもアリストテレスがそれを聞いていたならば、自分自身学説が日々の回転にまったく依存していることから、そのことについて言及せざるをえなかったであろう。

中心火のまわりを大地が回るという説と、大地が軸を中心として回転するという説とは、双方とも、ピュタゴラスの徒が確かに固執していた恒星の回転の説明をきわめて困難にする結果となった。恒星は静止しているか、あるいは恒星の回転が日々の回転とはまったく別のものであるかでなければならない。[12] このことが、おそらく学説の放棄に導いたのである。

大地が運動していると主張する人たちの見方を検討しながら、アリストテレスだけは、中心火のまわりを回転するという説に代わるものとして、ひとつの説を語っている。つまりかれは、それが『ティマイオス』篇の説である、と言っている。これによると、大地は惑星のひとつではなくて「中心に」ある一方、同時にそれは宇宙の軸に関連した或る種の運動をしている。[13] さてこの運動は、グロートが主張したような、軸の周りの回転といったものではない。[14] なんとなれば『ティマイオス』篇の宇宙論全体は、昼夜の交替が天体の日々の回転によることを暗に示しているからである。[15] 大地が、「昼と夜との守護者かつ創成者」[16] として、ほんのわずか後のくだりで言及されている事実は、いずれにしても夜が大地の円錐形の影である以上、反証するものは何もない。かくしてこれは、昼夜の交替の原因である。この点で、ベークとその信奉者は正しいとおもわれる。

しかしベークは、『ティマイオス』篇にある ἰλλομένην の語は少しも運動について言ったものではなく、それは「球形にされた」とか、まるく「包まれた」とかを意味していると論じているとき、私はかれに追従することはどうしてもできない。あらゆる文献学的な考察を別とすれば、この解釈からは、アリストテレスによる議論の方向が無意味なことになる。アリストテレスは、もしも大地が「中心外において」であれ、「中心において」であれ、運動しているならば、それは「本性的な運動」ではありえない、と言っている。[17] というのはもしそうであれば、大地のどの部分もそうした運動をもつことになるからである。明らかに大地のどの土塊も、「下へ」すなわち中心部への本来の運動をしている。アリストテレスはまた、大地が「中心外において」であれ、「中心において」であれ、運動しているならば、「第一の球」を除いてすべてのものの場合と同じように、二つの運動をもたねばならないし、したがって恒星の緯度（πάροδοι）や「折り返し」（τροπαί）上の偏差があることになろうが、しかしそのようなものはない、と言っている。そこで明らかにアリストテレスは、大地の運動についての第二の説も、第一の説の場合と同様に移動運動を含んでいると見なしており、またそれがプラトンの『ティマイオス』篇の説であると考えている。かれがそのような点で間違いうることもあったと考えることはできない。[18]

『ティマイオス』篇における文章自体に目を向けるとき、つぎの点に気づくのである。すなわちプラトンの原文が正確に整っている場合、移動運動が含まれている[19]というアリストテレスの報告、ならびにベークの提案が文法的な根拠からも語彙論的な根拠からも認容しがたいということを、原文は完全に立証している。[20] したがって大地が「中心に」あるとする説と矛盾しない移動運動とは何か、を尋ねなければならない。そしてそこには、宇宙の軸自体を（漠然と言えば）上下運動しているということのほか何もない。さて、珍しい語 ἴλλομαι の、最もはっきりした唯一の意味は、まさにあちらこちら、前や後ろへの運動の意味である。[21] もしも或る無名の宇宙論者に拠って『ファイドン』篇でソクラテスが与えた、地中の水の記述から判断すると、この種の運動は、ピュタゴラスの徒によく知られていたことも、付言してよいであろう。[22]

この運動は、何と説明されようとしたのであろうか。なかなか正確をきすことはできないが、「同」と「異」の環、すなわち赤道と黄道の環の運動は、「現象の救済」にとって明らかに不十分である。環が動いているかぎり、惑星はすべて黄道のなかで運動するか、黄道から不変の距離を保って留まっているかでなければならない。このことは実状よりほど遠いことである。緯度における偏差、すなわち交互に黄道に近づいたり、離れたりすることに何らかの説明が必要である。すでに明らかなように（97頁）、アナクシマンドロスは、かつて月の「折り返し」について心を傾けた。さらに惑星の直接運動や逆行運動が、『ティマイオス』篇において、ほんの数行にわたってではあるがはっきりと言及されている。(23) ここに掲げたこの種の運動が、これらの見かけ上の不規則性を、説明していることを、細部にわたって示す必要はない。五世紀のピュタゴラスの徒が、それをなしうると考えたことが本当に近いと言うにとどめよう。惑星における気紛れさよりも、むしろ大地の規則正しい運動によって現象を説明することが、かれらには価値のあることのようにおもわれたであろう。もしもそうであれば、少なくともかれらの方向は正しかった。

誤解を避けるために、初期の時代に属するひとりのピュタゴラスの徒が提示するにはふさわしいとプラトンが考えた説であっても、かれ自ら満足していたと私は考えないことを付言したい。プラトンが、かれの生まれる以前に明らかに起こったとおもわれる対話のなかで、自分の個人的な見解を説いたという考えは少なくとも私にとってまったく信じられない考えである。さらにプラトンの晩年にアカデメイアの一員であったテオプラストスの正真正銘の典籍から知られるのは、プラトンがこの世界の中心にあるとおもったことについて報ずるものはないけれども、大地中心の仮説を放棄したことである。(24)『法律』篇からも、かれが軸を中心にした回転を大地に帰さねばならなかったことが明らかなようである。(25)

（1）この文献については、R.P. 81-83（DK. 44A16, 17; 58, 35-37）を見よ。この説をフィロラオスに帰しているのは、たぶんポセイドニオスによっている。「三巻の書」は、かれの時代まで疑いもなく実存していた。

（2）プラトンは、ティマイオスをして軸を中心とした回転を天体に帰因するものとしている（*Tim.* 40a7）。そしてこの回転は、同じ類いのものの回転運動に属している。軸上を月が回転する時間は、大地の周りを月が回転するのと同じである。しかしもし月が、自分の軌道とまったく無関係に回転するというにしても、結局同じことになる。そしてそれがギリシア人たちの考え方である。このことを全天体にピュタゴラスの徒が拡張しても当然のことであろう。それらが、物としての天球のなかにすべて固定された（ἐνδεδεμένα）、というアリストテレスの見方をこのことは結局導いた。

（3）これは、大地と対地とがつねに反対関係にあると考えるよりも、はるかに自然のようにおもわれる。Aet. iii. 11,3（DK. 44A17）, *τὴν οἰκουμένην γῆν ἐξ ἐναντίας κειμένην καὶ περιφερομένην τῇ ἀντίχθονι.* 参照。

（4）Plato, ***Phaed.*** 108e4 *sqq.* シムミアスは、大地中心説に対して ***καὶ ὀρθῶς γε*** という強調語で言っている。

（5）Aet. ii. 20,13（第五章358頁注（3））は、*ib.* 12 *Φιλόλαος ὁ Πυθαγόρειος ὑαλοειδῆ τὸν ἥλιον, δεχόμενον μὲν τοῦ ἐν τῷ κόσμῳ πυρὸς τὴν ἀνταύγειαν, διηθοῦντα δὲ πρὸς ἡμᾶς τὸ φῶς, ὥστε τρόπον τινὰ διττοὺς ἡλίους γίγνεσθαι, τό τε ἐν τῷ οὐρανῷ πυρῶδες καὶ τὸ ἀπ' αὐτοῦ πυροειδὲς κατὰ τὸ ἐσοπτροειδές· εἰ μή τις καὶ τρίτον λέξει τὴν ἀπὸ τοῦ ἐνόπτρου κατ' ἀνάκλασιν διασπειρομένην πρὸς ἡμᾶς αὐγήν.* と比較される。もちろんこれは、「プィロラオス」の支持した説について述べたものではなく、テオプラストスにおいてしばしば見いだされるような、どちらかといえばあげ足取りの批判である。さらにまた、それが不正確に報じられていることは、かなり明白である。***τὸ ἐν τῷ κόσμῳ πῦρ*** の語句が、テオプラストスによって用いられたとするならば、たしかに中心火を意味しているはずであり、***τὸ ἐν τῷ οὐρανῷ πυρῶδες*** は、いずれにしても同じことであるはずである。というのもアエティオス自身は、「プィロラオス」が月の領域について *οὐρανός* の語を用いた、と言っているからである（ii. 7.7, R.P. 81. DK. 44A16）。アキルレスが ***τὸ πυρῶδες καὶ διαυγὲς λαμβάνοντα ἄνωθεν ἀπὸ τοῦ ἀερίου πυρός*** と言っているのは事実であるが、かれの文献は、他の考察に優るほど重要ではない。

（6）Aet. i. 7. 7（R.P. 81）. Proclus ***in Tim.*** p. 106, 22（R.P. 83e）.

（7）アリストテレスは、ピュタゴラスの徒が、***τὴν……γῆν ἓν τῶν ἄστρων οὖσαν κύκλῳ φερομένην περὶ τὸ μέσον νύκτα τε καὶ ἡμέραν ποιεῖν***（*De caelo*, B, 13. 293a23. DK. 58B37）と主張したと述べて、このことを表現している。

（8）私はここで、ヘラクレイデスが太陽中心の仮説を真にうち立てたひとであるという主張を論じない。

（9）ローマ法皇パウロ三世に宛てた手紙のなかで、コペルニクスはプルタルコスの『哲学者の自然学概要』三巻一三・二一三

(R.P. 83a) を引用し、Inde igitur occasionem nactus, coepi et ego de terrae mobilitate cogitare を付言している。

(10) Ar. *De caelo*, B, 13. 293b25 *ἐπεὶ γὰρ οὐκ ἔστιν ἡ γῆ κέντρον, ἀλλ' ἀπέχει τὸ ἡμισφαίριον αὐτῆς ὅλον, οὐθὲν κωλύειν οἴονται τὰ φαινόμενα συμβαίνειν ὁμοίως μὴ κατοικοῦσιν ἡμῖν ἐπὶ τοῦ κέντρου, ὥσπερ κἂν εἰ ἐπὶ τοῦ μέσου ἦν ἡ γῆ· οὐθὲν γὰρ οὐδὲ νῦν ποιεῖν ἐπίδηλον τὴν ἡμίσειαν ἀπέχοντας ἡμᾶς διάμετρον.* 参照。（もちろん *τὸ ἡμισφαίριον αὐτῆς ὅλον* は、アリストテレスの天球の説に関係がある。かれは、じつのところその軌道の半径を表わしている。）ところで大地中心から見た視差が無視しうるから、一般に視差が無視しうると誰にしても論じたとは考えられない。他方、大地中心の考えをもつピュタゴラスの徒（本物のフィロラオスか）の見方は、『ファイドン』篇においてソクラテスによって説明されているが、そのひとはとくに大地が *πάμμεγα* (109a9) であると言っていることに注目したようにおもわれる。そしてそのことは、中心火の説を正当とすることをきわめて困難にしていた。もしもフィロラオスが、月の軌道の半径が大地の軌道の半径のわずか三倍であると主張したピュタゴラスの徒のひとりであるとすれば (Plut. *De an. procr.* 1028b)、かれはアリストテレスの引用した論法を用いることはできなかったであろう。

(11) Aet. iii. 13, 3 (DK. 51, 5), *Ἡρακλείδης ὁ Ποντικὸς καὶ Ἔκφαντος ὁ Πυθαγόρειος κινοῦσι μὲν τὴν γῆν, οὐ μήν γε μεταβατικῶς, ἀλλὰ τρεπτικῶς* [l. *στρεπτικῶς*] *τρόχου δίκην ἐνηξονισμένην, ἀπὸ δυσμῶν ἐπ' ἀνατολὰς περὶ τὸ ἴδιον αὐτῆς κέντρον.* キケロはこれと同じ説をヒケタスのものとしている (*Acad. pr.* ii. 39. DK. 50. 1)。しかしキケロは、ヒケタスが太陽と月とを恒星と同じく静止しているとしたと言って、説の無意味さを認めている。タンヌリは、ヒケタスやエクファントスをヘラクレイデスの一対話篇から虚構の人物と見なしたが、テオプラストスが両名の実在を認めたのは、確かなようである。大地が回転するという考えは、別に新奇なことではなかった、と言い添えてもよいであろう。ミレトス人（三）はおそらく、そしてアナクサゴラス（401頁）は、確実に平らな大地のこの見方をとった。それを球に適用することが、何よりも新味のあることであった。もしも大地を回転するとした大地中心説のピュタゴラスの徒たちが、たしかに大地の内部に中心火を置いたとするならば、そのことはかれらが「フィロラオス」の学説よりも、はるかに後の時代であることを立証することになるであろう。シムプリキオスは、これに触れているようである (*De caelo*, p. 512, 9 *sqq.*)。そしてかれは、ピュタゴラスについての、アリストテレスの失われた著作から引用しているのかもしれない。しかしこの点は疑わしい。

（12） さまざまな可能性が、T・L・ヒース卿（*Aristarchus*, p. 103）によって挙げられている。二つだけというのは、無価値である。全宇宙は、ἀπλανές の回転を分有しているであろうが、太陽、月、惑星は、宇宙の回転に加えて、さらに独立した回転をしている。あるいはまた ἀπλανές の回転は、感知できないほどゆっくりしているのかもしれない。その場合にその運動は、「歳差運動ではないけれども、何かそれによく似たものである。」（Heath, *loc. cit.*）

（13） Arist. *De caelo*, B, 13. 293b30, *ἔνιοι δὲ καὶ κειμένην ἐπὶ τοῦ κέντρου* 〔*τὴν γῆν*〕 *φασὶν αὐτὴν ἴλλεσθαι καὶ κινεῖσθαι περὶ τὸν διὰ παντὸς τεταμένον πόλον, ὥσπερ ἐν τῷ Τιμαίῳ γέγραπται.* この箇所の原文や解釈は、つぎの章の引用文（二九六a二五）*οἱ δ' ἐπὶ τοῦ μέσου θέντες ἴλλεσθαί καὶ κινεῖσθαί φασι περὶ τὸν πόλον μέσον.* によって確認される。これは別のことを言及している、ということを示そうとする試みはすべて無駄である。したがってたとえ *καὶ κινεῖσθαι* が若干の古写本で欠けていても、アレクサンドロスのように、最初の箇所における挿入と見なすことはできない。欠けているのは、おそらくアレクサンドロスの文献のためであろう。さらに文脈から解読すると、この箇所は、大地の運動についての二つの説のひとつを示していること、ならびに中心火の周りの回転のようなこの運動は、移動運動（*φορά*）であって、軸運動ではないことがまったく明白である。

（14） ***Plato's Doctrine respecting the Rotation of the Earth*** （1860）.

（15） Plato, *Tim.* 39c1. *νὺξ μὲν οὖν ἡμέρα τε γέγονεν οὕτως καὶ διὰ ταῦτα, ἡ τῆς μιᾶς καὶ φρονιμωτάτης κυκλήσεως περίοδος.* これは、「同の環」すなわち赤道の環の回転のことを指しているし、まったく疑う余地はない。

（16） Plato, *Tim.* 40c1 〔*γῆν*〕 *φύλακα καὶ δημιουργὸν νυκτός τε καὶ ἡμέρας ἐμηχανήσατο.* これについては、Heath, ***Aristarchus***, p. 178 参照。

（17） Arist. *De caelo*, B, 14. 296a29 *sqq.* *ὑπολειπόμενα* という惑星の西から東への見かけの運動についての用語の使用は、古いイオニアの見方の興味ある残物である（104頁）。大地が運動をしているとすれば、二つの運動をしていなければならないという考えは、惑星との類推に基づいているというほかない（Heath, ***Aristarchus***, p. 241）。

（18） 『ティマイオス』篇が公にされたときに、アリストテレスはアカデメイアの一員であったに違いない。そしてその対話篇の解釈が、プラトンの死後、アカデメイアの主要な仕事のひとつであったのは周知のことである。もしも移動運動を導入したために、アリストテレスがこの説を間違えて伝えたとすれば、アレクサンドロスもシムプリキオスも、カントールたちによる権威のある抗議にたしかに訴えることもできたであろう。ベークが『ティマイオス』篇で見いだした見方は、明らかにアリストテレス自身のものであり、その事実を誤認しえたとか、あるいはかれがそれを故意に間違えて伝えたとか考えるのは不可能である。

(19)『ティマイオス』篇についてのいろいろ読まれたなかで最もよい読みは、*τὴν δὲ τροφὸν μὲν ἡμετέραν, ἰλλομένην δὲ τὴν περὶ τὸν διὰ παντὸς πόλον τεταμένον.* である。冠詞 *τὴν* は、古写本 Par. A やパラティヌス抜萃文にはある。だれかがそれを挿入したと考えることは難しい。他方、その意味がすぐさま明らかではないので、それは脱落しやすかったであろう。もちろんそれは、*τὴν ἐπὶ θάνατον* や、クセノプォンの *προεληλυθότος……τὴν πρὸς τὰ φρούρια* のように説明されるべきであり、ある種の通り道を暗示している。したがって移動運動である。

(20) まず第一に globatam,「包まれた」「固まった」の意味は、現在分詞ではなく、完了形の分詞で表現されねばならなかった。したがってシムプリキオスは、完了形の分詞 *δεδεμένη* とか *δεδεσμημένη* とかでそれを言い換えねばならないことが分かる。**T・L・ヒース卿**の "wound" (*Aristarchus*, p. 177) は、"winding" であるはずである。第二に、古写本 Par. A は、*εἱλλομένην* となっているけれども、文献の重みは、厳密にはアリストテレス、プロクロスなどの読み *ἰλλομένην* の方にかかっている。動詞 *εἴλλω* (*εἴλλω*), *εἰλῶ*, *ἴλλω* は、つねに古写本において混同されている。思うに、*ἴλλω* を語源的にも他の動詞と結びついたものと見なすことはできない。むしろそれは、*ἰλλός* や *ἰλλαίνω* というヒポクラテスの用いた用語に属しているとおもわれる。その意味については、つぎの注(21)を見よ。

(21) 畝の溝のなかを前進したり後進したりする鋤についてはっきりといわれているソプォクレス『アンティゴネ』三四〇、*ἰλλομένων ἀρότρων ἔτος εἰς ἔτος* 参照。シムプリキオスは、ロードスのアポルロニオスが「閉じ込める」「囲い込む」*εἰργόμενος* の意味で、*ἰλλόμενος* を用いたという事実を論証している (Heath, ***Aristarchus*, p. 175, *n.* 6** 参照)。しかし筆記者、あるいはアポルロニオスそのひとでさえもただ同じような混乱に陥ったという可能性に対してそのことは影響しえない。もしも冠詞 *τὴν* とアリストテレスの証言とをとり除くことができないとすると、運動についての動詞でなければならない。

(22) Plato, *Phaed.* 111e4 参照。ここでは、大地に *αἰώρα* があり、世界中に拡がっている裂け目であるタルタロスにおいて、それは水を上下に動かすと言われている。この箇所についての私の校訂本における注を見よ。

(23) プロクロスは注釈において、『ティマイオス』篇二〇Cの *προχωρήσεις* と *ἐπανακυκλήσεις* とを、*προποδισμοί* と *ὑποποδισμοί* とに等しいものとして説明している。T・L・ヒース卿は、その著『アリスタルコス』の文頭に付した正誤表において、この解釈に異議をはさんで、『国家』篇六一七Bにおける遊星の火星に *ἐπανακυκλούμενον* の語を当てることと対照している。かれはただ、これが「恒星の回転運動に反対する意味での回転運動」を言ったものと解している。しかしスミュルナのテオンは、この箇所を引用して *ἐπανακυκλούμενον* の後に *μάλιστα τῶν ἄλλων* の語を置いていることは、注目されるべきである。もし表わされているのが逆行のことであるとすれば、それは優れた意味を付している。事実、火星は他の遊星にくらべて逆行の大きな弧をもっている（Duhem, *Système du monde*, vol. i. p. 61)。私は『国家』篇についての私の校訂文において、このことを記さないでいたので、テオンがプラトン自身の言葉を保存していると考える二つの理由を与えて改訂をしておきたいとおもう。まず第一に、テオンはデルキュリデスから明らかに引用しているが、デルキュリデスはプラトンの原文をはじめて公にしたのであって、この原文は現にあるものの出所である。第二に、*μάλιστα τῶν ἄλλων* は正確に十五文字であり、これはプラトンの原文における欠落文の標準の長さである。

(24) Plut. *Plat. quaest*, 1006c（*V. Numae*, c. 11 参照)。テオプラストスが、プラトンの晩年にアカデメイアの一員であったことを想起するのは重要である。

(25) 採りあげている箇所（八二二A四以下）において、プラトンは、惑星が単純な円運動をしているとして、これは青年期だけでなくもっと以前においても聞いたことのない見解であると言っている。それは、大地の二十四時間の自転のことを暗に意味しているに違いない。つまりそれは、惑星の運動が合成されているというピュタゴラス学派の説を否定するものだからである。そうかといって五世紀のピュタゴラス学派の見解をただ公に示している『ティマイオス』篇のなかに、この見方を見つけねばならないということにはならない。

一五一　「対地」

「対地」の存在もまた、蝕の現象を説明しようとして立てられた仮説であった。アリストテレスは、実際に一箇所で、ピュタゴラスの徒が、回転体の数を十までにするために「対地」を発明した、と言っている。[1] しかしそれは、たんなる揶揄である。アリストテレスは、本当のところはもっとよく知っていたのである。ピュタゴラスの徒についてのアリストテレスの著作では、月蝕が或るときには大地の干渉によって惹き起こされ、或るときには「対地」の干渉によって起こされる、と言っている。この問題についてのひじょうに優れた権威であるオプゥスのフィリポスによって、同じようなことが言われた。[2] 実際、アリストテレスは、その論がどのようにして生じたかを、それとは別の箇所で示している。それによると或る人たちは、大地の干渉のため眼に見えないけれども、中心の周りを回転しているかなり多くのものがあるであろうと考えたり、こうした仕方によって日蝕よりも月蝕の方が数が多いことを説明したりした。[3] このことは、「対地」との密接な繋がりにおいて述べられているので、アリストテレスは二つの仮説を明らかに同じ性質をもったものと見なした。論の史実は、こうである。すなわちアナクシメネスは、月蝕を説明するために、暗い惑星の存在を仮定し(二九)、アナクサゴラスはその見方を復活した(一三五)。或るピュタゴラスの徒が、[4] 大地と中心火とのあいだに暗いこれらの惑星を配したのは、それが不可視であることを説明するためであった。つぎの段階は、それらを単一の物体に還元することであった。ここで再びピュタゴラスの徒が、その先駆者たちの仮定をどのように単純化しようとしたかが明らかである。

（1） Arist. *Met.* A, 5. 986a3 (R.P. 83b).

（2） Aet. ii. 29,4 (DK. 58B36), *τῶν Πυθαγορείων τινὲς κατὰ τὴν Ἀριστοτέλειον ἱστορίαν καὶ τὴν Φιλίππου τοῦ Ὀπουντίου ἀπόφασιν ἀνταυγείᾳ καὶ ἀντιφράξει τοτὲ μὲν τῆς γῆς, τοτὲ δὲ τῆς ἀντίχθονος (ἐκλείπειν τὴν σελήνην).*

（3） Arist. *De caelo*, B, 13. 293b21 (DK. 59A42), *ἐνίοις δὲ δοκεῖ καὶ πλείω σώματα τοιαῦτα ἐνδέχεσθαι φέρεσθαι περὶ τὸ μέσον ἡμῖν ἄδηλα διὰ τὴν ἐπιπρόσθησιν τῆς γῆς. διὸ καὶ τὰς τῆς σελήνης ἐκλείψεις πλείους ἢ τὰς τοῦ ἡλίου γίγνεσθαί φασιν· τῶν γὰρ φερομένων ἕκαστον ἀντιφράττειν αὐτήν, ἀλλ' οὐ μόνον τὴν γῆν.*

（4） この人たちがピュタゴラスの徒である、とははっきり述べられていないが、しかしその徒であると考えるのは自然である。少なくともアレクサンドロスは、そう考えた (Simpl. *De caelo*, p. 515, 25)。

〔一五三〕　すでに触れたように（五四）、「もろもろの球の調和」として一般に知られているが、しかし不正確に知られているこの説は、ピュタゴラスによって始められたけれども、それを仕上げたのは後の時代のことであるに違いないし、またその説明に当たって異常なまでに多様化しているのは、前五世紀末と四世紀の初めに盛んであった、惑星の運動についての矛盾した諸説によるからであろう。ピュタゴラスの徒の説をアリストテレスは知っていたが、天体がその運行において音楽的な調べを生む、とピュタゴラスの徒が考えていた旨の、アリストテレスの明快な証言がある。さらに音程の高さは、天体の速さによって決まるのであり、そして天体は順番に距離があって、その距離は八度音程の協和音の間隙と同じ比率であった。アリストテレスは、恒星の天球が天界の協和音に加わっていることを紛れもなく暗示している。なぜなら「太陽、月、それに大きさにおいても数においてもそれほど大きな星」と述べているからである。この句は、五惑星のことを単独に、また主として指してはいない(1)。遅いものからは低い音が、速いものからは高い音が生じる、とも言われている。そして流布している伝承によると、二十四時間で回転する恒星の天球に、八度音程の高い音が配されている。もちろん土星は、そのつぎにくる。なぜなら土星は、反対方向にゆっくりした固有の運動をするけれども、それは日々の回転によって「制御されている」（κρατεῖται）からである。月に対して最高音を、恒星に対して最低音を付したという別の見方は、天体の日日の回転運動に替えて、大地の軸中心の回転を設定した説におそらくよったものであろう(2)。

（1）　Arist. *De caelo*, B, 9. 290b, 12 *sqq.* (R.P. 82. DK. 58B35). また Alexander, *In met.* p. 39, 24 (ピュタゴラスの徒についてのアリストテレスの著作から) τῶν γὰρ σωμάτων τῶν περὶ τὸ μέσον φερομένων ἐν ἀναλογίᾳ τὰς ἀποστάσεις ἐχόντων……ποιούντων δὲ καὶ ψόφον ἐν τῷ κινεῖσθαι τῶν μὲν βραδυτέρων βαρύν, τῶν δὲ ταχυτέρων ὀξύν. 参照。細部においては、さまざまな難題がある。（太陽と月とを含めて）七惑星と、七弦琴の弦とを同一視することが、この時代のピュタゴラスの徒のものであるとまで言うことはできない。というのは、水星も金星も太陽と同じ平均角速度

をもっているからである。そして恒星の天球も考慮に入れなければならない。

（2） さまざまな学説については、Boeckh, *Kleine Schriften*, vol. iii. pp. 169 *sqq.* と Carl v. Jan, "Die Harmonie der Sphären"（*Philol.* 1893, pp.13 *sqq.*）を見よ。ヒースの *Aristarchus*, pp. 107 *sqq.* には、それについての十分な説明がある。そこでは絶対速度と相対速度とのあいだの区別がはっきりと述べられている。この区別は、アダムの『国家』篇六一七B（vol. ii. p. 452）の注では識別されていない。ために結局、恒星の天球が *νήτη*（最高音）と正しく見なされる一方、月が土星に替わってそのつぎにきている――これは不可能な配列である。後の時代の見方は、ミルトンの *Hymn on the Nativity*（xiii）の「九重の協和音」においての、「低い調べをもつ天のオルガンが奏でる低音」の語によって代表されている。シェクスピアは、『ベニスの商人』の第五幕のはじめに、ロレンツオに本物のピュタゴラス流で、学説を説明させている。かれによると、魂の「調和」は、天体の調和と相応ずるものでなければならないが（「そのような調和は不死の魂のなかにある」）、しかし「衰弱の泥にまみれた衣裳」は、その完全な照応を妨げている。『ティマイオス』篇は、同じような見方を述べている。私は *Book of Homage to Shakespeare*（pp. 58 *sqq.*）において、『ティマイオス』篇の学説がどうしてシェクスピアに達したかを示そうとした。八度音程の音がすべて一度に鳴ると調和音を発しないであろう、というマーティンの所説には説得力はない。調和の問題は近代的意味でではなく、ただ完全な尺度への和音（*ἁρμονία*）について存在している。

一五三　事物、数に似たもの

アリストテレスがしばしばピュタゴラスの徒に帰している、事物は「数に似ている」という見方を、さらに考察しなければならない。アリストテレスには、事物は数であるという説とこれとを矛盾したものと考えた様子はない。もっともかれが、二つの見方をどのようにして調和さすことができたかを理解することは困難である。(1) しかし疑いもなくアリストクセノスが、事物は数に似ているとピュタゴラスの徒が教えていると表明したのであり、(2) まだ他にも、これが最初の学説であったことを証明しようと試みた形跡もある。ピュタゴラスの妻テアノによるものとされた一通の手紙が作成され、そこにおいて彼女は、ピュタゴラスが事物は数からできていると言ったというのが多くのギリシア人の考えであることを聞き知っている旨を語っている。しかし本当はピュタゴラスは、事物は数にもとづいてできていると言った(3)。

この考えがアリストテレスにまず浮かぶ場合、かれはプラトンとピュタゴラスの徒とのあいだの、言葉のうえでの違いだけを見いだしているようにおもわれる。「分有」の隠喩は、「模倣」の隠喩にただとって替わったのである。ここは、いわゆる「イデア説」の意味を論ずる場所ではない。しかし、アリストテレスが「模倣」の説をピュタゴラスの徒に帰していることは、『ファイドン』篇で十分に正当化されていることが指摘されるべきである。シュミアスが、その説を受け容れるかどうかを訊ねられるとき、とやかく言わないで直ぐに、きっぱりと受け容れると答えている。等しさそのものが本当に実在し、等しいものどもと言っているものは、等しさそのものの不完全な模倣であるという考えは、シュミアスにとって別に珍しいことではない(4)。ソクラテスが形相の説は魂の不死を暗に示していることを判らせようとすることから、最後にはその不死性にシュミアスは確信を抱くのである。

ソクラテスが、新奇なものとしてこの論を導入していないことも注目されるべきである。「イデア」の実在は、「私たちがいつも語っている」ような類いの実在であり、イデアは、或る学派に属する用語として表わされた特別な語彙で述べられている。その術語は、「私たちが述べている」といった形式で導入されている(5)。それはいったい誰の説であるのか。通常それは、プラトン自身のものであると考えられている。もっとも或るひとによると、「初期のイデア説」と呼んでおり、プラトンは晩年においてその説を深く修正したと言われている。しかしこの見解のなかには、大変厄介なことがある。プラトンは、『ファイドン』篇において記されている会話には列席していなかった、ときわめて慎重に述べている。どんな哲学者にしても、自分の新説を詳述しながら、当時代の多くの著名なひとにそれがすでに知られているものだと言うものがあったであろうか。(6) とうていそれを信じることは難しい。他方、その説の起源をソクラテスに帰することは早計であろうし、「形相」（εἴδη, ἰδέαι）の説が、ソクラテスによっていっそう発展させられたとしても、ピュタゴラスの仲間のあいだで、最初に形を採りあげたと考えるほかなさそうにおもわれる。驚くほどのものは、そこには何もない。シムミアスやケベスが、ピュタゴラスの徒であるばかりか、ソクラテスの門弟であったことは、歴史的事実である。たしかに、一般に認めている以上に「形相の友」(7) は多かったのである。いずれにしても、究極的存在を表わすために εἴδη や ἰδέαι の語を用いたのは、確かにプラトンより前の時代であり、それがピュタゴラスに始まるものと見なすのも至極当たり前のようにおもわれる。

プラトンがソクラテスに語らせている諸説と実際上区別をつけることができない点にまで、ピュタゴラス思想の歴史を追跡することによって、本論の限界をじつのところ越えてしまっている。しかし現存する文献の叙述を本当の明るみに出すために、こうする必要があった。個人的に知っていた人びとについて、アリストクセノスが誤ることはないとおもわれる。そしてアリストテレスも或る根拠のうえに叙述せざるをえなかったのである。

（1） とくに *Met.* A, 6. 987, b10 (R.P. 65d. DK. 58B12) 参照。A, 5. 985b23 *sqq.* (R.P. *ib.* DK. 58B4) におけるように、かれらは事物のなかに数に似た多くのものを認めた、とアリストテレスが言う場合とまったく同じではない。それは正義、好機などが数的に類似していることを言っている。

（2） Aristoxenos *ap.* Stob. i. pr. 6 (p. 20. DK. 58B2), *Πυθαγόρας……πάντα τὰ πράγματα ἀπεικάζων τοῖς ἀριθμοῖς.*

（3） Stob. *Ecl.* i. p. 125, 19 (R.P. 65d).

（4） Plato, *Phaed.* 74a *sqq.*

（5） とくに *ὃ θρυλοῦμεν ἀεί*（76d8）の語参照。*αὐτὸ ὃ ἔστιν, αὐτὸ καθ' αὑτό* の語句や、それに類する語句は、珍し

くないと考えられる。「私たち」は、問答によって実在性をはっきりさせているし、問答の過程で、「私たち」はその実在を説明している。(ἧς λόγον δίδομεν τοῦ εἶναι, 78d1. ここでは、λόγον……τοῦ εἶναι が λόγον τῆς οὐσίας と同等である。) 私たちがこうした過程を通ってのち、「私たち」は αὐτὸ ὃ ἔστιν の印蠟すなわち刻印をそれに押すのである (75d2)。術語は、ひとつの学派を暗示している。ディールスがそれに触れているように (*Elementum*, p. 20)、「真喩が比喩に集中化し、比喩が術語に要約する」のは一学派内においてである。

(6) 『パルメニデス』篇において、プラトンは、自分の生まれるより少なくとも二十年ほど前のこととして慎重に時を定め、ソクラテスの口を通してその説を説明させている。

(7) Plato, *Soph.* 248a4. プロクロスは、*ἣν μὲν γὰρ καὶ παρὰ τοῖς Πυθαγορείοις ἡ περὶ τῶν εἰδῶν θεωρία, καὶ δηλοῖ καὶ αὐτὸς ἐν Σοφιστῇ τῶν εἰδῶν φίλους προσαγορεύων τοὺς ἐν Ἰταλίᾳ σοφούς, ἀλλ' ὅ γε μάλιστα πρεσβεύσας καὶ διαρρήδην ὑποθέμενος τὰ εἴδη Σωκράτης ἐστίν.* (*In Parm.* iv. p. 149, Cousin) と言っている。これぞのものは、権威あるものではない。しかしその主題について現存する唯一の報告である。そしてプロクロス (アカデメイアの伝承を思いのままにしたひと) は、この語句について別の解釈を聞いていた様子はない。後の文章 (v. p. 4, Cousin) において、その説について報告を聞いていたために、パルメニデスがソクラテスに対して、その説を独りで考えついたのかどうかを訊ねたのは当然であった、とプロクロスは言っている。

第八章　若いエレア学派

一五四　先駆者との関係

いままで学んできた学説は、すべて基本的に多元論であった。また、学説がそうであったのは、もしも本気で物体的一元論を採るならば、いたるところで多様と運動と変化とが現われている世界についての経験と矛盾した多くの属性をひとは存在に帰さねばならないということを、パルメニデスが示していたからである（九七）。エムペドクレスの四つの「根」や、アナクサゴラスの無数の「種子」は、そのいずれもパルメニデスが提起した問題を解決しようという意識的な試みであった（一〇六、一三七）。実際、ピュタゴラスの徒が、パルメニデスによって直接影響を受けたという証拠はないが、しかしかれらの学説の後の時代の形態が、エムペドクレスの学説にどのように基づいていたかには、すでに触れた（一四七）。そこでゼノンが、エレア的観点から批判したのは、この広くゆきわたった多元論に対してであった。とくにかれの論証は、ピュタゴラス思想に対して向けられていたのである。メリッソスもまた、ピュタゴラス思想を批判した。しかしメリッソスは、実在が無限であるという古いイオニアの前提を支持することによって、自分の敵と共通の基盤を見いだそうとしている。

一　エレアのゼノン

一五　生涯

アポルロドロスによると、(1) ゼノンは第七九オリュムピア祭期（前四六四―四六〇年）に最盛期であった。この年代は、パルメニデスよりも四十歳年下とすることからきているのであって、プラトンの証言とまっこうから矛盾している。すでに明らかなように（八四）、パルメニデスとゼノンとが、若いソクラテスに出会ったのは、前四四九年より前のことではありえない。そしてゼノンは、そのとき「かれこれ四十歳」であった、とプラトンは述べている。(2) すると前四八九年頃、つまりパルメニデスより二十五年も後に、ゼノンが生まれたことにならざるをえない。ゼノンは、テレウタゴラスの息子であった。かれは、パルメニデスによって養子にされたというアポルロドロスの言及は、プラトンの『ソフィステス』篇の表現を誤って理解したものであるにすぎない。(3) さらにプラトンは、ゼノンは丈高く、穏やかな容貌をしていた、と述べている。(4)

ゼノンは、パルメニデスと同じように、生国の国制に参加した。ティマイオスの文献によると、疑いもなくストラボンは、エレアの善政に対する手柄の一端をゼノンのものとしているし、またゼノンはピュタゴラスの徒であった、と言っている。(5) この叙述を説明するのは容易である。すでに触れたように、パルメニデスは最初ピュタゴラスの徒であったし、エレア学派は、大きな結社のひとつの支流として当然見なされていた。ゼノンは、名前がさまざまに伝えられているひとりの僭主を殺そうと謀ったとも伝えられている。拷問のもとでもかれが悠然としていた話は、細部では異なっているけれども、しばしば繰り返されている。(6)

（1） Diog. ix. 29 (R.P. 130a. DK. 29A1). アポルロドロスは、ゼノンの年代についてはわざわざ採りあげていない。しかしゼノンの父の名前については引用されているので（ix. 25; R.P. 130. DK. 29A1）、アポルロドロスもまた最盛期についての典拠であることに間違いはないであろう。

（2）Plato, *Parm.* 127b（R.P. 111d. DK. 29A1）. ゼノンのアテナイ訪問は、プルタルコスの「ペリクレス」四（R.P. 130e. DK. 29A4）によって確かめられる。そこでは、ペリクレスがアナクサゴラスと同様に、ゼノンにも「聞いた」と言われている。それはまた、『アルキビアデス、一』篇一一九Aにおいても言及されている。そこでは、イソロコスの子ピュトドロスと、カルリアデスの子カルリアスとは百ムナの金をゼノンに払って教育を受けたと言われている。

（3）Plato, *Soph.* 241d（R.P. 130a）.

（4）Plato, *Parm., loc. cit.*

（5）Strabo, vi. p. 252（R.P. 111c. DK. 28A12）.

（6）Diog. ix. 26, 27（DK. 29A1）と R.P. 130c（DK. 29A6-9）において言及されている他の箇所、ディオドロスの第一〇巻に与えられている説明の出所は、まさしくティマイオスである。

一五六　著作

ディオゲネスはゼノンの「著作」について述べ、スゥイダスは、ミレトスのひとヘシュキオスを通って、アレクサンドリアの司書たちから来たとおもわれる若干の題目を与えている。(1) プラトンは『パルメニデス』篇において、ゼノンが著名になった作品は、若いときのものであり、かれの意志に反して公にされた、とゼノンに言わせている。(2) 対話の行なわれた時代にゼノンが四十歳であると考えられる以上、この著作は前四六〇年以前に書かれたことを、このことは表わしているに違いないし、その後、ほかにもかれが著述した可能性がある。(3) そしてゼノンが、スゥイダスの言うような「哲学者たち」への反駁の一書をものしたとすれば、その対象は、すでに明らかなように用語を自分たちの流儀で使ったピュタゴラスの徒を表わしているに違いない。(4)『諸駁論』（*Ἔριδες*）や『自然について』は、プラトンの『パルメニデス』篇に記された著作と同じものかもしれないし、違うものかもしれない。

　ゼノンが対話篇を書いたことを、アリストテレスの或る引用文が暗に示しているように考えられているけれども、本当ではないであろう。『自然学』のなかには、[5]黍《きび》の粒のどんな部分でも音をたてる、というゼノンの議論が言われている。シムプリキオスは、ゼノンとプロタゴラスとのあいだのやりとりの一節を引用して、このことを証明している。[6]もしも私たちの年代推定が正しいとすれば、かれらが出会ったことは、まったく可能性のあることである。しかしゼノンが、自らの対話篇のなかで自分から登場人物を演じたというのはおかしい。これは後の時代のやり方であった。アリストテレスは、別の箇所で、「答えるひとと問うひとゼノン」とが登場した一節に言及している。[7]その節を最も容易に理解するには、やはり同じ筆法においてである。アルキダマスは、ゴルギアスが登場する対話篇を書いたようにおもわれるし、[8]そして対話形式によってゼノンの論証を記述するのは、つねに心をそそる演習であったに違いない。

　ゼノンの若い時の作品がどのようなものであったかを、プラトンははっきりと心に描いてくれるのである。それは、ひとつではなく多くの「論説」を含んでいたのであり、これらの論説は、さらに部門別に分割されていた。そしてそれぞれの部門は、ゼノンの論敵のたてた或るひとつの前提を取り扱っていた。[9]一と多とについてのゼノンの論証は、シムプリキオスによって保存されている。[10]運動についての論証は、アリストテレスによって残されている。[11]しかしアリストテレスは、その論証を自分の言葉で言い換えているのである。

（1） Diog. ix. 26 (R.P. 130. DK. 29A1); Souidas *s.v.* (R.P. 130d. DK. 29A2).

（2） Plato, *Parm.* 128d6 (R.P. 130d).

（3） スゥイダスによって与えられた最も顕著な題目は、*'Εξήγησις τῶν 'Εμπεδοκλέους* である。もちろんゼノンは、エムペドクレスについて注釈書を著わさなかったが、ディールスは、哲学者に対する論証が、しばしば *ἐξηγήσεις* と呼ばれた、と指摘している（*Berl. Sitzb.*, 1884, p. 359）。ポントスのひとヘラクレイデスの、*'Ηρακλείτου ἐξηγήσεις* や、とく

に *Πρὸς τὸν Δημόκριτον ἐξηγήσεις* (Diog. v. 88. DK. 68A34) 参照。

(4) 412頁注(3)を見よ。後代の誌家が、ゼノンに *πρὸς τοὺς φιλοσόφους* を論じさせたのも本当ではないであろう。アレクサンドリアにおいてその著作に与えられた題目は、その含む内容に基づいているに違いない。

(5) Arist. *Phys.* H, 5. 250a20 (R.P. 131a. DK. 29A29).

(6) Simpl. *Phys.* p. 1108, 18 (R.P. 131. DK. 29A29). これがアリストテレスの言及するものであれば、*κεγχρίτης λόγος* をゼノンそのひとに帰すのはいささか危険である。この対話の存在は、プロタゴラスと会話することのできた年代に、ゼノンがアテナイを訪問したことを別の形で表わしている。そしてこれは、この事柄についてのプラトンの表現とすこぶるよく一致している。

(7) Arist. *Soph. El.* 170b22 (R.P. 130b. DK. 29A14).

(8) 第五章296頁注(1)。

(9) Plato, *Parm.* 127d (DK. 29A15). プラトンは、第一の *λόγος* の第一の *ὑπόθεσις* について述べている。これは、この著作が実際、別々の部門に分かれていることを示している。プロクロス (*in loc.*) は、こうした四十の *λόγοι* がいっしょになっていた、と言っている。

(10) シムプリキオスは、一箇所 (p. 140, 30; R.P. 133. DK. 29B3) で、*κατὰ λέξιν* をゼノンは引用している、と言っている。アカデメイアは、この著作の写しを確かに所有していた以上、私はこのことを疑うわけにはゆかない。その場合、ゼノンがアッティカ方言を用いているのは、意味深長である。

(11) Arist. *Phys.* Z, 9. 239b9 *sqq.* (DK. 29A25).

一五七　弁証術

アリストテレスは、『ソフィステス』において、ゼノンをして弁証術を発明したひとと呼んでいる。[1] それは実質上、本当のことである。もっとも議論をこのようにする方法の少なくとも最初は、エレア学派の設定された時代のことであった。プラトンは、[2] ゼノンの文体や意図を活き活きと説明している。かれは、それをゼノン自身が言ったことにして、こう述べている。

「実際、この論文は、一が存在するならば、議論が多くの不合理と矛盾のなかに陥るから、パルメニデスの議論を嘲笑しようとする人びとに対して、その説を援助しようとするものである。この論文は、多を支持する人びとに対して反論し、その人びとにうんと多くの仕返しをしている。その狙いは、多が存在するという仮定は、もし十分に研究されるならば、一が存在するという仮定よりも、はるかに多くの矛盾を含んでいるということを示すことである。」

ゼノンの方法は、事実、かれの論敵の基本的な必要条件のひとつを採りあげ、そこから二つの矛盾した結論を導くことであった。(3) アリストテレスがかれをして弁証術を発明したひとと呼んだのは、まさにこのことにほかならない。弁証術は、正しい前提からではなく、相手方の認める前提から議論する技術である。パルメニデスの説は、感覚の明証性に矛盾する結論に至った。ゼノンの目的は、説自体を新しく証明することではなくて、ただ相手方の見方が明らかに同じような性質の矛盾に至ることを示すことであった。

（1） Diog. ix. 25 (R.P. 130. DK. 29A1) 参照。

（2） Plato, *Parm.* 128c (R.P. 130d. DK. 29A12). 哲学史家が、アリストテレスの曖昧な言及からではなく、プラトンのこの注意深い叙述から出発したならば、タンヌリ以前のすべてのひとのように、ゼノンの議論を理解すのに失敗したりはしなかったであろう。

（3） プラトンの『パルメニデス』篇で用いられた術語は、ゼノンそのひとと同じぐらい古い時代のもののようにおもわれる。*ὑπόθεσις* は、或る言明の真を一時仮定したものであり、*εἰ πολλά ἐστι* のような形をとっている。この語は、或るものの仮定を根底として表わしているのではなく、解かれるべき問題として、陳述の前に置くものである（イオニア方言

で ὑποθέσθαι アッティカ方言で προθέσθαι)。もし ὑπόθεσις から必然的に付随してくる結論（τὰ συμβαίνοντα）が不可能であるとすれば、ὑπόθεσις は「無効」である（Plato, *Rep.* 533c8, τὰς ὑποθέσεις ἀναιροῦσα 参照）。Περὶ ἀρχαίης ἰατρικῆς（c.1）の著者は、同じような意味で ὑπόθεσις の語を知っている。

一五八　ゼノンとピュタゴラス思想

ゼノンの弁証が主にピュタゴラスの徒に向けられたことは、パルメニデスに対して、ものは多であると主張した論敵に弁証が向けられた、というプラトンの叙述によって確かに示唆されている。(1) 実際、ツェラーは、ゼノンそのひとが駁論したのは、ものが多であるという一般的な考えの形態に対してであった、と述べている。(2) しかし普通の人びとが、ここで採りあげる意味において、ものは「多」であると考えているというのは、本当のところ間違いである。プラトンは、ゼノンの論証の前提が、パルメニデスの論敵の考えであった、と言っている。あらゆる矛盾が出てくる必要条件は、空間と、したがって物体とが分離した多数の点から成り立っているという見方である。そしてこれはまさにピュタゴラスの学説である。ゼノンの著作は、若い頃の作品であったことは、プラトンから知られる。(3) よってかれは、イタリアにおいて著わしたに違いないし、ピュタゴラスの徒は、その地において当時、パルメニデスの見解を批判することのできた唯一の人たちである。(4)

もしもプラトンに従って、ゼノンを通例とは異なってもっと後の時代に位置づけるならば、ゼノンの歴史的位置がはるかに明確になることは注目されるであろう。するとまず初めにパルメニデス、ついで多元論者、ついでゼノンの批判と続くことになる。(5) ともかくこれは、アリストテレスが史的発展に対してとった見方であったようにおもわれる。

(1) ゼノンの議論がピュタゴラス思想に対して向けられたという見解は、最近ではタンヌリ（*Science hellène*, pp. 249

sqq.）やボイムカー（*Das Problem der Materie*, pp. 60 *sqq.*）によって支持されている。

（2）Zeller, p. 589（英訳 p. 612).

（3）***Parm., loc. cit.***

（4）エムペドクレスのことが考えられている。かれは実際、ゼノンとほぼ同じ時代であったし（九八）、パルメニデスを批判しているようにおもわれるが（一〇六）、ゼノンの論証は、エムペドクレスの説に特別な適用をしていない。アナクサゴラスを考えるのは、さらに適当でない。

（5）Arist. ***Phys.*** A, 3. 187a1（R.P. 134b. DK. 29A22). 一七三 を見よ。

一五九　単位とは何か

ゼノンの論争は、まず手始めに単位についての或る見解に対してはっきり向けられている。エウデモスは『自然学』において、(1)「もしひとが、単位とは何かと尋ねることができるならば、ものがそれである、と言うことができるであろう」という言葉をゼノンから引用した。これについて、シムプリキオスによって保存されているアレクサンドロスの注釈は、至極満足のゆくものである。「エウデモスが述べているように、パルメニデスの弟子ゼノンは、存在するもののなかにいかなる単位もないゆえ、存在するものが多であることは不可能であるが、一方「多」は多くの単位を意味しているということを示そうとしている」(2)とアレクサンドロスは言っている。ここでは、あらゆるものは単位の集合に還元される、というピュタゴラス的見解がはっきり採りあげられている。これこそ、ゼノンの否定したものである。

（1）Simpl. ***Phys.*** p. 138, 32（R.P. 134a).

（2）***Ibid.*** p. 99, 13（DK. 29A21), *ὡς γὰρ ἱστορεῖ, φησίν*（*ὁ Ἀλέξανδρος*）, *Εὔδημος, Ζήνων ὁ Παρμενίδου γνώριμος ἐπειρᾶτο δεικνύναι ὅτι μὴ οἷόν τε τὰ ὄντα πολλὰ εἶναι τῷ μηδὲν εἶναι ἐν τοῖς οὖσιν ἕν, τὰ δὲ πολλὰ* *πλῆθος εἶναι ἑνάδων*. これは、ゼノンが *ἀνῄρει τὸ ἕν* であるという文の意である。この文は、(R.P. 134a に含まれているような)アレクサンドロスの文ではなく、ほかならぬエウデモスそのひとに溯る。それは、*τὴν γὰρ στιγμὴν ὡς τὸ ἓν λέγει* (Simpl. *Phys.* p. 99.11. DK. 29A21) の語句と関連して読まれねばならない。

一六〇　断片

ゼノン自身の断片もまた、論議がこういった進み方をしたことを示している。ディールスの配列に従って断片を示そう。

(一)

もしも存在するものが、大きさをもたないならば、それは存在しえないであろう。……しかし存在するものがあるならば、それぞれのものは或る大きさと厚みをもたねばならない。そして相互のあいだに距離がなければならない。そして同じことは、その前にあるものにも言われる。なぜならそれもまた、大きさをもつであろうし、或るものがその前にあるであろうからである。[1] このことは、一度でも、つねにでも同じように言うことができる。というのもそれのそうした部分が、最極端ではないからであり、ひとつのものが他のものと無関係に存在しないからである。[2] それでもしものが多であるならば、ものは小さく、かつ大きいという両方になるであろう。小さいといえば大きさをもっていないほど小さく、大きいといえば無限であるほど大きい。(R.P. 134. DK. 29B1)

(1) 以前に私は「それ以上小さいものについて同じことが言われるであろう。なぜならそれも大きさをもつであろうし、さらにそれ以上小さいものがあるからである」と翻訳した。これはタンヌリの読みである。しかし私は、*ἀπέχειν* を *μέγεθος* に、*προέχειν* を *πάχος* に関係づけて考えているディールスと、現在同意見である。ゼノンは、ピュタゴラス的点が三次元をもっているべきであることを示している。

（2）ディールスや古写本に従って、οὔτε ἕτερον πρὸς ἕτερον οὐκ ἔσται. と読む。（R.P. で採用された）ゴムペルツの校訂は、私には専断的なようにおもわれる。

（二）

なぜならそれが他のものにつけ加えられても、それはけっしてそれ以上大きくしないであろう。というのは、大きさがないならば、つけ加えても何も大きくなることはできないからであり、そのように加えられたものは何ものでもなかった、ということになる。[1] しかし、もしこれが他のものから取り除かれるときにも、そのものは少しも小さくならないし、またもしそれが他のものにつけ加えられても、増加しないであろう。つけ加えられたものは何ものでもなかったし、取り除かれたものも何ものでもなかったことは明白である。（R.P. 132. DK. 29B2）

（1）ツェラーは、ここに脱文を考えている。ゼノンはたしかに、点を除いてものは多くならないことを示さねばならなかった。しかし現存している断片の冒頭より前のところで、そのようなことを示すことができたであろう。

（三）

もしものが多であるならば、存在するかぎりのものは多でなければならないし、存在ずるものより多くも、より少なくもない。さて存在するかぎりのものが多であるならば、数のうえで限られていることになるであろう。

もしものが多であるならば、存在するものは数のうえで無限である。なぜなら存在するもののあいだに、他のものがつねにあるであろうからである。そしてそのもののあいだに、別の他のものがあるからである。す

ると存在するものは、数のうえで無限である。(R.P. 133. DK. 29B3)(1)

(1) これは、アリストテレスが「二分割法の論証」と呼んでいるものである(*Phys.* A, 3. 187a1; R.P. 134b. DK. 29A22)。もしも線分が点で成り立っているならば、「与えられた線分にはどれほどの数の点があるか」の質問に答えなければならない。他方、ひとはつねに線分を分かち、あるいは線分の部分を二等分に分けることができる。それで線分が点で成り立っているとすれば、ひとが割り当てる数以上の点がつねにあることになるであろう。

一六一 単位

もしも単位が大きさをもっていないとすれば、――そしてこのことは、アリストテレスが二分割法からの論証と呼んでいるものの場合にも考えられる(1)――その場合、すべてのものは無限に小さくなるはずである。大きさのない単位からなるものは、それ自体大きさをもちようがない。他方、事物を成立させている単位は、或るものであって無ではないことを認めるならば、あらゆるものは無限に大きい、と主張しなければならない。線とは、無限に分割可能である。この見方からすれば、線は無限数の単位、何らかの大きさをもつそれぞれの単位から成り立っているであろう。

この論証が、点に関係していることは、アリストテレスの『形而上学』からの有益な文章によって明らかにされている(2)。それはこうである。

「単位がもし不可分割であるとすると、ゼノンの提案から、単位は何ものでもないことになるであろう。それが加わったところで何も大きくしないし、取り除かれたところで小さくもしないところのものは、けっして実在するものではない、とゼノンは言っている。というのは実在するところのものは、たしかに大きさのあるものであるからである。そして大きさがあるとすると、それは物体的である。すなわちどの方向にも存在しているのは物体的である。他のもの、線や面は、或る方法で加えると、加えられたものを大きくするであろうが、別の方法で加えると、何の効果も生まれないであろう。しかし点と単位とは、どんな方法にしろ大きくすることはできない。」

以上のあらゆる点から、ゼノンの反論した「一」が、「多」を構成する数の「一」であったという以外の結論を引き出すことは不可能のようにおもわれる。それはまさに、ピュタゴラス的単位である。

(1) 前頁の注を見よ。

(2) **Arist.** ***Met.*** **B, 4. 1001b7 (DK. 29A21).**

一六二　場所

アリストテレスは、場所についてのピュタゴラスの教説に対して向けられたとおもわれる論証に言及している。(1) そしてそれをシムプリキオスは、つぎのような形で引用している。(2)

「もしも場所があるならば、それは何かのなかにあることになるであろう。というのは存在するものはすべて、何かのなかにあるからである。何かのなかにあるものは、場所のなかにある。すると場所は場所のなかにあることになる。これは際限がなく続く。よって場所はない。」(R.P. 135)

ゼノンがここで実際、反論している対象は、場所を占めている物体から、場所を区別する試みである。もしも物体が場所のなかに存在しなければならないと主張する場合、場所そのものは何のなかにあるか、を訊ね続けねばならない。このことは、パルメニデスによる空虚の否定に「加勢すること」である。あらゆるものが、何かの

「なかに」なければならないとか、その何かの向こうにはまた何かがなければならない、といった論法は、おそらく有限な球体の外には何もないというパルメニデスの説に対して用いられた。

（1） Arist. *Phys.* Δ, 1. 209a23 (DK. 29A24); 3. 210b22 (R.P. 135a. DK. 29A24).

（2） Simpl. *Phys.* p. 562,3 (R.P.135. DK. 29A24). エウデモスの説明は、シムプリキオスの『自然学注釈』に *ἀξιοῖ γὰρ πᾶν τὸ ὂν ποῦ εἶναι· εἰ δὲ ὁ τόπος τῶν ὄντων, ποῦ ἂν εἴη; οὐκοῦν ἐν ἄλλῳ τόπῳ κἀκεῖνος δὴ ἐν ἄλλῳ καὶ οὕτως εἰς τὸ πρόσω.* (p. 563, 26) として与えられている。

一六三　運動

運動の問題についてのゼノンの論証は、アリストテレス自身によって残されている。パルメニデスの学説は、一切の運動を不能としたし、その後継者は、まさにこの結論を避けようとして、一元論的仮説をやむなく捨てざるをえなくなった。ゼノンは、運動の不可能性についての新しい証拠をもちだしてはいない。結局、ピュタゴラスの徒のような多元論的な説は、パルメニデスの説の場合のように、運動の不可能性を説明できないということを示すことが、かれの仕事である。こういった点から眺めると、ゼノンの論証は、たんなる詭弁ではなくて、量の概念に大きな前進をもたらしている。それはつぎのようなものである。

㈠ 「君は、競技場をわたり切ることはできない。[1] 君は有限の時間内に無限の点を横切ることはできない。君が全体を横切るまえに、与えられた距離の半分を横切らねばならない。そしてそれを横切ることができるまえに、その半分を横切らねばならない。これは際限なく続く。したがって与えられた場所には無限の点があり、君は有限な時間内にひとつひとつ無限な数に触れることはできない。[2]」

㈡ 「アキルレスは、亀をけっして追い抜くことはないであろう。アキルレスは、亀の出発点にまず達しなければならない。達するまでに亀は、いくらか前進している。そこでアキレスはそこに辿り着かねばならないが、亀はふたたび進んでいるであろう。かれはたえず近づいてはいるが、しかしそこまで行けない。(3)」

第二の論証の「仮説」は、まず第一の論証、すなわち線分は点の集まったものである、という論証の「仮説」と同じである。しかし論証過程は、もうひとつの動体をもち込んで複雑にされている。したがって隔たりは、どの時間にも半分であるというのではなく、定まった比率で減少している。さらに第一の論証は、こういった仮説にもとづいて、速く動くことができるにしろ、いかなる動体も、或る距離を横切ることはできないことを示している。第二の論証は、どんなに遅く動いても無限な距離を行き着くであろうという事柄を強調している。(4)

(三)「飛んでいる矢は、静止している。なぜならばどのようなものも、自らと同じ大きさの場所を占めている場合静止しているとすれば、そしてまた飛んでいるものは、与えられたどの瞬間にあっても、つねに自らと同じ大きさの場所を占めているとすれば、それは動くことはできないからである。(5)」

もっと厄介なことがここに導入されている。動体自体は長さをもち、その連続した位置は点ではなく線である。最初の二つの論証は、線分が無数の不可分なものからなるという仮定を崩そうという狙いがある。この論証もつぎの論証も、線分は限られた数(6)の不可分なものからなるという仮説を扱っている。

(四)「半分の時間は、その時間の倍に等しいであろう。三列の物体(7)を考えてみるとよい。すなわち静止している列（A）と、等速で反対方向に運動している二列（B・C）がある（図二）。或る時間後に、三列がすべて同じ位置にくる場合、BがCにおいて通過した数は、Aにおける物体の数の二倍であったであろう（図二）。したがってCを通過するにかかる時間は、Aを通過するにかかる時間の二倍である。しかしBとCが、Aの位置にくる時間は同じである。よって二倍の時間は、半分に等しい。(8)」

図　二

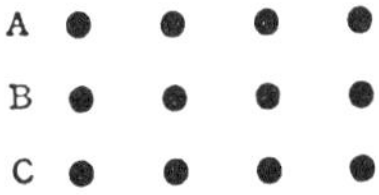

図　一

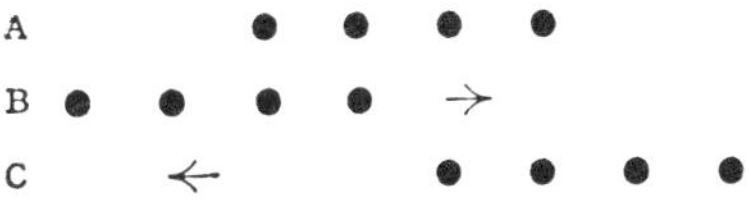

アリストテレスによると、この場合の背理は、等速で動く等しい大きさのものは、それと大きさの等しいものが静止していようと運動していようと、等しい時間内に動かねばならないという仮定に依っている。たしかにその通りであるが、この仮定がゼノン自身のものである、と考えるべきではない。事実、第二の論証が第一の論証と関係していたように、第四の論証は第三の論証と関係がある。アキㇽレスの論証は、第一の論証の、単一の動く点に第二の動く点をつけ加えている。この第四の論証は、飛んでいる矢の単一な動く線に、第二の動く線をつけ加えているのである。しかし線というものは、単位の集まりとして表わされている。つまりピュタゴラスの徒がそれを表わしたのと同じ仕方である。そしてもし線が分離している単位の集まりで、時間が同様に分離している瞬間が連続したものとすれば、まったく本当のところ、それぞれの単位が通過する多くの単位とは別に、おおよそ考えられる運動の尺度はない。

この論証は、他の論証と同じく、量全体が分離されているという仮定から生じる、不合理な結論を引き出そうという狙いである。事実ゼノンがなしてきたことは、異なった仮定の帰謬法（reductio ad absurdum）によって、連続した量の概念を確立することである。もしも一が連続していると、パルメニデスが主張したのを想起するならば（断片八、二五）、プラトンがソクラテスの口で語らせたゼノンの方法についての説明が、いかに詳細を極めたものかが理解されるであろう。

（1） Arist. *Top.* Θ, 8. 160b8 (DK. 29A25), *Ζήνωνος* (*λόγος*), *ὅτι οὐκ ἐνδέχεται κινεῖσθαι οὐδὲ τὸ στάδιον διελθεῖν.*

（2） Arist. *Phys.* Z, 9. 239b11 (R.P. 136). また Z, 2. 233a11; a21 (R.P. 136a. DK. 29A25) 参照。

（3） *Ibid.* Z, 9. 239b14 (R.P. 137. DK. 29A26).

（4） ジュルダン氏がそれを説明しているところでは (*Mind*, 1916, p. 42)、「第1の論証は、運動はけっして始まりえないことを示している。第二の論証は、遅いものは速いものと同じ速さで運動することを示している。」これは、線が構成要素の点に無限に分けられるという仮定のうえでである。

（5） *Phys.* Z, 9. 239b30 (R.P. 138. DK. 29A27); *ib.* 239b5 (R.P.138a. DK. 29A27). 後者の箇所は、意味は明白であるけれども、文が乱れている。私はそれについてツェラーの校訂文を訳出している。その文は *εἰ γάρ, φησίν, ἠρεμεῖ πᾶν ὅταν ᾖ κατὰ τὸ ἴσον, ἔστι δ' ἀεὶ τὸ φερόμενον ἐν τῷ νῦν κατὰ τὸ ἴσον, ἀκίνητον κ.τ.λ.* もちろん *ἀεί* は、「つねに」ではなく「どのようなときにも」を意味し、*κατὰ τὸ ἴσον* は、文字通り「(自らと) 同じ場所に応じて」を意味している。他の読みについては、Zeller, p. 598, *n.* 3 と Diels, *Vors.* 19A27 (DK. 29A27) を見よ。

（6） Jourdain (*loc. cit.*) を見よ。

（7） この語は、*ὄγκοι* である。第七章429頁注（3）参照。この名称は、ピュタゴラスの単位にとっては適切である。ゼノンは、それが長さ、幅、厚みをもっていることを示した（断片一）。

（8） Arist. *Phys.* Z, 9. 239b33 (R.P. 139. DK. 29A28). この論証について、どの文献も少しも十分に表現していないので、自分流に私は表現しなければならなかった。この図は、実際上アレクサンドロスの図である (Simp. *Phys.* p. 1016, 14. DK. 29A28)。ただしかれは、点の代わりに字母で *ὄγκοι* を表わしている。結論は、アリストテレスによって、*συμβαίνειν οἴεται ἴσον εἶναι χρόνον τῷ διπλασίῳ τὸν ἥμισυν* (*loc. cit.*) と明白に述べられている。どのように推理経過を説明しようとも、結論へ導くとなれば、結局、ジュルダン氏が述べているように (*loc. cit.*)、「物体は二倍の速さで横切る」と表現されねばならない。

二　サモスのメリッソス

一六四　生涯

プルタルコスは、「ペリクレス伝」において、イタゲネスの子で哲学者メリッソスは、前四四一／〇年にアテナイの艦隊を破ったサモスの将軍であったと、アリストテレスの文献に基づいて述べている。(1) このためにたしかにアポルロドロスは、メリッソスの最盛期を第八四オリュムピア祭期（前四四四－四一年）としている。(2) このほかにかれの生涯についてじつのところ何も知るものはない。かれは、ゼノンと同じくパルメニデスの門弟であった、と言われている。(3) しかしかれはサモス島生まれであったので、もともとイオニア学派の一員であった可能性がある。やがて明らかになるように、メリッソス説の確かな特色は、イオニアの見解を支持する傾向があるということである。他方、かれははっきりとエレア的弁証術に心服していたのであって、それと矛盾しているかぎりイオニアの学説を否認した。ここで注目すべきは、アテナイ人の覇権によって安定された東西間の交流が、ますます容易になったということである。

（1） Plut. *Per.* 26 (R.P. 141b. DK. 30A3). アリストテレスの *Σαμίων πολιτεία* にもとづく。

（2） Diog. ix. 24 (R.P. 141. DK. 30A1). もちろんアポルロドロスが、オリュムピア祭期の第四年目ではなく、第一年目を言っている可能性がある。それは、アポルロドロスおきまりの年代、つまりトゥリオイの建設の年代である。しかし全体としてかれの言ったのは、第四年目のことのようである。すなわち *ναυαρχία* の年が正確に与えられるからである。Jacoby, p. 270 を見よ。

（3） Diog. ix. 24 (R.P. 141. DK. 30A1).

一六五　断片

断片は、現にシムプリキオスに出所があり、最初のもの以外は、ディールスの校訂文から与えられる。[1]

(1) メリッソスの断片一―五として通常現われている文章は、真正の断片のたんなる意訳文であることがA・パプストによって、証明されているので、その文章をいまさら検討する必要はない（*De Melissi Samii fragmentis*, Bonn, 1889)。ほとんど時を同じくして、私は私で同じ結論に達したのであった（第一版 一三八 を見よ）。ツェラーもディールスも、パプストの証明を受け容れている。本物と考えられた断片は、R.P. の最近版で注に追いやられている。しかし私が一aと記している断片は、いまだに真正と考えている。つぎの注を見よ。

（一a）

もしも何も存在しないならば、実在するものについて言うように、それについて、何と言うことができるか。[1]

(1) この断片は、長いあいだ誤ってメリッソスの言葉とされていた意訳文の冒頭から採られている（Simpl. *Phys.* p.103, 18; R.P. 142a. DK. 30B1)。そしてディールスは、この他のものとともにこれを取り除いてしまった。私がこれを真正と考えているのは、原典に接したシムプリキオスが、*ἄρχεται τοῦ συγγράμματος οὕτως* の語句でこれを導入しているからであり、性格上それがまったくエレア的であるからである。この著作の最初の言葉が、意訳文の最初に置かれるのも、至極自然である。

（一）

存在していたものは、つねにあったし、つねにあるであろう。なぜならもしもそれが生じてきたのであれば、生じてくる前には何ものでもないものでなければならないからである。ところでもしそれが何ものでもなかったとすれば、何ものでもないものから何も生じてくることはけっしてできないであろう。（R.P. 142. DK. 30B1)

（二）

その場合、それが生じてくるのではない以上、現にあり、つねにあったし、つねにあるであろう。そして初めも終わりももたないで、無限である。というのは、もしも生じてきたのであれば、それは初めをもつであろう。（というのもいつのときか生じはじめたからである。）また終わりをもつであろう。（というのはいつのときか生じることを終わるからである。）しかしいずれも生じはじめも、生じ終わりもしないのであれば、つねにあったし、つねにあるであろう。そしてそれは初めも終わりももたないであろう。なぜならいかなるものも完全に存在していないならば、つねにあることはできないからである。（R.P. 143. DK. 30B2)

（三）

さらにまた、それがつねにあるように、大きさもつねに無限でなければならない。（R.P. 143. DK. 30B3)

（四）

しかし初めも終わりももっているものは、永遠でも無限でもない。（R.P. 143. DK. 30B4)

（五）

もしもそれがひとつでないならば、他のものによって限定されるであろう。（R.P. 144a. DK. 30B5)

（六）

というのもそれがもしも（無限）であるとすると、それは一でなければならない。なぜならもしもそれが二であれば、無限ではありえないからである。それというのもその場合、お互いによって限定されるからである。(1)

(R.P. 144. DK. 30B6)

(1) この断片は、シムプリキオスの『天体論注釈』(p. 557, 16. R.P. 144. DK. 30B6) で引用されている。「無限」の語の挿入は、意訳文（R.P. 144a）や M.X.G. 974a11 (DK. 30A5), *πᾶν δὲ ἄπειρον ὂν ⟨ἓν⟩ εἶναι· εἰ γὰρ δύο ἢ πλείω εἴη, πέρατ' ἂν εἶναι ταῦτα πρὸς ἄλληλα.* によって正しいとされる。

（六 a）

（そしてそれが一である以上、ことごとく似ている。というのももし似ていなければ、多であって一ではないであろう。(1)）(DK. 30A5)

(1) この実際の語句はどこにも引用されていないし、ディールスによる断片にもないけれども、敢えて私はこれを挿入している。これは、意訳文（R.P. 145a）や M.X.G. 974a13 (R.P. 144a. DK. 30A5) のなかで示されている。

（七）

そこでそれは、そのように永遠であり、無限であり、一であり、完全に似ている。そしてそれは、滅びることもないし、*大きくなることもないし、苦しむこともないし、悲しむこともない。なぜならもしもそれらのうちのどれかを蒙るならば、それはもはや一ではないからである。つまりそれが変異するのであれば、存在するものはすべて似ていないものでなければならないし、以前に存在していたものは滅び、非存在が生じてこなければならない。ところでもしも一万年のあいだに、一筋の髪毛ほども変異するならば、全時間内にすべてが滅亡するであろう。

さらにその状態が変異するということもまたありえない。というのも、かつてあった状態は滅びないし、存在していなかったものが生じることもないからである。しかしいかなるものもつけ加わることもなく、滅びることもなく、変異することもない以上、存在しているものがどのように状態を変異することができるであろうか。というのももし何かに変異が生じると、それは状態においてもすぐに変異するであろうからである。

それは苦しむこともない。なぜなら苦しむものはすべて存在することはできないからである。つまり苦しむものは、永遠にあることはできないし、全きものと同じ力をもっていないからである。もしも苦しむならば、似ていないであろう。なぜなら苦しみを感じるのは、或るものがつけ加わったり、除去されるからであって、その場合もはやそれは似ていないであろう。全きものは、苦しむことはできない。というのは全きものと存在するものとは、滅び去ってしまい、非存在が生じてくることになるからである。そして苦しむことについてと同じ論法が、悲しむことにも当て嵌まるのである。

またいかなるものも空虚ではない。というのは空虚は、何ものでもないからである。何ものでもないものは、存在しえない。

またそれは運動しない。行こうにも場所がなく、充満している。なぜならもしも空虚があれば、それは空虚へ赴くであろう。しかし空虚は存在しないので、行くにも場所がない。

そしてそれは密でも粗でもありえない。というのは、粗であるものは密であるものと同様に充満していることはできないからであり、粗であるものは密であるものよりもすでに空になっているからである。

充満しているものと充満していないものとを区別するのも、つぎのような方法によってでなければならない。ものが他のものを受け容れる場をもち、そこに取り容れるならば、充満していない。しかしもしも受け容れる場もなく、取り容れないならば、充満している。

よって空虚がなければ、必ず密であるはずで、密であればそれは動くことはない。(R.P. 145. DK. 30B7)

＊ バーネットは *οὔτε μετακοσμέοιτο* を訳出していない。

（八）

さてこの論法は、それがただ一であることとの最大の証明である。しかしつぎのこともその証明である。もし多があるとすれば、一があると私が言っているのと同じ類いのようなものでなければならない。というのはもし大地、水、空気、鉄、金、火が存在するとすれば、そしてまたもし或るものが生きており、或るものが死んでいるとすれば、もしそれが黒いもの、白いもの、それに人びとが本当にあると言っているものすべてであるとすれば、――もしそういった次第であり、私たちが正しく見たり聞いたりするならば、それぞれははじめに私たちが心に思ったようなものでなければならない。それらは変化もしないし、変異もしえないで、それぞれは現にあるようなそういうものでなければならない。しかし私たちは、その通り正しく見たり聞いたり理解したりしている、と言う。しかも熱いものが冷たくなり、冷たいものが熱くなり、堅いものが柔らかくなり、柔らかいものが堅くなり、生きているものが死に、生きていないものから生まれ、それらのもの一切が変異し、存在していたものや現にあるものは、少しも似ていないで、鉄は堅いが指が触れるうちに磨滅する、と考えている。[1] 金や石や、その他強靱と考えられるもの一切が、そのようなものであり、土と石は水から生じる、と考えている。その結果、私たちは存在するものを見てもいないし、知ってもいないということになる。さてこれらのものは、相互に一致しない。というのも永遠で、形をもち、固有の力をもっている多くのものがある、と私たちは言い、しかもそれはすべて変異し、刻々に現われているものから移り変わる、と考えるからである。その場合やはり、私たちは正しく見ていないこと、ならびにそれらのものが多であると考えるのも正しくないことが明らかである。もしものが本当に存在するのであれば、移り変わりはしないであろう。しかしそれぞれのものは、私たちがそのようなものと考えている通りのものであったであろう。というのは何ものも、本当に存在するもの以上に強力なものはないからである。しかし変化するとなれば、存在するものは滅び、非存在が生じるであろう。それでその場合、もし多があるとすれば、それは一であるものと同一の性質をもっていなければならない。(R.P. 147. DK. 30B8)

(1) ベルクとともに ὁμουρέων と読む。ディールスは古写本の ὁμοῦ ῥέων をとる。ツェラー (p. 613, *n.*1) は、ὑπ' ἐοῦ ῥέων と校訂している。* ディールス第七版では、ベルクと同じ読みを採用している。

(九)

さてもしもそれが存在するとなれば、一でなければならない。しかしそれが一であれば、物体をもつことはできない。もしそれが物体をもっているとすれば、部分をもつであろうし、もはや一ではないであろう。(R.P. 146. DK. 30B9[1])

(1) 私は古写本Dの εἰ μὲν ὂν εἴη に代えて、EF写本のように εἰ μὲν οὖν εἴη と読む。R.P. に現存している ἐὸν は、編者が地方色を少し出したものである。ディールスも現に οὖν と読んでいる。

(一〇)

もしも存在するものが分割されるならば、それは動く。しかし動くとすれば、それは存在することができない。(R.P. 144a. DK. 30B10[1])

(1) ディールスは、F写本の ἅμα に変えて、E写本のように ἀλλὰ と現に読んでいる。そしてその語をつぎの文に入れている。

一六六　存在についての説

メリッソスが、おそらくはじめエレア学派の一員でなかったことは、すでに指摘した。しかしかれが、たしかに存在の真の性質について、パルメニデスの全見解を採用したのは、顕著なひとつの例外である。メリッソスが、論文の開口一番、パルメニデスのいう「存在しないものはない」（断片一a）と主張しているように見える。この見解をかれが支持するとき用いた論法は、もはや本稿でもよく知られた論法である（断片一）。パルメニデスの場合と同じように、存在は永遠であるというこの点をメリッソスは独自の方法で表現した。かれは、生成してきたものはすべて初めも終わりももっているから、生成したものでないものはすべて初めも終わりももたない、と論じた。アリストテレスは、全称肯定命題をこのように簡単に転換しているために、メリッソスを論難しているのである。(1) しかし、もちろんメリッソスの信念は、そのことに基づいて成立したのではなかった。存在についてかれの抱く考え全体から、存在が永遠であると見なさざるをえなかったのである。(2) 存在するものが時間的に初めも終わりももたないために、空間において無限であるはずである、とメリッソスが推断したとアリストテレスは考えているようであるが、もしアリストテレスのこの考えが正しいとなれば、問題はさらに重大である。(3) しかしアリストテレスがこのような方法で断片（断片二）を解釈している以上、私たちであっても自分独自に断片を理解してもけっして悪くはない。そして「無限」という表現が、空間における無限を表わしている、というアリストテレスの想定を正当化する何ものをも私は認めることはできない。(4)

（1）Arist. *Phys.* A, 3. 186a7 (R.P. 143a. DK. 30A7). 間違った転換は、『詭弁論駁論』一六八b三五 (R.P. *ib.* DK. 30A10) においても述べられている。Eudemos *ap.* Simpl. *Phys.* p. 105, 24, *οὐ γάρ, εἰ τὸ γενόμενον ἀρχὴν ἔχει, τὸ μὴ γενόμενον ἀρχὴν οὐκ ἔχει, μᾶλλον δὲ τὸ μὴ ἔχον ἀρχὴν οὐκ ἐγένετο.* もそうである。

（2）本当の理由は、シムプリキオスの『自然学注釈』(p. 103, 21. R.P. 142a. DK. 30B1) *συγχωρεῖται γὰρ καὶ τοῦτο* ὑπὸ τῶν φυσικῶν における意訳文に与えられている。もっともメリッソス自身、そのような方法でそれを解してはいなかったであろう。かれは、他のひとと同じように自ら φυσικός と見なしたが、エレア学派は運動を否定しているために φυσικοί ではないということが、アリストテレスの時代以後は普通であった。

（3） とくに *Soph. El.* 168b39 (DK. 30A10), ὡς ἄμφω ταὐτὰ ὄντα τῷ ἀρχὴν ἔχειν, τό τε γεγονὸς καὶ τὸ πεπερασμένον. 参照。同じ点は、一六七b一三と一八一a二七においてなされている。

（4） ἀλλ' ἄπειρόν ἐστι の語は、「しかしそれは無限界である」ということを表わしているにすぎない。そしてこれは、それが初めも終わりももたないということをただ繰り返して言っている。限界の性格は、文脈のうえから決められうるにすぎない。したがってメリッソスが、空間の無限についての課題を導くときには、注意深く τὸ μέγεθος ἄπειρον（断片三）と言うはずである。

一六七　空間的に無限な存在

メリッソスは、存在は時間においても空間においても無限である、と主張した点で、事実パルメニデスとは異なっている。しかしメリッソスは、この考えに対してひじょうに優れた根拠を与え、そのような尋常でない論法で考えを支える必要を感じていなかった。かれの主張する内容は、もしも存在するものが限界づけられるのであれば、空虚空間によって限界づけられるであろうということであった。このことは、アリストテレスそのひとから知られるのであり、[1] それはパルメニデスを本当に前進させている。パルメニデスは、存在を有限な球体と見なしうると考えていたが、しかしこの見方を細部にわたって仕上げるには、それは困難なことであった。かれは、球体の外に何も存在しない、と言わねばならなかった。非存在のようなものは存在しないことをかれほどよく知ったひとはいなかった。メリッソスは、有限な球体を無限な空虚空間で囲まれたものとして見なさなければ、有限な球体を頭に描くことができない、と解した。[2] そしてこの学派の他のものたちと共同して、かれが空虚を否定したので（断片七）、存在は空間的に無限である、と言わざるをえなかった（断片三）。かれがイオニア学派と交わったことは、おそらくこれに影響を与えたであろう。

存在が無限であることからくるのは、存在が一であることである。なぜならもし一でないなら、別のものによって限定されるからである（断片五）。そして一であるならば、それはまったく一様でなければならない（断片六a）。というのはそれこそ一の語が表わしているものだからである。それで存在は、単一で、一様で、物体的な充実体（plenum）であり、空間的に無限に拡がっており、時間においても前後無限に続いている。

（1） Arist. *Gen. Corr.* A, 8. 325a14 (DK. 28A25), *ἓν καὶ ἀκίνητον τὸ πᾶν εἶναί φασι καὶ ἄπειρον ἔνιοι· τὸ γὰρ πέρας περαίνειν ἂν πρὸς τὸ κενόν.* これがメリッソスに言及していることは、ツェラーによって示されている (p. 612, n. 2)。

（2） ゼノンとの不一致を注目せよ（一六三）。

一六八　イオニア人への反論

エレア思想は、つねに批判的である。そしてその当時の学説に対して、メリッソスのとった態度を示す点が現われていないわけではない。かれがイオニア人の所説のなかに見いだした欠点は、すべての所説が「一」のなかに一様性をいささか欠いで想定している点であった。これは、紛れもなく矛盾であった。さらにすべての所説は、変化の可能性を認めていた。しかしもしあらゆるものが一であれば、変化とは生成、消滅の一形態であるはずである。もしものが変化しうることを認めるならば、ものが永遠である、と言い張ることはできない。たとえばアナクシマンドロスが主張したように、存在するものの部分の配列が変わることもできない。そのような変化は、必然的に生成と消滅とを含んでいるのである。

メリッソスの述べたつぎの点は、何か奇妙である。かれによると、存在は悲しみも苦しみも感じることはできない。というのはそれは、つねに何かがつけ加わったり、取り除かれたりすることによるからである。これは不可能である。このことが指している内容を確かめるのは、容易ではない。おそらくそれは、アナクサゴラスが感覚を説明した説に向けられている。(1)

一般的には運動、(2) 細かな点では稀薄化と濃縮化とは不可能である。なぜならいずれも、空虚の存在を暗示しているからである。分割は同じ理由で存在しない。これらは、パルメニデスが採用したのと同じ論証である。

（1）406頁を見よ。明らかにアナクサゴラスは、苦痛（πόνος）をかなり用いているし、かれの説は、ἀεὶ πονεῖ τὸ ζῷον（Arist. *Eth. Nic.* H, 15. 1154b7）の語句に要約されるが、残存断片に現われている以上に広範囲に適用された可能性がある。アリストテレス（*De caelo*, B, 1. 284a15）は、οὐρανός は ἄπονος であると言っている。

（2）メリッソスが ἀντιπερίστασις や in pleno における運動を認めた、というボイムカーの見解（*Jahrb. f. kl. Phil.*, 1886, p. 541; *Das Problem der Materie*, p. 59）は、シムプリキオスの οὐχ ὅτι μὴ δυνατὸν διὰ πλήρους κινεῖσθαι, ὡς ἐπὶ τῶν σωμάτων λέγομεν κτλ.（*Phys.* p. 104, 13）の語句に基づいている。これらの語句は、以前にイオニア方言に変えられていたし、メリッソスの一断片として通っていた。しかしそれらは、アレクサンドロスに対するシムプリキオスそのひとの論証の一部であり、メリッソスを少しも扱ったものではない。

一六九　ピュタゴラスの徒への反論

メリッソスの学説についてのほとんどすべての解説において、かれが存在しているものの物体性を否定した、と言われていることに気づくのである。――この見方は断片九に照らして支持されており、この断片は、たしかにシムプリキオスによって、まさにこの点を証明するために引用されている。(1) しかし初期ギリシア哲学の性格についての一般的な見方が正しいとすれば、この報告は信じられないはずである。そしてパルメニデスの一が形相的である一方、メリッソスの一は質料的であると、アリストテレスが『形而上学』において述べていることを知るとき、いっそう意外なことのようにおもわれるであろう。(2) さて、シムプリキオスの古写本において読まれるように、(3)この断片は、純粋な仮定的問題をもち出し、そしてもしものが存在するとすれば、物体的でかつ一でなければならないという根拠から、ものの実在を駁論していると当然解されるであろう。このことは、メリッソス自身が考えていたエレア的一に関係しえない。そして論証は、言葉のうえでゼノンのひとつの論証とほとんど同じであるので、(4)論証は究極の単位をピュタゴラスの徒が仮定したことに対して向けられた、と当然考えられる。唯一の可能な反論は、断片を二度も引用しているシムプリキオスが、通常ひとの言っているその意味で、何の疑念も挟まずそれを採りあげたということである。(5)しかしかれがこの誤りをしでかすのは、至極当たり前であった。「一」は、前五世紀の半ばには、二つの意味をもった表現であった。すなわち「一」は、存在全体をさすか、空間的単位としての点をさすかのどちらかであった。「一」を第一の意味とすると、エレア学派は第二の意味でそれを駁論せざるをえなかったのである。それでかれらが実のところ他方の「一」をさすとき、自分たち独自の「一」を語っていると、時折おもわれた。(6)まさに同じ困難は、すでに明らかにされたように、ゼノンの「一」の否定についても感じられたのである。

（1）しかし Bäumker, *Das Problem der Materie*, pp. 57 *sqq.* を見よ。かれは、断片九における *ἐόν*（あるいは *ὄν*）が、冠詞がないので賓辞であるはずであることに注目している。ツェラーは初版において（p. 611, *n.* 2）、ここで採られている見解を採用した。*εἰ μὲν ὂν εἴη* の仮定の形がそれを表わしていること、ならびにゼノンの場合と同じように、*εἴη* の主語が *ἕκαστον τῶν πολλῶν* でなければならないことを、かれは正しく述べている。

（2）*Met.* A, 5. 986b18（R.P. 101. DK. 30A11).

（3）ブランディスは、*εἴη* を *ἔστι* に変えたが、しかしこれについての根拠はない。

（4）ゼノンの断片1、とくに *εἰ δὲ ἔστιν, ἀνάγκη ἕκαστον μέγεθός τι ἔχειν καὶ πάχος.* の語句を参照。

（5）Simpl. *Phys.* pp. 87, 6 と 110, 1.

（6）一五九、460頁注（2）を見よ。

一七〇　アナクサゴラスへの反論

メリッソスの最も注目すべき断片は、おそらく最後の断片（断片八）である。それは、アナクサゴラスに向けられているようにおもわれる。少なくとも言い回しは、他の誰よりもアナクサゴラスに当て嵌まるようである。アナクサゴラスは、感覚が働いている範囲では、感覚はかれの説に一致しないことを認めていた（一三七末）。もっともこのことは、ただ感覚の弱さのためである、とかれは主張した。メリッソスは、この認容を利用して、もしも感覚が存在を捉えるものでないとするならば、エレアの所説を拒む権利はない、と論じている。素晴らしい洞察力をもってメリッソスが指摘しているのは、アナクサゴラスのように、もしものが多である、と言う羽目になれば、ひとつひとつのものが、一者が存在するとエレア学派が述べているようなものと言わざるをえないということである。換言すれば、唯一の一貫した多元論は、原子論である。

メリッソスは、アリストテレスの批判のために不当に貶されてきている。しかし見たところ批判は、主として論法の最初のあたりでの誤った転換に対するいささか衒学的な反論に基づいている。メリッソスは、転換の規則について何も知ってはいなかった。そしてかれは自分の思想を修正しないでも、形式的に推論を改めることが容易にできたのである。かれの偉さは、かれがたんにエレア思想の本当の体系家であったばかりか、多元論者自身が見いだす以前に、ものは多であるという説を一貫して解きほぐす唯一の方法を見いだしたことにある。(1) ヒッポクラテスの甥のポリュボスが、「メリッソスの説を踏みつけて」という言葉で、ただひとつの究極的基体がある、と教えたこれらの「ソフィストたち」を論難しているが、これには意味深いものがある。(2)

（1） **Bäumker**, *op. cit.* p. 58, *n.* 3. 「メリッソスが知力の弱いひとであったというのは、アリストテレス以後、人びとの繰り返すお定まりの作り話（fable convenue）である。アリストテレスは、一般的にエレア学派を評価することはできなかったし、とりわけメリッソスをひどく誤解した。」

（2） *Περὶ φύσιος ἀνθρώπου*, c. 1, *ἀλλ' ἔμοιγε δοκέουσιν οἱ τοιοῦτοι ἄνθρωποι αὐτοὶ ἑωυτοὺς καταβάλλειν ἐν τοῖσιν ὀνόμασι τῶν λόγων αὐτῶν ὑπὸ ἀσυνεσίῃς, τὸν δὲ Μελίσσου λόγον ὀρθοῦν.* この比喩は、レスリングから取られており、当時流布していた（プロタゴラスの *καταβάλλοντες* 参照）。プラトンは、アリストテレスよりもはるかに寛大にメリッソスを評価している。『テアエテトス』篇一八〇E二において、プラトンはエレア学派に *Μέλισσοί τε καὶ Παρμενίδαι* として言及しているし、一八三E四では、パルメニデスが優秀であることをつとめて弁明している。

第九章　ミレトスのレウキッポス

一七　レウキッポスとデモクリトス

すでに見てきたように、ミレトス学派は、アナクシメネスをもって終わりを遂げはしなかった（三、一三）。そしてタレスの提起した問題に最も完全な答えを与えたのは、ひとりのミレトス人であったことも、印象的な事柄である。[1] レウキッポスが、本当に実在していたかどうかが問われているのも事実である。エピクロスは、そのような哲学者はいなかった、と報告しているし、同様のことがまったく最近においても支持されてきている。[2] 他方、アリストテレスやテオプラストスは、たしかにレウキッポスを原子論の創始者としているし、その点でかれらはほとんど食い違うことはなかった。アリストテレスは、とくにデモクリトスに心惹かれていたし、アリストテレスの生まれたスタゲイロスが、原子論者の集まっていたアブデラから、それほど遠くないのである。

この問題は、デモクリトスの年代についての問題と直接に繋がっている。デモクリトスは、自分がアナクサゴラスの晩年にはまだ若かった、と言っている。アポルロドロスが、デモクリトスの最盛期として与えた年代、前四二〇年よりもはるか以前に、デモクリトスがアブデラで学派を築いたことは、この報告からはありうることである。[3] さてテオプラストスは、アポルロニアのディオゲネスが、アナクサゴラスからもレウキッポスからも、見解を借りてきて自分の考えの一部とした、と述べた。[4] これは、ディオゲネスの著作のなかに、原子論の証跡があることを表わしていることに違いない。さらにディオゲネスは、前四二三年に作られたアリストパネスの『雲』のなかで茶化されている。その結果、レウキッポスの作品が、その年代以前に知られていたであろうということになる。テオプラストスも、その作品が何であったかを伝えている。それは、『大宇宙』であって、いつもデモクリトスの作品とされていた。(5) さらにこのことは、デモクリトスの著作として後に知られた作品が、じつはアブデラ学派の手になる作品であり、当然のことながら学派の創始者の著作を含んでいたことを表わしている。事実、その学派は、ヒッポクラテスの名のもとに、今日伝わって来ているような著作集（corpus）を作った。この場合は他の場合と違って、さまざまな論文の作者をこれ以上区別することはできなかった。

テオプラストスは、レウキッポスが、いくらかの文献のなかでエレア学派のひととして記されているのに、気づいていた。そして類推を当てにすると、レウキッポスがエレアに住んでいたことをそれは表わしている。(6) かれの移住は、前四五〇年〜四九年のミレトスの改革に関係があるらしい。(7) いずれにしてもテオプラストスは、レウキッポスがパルメニデス学派の一員であった、とはっきり述べている。そしてかれの発言は、その学派の創設者がまだその当時学頭の位置にあったことをそれとなく示している。(8) もしプラトンの年代記録を認めるならば、パルメニデスはそういった立場にあったであろう。(9) テオプラストスはまた、レウキッポスがゼノンに「聞いた」と言ったように見える。これは、きわめて信頼のおけることである。とにかくレウキッポスの思想にゼノンが影響を与えたことは、紛れもないことであるが、このことはいずれ明らかになるであろう。(10)

エムペドクレスやアナクサゴラスと、レウキッポスとの関係は、あまりはっきりしていない。この人たちの学説のなかに、原子論の痕跡があるということは、レウキッポスが歴史的に実在していたことを一部証明することになっている。しかし事実は、そうした仮定がなくてもよく物語っている。レウキッポスがエムペドクレスに影響を与えたという見方に対する主な論証は、「通路」の説に由来している。しかしこれは、すでに明らかなようにアルクマイオンに始まったのであり、したがってレウキッポスがエムペドクレスからその見方を引き出したという方が、はるかに可能性が強い[11]。アナクサゴラスが、レウキッポスの説の一部を知っていたということは、まったくありえない。本当にアナクサゴラスは、空虚の存在を否定した。しかしそうかといって早くから誰にしろ、原子論的意味でその説を主張していたということにはならない。初期のピュタゴラスの徒は、空虚を大気と混同したけれども、空虚についても言及していた。そしてクレプシュドラや膨張した皮を使ったアナクサゴラスの実験が、ピュタゴラス説に対して向けられていたとすれば、それはそれなりに多少の目的をもっていたであろう[12]。もしもアナクサゴラスが、本当にレウキッポスを論駁しようとしたのであれば、かれはまったく別種の論証を用いるべきであったであろう。

（1）レウキッポスがエレア生まれかミレトス生まれかである、とテオプラストスは述べているが（R.P. 185. DK. 67A8）、ディオゲネス（ix. 30. DK. 67A1）は、エレア生まれ、または或るひとによるとアブデラ生まれである、と言っている。これらの報告は、先に注目したピュタゴラスの徒の生国についての違いとまったくよく似ている（第七章419頁注（7））。ディオゲネスは、別の人びとによるとレウキッポスがミレトス生まれであったとつけ加えている。これは共通した混同である。アエティオス（i. 7, 1）は、メロス生まれのディアゴラスをミレトス生まれと言っている（*Dox.* p. 14 参照）。デモクリトスが或るひとによってミレトス生まれと呼ばれたのと（Diog. ix. 34; R.P. 186. DK. 68A1）、レウキッポスがエレア生まれと呼ばれたのとは、同じ理由からである。ヘロドトスが自らハリカルナソス生まれと称したのか、トゥリオイ生まれとか称したのかどちらであるかという点の不確かさを想い起こしてみればよい。

（2）Diog. x. 13（R.P. 185b. DK. 67A2）, *ἀλλ' οὐδὲ Λεύκιππόν τινα γεγενῆσθαί φησι φιλόσοφον οὔτε αὐτὸς* (sc. *Ἐπίκουρος*) *οὔτε Ἕρμαρχος*. これが、レウキッポスの存在しなかったと、E・ローデに主張させたものであるが（*Kl. Schr.* i. 205）、これは、エピクロス特有の揶揄の行きすぎである。エピクロスが *Λεύκιππον οὐδ' εἰ γέγονεν οἶδα* といったようなことを述べた、と私は提案する。つまり「私がかれを知らないのは（故意にである）」「私はかれのことを論ずるのはお断わりである」という慣用的なギリシア語であろう。（例えば Dem. *De cor.* § 70 *Σέρριον δὲ καὶ Δορίσκον καὶ τὴν Πεπαρήθου πόρθησιν……οὐδ' εἰ γέγονεν οἶδα.* 参照。）それはいかにもエピクロスらしいことである。

（3）Diog. ix. 41 (R.P. 187. DK. 59A5). ディールスが言っているように、この報告は、デモクリトスが著作した時にはアナクサゴラスは死んでいたことを暗に示している。またアポルロドロスが、かれの最盛期をアナクサゴラスの最盛期より四十年後と決めたのは、おそらくこのことのためである (Jacoby, p. 290)。デモクリトスが、トロイ崩壊後七百五十年目に *Μικρὸς διάκοσμος* を書いたという報告を重視することはできない。というのはかれが扱ったのはいつの年代かを言うことができないからである。

（4）Theophr. *ap.* Simpl. *Phys.* p. 25, 1 (R.P. 206a. DK. 64A5).

（5）トラシュロスは、プラトンの著作の場合と同様に、デモクリトスの著作を四部作の目録に配列したが、このことはそこで述べられたのである。トラシュロスは、四部作の第三部をつぎのように示している。（1）*Μέγας διάκοσμος* (*ὃν οἱ περὶ Θεόφραστον Λευκίππου φασὶν εἶναι*);（2）*Μικρὸς διάκοσμος*;（3）*Κοσμογραφίη*;（4）*Περὶ τῶν πλανήτων*. 二つの *διάκοσμοι* は、同じ「著作集」に含まれる際に、*μέγας* と *μικρός* として分けられたにすぎないであろう。レウキッポスの *Περὶ νοῦ* からの引用文は、ストバイオス、一巻一六〇に保存されている。『メリッソス、クセノファネス、ゴルギアスについて』九八〇a八における *ἐν τοῖς Λευκίππου καλουμένοις λόγοις* の句は、アリストテレスの『生成消滅論』A巻八章三二五a二四 *Λεύκιππος δ' ἔχειν ᾠήθη λόγους κτλ.* と関係しているようにおもわれる。第二章183頁注（6）参照。

（6）前頁注（1）を見よ。

（7）〔Xen.〕*'Αθ. πολ.* 3, 11. 参照。年代は、*C.I.A.* i. 22a. によって定められている。

（8）Theophr. *ap.* Simpl. *Phys.* p. 28, 4 (R.P. 185. DK. 67A8). *κοινωνήσας Παρμενίδῃ τῆς φιλοσοφίας* と *κοινωνήσας τῆς 'Αναξιμένους φιλοσοφίας* における事例の違いに注目せよ。後者は、アナクサゴラスについてテオプラストスが用いた語句である（377頁注（2））。与格は、人間関係を暗に示しているようにおもわれる。Gomperz, ***Greek Thinkers***, vol. i. p. 345 において説明されているように、「パルメニデスの教義に通暁していた」と説明することは、まったく認め難いことである。

（9）㈣を見よ。

（10）Diog. ix. 30 (DK. 67A1), *οὗτος ἤκουσε Ζήνωνος* (R.P. 185b) と Hipp. *Ref.* i. 12, 1 (DK. 67A10), *Λεύκιππος*

……Ζήνωνος ἑταῖρος を参照。

（11）第五章290頁注（6）を見よ。

（12）第六章一三一と第七章一四五を見よ。

一七二　原子論についてのテオプラストス

テオプラストスは、『自然学説』の第一巻で、レウキッポスについてつぎのように記している。

「エレアのひと、またはミレトスのひとレウキッポス（すなわちかれについては両方とも言われている）は、哲学においてはパルメニデスに同調した。しかし存在しているものの説明においては、パルメニデスやクセノファネスとは同じ道を辿らないで、見たところ真反対であった（R.P. 185）。すなわちかの人たちは、万物は一で、不動で、不創造で、有限であるとしながら、非存在を探究することを許さなかったが、かれは、無数で、つねに運動している元素、すなわち原子を想定した。そして原子がこれといった決まった形態をもたねばならないという理由がないために、原子の形態は数のうえで無限であるとした。しかもかれは、存在しているものにおいて生成や変化が不断にあることを見ている。さらに存在は非存在よりより多くはないのであって、生成するものの原因は、両方に等しくある、と言っている。というのは原子の実質は、緊密で、充満してあると想定して、それを存在と呼び、非存在と呼ばれる空虚のなかを運動しているとしたからである。しかし非存在は存在と同じように存在するとかれは言った。」（R.P. 194. DK. 67A8）

一七三　レウキッポスとエレア学派

看て取れるように、テオプラストスは、レウキッポスをエレア学派に組み入れることに言及する一方で、レウキッポスの説が一見したところ（**prima facie**）[1]、パルメニデスの主張とは真反対である点を指摘している。このことから若干のひとは、レウキッポスのエレア思想をすっかり否定する方向に進んできている。しかしこの否定は、じつのところパルメニデスの学説が「形而上学的」であったという見方に基づいており、それと関連して原子論のような学問的な前提が「形而上学的」な源をもちえたことを認めるのに極力渋ったためである。これはたんなる偏見であって、二つの学説が現に見られるほどかけ離れていると、テオプラストス自身考えていたと見なしてはならない[2]。このことは、本当に初期ギリシア哲学史においての最も重要な点であり、正しく理解されると、それが発展全体に鍵を与えているのであるから、アリストテレスの一節を翻訳するのも無駄ではないであろう[3]。つまりその節は、徹底的に歴史的関連を説明しているのである。

「レウキッポスとデモクリトスとは、本性上初めにあるものを出発点として、万物について同じ方法と、同じ論理とで実際、決定している。古代の幾人かのひとは、存在は必然的に一であり、不動であると考えた。なぜなら空虚は存在しないし、空虚がかけ離されて存在するのでなければ、運動することは不可能であるからである、とかれらは言った。さらにまた、存在するものを切り離すものがないならば、それは多ではありえないであろうからである。もし万物が連続していないで離れていても接した点をもっている、とひとが考えるならば（ピュタゴラス派の見解）、万物は多であって一ではなく、そして空虚が存在する、という場合と少しも変わるところはない。というのはもしどの点においても分割されるならば、一もないし、したがって多も存在しないし、全体が空虚である（ゼノン）。しかし或るところでは分割できるが、或るところでは分割できないとなれば、それは勝手気儘な作り話のようにおもわれる。すなわち全体の部分は、そのような状態にあり充実しているのに他の部分はどの点で、またいかなる理由で、分割されているのであるか。さらに同様な根拠で運動は存在しえない、とかれらは言っている。ところでこういった推論の結果、この論証に従わねばならないという考えから、感覚を越え、そしてそれを見落として、かれらは、万物は一であり不動である（パルメニデス）、と言ったり、或る人たちは万物は無限である（メリッソス）、と言っている。もっとも後者の場合は、限界が空虚によってつけられることになるからである。よってこの人たちは、そういった理由のために、真理についてこのような見解を述べたのである。さて議論の果てにはこういった結論が帰結するようにおもわれるが、事実に訴えると、このように考えることは、狂気じみている。というのはいかに気の狂ったひとでも、火と氷がひとつであると思い込むほど正気を失ってはいないからである。いな或る人びとは、ただ正しいものと、慣習から正しいと見えるものとは、狂気のゆえに違いはないと考えているにすぎない。

　しかしレウキッポスは、感覚と調和して、生成も、消滅も、運動も、存在するものの多をも否定しない説を自分はもっていると考えた。かれは経験的事象のうちにそのことを認める一方、一を考え出した人びとをも認め、空虚がなければ運動はありえぬし、空虚は非存在であり、存在するもののいかなるものも非存在ではない、と言っている。『なぜなら存在は厳密な意味で絶対的な充実体である。しかし充実体は一ではなくて無数であり、その容積が微小なために見られない。それは空虚のなかで運動している（ゆえに空虚は存在する）。そしてその集合によって生成し、離散によって消滅する』とかれは言っている。」

この箇所にはゼノンやメリッソスの名は挙がっていないが、かれらに言及されていることは紛れもないことである。ピュタゴラスの徒に対するゼノンの論証が明らかに表現されている。そしてメリッソスは、存在を無限としたただひとりのエレア生まれであったし、この点ははっきりと述べられている。したがってアリストテレスの発言があるからこそ、原子論の起こりやそれとエレア思想との繋がりをつぎのように言っても無理からぬことになる。ゼノンは、周知のあらゆる多元論的学説やとりわけピュタゴラス思想が、かれの援用する無限分割からの論証の前では有効でありえないことを示していた。メリッソスはアナクサゴラスに対して同じ論証を用いていたし、もしも多くのものがあるとするならば、そのひとつひとつは、エレア学派が一者があると言ったようなものでなければならないということを、帰謬法 (reductio ad absurdum) として付言していた。これに対してレウキッポスは、「どうしていけないのか」と応じている。かれは、分割に限界を置くことによってゼノンの論証の有効性を認め、自分の辿りついた「原子」のそれぞれに、エレアの一者にまつわる属性をすべて帰した。なぜならば、もしも在るとすればどうしてもこうした属性をもたねばならないことをパルメニデスがすでに示していたからである。同じ見方は、アリストテレスの『自然学』の一節に示されている。[4] すなわち「或るひとは両方の論法に譲歩した。第一の、もし在るという語が、ひとつの意味でしか用いられていないとすれば、万物は一であるという論法（パルメニデス）に対しては、非存在が存在することを認めたことで、また第二の、二分割法に基づく論法（ゼノン）に対しては、不可分な大きさを導入することで譲歩した」と言われている。結局、レウキッポスやデモクリトスが、ピュタゴラスの徒と同様に、実際数から万物を作り出している、というアリストテレスの別の報告に何らかの意義を付すことができるのは、ただこのような方法で問題を考えることのほかにはない。[5] 事実、レウキッポスは、ピュタゴラスの単位に、パルメニデスの一の性格を与えた。

（1） *ὡς δοκεῖ* の語句は、かれらの導いた見解への同意を表わしてはいない。本当のところ執筆者の認めない考えに関連して、いつも用いられている。したがって Gomperz, *Greek Thinkers*, vol. i. p. 345 での訳語「とおもわれる」は、最も誤っている。そしてテオプラストスと、これから引用する箇所に付されたアリストテレスの見解とは異なっている、というブリーガーの報告（*Hermes*, xxxvi. p. 165）も正しくない。

（2）この偏見は、明白にゴムペルツの *Greek Thinkers* に一貫していて、どちらかといえば想像力にとんだ仕事ではあるが、この魅力に対する評価をひどく減じている。同じ観点からブリーガーが、アナクサゴラスを前ソクラテス期の思想家の最後のひととする習わしは、神学的な先入観によるとしているが、このことに注意することは興味のあることである。

（3）Arist. *De gen. corr.* A, 8. 324b35 (R.P. 193. DK. 67A7).

（4）Arist. *Phys.* A, 3. 187a1 (R.P. 134b. DK. 29A22).

（5）Arist. *De caelo*, Γ, 4. 303a8, *τρόπον γάρ τινα καὶ οὗτοι* (*Λεύκιππος καὶ Δημόκριτος*) *πάντα τὰ ὄντα ποιοῦσιν ἀριθμοὺς καὶ ἐξ ἀριθμῶν.* これはまた、物体的な *ὄγκοι* の説を、シュラクサイのひとでピュタゴラス学派のエクファントスのものとするヘラクレイデスの報告を十分説明している（429頁注（3））。

一七四　原子

原子が、数学的に不可分でないことは注目されねばならない。というのはそれが大きさをもっているからである。しかし原子は、物理的には不可分である。なぜならパルメニデスの一者のように、それは空虚を含んでいないからである。[1] 原子はそれぞれ拡がりをもち、原子はすべて実質においてまったく等しい。[2] したがって事物におけるあらゆる変化は、原子の形状によるか、配列によるかのどちらかで説明されなければならない。すでにレウキッポスは、差異を生む三つの方法、すなわち形状と位置と配列とを区別していたようにおもわれる。というのはアリストテレスが、これらに関係してかれの名前を挙げているからである。[3] このことはまた、明らかにピュタゴラスに起源がある表記法の、「形」や「形態」となぜ原子が呼ばれるかを物語っている。[4] もしも序論（七）においてプュシスの語について語られたことを想起するならば、原子がプュシスとも呼ばれることは、よく理解のできることである。[5] ここで言及されている形、順序、位置における違いは、「対立するもの」つまり「諸元素」を説明しているが、「元素」は、アナクサゴラスによる場合のように、どちらかといえば原子の集合（*πανσπερμίαι*）

と見なされる。(6)

（1）エピクロス学派は、この点を誤解した。あるいは自分たちの独創性を誇張するために、それについて間違った説明をした（Zeller, p. 857, *n.* 3を見よ）。

（2）Arist. *De caelo*, A, 7. 275b32（DK. 67A19）, *τὴν δὲ φύσιν εἶναί φασιν αὐτῶν μίαν.* ここでの *φύσις* は、ひとつの意味をもちうるにすぎない。*Phys.* Γ, 4. 203a34（DK. 68A41）, *αὐτῷ*（*Δημοκρίτῳ*）*τὸ κοινὸν σῶμα πάντων ἐστὶν ἀρχή.* 参照。

（3）Arist. *Met.* A, 4. 985b13（R.P. 192. DK. 67A6）. また *De gen. corr.* A, 2. 315b6（DK. 67A9）参照。ディールスが主張するように、字母からの証明は、おそらくデモクリトスによるであろう。いずれにしても *στοιχεῖον* の語が、どのように「元素」に対して用いられるに至ったかをそれは示している。ヴィラモヴィッツのように、*τὸ δὲ Z τοῦ N θέσει* を *τὸ δὲ Z τοῦ H θέσει* と読まねばならない。*Z* の母字の古形は、*H* を横にしたものである（Diels, *Elementum*, p. 13, *n.* 1）。

（4）デモクリトスは、*Περὶ ἰδεῶν* という作品を著わしたが（Sext. *Math.* vii. 137; R.P. 204. DK. 68B6）、ディールスは、トラシュロスの四部作の第五部三の *Περὶ τῶν διαφερόντων ῥυσμῶν* とこれを同一視した。テオプラストスは、デモクリトスの *ἐν τοῖς περὶ τῶν εἰδῶν* に言及している（*De sensibus*, 51. DK. 68A135）。Plut. *Adv. Col.* 1111a（DK. 68A57）, *εἶναι δὲ πάντα τὰς ἀτόμους, ἰδέας ὑπ' αὐτοῦ καλουμένας*（古写本はこの通り。*ἰδίως*, Wyttenbach; ⟨*ἤ*⟩ *ἰδέας*, Diels）. ヘロディアノスは、*ἰδέα……τὸ ἐλάχιστον σῶμα*（Diels, *Vors.* 55B141. DK. 68B141）としている。Arist. *Phys.* Γ, 4. 203a21（DK. 59A45）,（*Δημόκριτος*）*ἐκ τῆς πανσπερμίας τῶν σχημάτων*（*ἄπειρα ποιεῖ τὰ στοιχεῖα*）. もそのようである。*De gen. corr.* A, 2. 315b7（R.P. 196. DK. 67A9）参照。

（5）Arist. *Phys*, Θ, 9. 265b25（DK. 68A58）; Simpl. *Phys.* p. 1318, 33（DK. 68B168）, *ταῦτα γὰρ*（*τὰ ἄτομα σώματα*）*ἐκεῖνοι φύσιν ἐκάλουν.*

（6）Simpl. *Phys.* p. 36, 1（Diels, *Vors.* 54A14. DK. 67A14）とR.P. 196a.

レウキッポスは、メリッソスから借用した言葉、「充実体」と「空虚」の両方とも実在している、と確言した。[1] かれは、エレア学派が否定した空虚を、物体の本性の説明を可能にするために仮定しなければならなかった。ここでかれは再び、ピュタゴラスの見方を展開している。ピュタゴラスの徒は、単位の散在している空虚について語ったが、しかしエムペドクレスが物体的な実体であることを示した大気（一〇七）と、それとを区別してはいなかった（五三）。実際、パルメニデスは、空間についていっそう明瞭な概念を作りあげていたが、結局その存在を否定してしまった。レウキッポスは、この点から出発した。かれは、空間は実在的、いわば物体的でないことを事実認めたが、しかし空間はことごとく同じである、と主張した。まことにかれは、この発見を表現すべき言葉をほとんど知らなかったのである。なぜなら「在る」という動詞は、そのときまでは物体についてのみ哲学者が用いてきからである。しかしかれは、（古い物体論の意味での）「非存在」が、「存在」とまったく同じように（それとは別の意味で）「在る」という言い回しで、自分の意図を明らかにするよう最善の努力をしたのである。

（1）　Arist. *Met.* A, 4. 985b4 (R.P. 192. DK. 67A6). また Melissos, fr. *7 sub fin.* 参照。

一七六　宇宙論

一般に同一視されているデモクリトスの宇宙論とレウキッポスの宇宙論とを区別することは、望みのない仕事のようにおもわれるであろう。しかしそのことこそ、まことに問題解決にとって価値のある手懸かりとなる。テオプラストスより後のいかなるひとも、両者の教義を区別することはできなかった。そして後の学説誌家におけるレウキッポスについての一定の報告はすべて、結局、テオプラストスに溯らねばならないことになる。これを辿るならば、じつにはっきりした説明をすることができるであろうし、レウキッポス特有で、デモクリトスが用いなかったいくらかの見方をさえ見つけるであろう。[1]

テオプラストスの概要書を出所とする、ディオゲネスにおける学説記録のほぼ全貌は、つぎのようである。(2)

「万物は無限で、その一部は充実体であり、一部は空虚であって、それら(充実体と空虚)を、元素とかれは称している。無数の宇宙はそれらから生じ、それらに分解される。それで諸宇宙は、つぎのように生成される。さまざまな形をした物体が、「無限から切り離されて大きな虚空へ」運ばれた。それは集まると、ひとつの渦を起こし、渦動にともなって互いに衝き当たり、あらゆる仕方で回転しながら、類似のものが類似のものの方へ分かれて行った。しかしそれが多数のために均衡を保ってもはや回転できなくなると、まるで篩にかけられるかのように、微細なものが外部の虚ろな空間へと進んで行った。残りはいっしょに留まり、絡み合いながら互いに運動をともにし、まず球形の集団を形成した。それは、実質上それ自体のうちにさまざまな物体を含んでいる皮膜のようであった。それらの物体が、中央部の反撥によって渦動し、周辺の皮膜は、渦の接触により、接近した物体とたえずいっしょに流動するにつれて薄くなった。このようにして中央部へ運ばれたものが留まって、大地が形成された。そして再び外部の物体の流入によって、皮膜のような包被は増大する。またそれは渦のなかで回転しながら、触れてくるものを捉えたのである。或るものは絡み合って、まず湿った泥のような塊りを形成した。そして全体の渦とともに回転しつつ乾き、ついには燃えて星辰の本体を完成した。ところで太陽の軌道は最も外部で、月の軌道は大地に最も近く、他の天体の軌道はこれらの中間にある。そして星は運行の速度によって燃えるが、太陽は星によって点火され、月もわずかに火の一部を受けとっている。太陽と月とは蝕する……。大地が南に傾いていることによって(黄道は傾いている)。また北の地方はつねに雪に降られ、ひじょうに寒く凍っている。また太陽は稀にしか蝕しないが、月蝕はよく起きる。それは、それらの軌道が不等であるからである。宇宙の生成の場合のように、最も明確な説明はしていないが、或る必然にもとづいて成長、衰退、滅亡がある。」

この箇所は、事実テオプラストスに出所があるので、レウキッポスの宇宙論にとっての良い証拠である。そしてこの箇所は、或るエピクロス学派の、『大宇宙』からの抜萃文によって確認されるのである。(3) しかしこの抜萃文は、教義のところどころを、とくにエピクロス的色彩に変えている。したがって、それを注意して用いるべきである。

(1) Zeller, "Zu Leukippos" (***Arch.*** xv. p. 138).

(2) Diog. ix. 31 *sqq.* (R.P. 197, 197c. DK. 67A1). この箇所は、はっきりとレウキッポスとして扱っていて、デモクリトスとも、「レウキッポスとデモクリトス」とも扱っていない。ディオゲネスのなかの、「要約的な」学説誌と「細目に亘った」学説誌との区別については、「出典」一五を見よ。

(3) Aet. i. 4 (***Dox.*** p. 289; ***Vors.*** 54A24. DK. 67A24; Usener, ***Epicurea***, fr. 308) を見よ。エピクロスは、第二書翰 (Diog. x. 88; Usener, p. 37,7) において、*ἀποτομὴν ἔχουσα ἀπὸ τοῦ ἀπείρου.* の語句を引用している。

一七七　イオニアの宇宙論との関係

レウキッポスの宇宙論から受ける漠然とした印象は、かれが、後期のピュタゴラスの徒のものとされた宇宙についての全般的な見方が大きく進歩していたことを知っていなかったか、聞いたこともなかったということである。レウキッポスが宇宙論の細部において保守的であった度合と、総体的な自然学において大胆であった度合とは変わらない。エムペドクレスやアナクサゴラスの痕跡がそこにあるにはあるが、アナクシメネスやアナクシマンドロスの考えがはるかに多く読み取れるようにおもわれる。わけを見いだすのは難しくない。レウキッポスは、エレア学派の指導者から宇宙論を学ぼうとしたのではなかった。そしてかれが存在についてのパルメニデスの見方を放棄しないで、宇宙論を構成することができることに気づいたときでさえも、かれはイオニアの古い学説のうえに立ち戻っていたのである。結果はさんざんであった。デモクリトスの天文学は、まだこの幼稚な性格をもっていた。大地が平板で空気中に浮かんでいるとかれは考えていたのである。

原子論が「イオニアの自然学者たちによって栽培されてきた、物体についての古いイオニア説という樹に熟した果実」[1]であったというゴムペルツの叙述が、もっともらしくおもわれるのもこのことのためにほかならない。しかしこの詳細な宇宙論は、たしかにそのような果実であったし、ことによると熟れすぎた果実であったであろう。しかしレウキッポスの真の偉大さが現われている厳密な意味での原子論は、その起源においてまったくエレア的であった。それにもかかわらず宇宙論を吟味することによって私たちは報いられるであろう。というのはこのような吟味は、歴史的な発展の真の本質を明るみに出すことに役立つからである。宇宙論は、その発展の帰着であった。

（1） Gomperz, *Greek Thinkers*, vol. i. p. 323.

一七六　永遠の運動

レウキッポスは、原子がずっと運動を続けていたものとして表現している。アリストテレスは、このことを自分流に解している。アリストテレスの言によると、原子論者は何が運動の起源であるかを「怠けて」説明しないままに放置し、またどういった種類の運動であるかも言わなかった。換言すると、その運動が「本性的運動」であるのか、「本性に反して」原子に押しつけているのかを原子論者は決定しなかった。[1] アリストテレスさえも、かれらが運動を「自発的」としている、と言った。このちょっとした言葉は、原子論者が運動を偶然による、と主張したという誤った見解を惹き起こしているのである。[2] しかしアリストテレスは、そういったことを言ってはいない。いな、原子論者は、アリストテレス自身が元素の運動を説明した方法によって原子の運動を説明しなかったということを言っているにすぎない。原子論者は、天体の回転運動や地上の四元素の直線的運動のような本性的運動を原子に付しもしなければ、重い元素に与えられうる上昇運動や、軽い元素に与えられうる下降運動のような、固有の性質に反する運動を原子に与えもしなかった。ただひとつ残存するレウキッポスの断片は、偶然を紛れもなく否定している。「いかなるものも、理由なく生じはしない。しかしあらゆるものは、必然によって原因から生じる」とかれは言った。(3)

歴史的に言えば、結局これは、エムペドクレスとアナクサゴラスのようにレウキッポスが、運動を起こす力を想定する必要がなかったことを表わしている。かれには、「愛」と「争い」も、ヌウスも必要ではなかった。理由は言うまでもない。エムペドクレスとアナクサゴラスとは多様性と運動とを説明しようとしたけれども、かれらは、レウキッポスがパルメニデスの一者とは行き方を異にしているようには、根本的に異にしていなかった。エムペドクレスとアサクサゴラスは「根」や「種子」が「いっしょに」あるように混合されている物体の状態から出発したのであり、したがってこの集合状態を四散させるものを求めた。レウキッポスは、パルメニデス的「一」が無数にあることから出発したのであって、いわばそれらを分離させる外的な作用を求めなかった。それでレウキッポスの着手すべきものは、まるきり反対のことであった。つまりかれは、集合を説明しなければならなかったのであり、そしてまた運動には少しも説明は要しないという古い考えに立ち戻ることを妨げるほどのものは何もなかったのである。(4)

そこでこのことは、アリストテレスの批判からも、事柄の性格からも付随してくることのようにおもわれる。しかしこれは、原子の原初的運動が、エピクロスの学説においてと同様に、無限空間を通しての落下である、というツェラーの見解とは一致しない。もちろんこの見解は、原子が重さをもち、重さが物体を落下させるという別の考えに基づいている。それで重さが、原子の本来の性質であるのかどうか、またいかなる意味においてそうであるかを、いまや考えねばならない。

（1） Arist. *Phys.* Θ, 1. 252a32 (R.P. 195a. DK. 68A56); *De caelo*, Γ, 2. 300b8 (R.P. 195. DK. 67A16); *Met.* A, 4. 985b19 (R.P. *ib.* DK. 67A6).

（2） Arist. *Phys.* B, 4. 196a24 (R.P. 195d. DK. 68A69). Cicero, *De nat. d.* i. 66 (R.P. *ib.* DK. 67A11). 後の箇所は、「偶然的集合」(concurrere=*συντρέχειν*) の語句の起源である。

（3） Aet. i. 25, 4 (*Dox.* p. 321. DK. 67B2), *Λεύκιππος πάντα κατ᾽ ἀνάγκην, τὴν δ᾽ αὐτὴν ὑπάρχειν εἱμαρμένην. λέγει γὰρ ἐν τῷ Περὶ νοῦ· Οὐδὲν χρῆμα μάτην γίγνεται, ἀλλὰ πάντα ἐκ λόγου τε καὶ ὑπ᾽ ἀνάγκης.*

（4） 序論へ。

一七九　原子の重さ

周知のようにエピクロスは、原子が本性的に重く、したがってたえず無限な空虚のなかを落下している、と述べた。しかしこの派の伝承は、原子の「本性的な重さ」が、エピクロス自身によって、最初の原子論へ付け加えられたとしている。デモクリトスは、原子に二つの固有な性質、すなわち大きさと形を付し、エピクロスは、三番目の重さを付した、と言われている。[1] 他方、デモクリトスは、原子が「その超過に応じて」より重い、と主張した、とアリストテレスははっきりと言っている。このことは、かれの場合、重さが大きさに基づいている、というテオプラストスの報告によって説明されるとおもわれる。[2] しかしそれにしても重さは、大きさと同じ意味で原子の第一の性質として表現されていない。

この明白な矛盾は、重さについてのギリシア思想史に簡単に触れないでは、解決されることが不可能である。明らかに軽・重は、物体の本質的な第一性質として厳密に認識されるべき性質をもつものである。荷を持ちあげる必要があると、まさしく素朴な形ではあったけれども、ひとはすぐさま軽・重の違いを知ったに違いない。軽・重の両方とも、物体のうちにあるものとして考えられたであろう。さて、初めから初期のギリシア哲学が、この考えを捨てることができたのは、驚くべきその特色である。重さは、たとえば熱と冷の場合のように、「もの」とは呼ばれていない。そして見るかぎりでは、これまで学んできた思想家のだれひとりとしてそれについて説明を与えることも、いなそれについて何か言うことすら必要とは考えなかったのである。[3] 通俗説が重さのためとしている運動や抵抗は、それとは別の方法ですべて説明されている。アリストテレスは、先駆者のだれひとり絶対的な重・軽を少しも述べていない、とはっきりと言明している。先駆者は、相対的に軽いものや重いものを扱ったにすぎない。[4]

　重・軽についてこのような見方が、最初にはっきりした形で示されるのは、プラトンの『ティマイオス』篇である。[5] そこでは、宇宙に「上」とか「下」とかのようなものはない、と言われている。宇宙の中央は、「下」ではなく「真中」である。そして周辺内のどの点も、或るものの「上」とか「下」であるとか言われるべき理由はない。落下する物体を重いと真に言わせるものこそ、諸物体が類似のものの方へ向かうことであるし、落ちて行くところが「下」なのである。ここでプラトンは、先駆者が多かれ少なかれ意識的に捉えた見方を実際に与えている。そしてその見方が問題にされるのは、アリストテレスの時代になってからである。[6] いったいどういうわけかアリストテレスは、天体の周囲を「上」、宇宙の中央を「下」と同一視した。そしてかれは、元素間を直線的に運動するための、本来の重さと軽さを元素に付した。しかしアリストテレスは、宇宙はただひとつであると信じ、厳密な意味での天体に重さを帰さなかったので、反動的なこの説のかれの宇宙体系に与える効果は大きくはなかった。この本当の性格が顕わになるのは、ただエピクロスが無限な空虚とそれとを結びつけようとしたときであった。エピクロスの原子論の悪夢は、アリストテレスの教義がそれを真に拒絶する所説に無理矢理に当て嵌められたと想定するときにのみ説明されるようにおもわれる。[7] それは、全般的に初期の時代で遭遇するいかなるものにも似ていない。

原子が重・軽を獲得するのは、ただ渦においてのみであることを、これは滞りなく表わしているし、[8] 結局、重・軽は、詳細に分析されうる事柄に対して付された通俗的な名称であるにすぎない。類似の原子が類似の原子といっしょに集合するのは、渦のひとつの結果である、とレウキッポスが主張したといわれる。[9]「類似」はエムペドクレスの場合とはまた別のものであるけれども、エムペドクレスの影響がそこにあるようにおもわれる。外周へ行く傾向があるのは、比較的微細な原子であり、中央へ行く傾向があるのは、比較的大きな原子である。そのことは、より大きな原子が重く、より小さな原子が軽いという言葉で表現することができるし、このことは、アリストテレスとテオプラストスが言っていることすべてを十分に説明するであろう。というのは渦を離れた原子が重いとか軽いとか、厳密に言われている箇所はないからである。[10]

この見方は、さきに引用した原子論的な宇宙論のなかにおいて、とりわけ確実であることが判る。[11] 大小の原子の分離は、原子が「多数のために均衡をもはや保って回転できなくなる」という事実からくる、とそこで言われている。これは、前もって原子が「均衡」や「平衡」の状態にあることを示している。さてイソロピアー（*ἰσορ-ροπία*）の語は、ギリシア語において重さの意を必然的に含むことはない。ロペー（*ῥοπή*）は、或る方向へただ寄り掛かることや、傾くことであるにすぎないし、これは、重さの結果というよりもむしろ原因である。したがってイソロピアーの状態とは、或る方向へ向かうのと別の方向へ向かうのとがまったく等しいという状態である。そしてそのような状態とは、互いに相殺する反対の重さがあるというより、当然重さがないとして記されている。

さて、もしも宇宙の創成前と後との、原子の「永遠な運動」をもはや重さによるとして見なさないならば、その運動を落下運動と記す理由はない。現存する文献のいかなるものも、事実の問題としてその運動を記していないし、いかなる仕方でもそれが何であるかを語っていない。ただそれはあちらこちらへのさまざまな運動である、というのが無難であろう。[12] アリストテレスがデモクリトスに帰したところの、[13] 魂の原子の運動と、窓から差し込む太陽光線における塵埃の運動との比較は、魂のうちにまだ残っている原子の原初的運動を、実際に例証するつもりであるというのが本当らしい。これはまた、ピュタゴラスを念頭においた比較であるという事実が、[14] これをもっと確かなものにしている。というのは、ピュタゴラス的単位と原子とのあいだに、紛れもない関係のあることが見られるからである。比較の目的が、風のないときでも光線内の塵埃の動くという事実であったらしいが、これは意味深いものがある。それで、打撃や衝突によって惹き起こされる二次的な運動とは別の、原子に内在する運動について、これはまったく適切な欠くことのできない例証である。

（1） Aet. i. 3, 18 (DK. 68A47. エピクロスについて), *συμβεβηκέναι δὲ τοῖς σώμασι τρία ταῦτα, σχῆμα, μέγεθος, βάρος. Δημόκριτος μὲν γὰρ ἔλεγε δύο, μέγεθός τε καὶ σχῆμα, ὁ δὲ Ἐπίκουρος τούτοις καὶ τρίτον βάρος προσέθηκεν· ἀνάγκη γάρ, φησί, κινεῖσθαι τὰ σώματα τῇ τοῦ βάρους πληγῇ· ἐπεὶ* (「でなければ」) *οὐ κινηθήσεται;* *ib.* 12, 6 (DK. 68A47), *Δημόκριτος τὰ πρῶτά φησι σώματα, ταῦτα δ' ἦν τὰ ναστά, βάρος μὲν οὐκ ἔχειν, κινεῖσθαι δὲ κατ' ἀλληλοτυπίαν ἐν τῷ ἀπείρῳ.* Cic. *De fato*, 20 (DK. 68A46), "vim motus habebant (atomi) a Democrito impulsionis quam plagam ille appellat, a te, Epicure, gravitatis et ponderis". これらの文章は、エピクロス学派の伝承を表わしている。そしてこれは、そのように重要な点でほとんどデモクリトスを誤って表わしてはいない。かれの著作は、まだ手に入れやすかったのである。原子は、"in infinito inani, in quo nihil nec summum nec infimum nec medium nec extremum sit." において運動するとデモクリトスが教えた、ということは、『最高善と最大悪について』一巻一七におけるアカデメイアの伝承によって確かめられる。正当に伝えられたこの教説は、エピクロスによって「改悪」された。

（2） Arist. *De gen. corr.* A, 8. 326a9 (DK. 68A60), *καίτοι βαρύτερόν γε κατὰ τὴν ὑπεροχήν φησιν εἶναι Δημό-*

κριτος ἕκαστον τῶν ἀδιαιρέτων. 私は、テオプラストスが『感覚論』六一の一節で（R.P. 199; DK. 68A135）βαρὺ μὲν οὖν καὶ κοῦφον τῷ μεγέθει διαιρεῖ Δημόκριτος と、述べていることとは別のことを、これが表わしていると考えることはできない。

（3） 重さや軽さについての「学説誌」が与えられているアエティオス、一巻一二においては、プラトンより前の哲学者には言及されていない。パルメニデス（断片八、五九）は、暗い要素を ἐμβριθές と言っている。エムペドクレス（断片一七）は、ἀτάλαντον の語を用いている。初期の哲学者の断片のなかで重さが話されてさえいる箇所が、このほかにあるとは私はおもわない。

（4） Arist. *De caelo*, Δ, 1. 308a9, περὶ μὲν οὖν τῶν ἁπλῶς λεγομένων (βαρέων καὶ κούφων) οὐδὲν εἴρηται παρὰ τῶν πρότερον.

（5） Plato, *Tim.* 61c3 *sqq.*

（6） ツェラーは、古代にあっては、物体を下方に動かせるその性質以外のものを、重さと理解したものはいない、例外は、球体のなかに含まれているように、ありとあらゆる形をした物体を表わす学説の場合であって、その場合「上」は外周と一致し、「下」は中央と一致している、と言っている（p. 876）。それについて私は、そのような重さの説は、初期の哲学者の断片において見いだされないし、初期の哲学者のものとしている箇所はどこにもない、とだけ言うことができる。しかしプラトンは、明らかにその説を否定している。

（7） たぶんエピクロスに影響を与えているアリストテレスの批判は、『天体論』A巻七章二七五b二九以下で見いだされるようなものである。そこにおいてアリストテレスは、レウキッポスやデモクリトスが原子のプュシスをひとつとしたように、運動もひとつとすべきである、と論じている。それはまさにエピクロスのなしたことであったが、アリストテレスの議論は、レウキッポスとデモクリトスとはひとつの運動としなかったことを暗示している。エピクロスは原子に重さを付したけれども、かれでさえ、若干の物体は本性的に軽いというアリストテレスの見解を受けとることはできなかった。軽さの現象は、ἔκθλιψις、すなわちより大きな原子によってより小さな原子が絞り出されることによるのである。

（8） エムペドクレスを扱うに当たって、アリストテレスは、この区別をはっきりさせている。*De caelo*, B, 13. とくに 295a32 *sqq.* 参照。そこでかれは、エムペドクレスは地上にある物体の重さを説明していないし（οὐ γὰρ ἥ γε δίνη *πλησιάζει πρὸς ἡμᾶς*)、渦が生じる前の（*πρὶν γενέσθαι τὴν δίνην*）物体の重さも説明していない。

（9）Diog. *loc. cit.*（494頁）

（10）これは、おおむね A. Dyroff, ***Demokritstudien*** (1899) pp. 31 *sqq.* の見解であるようにおもわれる。もっとも私は、軽さや重さが大地の原子とに関係して生じたにすぎない（p. 35）と言ってはならない。「大地」に替えて「宇宙」を用いるならば、真実にいっそう近づくことになるであろう。

（11）494頁を見よ。

（12）この見方は、ブリーガー（***Die Urbewegung der Atome und die Weltentstehung bei Leucipp und Demokrit***, 1884）とリープマン（***Die Mechanik der Leucipp-Demokritschen Atome***, 1885）によって個々に主張された。両者とも重さは原子の原初的な性質であることを認めたために、自分たちの立場を不必要に弱めた。一方、ブリーガーは、原子の重さが原初的な運動の原因であることを否定したが、リープマンは、渦の前と外部に潜在的な重さ、つまり宇宙内で活動しているにすぎない Pseudoschwere のみがあると言っている。この重さは何の結果も生みだしていない以上、いまだ実在していないと言えば、たしかにもっと簡潔である。もしも原子が重さをもっているならば落下しなければならない、とツェラーはブリーガーやリープマンに対立して正当な議論をしている。しかし私の見るかぎりでは、かれの言っていることは、再度私が両者の説に言及したようには、その説に反対して述べてはいない。ゴムペルツは、ブリーガー＝リープマン説を採っている。また Lortzing, ***Bursians Jahresber.***, 1903, pp. 136 *sqq.* を見よ。

（13）Arist. *De an.* A, 2. 403b28 *sqq.* (R.P. 200. DK. 67A28).

（14）*Ibid.* A, 2. 404a17 (R.P. 86a. DK. 58B40).

一八〇　渦運動

しかしこれらの結果を生み出す渦運動そのものについて、私たちは何と言ったものであろうか。ゴムペルツは、もろもろの結果が「物理学の法則ではこうなるべきだということとはまったく反対」であるようにおもわれる旨述べている。なぜなら「遠心分離器が示すように、最も遠くへ投げ出されるものが最も重いものである」(1)からである。エムペドクレスやアナクサゴラスに知られている事実を、レウキッポスが知らなかったと考えるべきであろうか。(2) 渦運動によって、大地が宇宙の中央にあることを説明しようとしたひとすべてが、風や水における渦巻の類似に訴えたことは、アリストテレスから知られる。(3) そしてゴムペルツは、学説全体がこうした観察を誤って一般化した、と考えている。おもうに、もしもさらに綿密にこの事象を観察するならば、何の誤りもないであろう。

渦のあらゆる部分が接触していること、ならびにそれは、最外部の運動を内部の運動に伝えるこの接触（ἐπίφανσις）にほかならないことを心に留めるべきである。より大きな物体は、より小さな物体に比して、この伝えられた運動に対してはるかに多く抵抗することができるし、こうした方法で、より大きな物体は、運動が最も弱い中央部へ退き、より小さな物体は、外部へ押しやられる。この抵抗は、レウキッポスについての学説誌で述べられている ἀντέρεισις τοῦ μέσου（中央部の反撥）にまさしく相違ない。(4) そして原子論において、天体が中央に近ければ近いほど、回転がますます遅くなることは、(5) このことにまったく相応じている。すでに見てきたように、(6) それは、アナクシマンドロスが観察したとは考えられない点である。「遠心力」について疑う余地はないし、また空気と水における渦巻の類似は、実際のところ言うまでもないことである。

（1） Gomperz, *Greek Thinkers*, i. p. 339.

（2） エムペドクレスについては、第五章355頁を見よ。アナクサゴラスについては、第六章400頁を見よ。

（3） Arist. *De caelo*, B, 13. 295a10 (DK. 59A88), *ταύτην γὰρ τὴν αἰτίαν* (sc. *τὴν δίνησιν*) *πάντες λέγουσιν ἐκ τῶν ἐν τοῖς ὑγροῖς καὶ περὶ τὸν ἀέρα συμβαινόντων· ἐν τούτοις γὰρ ἀεὶ φέρεται τὰ μείζω καὶ τὰ βαρύτερα πρὸς τὸ μέσον τῆς δίνης.*

（4） Diog. ix. 32 (DK. 67A1). とくに *ὧν κατὰ τὴν τοῦ μέσου ἀντέρεισιν περιδινουμένων, συμμενόντων ἀεὶ τῶν συνεχῶν κατ' ἐπίψαυσιν τῆς δίνης* と *συμμενόντων τῶν ἐνεχθέντων ἐπὶ τὸ μέσον.* の語句を参照。

(5) Lucr. v. 621 *sqq.* (DK. 68A88) 参照。

(6) 104頁を見よ。

一八　大地と諸天体

細部に眼をやると、原子論的天体論の保守的性格がきわめて明らかである。大地は、太鼓形をし、空中に浮かんでいる。[1] それは南の方へ傾いてはいるが、それは、南の部分の温かさのため空気がいっそう薄くなるからであり、一方北部の氷と寒さのためいっそう濃厚となって、大地を支えることができるからである。[2] これは、黄道帯の傾きを説明している。アナクシマンドロスと同じく（一九）、レウキッポスは、太陽が星よりも遠方にある、と主張した。もっとも星が月よりもさらに遠くにあるとも言っているのである。[3] その頃までに、月による惑星の掩蔽が観測されていたに違いない。惑星と恒星とのあいだには、きわめてはっきりした区別はなかったようにおもわれる。レウキッポスは、アナクサゴラスの提唱した蝕の説を知っていたようである。[4] 現存している報告の別の断片は、若干の重要な点でレウキッポス説が、後にデモクリトスの教えた説と同じでないことを示しているので、大いに興味をそそられる。[5]

(1) Aet. iii. 3, 10 (DK. 67A25). 119頁注 (1) の引用文。

(2) Aet. iii. 12, 1 (DK. 67A27), *Λεύκιππος παρεκπεσεῖν τὴν γῆν εἰς τὰ μεσημβρινὰ μέρη διὰ τὴν ἐν τοῖς μεσημβρινοῖς ἀραιότητα, ἅτε δὴ πεπηγότων τῶν βορείων διὰ τὸ κατεψῦχθαι τοῖς κρυμοῖς, τῶν δὲ ἀντιθέτων πεπυρωμένων.*

(3) Diog. ix. 33 (DK. 67A1), *εἶναι δὲ τὸν τοῦ ἡλίου κύκλον ἐξώτατον, τὸν δὲ τῆς σελήνης προσγειότατον, ⟨τοὺς δὲ⟩ τῶν ἄλλων μεταξὺ τούτων.*

(4) ディオゲネスの該当箇所（さきの494頁）から、かれが日蝕と比較して月蝕の回数が多いという問題を扱ったことが明らかである。

（5）ディールスは、雷鳴の説明（*πυρὸς ἐναπολῃφθέντος νέφεσι παχυτάτοις ἔκπτωσιν ἰσχυρὰν βροντὴν ἀποτελεῖν ἀποφαίνεται*, Aet. iii. 3, 10. DK. 67A25）が、デモクリトスの説明（*βροντὴν……ἐκ συγκρίματος ἀνωμάλου τὸ περιειληφὸς αὐτὸ νέφος πρὸς τὴν κάτω φορὰν ἐκβιαζομένου*, *ib.* 11. DK. 68A93）とまったく異なることを説明した。レウキッポスの与えた説明は、アナクシマンドロスの説明に出来しているが、デモクリトスはアナクサゴラスによって影響されている。Diels, 35 ***Philol.-Vers.*** 97, 7 を見よ。

一八二　感覚

アエティオスは、感覚の対象が「慣習によって」存在し、「本性的に」存在するのではない、という説をはっきりとレウキッポスに帰している。(1) この出所は、テオプラストスであるに違いない。というのはすでに見てきたように、後の学説誌家のすべてが、デモクリトスだけを引用しているからである。アポルロニアのディオゲネスにそれが帰されていることが知られることは、報告の正確さを示すまた別の証拠である。テオプラストスが伝えているように、ディオゲネスは、レウキッポスから若干の見方を引き出した。このことは別に驚くに当たらない。パルメニデスは、感覚は欺くとすでに述べていたし、色やそのような類いのものは、たんに「名称」であるにすぎない、と言っていた。(2) またエムペドクレスも、生成消滅をたんなる「名称」として言及していた。(3) レウキッポスの進んだ方向は、これとは異ならないであろう。「真正の」知識と「庶子の」知識とのあいだの、明確なデモクリトスの区別や、物体の第一性質と第二性質とのあいだの区別を、レウキッポスも有していたとするのは、おそらく誤りであろう。(4) これらの区別は、纏まった知識説であることをそれとなく示しているのであって、もし言う権利があるとすれば、結局、その萌芽がレウキッポスやかれの先駆者どもの著作のなかにすでに見いだされるということだけである。もちろんエムペドクレスやアナクサゴラスを懐疑論者としないのと同じように、この区別はレウキッポスを懐疑論者とはしない。なおこの問題についてのアナクサゴラスの言説（断片二一a）を、デモクリトスがすすんで引用したといわれている。(5)

デモクリトスやエピクロスの学説において、そのような役割を演じた、**simulacra** すなわちエイドーラ（*εἴδωλα*）による感覚説を、レウキッポスのものであるとする十分な根拠がそこにあるようにおもわれる。(6) それは、エムペドクレスの「流出」説（一一八）の自然な発展である。しかしレウキッポスが、主題の細部にまで立ち入ったとはとうてい考えられない。そしてデモクリトスが所説の精巧な仕上げをしたとするのが無難である。

（1）Aet. iv. 9, 8 (DK. 67A32), *οἱ μὲν ἄλλοι φύσει τὰ αἰσθητά, Λεύκιππος δὲ Δημόκριτος καὶ Διογένης νόμῳ.* Zeller, *Arch.* v. p. 444 を見よ。

（2）第四章263頁。味、匂い、色は **non sieno altro che puri nomi** であるという趣旨での、ガリレオからゴムペルツが引用したそっくりの文（p. 321）は、したがってデモクリトスよりもむしろパルメニデスを説明するために、引用されるべきであった。

（3）305頁の断片九を見よ。

（4）これについては、Sext. *Math.* vii. 135 (R.P. 204. DK. 68B9) を見よ。

（5）Sext. vii. 140 (59B21a), *"ὄψις γὰρ ἀδήλων τὰ φαινόμενα," ὥς φησιν Ἀναξαγόρας, ὃν ἐπὶ τούτῳ Δημόκριτος ἐπαινεῖ.*

（6）Zeller, "Zu Leukippos"（*Arch.* xv. p. 138）を見よ。この説は、アエティオス、四巻一三、一（*Dox.* p. 403. DK. 67A29）においてかれに帰せられている。アレクサンドロスの『感覚論注釈』二四、一四ならびに五六、一〇も、それに関連してかれの名前を挙げている。この出所は、テオプラストスに違いない。

一八三　レウキッポスの重要性

ギリシア思想に占める原子論の位置について、最近の研究者間において意見に広い相違があることを、偶然にも知ることになった。当面の問題は、レウキッポスが「形而上学的基盤」と称されるものに基づいて、すなわち存在についてのエレアの説の考察に端を発して自らの説に辿り着いたのであるのか、あるいは反対に、イオニアの学問の純粋な発展であったのかというまさにこのことである。いままで述べてきたことが、本当の答えを表わしているであろう。宇宙の物質構成についての全般的なレウキッポス説に関するかぎりは、エレアやピュタゴラスの典拠からまったくのところそれが引き出されたのであるが、一方宇宙論の細部は、主としてこの新しい自然の説に、古いイオニアの考えを適合させようとして多かれ少なかれ成功したことが示されているように私はおもう。いずれにしてもレウキッポスの偉大さは、もしひとが物体は究極的存在であるとする場合、物体をどのようなものと見なすべきかをはじめて解したひとであったということにある。ミレトスの古説は、アナクシメネスの学説のなかで最も纏まった形となって現われたが（三）、もちろん稀薄と濃縮とは、空間においていっしょに結びついたり離れたりしている微小物体、すなわち原子を仮定しないでは、明確に表現されえない。パルメニデスは、ひじょうにはっきりとそのことを見ていたのである（断片二）。そしてエレア的な批判があればこそ、レウキッポスはパルメニデスの場合のように学説を系統的に語ることになったのである。アナクサゴラスにしても、不可分割についてのゼノンの論証を考慮したが（二二八）、質的にばらばらな「種子」についての学説は、若干の点でいっそう深まっているにしても、つねに原子論の主な魅力である単純性を欠いている。

第一〇章　折衷主義と復古

一八四　「学問の破綻」

ここでの話は、レウキッポスで終わるべきである。というのはタレスがはじめて訊ねた問題に、かれが答えてしまったからである。しかし物質についてのレウキッポスの説は、最も根源的で大胆なものであったけれども、かれはひとつの宇宙論を構成するという試みにおいて、一律に成功しなかったことも見てきたとおりである。このことは、真偽のほどが分からないために原子論の承認を妨げたようにおもわれる。すでに、医学の影響が増大したことや、初期の時代のより広範囲な宇宙論的見解にとって代わって、細分化された研究熱を結果的に煽ったことに、とくに言及してきた。その頃広くゆきわたっていた関心がどのようであったかをはっきりと伝える若干の論文が、ヒッポクラテス学派の「著作集」のなかにある。[1] レウキッポスの示したのは、あらゆる学問を不可能にするようにおもわれた「メリッソス説」[2]だけが、エレア的な前提から引き出されうる唯一の結論ではないということである。そしてかれは、実質的にイオニアの古い形をもった宇宙論を提唱したのであった。その結果はまず、あらゆる古い学派が再生し、わずかな時ではあるが活動を復活した。しかし同時に、新しい若干の学派が生じ、レウキッポスの見解と古い見解とを調和させようとし、あるいは折衷的なやり方で双方を結びつけることによって、学問的な目的にいっそう役立たせようとしたのである。こうした試みは、長期にわたって重要性や影響をもち続けはしなかった。そしてこの章で考えるべきことは、まさに巡りきたひとつの「学問の破綻」についてである。「学問の破綻」こそは、その歴史における一章を閉じるものであるとともに、新しい章の始めを告げるものである。

（1）第四章230頁注（2）において *Περὶ διαίτης* について述べられている点を参照。*Περὶ ἀνθρώπου φύσιος* と *Περὶ ἀρχαίης ἰατρικῆς* とは、その時代において宇宙論に対する学者の態度がどのようであったかを知らせる貴重な文書である。

（2）第八章482頁注（2）参照。

一八五　サモスのヒッポン

サモスか、クロトンか、レーギオンかのひとヒッポンは、イタリアの医学派に属していた[1]。かれがペリクレスと同時代人であったということのほか、実際かれについてほとんど知らない。アリストファネスについての注釈家から、クラティノスが著作『パノプタイ』において、かれを諷刺したことが知られる[2]。アリストテレスは『形而上学』の第一巻で、初期哲学者を枚挙するときに、ヒッポンに触れている[3]。ただしかれの知性が劣等であるために、かれをしてその哲学者のなかに数え入れるほどのひとと認めているものはいない、とだけ述べている。

湿気

かれの見解について最も明確な報告は、疑いもなくテオプラストスに従ったアレクサンドロスの報告である。それは、ヒッポンが究極的基体を湿気であると主張したという趣旨のものであるが、それが水か空気かのいずれであるとも決めていない[4]。この説が、その当時に共通した種類の自然学的議論によって支持されたと述べている文献としては、アリストテレス[5]があり、またヒッポリュトスによって再現されたテオプラストスがある。[6] アリストテレスによって一応仮にタレスのものとされた議論は、こういった類いのものである（10）。かれの別の見方は、医学史に含まれる。

まったく最近まで、ヒッポンの断片が残されていることは知られていなかったが、現在ただひとつの断片が、ホメロスについてのジェネヴァ・スコリアのなかから採り出されている。[7] それは、「地下水」が湿気の独立した源であるという古い仮定に対して向けられている。それはこうである。

「飲み水はすべて、海からくる。というのは泉はどこにあっても海より深い場合には、私たちが飲むのはたしかに海からではないからである。すなわちその場合、水は海からではなくて、それとは別のところからくる。しかし実際、海は水より深い。それで海より上にある水はすべて、海よりくる。」(R.P. 219b)

ここには、水は大地から上昇する傾向があるが、沈む傾向はないという全般的な推断があるのに気づくのである。

ヒッポンといっしょに、ヒメラ生まれのイダイオスが述べられているのかもしれない。イダイオスについては、セクストスから以外少しも知られない。セクストスは、かれが究極的基体を空気である、と言った旨を述べている。[8] しかしかれがシケリアの出身であった事実は、暗示的である。

（1） アリストクセノスは、かれがサモス島生まれであると言った（*ap.* Censorinus, 5, 2. R.P. 219a. DK. 38A1）。メノンの『イアトリカ』においては、クロトンのひとと言われている。しかし別の人たちは、かれをレーギオン（Hipp. *Ref.* i. 16. DK. 38A3）やメタポントス（Censorinus, *De die nat.* 5, 2. DK. 38A1）の生まれとしている。これらの違いは、かれがもともとピュタゴラス学派に所属していたことを暗示している。この場合、アリストクセノスの証言はなおさら貴重である。ヒッポンは、メリッソスとともに、イヤムブリコスによるピュタゴラスの徒の目録のなかでは、サモス生まれとして述べられている（V. *Pyth.* 267)。

（2） Schol. on *Clouds*, 94 *sqq.*

（3） Arist. *Met.* A, 3. 984a3 (R.P. 219a. DK. 38A7).

（4） Alexander in *Met.* p. 26, 21 (R.P. 219. DK. 38A6).

（5） Arist. *De an.* A, 2. 405b2 (R.P. 220. DK. 38A10).

（6） Hipp. *Ref.* i. 16 (R.P. 221. DK. 38A3).

（7） *Schol. Genav.* p. 197, 19 (DK. 38B1). また *Arch.* iv. p. 653 におけるディールスの論文参照。この抜萃文は、マルロス生まれのクラテスの Ὁμηρικά から採られている。

（8） Sext. *Adv. Math.* ix. 360 (DK. 60A7).

二　アポルロニア[1]のディオゲネス

一八六　年代

テオプラストスは、ミレトス学派の偉大な三人の代表者を論じて後、つづけて言っている。

「アポルロニアのディオゲネスもまた、このような事柄の研究に専念した人びとのなかで最年少のひとであり、ほとんどの著作を、或る点ではアナクサゴラス、或る点ではレウキッポスに沿いながら折衷的な形で著わした。かれはまた、万物の究極的基体は、無限で永遠の空気であり、それから濃縮されたり、稀薄にされたり、

状態が変化することであらゆるものの形が生じる、と言っている。」(R.P. 206a. DK. 64A5)(2)

この箇所からは、このアポルロニア生まれのひとが、アナクサゴラスと同時代人であったというディオゲネス・ラエルティオスの報告よりも(3)、何かもっと時代的に後のひとであったと想像されるし、アリストファネスの『雲』でかれの見解が諷刺されている事例は、やはり後のひとであることを指している(4)。

(1) ビュザンティオンのステファノスの *'Απολλωνία* の項は、これはクレタ島のアポルロニアであったと述べているが、それは不適当であるとおもわれる。ツェラーは、ディオゲネスがイオニア方言で書いたという理由でそれを疑ったが、イオニア方言は、学問的著作には常套の方言であったし、それを拠り所にはできない。他方、かれは、アナクシマンドロスが創設者と見なされるミレトスの植民地、ポントスのアポルロニアから来たという方が、はるかに本当らしい（82頁注(6)）。アエリアノス（*V.H.* ii. 31. DK. 64A3）は、かれを *Διογένης ὁ Φρύξ* と呼んでいる。このことは、以上の見解をアエリアノスがとったことを示している。

(2) この箇所については、Diels, "Leukippos und Diogenes von Apollonia"（*Rhien. Mus.* xlii. pp. 1 *sqq.*）を見よ。この語句が、シムプリキオスの語句であるにすぎないとするナトルプの見解（*ib.* pp. 349 *sqq.*）は、ほとんど支持されえない。

(3) Diog. ix. 57 (R.P. 206. DK. 64A1).『諸系譜』の著者アンティステネスの報告は、ディオゲネスがアナクシメネスに「聞いた」としているが、いつもの混乱のためである。かれは、アナクサゴラスのように、まさしく「アナクシメネスの哲学の仲間」であった。第六章一三二参照。

(4) Aristoph. *Clouds*, 227 *sqq.*（DK. 64C1）. そこではソクラテスが、「同類の空気と、かれの明敏な考えとを混ぜあわすこと」に言及している。とくに *ἡ τῇ βίᾳ | ἕλκει πρὸς αὐτὴν τὴν ἰκμάδα τῆς φροντίδος.* の語句参照。この *ἰκμάς* については、Beare, p. 259 を見よ。

一八七　著作

シムプリキオスは、ディオゲネスが若干の著作を書いたことを認めている。もっともかれの時代まで存続していたのは、ただひとつの *Περὶ φύσεως* だけであった、としている。(1) この報告は、存続している著作そのもののなかで言われていることに基づいているのである。それで軽々しく否定されるべきではない。とりわけディオゲネスが、『ソプィスト駁論』という題で書いたことは、きわめて信用できることである。つまりそれは、当時の多元論的宇宙論者への駁論であった。(2) かれが『気象論』や『人間本性論』と呼ばれる作品を書いたことも、まったく本当らしい。これは、生理学的論文または医学的論文であったであろうし、おそらく血管についての著名な断片の出所もそこにあるであろう。(3)

(1) Simpl. *Phys.* p. 151, 24 (R.P. 207a. DK. 64A4).
(2) シムプリキオスは、*Πρὸς φυσιολόγους* と言っているが、しかしかれらをディオゲネスが古い言葉である *σοφισταί* と呼んだことも付言している。その点では、これは作品の真正を可としている。
(3) ディールスは、これを断片六（*Vors.* 51B6. DK. 64B6）として与えている。それは本当のところ医学史に属するものであるから、私は省略している。

一八八　断片

ディオゲネスの作品は、アカデメイアに保存されてきたようにおもわれる。とりわけ現存している相当に広範囲な断片は、すべてシムプリキオスからきている。私はディールスの配列通りここに示そう。

（一）

いかなる議論を始めるに際しても、争う余地のないことを立脚点とすべきであるが、しかし表現は単純で、威厳のあるものにすべきであると私にはおもわれる。(R.P. 207. DK. 64B1)

(二)

全体を集約して言うと、存在するものはすべて、同じものの変化から生まれ、そして同じものである、と私にはおもわれる。そしてこれは明白である。なぜならばこの宇宙に現に存在するもの、大地と水と空気と火と、この宇宙のなかに存在して現われている他のもの、もしこれらのもののどれかひとつが、他のものと違っているとすれば、それらそれぞれが、固有な本性をもつことで異なっているのである。そしてもしも同じものがしばしば変化しても異ならないとすれば、ものは何としても相互に混ざることはできないし、お互いにとって利益もないし損失もないであろう。もしも同じものであるような仕方で構成されているのでなければ、何の植物も大地から生えることができないし、動物もその他のものも生じてこないであろう。しかしあらゆるものは、同じものから生じる。つまり異なったときに異なったものになり、そしてまた同じものに再び戻る。(R.P. 208. DK. 64B2)

(三)

なんとなれば、それに知力がなければ、冬、夏、夜、昼、風、雨、晴天のようなあらゆるものの尺度をもつように、それが分割されることはできない。よく考えようとすればひとは誰でも、他のすべてのものが最善の方法で配置されていることに気づくであろう。(R.P. 210. DK. 64B3)

(四)

そしてそのうえさらに、つぎのような大きな証拠がある。すなわち人間もその他のあらゆる動物も、呼吸することで空気のために生きている。この著作のなかではっきり示されるであろうように、これが魂であり知力である。一方、これが逃げ出すとそれらは死んで、知力はなくなる。(R.P. 210. DK. 64B4)

(五)

そして知力をもつものは、ひとが空気と呼んでいるものであり、あらゆるものは、これによって舵取られ、またこれは万物を支配している、と私にはおもわれる。というのもまさにこれこそ神であり[1]、あらゆるところへ赴き、あらゆるものを案配し、あらゆるものに内在する、とおもわれるからである。それに与からないようなものは何もない。しかも他のものと同じように、それに与かるものもひとつもない。しかし空気自体と知力との双方に多くの様式がある。というのは知力はより熱いのであり、より冷たいのであり、より乾いており、より湿っており、より安定しており、より速い運動をもち、そうしたさまざまな変化を受ける。そしてそのなかに別の多くの変化、無限な色や味がある。そして生物すべての魂は同じである。すなわち空気は、私たちのいる外部の空気よりも熱いが、太陽の近くよりもはるかに冷たい。この熱さは、二種類の生物においても似ていない。なぜならそうしたことは、人間ふたりにおいても似ていないからである。それにもかかわらずそれらは似かよっているので、たいした違いにはなっていない。しかし異なっているものが、すべてもう一度同じものになるまで、相互が同時に厳密に似ていることは不可能である。(DK. 64B5)

(六)

それから変化はさまざまな様式をもっているので、生物も多種多様で、姿においても知性においても互いに似ていないが、それは変化が多数であるためである。それにもかかわらずそれらすべてが、同じものによって生きたり、見たり聞いたりする。またそれらすべては、同じところからその他の知力をもっている。(R.P. 211.

DK. 64B5)

（七）　そしてこのもの自体、永遠で不死の物体であるが、他のもののうち[2]或るものは生成し、或るものは消滅する。(DK. 64B7)

（八）　しかしそれが大きく、力をもち、永遠で不死で、大きな知恵をもっていることは明らかなように、私にはおもわれる。(R.P. 210. DK. 64B8)

ディオゲネスの主な関心が、生理学的なものであるということは、アリストテレスによって保存されている血管についての詳細な説明[3]から明らかである。あらゆる実存するものの根底にある単一性に対するかれの議論のひとつが、単一性がなければ、どうして或るものが他のものをよくしたり、傷つけたりすることができるかを理解することは不可能といった議論であることも注目に値する（断片二）。事実、ディオゲネスの著作は、偽ヒッポクラテスの文書のかなりのものと同じ性格を本質的にもっているし、これらの穿鑿好きな論文を書いたひとが、アナクサゴラスやヘラクレイトスを利用したと同じように、たびたびディオゲネスを利用したという見方を証明するものはきわめて多い[4]。

（1）　シムプリキオスの古写本は、θεός ではなく ἔθος である。しかし私はウゼナーの確実な訂正を採用する。ディオゲネスが、私たちの内にある空気を「神の小部分」と呼んだということは、テオプラストスの報告によって確かめられる（*de*

Sens. 42. DK. 64A19)。ピロデモス（*Dox.* p. 536. DK. 64A8）によっても確かめられる。そこでは、ディオゲネスがホメロスを賞讃していることが読み取れるのである。すなわち *τὸν ἀέρα γὰρ αὐτὸν Δία νομίζειν φησίν, ἐπειδὴ πᾶν εἰδέναι τὸν Δία λέγει.* (Cic. *Nat. D.* i. 12, 29 参照)。

（2）シムプリキオスの古写本は、*τῷ δέ* であるが、しかしアルディヌウスの校訂本の *τὸν δέ* がたしかに正しい。

（3）Arist. *Hist. An.* Γ, 2. 511b30 (DK. 64B6).

（4）Weygoldt, "Zu Diogenes von Apollonia"（*Arch.* i. pp. 161 *sqq.*）を見よ。ヒッポクラテス自身、これらの作者の表わしているものとは、反対の傾向を表現した。かれの大きな達成は、哲学から医学を分離したことであった。この分離は、双方にとって最大の貢献であった（Celsus, i. pr.)。そのためにヒッポクラテスの著作集は、「ソフィストたち」が攻撃されている若干の作品や、その人たちの著作が奪い取られている他の作品を含んでいる。*Περὶ διαίτης* や *Περὶ φυσῶν* は後者の部類に属し、前者の部類にはとくに *Περὶ ἀρχαίης ἰατρικῆς* が属している。

一八九　宇宙論

ディオゲネスは、アナクシメネスのように空気を究極的基体と見なした。しかしかれの生きていた時代は、別の見解が優勢になっていたことは、かれの議論から知られるのである。かれは、エムペドクレスの四つの元素にも明白に言及しているし（断片二）、アナクサゴラスの教えたようなヌウスの性質を、慎重に空気に付している（断片四）。ディオゲネスの宇宙観についての伝承記録は、かなり残されている。

「アポルロニアのディオゲネスは、空気を元素とし、あらゆるものは運動しており、宇宙は無数である、と述べている。宇宙形成はつぎのようである、としている。すなわち万物が運動して、或る場所は稀薄となり、或る場所は濃厚となると、そこに濃厚なものが集まって塊りを作る。それから残りのものも同様な仕方で生じる。最も軽い部分は最高位を占め、太陽を作りあげる。」〔Plut.〕*Strom.* fr. 12 (R.P. 215. DK. 64A6).
「何ものも非存在から生じないし、非存在へと消滅しない。大地は丸く、中央に保たれており、熱いものからくる回転と、冷たいものからの凝固によってその組織を形成した。」Diog. ix. 57 (R.P. 215. DK. 64A1).
「星辰は、軽石状であった。それが宇宙の呼吸孔であり、それらは灼熱している、とかれは考えている。」Aet. ii. 13, 5=Stob. i. 508 (R.P. 215. DK. 64A12).
「太陽は、軽石状であった。大気からの光線が、そのなかにはり付いている。」Aet. ii. 20, 10 (DK. 64A13).
「月は、軽石状の燃えているものであった。」*Ib.* ii. 25, 10 (DK. 64A14).
「見えない石は、見える星辰といっしょに回転している。それゆえにそれは名前がない。しかしそれは、アイゴスポタモスに燃えながら落下した隕石のように、しばしば大地に落ちて消える。(1)」*Ib.* ii. 13, 9 (DK. 64A12).

ここには、もっと後の時代の典拠から少々つけ加わった、ほんのわずかな古いイオニアの教説があるにすぎない。なお稀薄と濃縮は、熱と冷、乾と湿、静止と運動という対立物の説明にとって代わっている（断片五）。空気が蒙る、対立物への分化は、アナクサゴラスが教えたように無数である。しかしあらゆるものは、稀薄と濃縮の原初的対立に還元されるであろう。ディオゲネスは、アナクシメネスのように、濃縮によって空気から生じると、大地や水について言ってはいないのであって、むしろ血液、肉、骨について言っているということが、ケンソリヌスから(2)判断することができる。ここにおいてかれは、当然のこととはいえアナクサゴラスに追従したのである（一三〇）。他方、稀薄化した空気のその部分は火となり、太陽と星辰とになった。宇宙の回転運動は、空気の知力によっている。それと同様に、あらゆるものがさまざまな形の物体に分離したりするのも、これらの形によって「尺度」が保たれているのも、その知力に基づいている。(3)

アナクシマンドロスのように(三〇)、ディオゲネスは、海を原初的な湿気を帯びた残物と見なした。そしてこれは、部分的に太陽によって蒸発され、分離して残ったのが大地であった(4)。大地そのものは丸く、いわば円盤状である。なぜなら学説誌家の言葉は、球形を指していないからである(5)。寒さによる凝固は、冷が濃縮の一種であるという事例に基づいている。

ディオゲネスは、初期の宇宙論者と同じように、天体が空気や火から成っていると主張しなかったし、なおまたアナクサゴラスのように、それが石であるとも主張しなかったのである。かれの主張は、天体が軽石状であるとするのであって、この見解のなかにレウキッポスの影響を追跡することができるであろう。実際、それは土的であるが、固まっていないし、天空の火がその孔を通り抜けたのである。そしてこれは、アナクサゴラスと同じように、かれが星といっしょに回転するという暗い物体の見えない理由を説明している。天体は実際固い石であり、したがって火を通さない。アイゴスポタモスに落下したのもそのひとつであった。ディオゲネスは、アナクサゴラスのように、大地の傾きが動物の発生後に起こった、と説明した(6)。

ディオゲネスが、宇宙無数説を唱えたことは十分に理解される。というのはそれは古いミレトス人の考えであったし、アナクサゴラスやレウキッポスによって現に再生されていたものであったからである。『学説誌』においては、その人びとといっしょにかれは述べられている。そして単一の宇宙の連続した形成と崩壊とについてのストア的教説を主張しているとして、シムプリキオスがヘラクレイトスとともにディオゲネスとアナクシメネスとを同じ部類に入れる場合、おそらくかれが「調和者」(7)という語によって誤ったものであろう。

(1) 第六章375頁注(4)を見よ。
(2) Censorinus, *de die natali*, 6.1 (*Dox.* p. 190. DK. 64A27).
(3) 「尺度」については、第三章㈦を見よ。
(4) Theophr. *ap.* Alex. in *Meteor.* p. 67, 1 (*Dox.* p. 494. DK. 64A17).

（5） Diog. ix. 57 (R.P. 215. DK. 64A1).
（6） Aet. ii. 8, 1 (R.P. 215. DK. 64A11).
（7） Simpl. *Phys.* p. 1121, 12 (DK. 13A11). 第一章92頁を見よ。

一六〇　動物と植物

生物は、疑いもなく熱の影響で大地から生まれる。もちろんその魂は空気であり、その違いは、空気が稀薄化されたり濃縮化されるさまざまな度合によっている（断片五）。心臓とか脳とかのような特別な座が、魂に付されなかった。魂は血管内を血液とともに循環している暖かい空気でしかなかったのである。

生長、呼吸、血液についてのディオゲネスの見解は、医学史の分野に含まれるものである。[1] 感覚説も、テオプラストスが述べているように[2]、成り行き上述べられる必要がある。端的に言うならば、つぎのようなことになる。すなわちあらゆる感覚は、空気が脳やその他の器官に作用することであり、一方快楽は血液を空気に晒すことである。しかし学説の細部は、ヒッポクラテスの著作との関連において正当に学ばれうるにすぎない。というのはディオゲネスは、古い宇宙論的伝承をそのまま表現しているのではなくて、哲学上の保守的な見解の新しい発展が、詳細な探究や事象の収集のために、まったく新しい情熱と結びついたからである。

（1） *Dox.* p. 191 *sq.* に引用されたケンソリヌスを見よ。(DK. 64A25)
（2） Theophr. *de Sens.* 39 *sqq.* (R. P. 213, 214. DK. 64A19). 全体的説明としては、Beare, pp. 41 *sqq.*, 105, 140, 169, 209, 258 を見よ。ベア教授が述べているように、ディオゲネスは「プラトン以前の心理学者のうち最も興味のあるひとである。」(p. 258)

三　アテナイのアルケラオス

一九一　アナクサゴラスの徒

初期の宇宙論者の最後のひとは、アテナイのアルケラオスであり、かれはアナクサゴラスの弟子であった。(1) かれがまたソクラテスの師であったということは、アリストクセノスやテオプラストスによって言われている。そしてそのことを疑う余地は少しもない。(2) なおかつアルケラオスが、ランプサコスにある学校において、アナクサゴラスを継承したという伝承を疑う理由はない。(3) アナクサゴラスの徒たちの名声は、一般に言われる「ソフィストたち」の興隆のために間もなく潜んだけれども、アナクサゴラスの徒についてたしかに私たちは聞いて知っている。(4)

(1) Diog. ii. 16 (R.P. 216. DK. 60A1).

(2) Chiappelli in *Arch.* iv. pp. 369 *sqq.* を見よ。キオスのイオンは、ソクラテスがアルケラオスに同伴してサモス島へ行った、と言った (fr. 73 Köpke)。このことがサモス島包囲のことを言っているとすれば、メリッソスの指揮する一隊に対抗して、若いソクラテスが仕えているさまを想い浮かべることは興味深い。

(3) Euseb. *P.E.* p. 504, c3 (DK. 59A7), *ὁ δὲ Ἀρχέλαος ἐν Λαμψάκῳ διεδέξατο τὴν σχολὴν τοῦ Ἀναξαγόρου.*

(4) *Ἀναξαγόρειοι* はプラトンによって (*Crat.* 409b6)、また *Δισσοὶ λόγοι* において述べられている (52頁注 (4) 参照)。プラトン (*Parm.* 126a, b) が、パルメニデスと若いソクラテスとのあいだの著名な会話を詳細に説明するために、ソクラテスの死後、アテナイにやって来たものとして、クラゾメナイからきた或る *φιλόσοφοι* を表現していることも特記されるべきである (八四)。

一九二　宇宙論

アルケラオスの宇宙論については、ヒッポリュトスがつぎのように記している。(1)

「アルケラオスは、アテナイのひととして生まれ、アポルロドロスの子であった。かれはアナクサゴラスと同じ仕方で、質料の混合について語った。また第一原理についても同様に語った。しかしかれは、ヌウスにさえも或る混合が内在している、と主張した。また相互に分離する二つの運動の原因、すなわち熱いものと冷たいものがあるとも言った。熱いものが運動し、冷たいものは静止している。水が液化されて中央を流れ、それが燃えると土や空気に変ずるのである。空気は上部で生まれ、土は下部に位置する。つまりそれゆえに大地が静止し、かつ大地が生じた。それは中央に横たわり、実際、宇宙の、感知できるほどのいかなる部分ともならない。(しかし空気はあらゆるものを支配する。(2))つまり空気は燃焼によって作られ、星辰の実体は、最初の燃焼から生まれる。これらのうち太陽は、最も大きく、月は二番目に大きい。残りは或るものは小さく、或るものは大きい。天界は傾いており、太陽は大地を照らし、空気を稀薄にし、大地を乾かす、とかれは言う。なぜならそれはもともと、周囲が高くなり、中央部に窪みのある池であったからである。この窪みの証拠として、太陽があらゆるひとのために、同時に昇って沈まないことを挙げている。もしも大地が平坦であれば、そうしたことが起こるはずである。かれは、生物について大地が、まず暖められるときに、熱いものと冷たいものが入り混じっている低部において、多くの生物、とりわけ人間が出現した、と言っている。あらゆるものは同じ生活をもち、泥から食物を引き出した。それらは長く生きなかったし、後には相互から生殖が始まった。そして人間は他の動物から区別されて、指導者、法律、技術、都市国家などを設定した。ヌウスは、あらゆる動物に同じように植え込まれている、とかれは言っている。なぜなら人間はもちろん生物のそれぞれは、或るものは速く、或るものは遅くヌウスを用いるからである。」

以上のことから、ディオゲネスが、アナクシメネスの哲学のなかに、或るアナクサゴラス的な思想を導入しようとしたように、アルケラオスも、熱と冷、稀薄と濃縮という対立者でアナクサゴラス的思想を補うことによって、また師匠の学説のなかにおいてヌウスを他の「存在しているもの」から区別するあの単純性をヌウスから取り除くことによって、明らかに古いイオニアの見方へアナクサゴラスの思想を近づけようとした。ヌウスはもはや宇宙の創設者と見なされないのも、この理由からであろう。[3] レウキッポスは、そのような力を不必要としていた。アルケラオスとその先駆者との、この二重の関係が、アエティオスが言っているように、[4] かれが無数の宇宙を信じたということをひじょうに信用できるものにしたことは付言されてよいであろう。アナクサゴラスと古いイオニア人との双方が、宇宙無数説を支持したのである。

（1） Hipp. *Ref.* i. 9 (R.P. 218. DK. 60A4).
（2） ロェパーによって提案されたように、*τὸν δ' ἀέρα κρατεῖν τοῦ παντός* を挿入する。
（3） Aet. i. 7. 14=Stob. i. 56 (R.P. 217a. DK. 60A13).
（4） Aet. ii. 1, 3 (DK. 60A13).

一九三　結論

アルケラオスの宇宙論は、ディオゲネスの宇宙論のように、宇宙論の主役の時代——反動、折衷主義、細部に亘る研究の時代のあらゆる特徴を備えている。[1] サモスのヒッポンやヒメラのイダイオスは、哲学が袋小路に入り込んでしまったという感じをわずかながら表現しているにすぎない。そして後戻りをしようとすることで哲学は、その袋小路からただ逃れることができた。エフェソスにいたヘラクレイトスの徒たちは、自分たちの固有の学説のなかに頑固に閉じ籠って、その矛盾を誇張したり、もっと非現実的な側面を発展さす以外ほとんどなすことはなかった。(2) ヘラクレイトス（断片八四）と同じように、ひとは同じ河に二度も踏み入れることができない、と言うことはクラテュロスにとって十分ではなかった。ひとは一度だってそうすることはできなかったのである。(3) 哲学が過去の前提に執着するかぎり、それ以上何も言うべきことはなかったというのが真相である。すなわちタレスの問いに対するレウキッポスの答えは、まことに最終のものであった。

これら対立する学説はすべて、アテナイへの道を見つけたのであり、イオニアの逸脱した学説が西欧と接したのはその地であったし、ただその地だけであったことが看取されるであろう。大地が円いか平たいか、「私たちがものを考える」のは空気によるのか血液によるのか、といった疑問は、ソクラテスの若かった前五世紀の半ば頃、アテナイにおいて熱心に討論されていたに違いない。ソクラテスについて見ると、かれにとってこれらの論争が晩年かけ離れたものにおもわれたにしても、その当時にあっては興味をそそらなかったとはたしかに考えられない。現に『プァイドン』篇においてプラトンは、自叙伝的な報告をかれに語らせている。そこでは、実際そういう状態であったと語っているのである。(4) そしてここに与えられている諸問題は、その当時のアテナイにおいてひとの心を奪っていたものであった。(5) 学問的な学派と名のつくものはすべて、アテナイで終わるのである。人びとの提起した問題が、別の観点から新しく出発することによってのみ叶えられることを知ったのは、アテナイのひとソクラテスであった。

（1） Windelband, §25. Fredrich, *Hippokratische Untersuchungen*, pp. 130 *sqq.* によって、この時代が巧みに述べられている。それは、ソプィストたちとの関連において十分に処理されうるにすぎない。

（2） ヘラクレイトスの徒の興味ある場面については、プラトンの『テアエテトス』篇一七九Eを見よ。修辞学が生活内に招き入れた、言語に対する新しい関心は、プラトンの『クラテュロス』篇で諷刺されているように、空想的で気儘な語源追究の形をかれらにもとらせた。

（3） Arist. *Met.* Γ, 5. 1010a12 (DK. 65, 4). かれは発言することすら拒み、ただ指を動かしたにすぎない、と言われている。

（4） Plato, *Phaedo*, 96a *sqq.*

（5） 私は、『ファイドン』の編集（Oxford, 1911）に際して、この箇所の注において詳細にこれを示そうと試みている。私の見るかぎりただひとつの時代錯誤もなしに、プラトンの生まれる二十五年前の、アテナイにおける学問的見解の様相を説明することができたというのは、プラトンの歴史感覚に対するこよない証拠である。

付録

プュシスの意味について

初期ギリシア哲学におけるプュシスの語の意味について私の与えた説明（28頁以下）は、*Περὶ φύσεως*, A Study of Conception of Nature among the Pre-Socratics. という論題の論文において、W・A・ハイデル教授によって批判されている。[1] それはきわめて優れた論文である。そしてその筆者が私の見方と何か矛盾したものを含んでいると考えてはいるけれども、私はそうした矛盾を含んでいることを見いだすことはできない。私の見るかぎり唯一の問題点は、ハイデル教授がプュシスの本来の意味が「生長」であると想定している点である。私にはそれは極めて疑わしいことである。まさしく長母音をもった動詞 *φύομαι*（i.e. *φύομαι*）は、「私は生長する」の意味であるが、単語根 *φυ* は、ラテン語の fu や英語の be と同じであって、この派生的意味が必ず生じるというわけではない。

Philosophical Review の十八巻三六九以下には、私の見解を支持したラブジョイ教授の興味ある論文が載っている。またベアズレー氏は、博士論文（シカゴ大学出版、一九一八年）において、前五世紀のギリシアの作家におけるプュシスの語の使用を最近調査している。この仕事を高く買うかたわら、ここで再び私が言いうるのは、かつて与えた私の説明と矛盾する結果を見いだせないということだけである。プュシスの語がひとつの歴史をもち、イオニアの人びとの用いた意味とはまったく違った意味に発展したという、はっきりした事実を私は問題にしているのではない。

このことの事例を、私は28頁に引用したエウリピデスの断片にすすんで託さねばならないところにきている。そこでは *ἀθάνατος καὶ ἀγήρως* という意味深い呼び名がプュシスに与えられている。しかし私の拠り所としている若干の文章をここに一括しておくのもよいであろう。

一、プラトン『法律』篇八九一C一「なぜならこうしたことを言うひとは、おそらく火と水と土と空気とを万物の最初のものであると考え、それらをちょうどプュシスと名づけて呼ぶであろう」、八九二C二「プュシスという語で、かれらは最初のものの生成を言い表わそうとしている。しかしもしも、魂が最初に現われる、つまり最初に生成されたものは火でも空気でもなく魂であるとすれば、とくにプュシスによって（*φύσει*）存在するのは魂であると言うのが、おそらく最も正しいであろう。」

八九一C七において、ここで批判されたプュシスの語の使用は、「かつてプュシスについての探究に携わったことのある人びと」の使用であることを明らかに指している。

二、アリストテレス『自然学』B巻一章一九三a九「若干のひとは、プュシスによって（*φύσει*）存在するもののプュシスや実有が、それぞれの存在するものの内にある第一のものであって、それ自体ではたとえば木が寝台のプュシスであり、青銅は彫像のプュシスであるように、無秩序なものであるとおもっている。そしてアンティプォンは、この証拠として、もしひとが寝台を植えて、その朽ちた木が力をえ、その結果芽をふくとなれば、そこに生えるのは寝台ではなくて木であろう、と言っている。」

ソフィストのアンティプォンは、ソクラテスと同時代人であった。

三、アリストテレス『自然学』A巻六章一八九b二「すべては、たとえば水や火やこの中間のもののように、或るひとつのプュシスである、と言っている人びと」、B巻一章一九三a二一「或る人びとは火を、また或る人びとは土を、また或る人びとは空気を、また或る人びとは水を、また或る人びとはこれらの若干を、また或る人びとはこれらすべてを、存在するもののプュシスと言っている。」、Γ巻四章二〇三a一六「プュシスについて語った人びとはすべて、無限なものを、それと異なり、いわば水とか空気とかその中間のものとかという、いわゆる構成要素に属する或るプュシスとつねに見なしている。」

四、アリストテレス『形而上学』Δ巻四章一〇一四b一六「プュシスは、ひとつの意味では、生長するものの生成を言っている。もっともプュシスのυを長母音として発音すればの話である。」アリストテレスにとってプュシスは、ただちに動詞 *φύομαι* を表わさなかったことを、これは疑いもなく示している。この語は長母音υをもっており、プュシスは短母音υをもっている。アリストテレスの難題が実際のものか否かの問題を論ずる必要はない。関心のあるのは、アリストテレスがそれを感じとっていたということだけである。

五、アリストテレス『プロトレプティコス』断片五二、ローゼ (*ap.* Iambl. *Protr.* p. 38. 22 Pistelli)「プュシスについての場合にも同様に（何か関心や術がある）。というのは原因や構成要素についての知識は、それより後にくるものの知識よりもはるかに必要だからである。すなわち後にくるものは、究極的なものに属していないし、またそれから第一の原理が生じはしないし、この第一の原理から、またこの原理によって、明らかに他の一切のものが生じ、かつ成立するのである。それが火であるにしろ、空気であるにしろ、数であるにしろ、あるいは他のものの原因であり最初のものである何らかのプュセイスであるにしろ、より先にあるものを知らないでは、それ以外のものを知ることができない。綴りを知らないで、どうして言葉を知ることができるであろうか、また字母を一切知らないで、どうして綴りを知ることができるであろうか。」

本稿の目的にとってこの箇所が重要であるのは、アカデメイアにおける語法を用いた一般人向けの作品から来ているということである。（例えばアリストテレス自身、ソプィア (*σοφία*) と呼んだものに対して、プロネーシス（*φρόνησις*）の語を当てている。）

テオプラストスの用法も同じである。しかしもちろんかれは、ただアリストテレスを再生させているにすぎない。

（1） ***Proceedings of the American Academy of Arts and Sciences***, vol. xlv. No. **4**.

訳者あとがき

ジョン・バーネットは、一八六三年十二月九日、弁護士ジョン・バーネット氏の長男として、スコットランドのエジンバラに生まれた。母は、ジェームズ・クレーグホーン・ケイ博士の娘ケイであった。かれにはひとりの弟と三人の妹がある。

かれの少年の頃は、主にエジンバラに住んで、休日には家族とともに、アバーディンシエアの農園や、グラスタシエアの村で過ごしている。後には、クライド湾沿岸にあって、アーガイルシエアの高地の素晴らしい眺めの見えるグーロック付近で夏を過ごしたこともあった。

エジンバラの中学校では、後に聖アンドルーズの学校長になったドナルドサン博士の許で薫陶を受けた。その後、短期間ではあるが、バーネットはジエネヴァ近くにある学校に通ったり、パリを一、二度訪ねている。パリではフランスの演劇に心惹かれているが、これは外国人の思想や風習を採り入れるかれの能力を目覚めさせることになった。

やがてかれはエジンバラ大学に入学した。そこにはかれの個性開発に力を借した、セラー、タイト、マッソン、アレクサンダー・グラント卿、ブラッキー、ヘンリー・ブチァーなどといった著名な学者がいた。バーネットは、大学では物理学の基本原理を徹底的に修得しようと努力したりしているが、これは後年かれが学者として立つ素質を磨くのにきわめて有益であった。

一八八三年十月に、かれはオックスフォード大学の学寮ベイリアルへ首席官費生として赴いている。かれのオックスフォード時代は父の没落の時期であって、苦難の時代でもあった。一八七四年から一八八〇年にかけて保守党政府のもとで、弁護士代理を勤めたかれの父は、将来に多大の期待がかけられていながら、酒に溺れ、資産を失って前途を台なしにし、結局、死を早めてしまった。多感な青年時代の不幸にもかかわらず、かれは近代学科や古典文学科の最終試験にはいずれも首席であった。さらにフランス語テイラー奨学金も得たし、ボーデン・サンスクリット奨学金も博学なインド人についで二位で受領している。

オックスフォード時代のバーネットは、口髭を伸ばし、大柄な骨格の上に肥っていたので堂々とした風貌であった。したがって年齢以上に落付いた人間に見えたという。そして非常に研究熱心で、敏速に事を処理する父譲りの能力をもっていた。無論、スコットランド人の気質をもっているといっても、月並なスコットランド人とは違って、英国南部の風習、思想なども躊躇わず吸収し、快活で社交的で、親切なうえ礼儀正しかったといわれている。かれには、フランス喜劇を愛好する寛ぎもあった。

一八八七年に学位を受けてからバーネットは、プラトンの対話篇の年代決定に言語統計学的方法を導入して著名であったルイス・キャムブル教授の助手となって、聖アンドルーズ大学に赴任した。その後、フェロー・マスターの試験に合格して、マートン大学の特別研究員になっている。その頃、一学期エジンバラ大学に古典文学の非常勤として赴いたこともあった。

一八九一年に、病気静養のために国外に出たキャムブル教授の穴埋めとして聖アンドルーズ大学に帰ったが、教授の死去に際して、翌年、二十九歳でバーネットは、正式にギリシア語講座を担当している。そしてこの年、本書『初期ギリシア哲学』（Early Greek Philosophy）を完成して出版している。この書は、英国内はもとより、海外においても高く評価され、ドイツの古典文献学者ヘルマン・ディールスの認めるところとなった。

一八九四年、バーネットは三十一歳で、オックスフォード時代からの知人であった音楽家ジョン・ファマーの娘、メアリー嬢と結婚している。

かれは、一八九七年に『ギリシア語初歩』(Geerk Rudiments) というテキストを出版し、一九〇〇年にアリストテレスの倫理学の編集をしている (The Ethics of Aristotle)。その年から一九〇六年まで、オックスフォード大学出版部のためにプラトンの全集の校訂に専念した。一九一一年にかれは、注釈を付した『ファイドン』(Plato's Phaedo) の校訂本を出版し、その短い序文のなかで、ソクラテスとプラトンとの関係について、後日「バーネット・テイラー説」といわれる新見解を表明した。

一九一四年には、『ギリシア哲学、第一部』(Greek Philosophy, Part 1) を著わし、初期のギリシア思想からプラトンの死まで、とくにソクラテス、プラトンに比重を置きながら、長期に亘る研究成果を世に問うている。しかしアリストテレスから始まる第二部は、第一次世界大戦のため完成されなかった。もっとも別の面でかれは、一九一七年に、ドイツにおける当時の高等教育を批判した『高等教育と戦争』(Higher Education and the War) を出版している。大戦中、かれは政府から古典教育委員会の委員に選ばれたり、全スコットランドの大学入試の指揮を命ぜられたりしている。

バーネットは一九〇八年から一九一九年までを費やして、キャムブル教授から受け継いだプラトン辞典の完成に全力を尽くしているが、独力でそれを為遂げる望みを棄てざるをえなかったといわれる。しかしその間、一九二四年には『エウテュプロン、アポロギアおよびクリトン』(Plato's Euthyphro, Apology of Socrates and Crito) の注釈付校訂本を出版している。このようにかれが最大の献身をしたのは、プラトン研究であった。しかしかれの関心はギリシアにおける哲学思想に限らず、サンスクリット、ドイツ史、比較文献学、聖書批判、スペイン語、法律学など頗る広い範囲のものであったといわれる。しかもそれぞれの分野で咀嚼する才能には目を瞠るものがあった。

ハーヴァード大学のギリシア語講座に招かれながらも、聖アンドルーズ大学に留まっていたバーネットが、オックスフォードのシェルドニアン劇場でのラマネズ講座に出向いた一九二三年五月十八日の朝、オックスフォードの学生時代から徴候のあった激しい発作に襲われた。しかし医者の制止にもかかわらず、発作がおさまると講義を行なっている。その上、医師から生命の危険を予告され、渡航中止を勧められたにもかかわらず、やはり、招聘に応じて一九二六年、北米カリフォルニア大学に赴き、サザー古典学講座で講義をしている。その講義は、その地の学者たちに深い感銘を与え、一九二八年にカリフォルニア大学出版部から『プラトン哲学』(Platonism)として出版された。

北米を訪問した翌年、バーネットは三十四年間のギリシア語の教授の地位を去って、著作活動に没頭しようとした。その時に当たって聖アンドルーズ大学は、かれに法学博士の学位を授けている。かれはカリフォルニア大学で行なった講義の草稿にさらに手を加えていたが、病のため一九二八年五月二十六日、六十四歳で生涯を閉じた。

以上は主として、バーネットの若く苦難にみちた時以来の友人、ロード・チアンウッド氏が記した回想録に従って、かれの生涯を概括したものである (John Burnet, Essays and Addresses, with a Memoir by Lord Charnwood, London, 1929)。そこでも触れたように本書『初期ギリシア哲学』の初版が刊行されたのは、バーネットの二十九歳の時である。訳出に当たって使用したのは第四版であるが、これはかれの聖アンドルーズ大学のギリシア語講座を継いだローリマーによって、死後残されていた書き込み等から僅かな訂正がなされて刊行されたものである。ほぼ現在の内容が整ったのは一九二〇年の第三版である。したがって初版以来約三十年間、かれの手許で暖められていた研究成果に基づいて、補筆されたり書き改められたりしたといえるであろう。しかしギリシア哲学の晨明期に対する基本的な見方に変更はない。これはまことに驚くべきことである。しかも極めて広範に亘る古代の文献資料を駆使して、二十歳代ですでに一貫した哲学史観をもったということは、かれが早くから単なる古典語学者ではなく、優れた哲学者であったことを如実に示している。ギリシア哲学についての一時期を画した研究が、若い碩学によってなされた事例、たとえば、K・マルクスが二十三歳でイエナ大学に提出した学位論文「デモクリトスとエピクロスの自然哲学の差異」（一八四一）や、W・イエーガーが二十四歳で出版した『アリストテレスの形而上学の発展史研究』（一九一二）などを想い起こすとき、それらに比肩しうるバーネットのこの著が天才的な仕事であったことを今更ながら知らされる思いである。

たしかに今世紀になって、とりわけ第二次世界大戦前後から前ソクラテス期の哲学者の思想研究は、文献学的にも深く掘り下げられて著しい進展をみせた。ために個々の断片や古代伝承記録などの解釈については、バーネットの見解とは違った視点も与えられ、若干の訂正の必要も生じてきてはいる。またギリシア人の非宗教的で合理的な精神の成果として、ギリシア哲学を捉えようとする本書の全体的基調とは全く別の視点から考察されたりしてきている。それはそれで極めて示唆に富む論考であることには違いない。しかしそのような方向づけは、概して言えばバーネットとの対決であったと言えなくはない。本書が前ソクラテス期の哲学研究の出発点として、果たしてきた意義は大きい。その上、諸資料を丹念にとり挙げて、各哲学者の年代決定、断片の訳出、断片解釈や伝承記録によって思想の本質や、その背景を論考するといった論述のすすめ方は、単なる通史にはない、緻密な論文の体裁をとっている。本書がまた手堅い文献学的研究のよき範例として果たしてきた意義も大きい。もしこのような点が認められなかったとなれば、原著書が現在まで版を重ねられる理由はないといえるであろう。いま訳者の手許にあるレイモンの仏訳書は、一九七〇年版である。しかもこの仏訳が本書の初版の訳であるにもかかわらず、五十年以上も経ってなお再版されていることに、戸惑いすら感じるのである。

本書を訳出するに当たって、断片や学説記録等についてバーネットの準拠していたリッター＝プレラーの番号以外に、ディールス＝クランツに記載があるものにかぎってその番号をも併記しておいた。前者が近々復刊になるとはいえ、後者の使用頻度が多いからである。また特に哲学者の断片について、バーネットの使用したテキストと、第五版以後のディールス＝クランツとの読みの違いの目立つ箇所については、最少限であるが指摘しておいた。前ソクラテス期の哲学者の断片のなかですでに邦訳されたものは、訳出に当たって参照させていただいた。また多くの知友から激励や助言をいただいたことも併せて記し、謝意を表したい。ともあれ本訳本の全体に亘って多くの誤訳や誤解があって、名著の誇れ高い原著の名を汚す結果になったのではないかを一番惧れている。これはすべて訳者の非才からくる理解不足によるものである。江湖の叱正を得て、後日訂正の機会をもちたい。

本書の翻訳を以文社より依頼されたのは、ほぼ三年以上前になるが、草稿が仕上がった段階で経済的な急変期を迎え、出版事情の異変などから予定より約一年も出版が遅れてしまった。しかし終始変わらぬ御支援と御好意を惜しまれず、原書までとり寄せられ、厄介なギリシア語の校正までも一手に引き受けていただいた同社の井上智行氏に対し、心からお礼を申し述べたい。

一九七四年晩夏

光が丘にて

訳　者

ギリシア哲学の旅立ちへの初々しい道案内

神崎　繁

一　幾重にも「若々しい書」

一言で表現するなら、ジョン・バーネットの『初期ギリシア哲学』は幾重もの意味で「若々しい書物」であると言えるだろう。まず何より、この書の初版は一八九二年に刊行されているが、そのとき彼はまだ弱冠二九歳、ちょうどセント・アンドリューズ大学のギリシア語講座の教授職を、師のキャンベルから受け継いだばかりであった。それればかりではなく、「初期ギリシア哲学」という研究分野そのものがまだ誕生したばかりで、今日この分野の研究の裏づけとなるヘルマン・ディールスによるいわゆる「ソクラテス以前の哲学者たち」の断片の集成もまだ出ておらず（H. Diels, *Die Fragmente der Vorsokratiker*, Berlin, 1903. ——これは今日初期ギリシア哲学者の断片を引用する際に付される D.K. 番号が示しているように、後に W. Kranz によって索引を付して増補刊行され、その邦訳は内山勝利監訳『ソクラテス以前哲学者断片集』五分冊、岩波書店、一九九六〜八年）、わずかにその基礎資料を集めた同じディールスによる『ギリシアの学説誌家たち』（H. Diels, *Doxographi Graeci*, Berlin, 1879）が出ているだけである（本書五六〜六二頁の記述はこれに基づいている）。しかも、一九〇八年に本書の第二版が大幅な改訂を加えて刊行されるや、独仏両語への翻訳が行われて、早くもこの分野の標準的な概説書となるのである。つまり、若きバーネットは、初期ギリシアにおける哲学の揺籃期に関する書物を、その研究そのものが未開拓な段階で、自らの学問的出発の門出となる作品として書いたのである――「幾重もの意味で〈若々しい書物〉」と先に述べた理由である。

私の手元にある原著は一九七一年の版であるから、その後八〇年近くにわたって読み継がれていたことになるが、今振り返れば、ちょうどそのころから、「初期ギリシア哲学」研究の分野には、地殻的な変動が生じつつあったように思われる。一つは、ピュタゴラスに関する従来の前提の多くが疑われるようになったことである。これは、スイスの古典学者、ヴァルター・ブルケルトの『知恵と科学』(W. Burkert, *Weisheit und Wissenschaft. Studien zu Phytagoras, Philolaos, Platon*, Nurenberg, 1962. 英訳一九七二年)によって、これまでピュタゴラスに帰されてきた「ピュタゴラスの定理」や「音階理論」など数学的業績の多くが後代の創作と判定されたことによる。つまり、イオニアの自然哲学によって得られた経験的知見が、ピュタゴラスの数学的知見と統合されることによって、哲学的な合理的思考が確立するという図式は完全に崩されることになる。そして、ピュタゴラスには、「魂の輪廻」を中心とするシャーマニズム的神秘思想のみが残されることになった。

もう一つ大きな変化は、哲学の成立をめぐる見方が、イオニアの自然哲学に始まる経験的な知の集積による合理的な思考の形成という従来の実証的主義的な観点から、エレア派における言語的な分析を通した非経験的な論理主義的な観点へとその重点を移しつつあったことである(こうした研究を主導したのは、G・E・L・オーウェンである)。その結果、パルメニデスの哲学詩を二分する「真理の道」と「思惑の道」は、従来の真正な宇宙像と誤った経験的な宇宙像との対比ではなく、弁証論的な議論によって裏づけられた世界像と論駁された世界像との対比として理解されることになる。その際象徴的なのは、パルメニデスの思索を導く「女神」の役割が、

「女神が示したものを、汝が伝えよ」という神託伝授ではなく、「女神の述べた論争多き論駁を、汝は理り《ロゴス》によって判定せよ」〔D.K. 28B7〕という問答法的な論議の形をとっていることである。つまり、ここにイオニア以来の宇宙論の経験主義的な伝統が断たれたことを意味する（これは、その当時のハンソンなどによる「観察の理論負荷性」といった、反経験主義的な科学理論の勃興と無縁ではないように思われる）。

この間のこうした研究動向の変化は、一九五七年の初版刊行以来、「ソクラテス以前の哲学者」の標準的教科書として「カーク＆レイヴン」の名で親しまれてきた G. S. Kirk and J. E. Raven, *The Presocratic Philosophers,* Cambridge, 1957. を、新たにM・スコフィールドを編者に加えたその第二版（G. S. Kirk, J. E. Raven and M. Schofield, *The Presocratic Philosophers,* Second Edition, Cambridge, 1983. この第二版の邦訳が、G・S・カーク、J・E・レイヴン、M・スコフィールド『ソクラテス以前の哲学者たち』内山勝利他訳、京都大学学術出版会、二〇〇六年）と比較すると、ピュタゴラスやパルメニデスの論述にその違いがよくわかるであろう。ちなみに、バーネットは「ソクラテス以前」という限定を厳密にとって、ソクラテスと同時代のソフィストと原子論者のデモクリトスを考察の主題から外しているが（本書一八頁、注1）、この『ソクラテス以前の哲学者たち』でもソフィストは扱われていないが、デモクリトスは論述に含まれている。

二　『初期ギリシア哲学』の研究史上の位置づけ

二一世紀末に入って、こうした動きとはやや異なる方向の変化が生じてきた。その一つは、エンペドクレスの哲学的詩作品は、従来から自然的な世界を論じた『自然について《ペリ・ピュセオース》』と宗教的な贖罪を論じた『浄め《カタルモイ》』という主題的に二分されてきたが、すでに知られていたストラスブール・パピュロス断片を改めて精査することによって、実は両者が一つの作品である可能性が高くなったことである。つまり、一九世紀の文献学というそれ自体一種の科学的精神によって、「詩と真実」もしくは「科学と神秘」の区分けがその研究対象に投影されていた可能性が高まったのである。さらに、これも一九六二年にギリシアのテサロニキの北方のデルヴェニで既に発見されていたパピュロスは、当時の民間宗教であるオルペウス教の宇宙論を記載したものであることが知られていたものの、その後の解読で、時代確定には諸説あるものの、単に宗教ともまた科学とも分別できない当時の思考のあり方を示すものであることが明らかになりつつある。

これは明らかに、合理的な科学的精神の成立というバーネットによる「初期ギリシア哲学」理解に反省を迫る材料だが、こうした考えは既に一九三六年、バーネット自身がつい八年前まで終生活動の場としていたセント・アンドリューズ大学における伝統ある「ギフォード記念講義」として、ヴェルナー・イェーガーが行った「初期ギリシア哲学の神学」という連続講演において、彼の業績を意識しつつ示されていたものだった。後に出版されたその講義録（W. Jaeger, *The Theology of the Early Greek Philosophers*, Oxford, 1947. 神沢惣一郎訳『ギリシア哲学者の神学』早稲田大学出版部、一九六〇年）では、初期ギリシア哲学の「経験的・科学的性格」を強調するバーネットやゴンペルツの名を挙げ、さらに後に出版された独語版（*Die Theologie der Frühen griechischen Denker*, Stuttgart, 1964.）では、これに科学史家のタンヌリを加えて、これら「実証主義学派」の考え方に対して再考を促すとともに、それに対する神秘主義的な反動でもない形で、初期自然哲学のうちに依然として「神的なもの」への考察が不可欠であることを明らかにしようとしたものである。

イェーガーは、ベルリン大学において先にも触れたディールス、そして近代の古典学を確立したと言われるヴィラモヴィッツ＝メーレンドルフに学び、一九二一年に三三歳の若さで師・ヴィラモヴィッツの後継者としてベルリン大学の古典学教授となった。だが、妻がユダヤ系だったこともあり、一九三六年、ナチス政権を逃れてアメリカ移住を決意したまさにその年に、先の講義は行われたのである。このとき、イェーガーは四八歳、既にアリストテレス哲学の成立史に関する研究（*Aristoteles, Grundlegung einer Geschichte seiner Entwicklung*, Berlin, 1923.）によって名声を確立するとともに、その二年前にはギリシア文化全般にわたる「教養」の意味を解き明かす著作の第一巻（*Paideia: Die Formung des griechischen Menschen* I, Berlin, 1934.）を刊行したばかりだった。つまり、先の講演では、初期ギリシア哲学に科学的な精神の誕生のみを見ようとする考えに反省を迫りながら、他方、そのことで時代の趨勢が指し示しているような非合理主義の台頭に加担しているのではないことを、イェーガーは慎重に釘をさす必要があったのである。

イェーガーは、そうした神秘主義的な反動と一線を画するために「自然神学」という用語をその冒頭で導入している。これはローマの文人・ヴァロに由来する「神秘神学」「政治神学」「自然神学」という神学の三区分によるもので（アウグスティヌス『神の国』第四巻第二七章および第六巻第五章参照）、自然的な現象のうちに人間を越えた神的な原因を探る「自然神学」は、哲学者の仕事とされていた（ちなみに、「神秘神学」は詩人、「政治神学」は政治家の領分とされている）。また、こうした考えは後のキリスト教神学においても、神との人格的な出会いに基づく「啓示神学」に対して、被造物のうちに創造者としての神の業を探る「自然神学」が区別されることになる。こうした「自然神学」の考えを初期ギリシア哲学に遡ることで、イェーガーはそれ以前の叙事詩などにおける「神話」とは異なる合理的な自然理解を位置づけようとしているのである。

三　「初期ギリシア思想」への新たな視角

こうした考えは、一九五〇年にアメリカのカリフォルニア大学で行われたE・R・ドッズの「サザー記念講義」――これは翌年『ギリシア人と非理性』（E. R. Dodds, *The Greeks and the Irrational*, Berkeley, 1951. 岩田靖夫・水野一訳、みすず書房、一九七二年）として出版された――によって、もう一段異なる次元に議論が引き上げられることになる。というのも、ドッズは、それまで（先のイェーガーを含めて）自明のこととされてきたギリシア文化における「合理性」という観念そのものに、疑いの目を向けたからである。すでにこうした問題は、イェーガーの師であり、近代の実証的な古典学を確立したヴィラモヴィッツが若き日に論駁したニーチェの処女作『悲劇の誕生』で提起されていたものである。つまり、理性的なアポロン信仰と非理性的なディオニュソス信仰の対立としてギリシア文化全体を見ることで、従来顧みられることのなかったギリシア文化の非理性的側面に光を当てたのはニーチェだったからである。

実際、イェーガーが、現存する最古の哲学文献であるアナクシマンドロスの断片、「あるものにとって、生成がそこから起こる当のものへと消滅もまた起こる、必然にしたがって。というのも、それらは時の定めにしたがって、たがいに不正に対する罰をうけ、償いをおさめるがゆえに」〔D.K. 12B1 cf. 12A9〕について、ここで言及されている「罪」についてのニーチェとその友人であるローデの解釈を批判的に取り上げた際には、先のヴィラモヴィッツによる論駁を受け継いでいると言えるだろう（ちなみに、イェーガーは、ニーチェが弱冠二四歳で就任したバーゼル大学の古典学の教授職を、やはり二六歳の若さで引き継ぐという経歴をもっていた）。つまり、原初の統一した全体から切り離されて個体として存立するものは、すべてその点で「罪」を負っており、言わば「生」そのものが一種の罰だというニーチェやローデの解釈に対して、イェーガーは先の断片における「たがいに」という一語のもつ意味に注目する。つまり、ここで「罪」とされているのは、原初的全体から切り離された個体の存在ではなく、それにともなって生じる個体同士の「弱肉強食」の争いによる不平等であり、これを糺すものとしての「時の秩序」が論じられているというのである。

同じくドッズもまた、プラトンのアポロン神に対する関係をめぐって、ニーチェとローデの名を挙げて批判しているが、それは（先のイェーガーが合理的な「自然神学」からの批判とは違って）アポロン神を合理的と考えるニーチェ的な見方そのものを否定して、アポロン神にはそもそも合理性と不合理性の二面性があると、ニーチェのより先へと考察の歩を進めている。

初期ギリシア哲学における宗教的な要素については、こうしたニーチェやローデ以外にも、フレイザーなどの人類学の影響を受けたケンブリッジ・リチュアリストと呼ばれるコーンフォードやその流れをくんだガスリーの研究があるが、ドッズの研究も同時代のニルソンやモイリなどによる宗教史や文化人類学の研究成果を取り入れたものであるのに対して、やはりイギリスの古典学者、マーティン・ウェストは、ホメロスの『イリアス』や『オデュッセイア』、あるいはヘシオドスの『神統記』や『仕事と日々』などのギリシアの叙事詩ばかりでなく、『ギルガメッシュ』などの方法の東方神話をも視野に入れたその影響史を提唱した（M. L. West, *Early Greek Philosophy and the Orient*, Oxford, 1971.）。

これは考えてみれば紀元前八世紀ころまでの地中海世界においては、エジプトやバビュロニアは明らかに先進地帯であり、そこにおける神話の影響を考察することはある意味では当然のことであり、本書でも三五〜四六頁である程度考察されているものの、「起源はギリシア」という固定観念に阻まれて、考察が立ち遅れていた領域である（マーティン・バナールの『黒いアテナ』はその過激な問題提起の一つである）。いずれにしても、ドッズの研究が北方のシャーマンなどの影響を視野に入れて研究領域を広げたのに対して、ウェストは本来考察すべき当時の先進地域の神話との比較研究へと研究領域を広げたのである。

もう一つ、「哲学」という思考そのものの制約を自覚することによって、叙事詩や悲劇のうちに、「必然性」と「偶然性」の絡み合いと「責任」との関係など、本来哲学においても汲み取られるべき思考が積み残されていることを明確にしたのは、バーナード・ウィリアムズの『恥と必然性』(Bernard Williams, *Shame and Necessity*, Berkeley, 1993.) である。ウィリアムズはオクスフォードで哲学を専攻する傍ら、E・フレンケルや先のE・R・ドッズ、K・ドーヴァーの古典学の授業にも参加するなど、古典の素養が深く、しかもニーチェからも影響を受けて、プラトンやアリストテレスの哲学がギリシア文化全体のなかでもつ特異な「視野狭窄」を免れる方途を探っていたのである。

四　二一世紀の現在、改めてこの書を読むために

このように見てくると、一九世紀の近代化のただなかに成立した古典学が一種の科学的精神に裏打ちされたものであり、その古典学の未開拓の領域であった初期ギリシア哲学がそうした科学的な精神の誕生と重ね見られるのは、ある意味では当然のことであったと言えよう。それから、二〇世紀の破壊と再建の時代を経て、二一世紀の現在、われわれはギリシア哲学、そして哲学そのものの揺籃期にどのように立ち向かうべきなのであろうか。

われわれは東日本大震災以来、地震や津波などの自然の圧倒的な威力の前に、原子力発電などそうした自然の力を制御し、利用するわれわれの技術の限界を思い知らされた。そうした体験を経た者の目には、経験科学への信頼を基調にその起源を探る本書の叙述には、あるいは違和感をもつかもしれない。けれども、世界、あるいは宇宙を全体として一つの秩序あるものと見なすことからしか、自然の探究が始まらないこともまた明らかなことである。一定の恒常性のもとに、初めて変化はその意味をもつ。絶えず変転しつづける世界——それはヘラクレイトスが宇宙の実相として示したことでもあるが——は、それ自体として記述することも捉えることもできない。その意味で、初期ギリシア哲学にかかわる四つの語は、われわれが今日直面する世界を捉えるためにも、なお

有用な役割を果たすと思われる。まず最初は、「コスモス」、つまり「秩序ある全体」という考えである。天変地異や気候変動など、予測できないことが夥しくあることを認めたうえで、それでもやはりわれわれが生きていく条件として、世界全体の秩序というものを想定しなければならない。そして、「秩序」というからには、われわれが直接体験できないことも含めた「全体」が必ず問題となる。

そうした「秩序」の基底にあるのが「ピュシス」であり、それは本書の付論でも論じられているように、「ものが生まれてくる」その元のものという意味でもあり、そこから「ものの成り立ち」や「ものの本性」を意味する言葉である。これは、その後「ノモス」(「法」や「取り決め」、「慣習」を意味する言葉)とともに、非人為的なものと人為的なものとの対比にも用いられた。地球全体の歴史、とりわけ氷河期における巨大動物の絶滅とその後のわれわれの祖先となる類人猿の進化を知るわれわれにとって、現在の地球環境がある種の偶然の産物であることは、自明のことだろう。その観点から「自然の状態」と呼ぶものが、われわれにとっての好適性を基準にした恣意性を免れないことも知っている。だが、それは逆に、これ以上の自然破壊とそれによってもたらされる地球の温暖化やそのためと思われる天候異常などが、資源循環型の社会にわれわれの生活様式を変えることによって、少しでも食い止められると期待する理由でもある。そのとき、「自然」という言葉は、もはや以前のような無限の修復可能性をもつものとしてではなく、現在の環境を保全する規範的な概念として意味をもつことになろう。

それにともなって、科学史家のコイレが定式化したように、「閉じた宇宙」と「無限な宇宙」という対比で言えば、現代の宇宙観は明らかに後者であるが、少なくとも「地球環境」に関しては前者の「閉じた宇宙」としてこれを見る必要がある。その意味では、われわれは初期のギリシアの自然哲学者の描いた世界像を少なくともわれわれの身の回りの環境のモデルとすることは有意義なことであると思われる。

それとともに、先のアナクシマンドロスの断片にも見られたように、われわれは自分自身が他よりも多く取ることで（「貪欲」を意味するギリシア語の「プレオネクシアー」とは「より多くを取る」という意味である）、共時的にも通時的にも一種の「不正」を犯しているのだという環境倫理的な、また世代間倫理的な「責任」の観念をもつことにもつながるであろう。実際、ギリシア語において「責任」を意味する「アイティアー」は、同時にまた「原因」をも意味する言葉だからである。自然の原理探究は、『パイドン』96A-99Dにおけるソクラテスの自伝的語りが示していたように、それへの断念が倫理学的な徳の探究へと彼の転身を促したと言われているが、しかし、こうした考えをするならば――そして、この方面での考察が、ある意味でもっとも本書に欠けている点であるが――自然的探究はそれ自体、同時にまた倫理的な探究でもあることとなろう。

そして、最後に取り上げる語は「ロゴス」である。「ロゴス」というギリシア語は、「言葉」とそれによって説明される世界の側に存する「理法」を意味する（ヘラクレイトスの著作の冒頭〔D.K. 22B1〕は、この両義性を巧みに利用したものである）。後のヘレニズム期において帯びるようになった人間の心的能力としての「理性」という意味は、アルカイック期のこの時代にはこの語にはまだ含まれていないが、単に目で見、耳で聞き、その他の五感を通して経験することだけでなく、そうした経験を――空間的にも時間的にも――越えた事柄を把握するために、事柄の理詰めの考察が必要なのである。それは、ヘラクレイトスやパルメニデスにおけるこの語の使用が端的に示していることである。そこには、考え方の異なる他者との対話を通した「議論」も含まれている。言うまでもなく、「対話《ディアロゴス》」は二人のあいだの議論の遣り取りである（こうした「対話」から発生した「問答法《ディアレクティケー》」（本書では「弁証術」と訳されている）のエレア派における役割については、本書、二七〇頁および四五七～八頁を参照）。後にプラトンは『テアイテトス』189E-190Aと『ソフィスト』263Eで、「思考《ディアノイア》」とは「自己との沈黙の対話」であると述べたが、こうして自分自身を取り巻く世界《コスモス》について、その成り立ち《ピュシス》を考えながら、自分自身がどのようにその責任《アイティアー》を現在および後代の他者に対して果たせるかということを、議論《ロゴス》を通して思考を廻らすということが、この書がまさに現在もわれわれに問いかけていることである。

索　　引

丸括弧内の数字は注の番号，ゴチックはその頁における断片番号。
〜印は見出し語を代入して読むこと。

I．人名・事項

あ　行

索　引

か 行

さ　行

た　行

な　行

は　行

ま　行

や 行

ら 行

わ 行

Ⅱ．ギリシア語

訳者紹介
西川 亮（にしかわ　あきら）
1932年，広島市に生まれる．1961年、広島大学大学院文学研究科博士課程修了（西洋哲学専攻）．1978年～1996年，広島大学文学部教授（哲学史担当）．1996年，広島市立大学国際学部教授，同年没．広島大学名誉教授．文学博士．
著　書：『デモクリトス研究』理想社，1971年，
『古代ギリシアの原子論』渓水社，1995年ほか．

新装版 初期ギリシア哲学

1975年 9月 1日　初版第1刷発行
2014年10月15日　新装版第1刷発行

著　者　ジョン・バーネット
訳　者　西川　亮
発行者　勝股光政
発行所　以文社
〒101-0051 東京都千代田区神田神保町2-12
TEL 03-6272-6536　　FAX 03-6272-6538
http://www.ibunsha.co.jp
印刷・製本：シナノ書籍印刷
装　幀　高麗隆彦

ISBN978-4-7531-0321-8

Printed in Japan